Botho Karger · Alexander – Reise im Gegenlicht

Botho Karger

Alexander

Reise im Gegenlicht

public book media verlag
FRANKFURT A/M ❋ LONDON ❋ NEW YORK

Die neue Literatur, die – in Erinnerung an die Zusammenarbeit Heinrich Heines und Annette von Droste-Hülshoffs mit der Herausgeberin Elise von Hohenhausen – ein Wagnis ist, steht im Mittelpunkt der Verlagsarbeit. Das Lektorat nimmt daher Manuskripte an, um deren Einsendung das gebildete Publikum gebeten wird.

Bibliografische Information der Deutschen Nationalbibliothek
Die Deutsche Nationalbibliothek verzeichnet diese Publikation in der Deutschen Nationalbibliografie; detaillierte bibliografische Daten sind im Internet abrufbar über http://dnb.d-nb.de.

Dieses Werk und alle seine Teile sind urheberrechtlich geschützt.

Lektorat: Gerrit Koehler
Titelbild: Botho Karger
Portraitfoto: Silke Panknin

Websites der Verlagshäuser der Frankfurter Verlagsgruppe:

www.frankfurter-verlagsgruppe.de
www.frankfurter-literaturverlag.de
www.frankfurter-taschenbuchverlag.de
www.public-book-media.de
www.august-von-goethe-literaturverlag.de
www.fouque-literaturverlag.de
www.weimarer-schiller-presse.de
www.deutsche-hochschulschriften.de
www.deutsche-bibliothek-der-wissenschaften.de
www.haensel-hohenhausen.de
www.prinz-von-hohenzollern-emden.de

Nachdruck, Speicherung, Sendung und Vervielfältigung in jeder Form, insbesondere Kopieren, Digitalisieren, Smoothing, Komprimierung, Konvertierung in andere Formate, Farbverfremdung sowie Bearbeitung und Übertragung des Werkes oder von Teilen desselben in andere Medien und Speicher sind ohne vorhergehende schriftliche Zustimmung des Verlags unzulässig und werden auch strafrechtlich verfolgt.

Gedruckt auf säurefreiem, alterungsbeständigem Papier, hergestellt aus chlorfrei gebleichtem Zellstoff (TcF-Norm).

Printed in the EU

ISBN 978-3-8372-2414-6

©2020 FRANKFURTER LITERATURVERLAG

Ein Unternehmen der
FRANKFURTER VERLAGSGRUPPE GMBH
Mainstraße 143
D-63065 Offenbach
Tel. 069-40-894-0 • Fax 069-40-894-194
E-Mail: lektorat@frankfurter-literaturverlag.de

Dr. Bernd Pfänder gewidmet

1. Kapitel

Die Stunden leben sich voran, im Nachhinein schärft sich der Blick. Den Moment erhaschen, der sich in der Erinnerung zeigt. Aufblühende Empfindung. Hineingehen in die Sekunde. Standhalten. Ausharren. Den Worten auflauern. Ich öffnete die Tür zu dem kleinen Kellertheater, in dem ich verabredet war. Die Nacht war bereits weit fortgeschritten, und die wenigen Menschen, die die Abendvorstellung gesehen hatten, gingen, eingehüllt in ihre Mäntel, langsam die enge Gasse hinauf. Ich hatte Arbeit gefunden. Ein Musiker war erkrankt und ich sollte schon in der morgigen Abendvorstellung für ihn einspringen. Die Glocke des nahegelegenen Doms schlug zweimal. Ich öffnete die schwere Holztür und betrat das Theater. Geruch von altem Stein und verschüttetem Wasser schlug mir entgegen. Das erste Mal durch eine Tür gehen. Immer gibt es ein erstes Mal. Ich stieg langsam die steile Treppe hinunter bis in das Gewölbe hinein. Vielleicht war dies ein Weinkeller aus früherer Zeit. Ein Lagerplatz unter der Erde. Leichter Modergeruch erfüllte, aus den Mauerritzen kommend, den Raum. Rechts und links waren an den groben steinernen Wänden Zuschauerbänke aufgebaut, und in der Mitte stand ein rotes Autowrack, zerbeult an allen Ecken, die beiden Türen weit geöffnet, die Fensterscheiben zerschlagen. Ohne Reifen stand der kleine Koloss auf massiven Holzböcken, und dort, wo einmal die vorderen Scheinwerfer angebracht waren, starrten jetzt dunkle Höhlen ausdruckslos ins Halbdunkel. Die grünen Bezüge der Autositze waren zerrissen, und die hintere Bank hatte den Halt in ihrer kaputten Verankerung verloren. Ich sollte Musik machen mit den Wrackteilen dieses Autos, so war mein Auftrag. Blind, unruhig, hörend, plötzlich, schrill und leise, wartend, lauschend, trommelnd. Töne sollte ich dem Blech entlocken, mit Stöcken und einem Geigenbogen. Geräusche machen, hämmern, klopfen, Helles entdecken und Dunkles, und entzückt sein über jedes Knarzen, Brechen, Scheppern und Hallen. Und in die Stille hineinhorchen.

An den beiden Wänden des Gewölbes waren jeweils zwei Nischen eingelassen, an deren hinteren Enden durch Kellerfenster mattes Licht ins Innere drang. Das Leben ist modern, dachte ich, die gläsernen Paläste wachsen immer weiter in den Himmel. Der Stein ist es nicht. Die Gebirge sind es nicht. Der jährlich explodierende Frühling ist es nicht. Die Sprache kleidet sich in immer schreiendere Farben, und die Anliegen der Menschen nehmen wechselnde Gestalt an. Der Wunsch des einzelnen zu leben, geliebt zu werden und zu reüssieren ändert sich nicht. Reüssieren ... vor dem Gedanken an die Explosion des Erdballs, an das Erlöschen allen Lebens, an das Erlöschen aller Erinnerung an alle Geschichte! Welche Anmaßung! Oder waren diese meine Gedanken nur Ausdruck meiner Angst vor der kommenden Aufgabe?

Kurz nachdem ich das Gewölbe betreten hatte, kamen der Regisseur, sein Assistent und ein Techniker und wiesen mich ein. Ich hatte nicht viel zu tun: Lediglich in den kurzen Pausen zwischen den Akten sollte ich das Autowrack für einige Minuten als Musikinstrument bedienen und sogleich wieder verschwinden. Die Absprachen waren schnell getroffen, und die beiden waren zufrieden mit dem, was ich anbieten konnte. Der Regisseur verabschiedete sich, und sein Assistent führte mich die Treppen hinauf in ein kleines Zimmer im zweiten Stock des mittelalterlichen Fachwerkhauses, in dem ich auf einer einfachen Matratze die Nacht verbringen sollte. Die Hauptdarstellerin war erkrankt, und so war am nächsten Morgen eine Probe angesetzt. Eine neue Schauspielerin sollte in kürzester Zeit die Rolle übernehmen. Mein Zimmerchen war mit einem zweiten etwas größeren Zimmer verbunden. Wo einmal eine Tür die beiden Räume getrennt hatte, stand jetzt nur noch der hölzerne Türrahmen, und ich konnte von meiner Matratze aus auf das große Bett hinübersehen, das dort an der Wand aufgestellt war. Müdigkeit überkam mich wie eine plötzlich einbrechende Dämmerung. Ich rollte meinen Schlafsack auf die Matratze, putzte an dem

Waschbecken, das an der Seite angebracht war, noch schnell die Zähne, zog mich aus und legte mich in den Schlafsack. Ich hörte die Glocke schlagen und zählte innerlich mit. Zwölf Schläge. Mitternacht. Das Licht einer Straßenlaterne erhellte das Zimmer und warf einen matten Schein auf den hölzernen Boden. Ab und zu hörte ich Schritte, oder das Klackern von Schuhen. Menschen kamen die Gasse herunter, oder eilten hinauf. Schnelle Schritte. Langsame Schritte. Stimmen. Gelächter. Gesprächsfetzen. Im Halbdämmer überfielen mich plötzlich Bilder aus längst vergangener Zeit ... ich war als Kind mit meinen Eltern in den Süden gefahren ... Dunst und atmende Erde, leichtes Raureif auf weitläufigen Äckern ... Wasserlachen auf Feldern, Bäume, teils unter Wasser, worin sich glühendes Morgenlicht spiegelte. Berge in der Ferne, kahl, besetzt von Burgen und Burgruinen. Südliche Luft. Eine kleine, sehr lange Gasse ... alte Patrizierhäuser, kleine Läden, die überquollen von Fleischklößen, Riesenbraten, Obsthaufen mit Bananen, Ananas, Orangen, Zitronen, Melonen ... Schimpfen, Schreien, Schwatzen, Handeln ... ältere Menschen mit Hüten ... Salate über Salate, Mohrrüben, Lauch, Petersilie, Kartoffeln haufenweise, Weißkohl und Rotkohl, Artischocken ... Männer, die an Ecken standen und Pistolen verkauften ... Giebel über Giebel, und Türme, und Kirchen, Kathedralen, Kuppeln ... Marmorblöcke ... ein Hafen ... türkisfarbene Schiffe ... Fischerboote, Frachter, Kähne, Segelschiffe, Yachten, Öltanker, Fähren, Luxusdampfer, Kriegsschiffe ... Meergeruch ... Fischgeruch ... ehemals prunkvolle, palastartige Bauten mit eingeschlagenen Fenstern ... unheimliche Orte, leer und verlassen ... zerfallend, zerbröselnd – plötzlich hörte ich Schritte die knarzende Holzstiege heraufkommen. Ich sah einen schmalen Lichtschein an der unteren Ritze der Tür. Die Schritte kamen näher und blieben vor der Tür stehen. Die Klinke bewegte sich. Kurze Zeit später öffnete sich die Tür. Ich hielt den Atem an und bekam Angst. Wer mochte das sein? Die Türen waren unverschlossen. Ich kannte den Ort nicht. Eine junge Frau betrat den Raum. Sie warf ihre schwere Umhängetasche neben das Bett, holte eine Weinflasche heraus, stellte Kerzen und Räucherstäbchen auf und zündete sie an. Dann öffnete sie schnell und geschickt ihr schwarzes Haar und ließ es lang und wallend über ihre Schultern fallen. Offensichtlich hatte sie mich nicht bemerkt. Sie zog Rock, Strumpfhose, Bluse und BH aus. Für einen kurzen Moment sah ich im Halbdunkel ihre fülligen weißen Brüste, bevor sie sich unter die Decke legte, die kleine Tischlampe anmachte und ein Manuskript zur Hand nahm. Ihre Lippen bewegten sich. Sie murmelte leise vor sich hin. Jetzt roch ich ihr starkes süßliches Parfum, das inzwischen den ganzen Raum erfüllt hatte, und auch der penetrante Räucherstäbchenduft drang bis zu mir herüber. Ich blieb regungslos unter meiner Decke liegen und betrachtete das entspannte Gesicht der jungen Frau ... die schwarzen Augen, die gezeichneten Augenbrauen, die vollen Lippen, das wallende Haar, die nackten Schultern und ihre beringten Finger. Sie fühlte sich vollkommen unbeobachtet, und ich wollte diesen nächtlichen Moment so lange wie möglich genießen ... ich sah sie, und sah mich hinuntergehen ans Meer ... ein Bad nehmen in der Morgenfrische ... fühlte im Innern die Erde sich langsam erwärmen ... Lavendel-, Rosmarin- und Thymiangerüche stiegen in mir auf ... ich hörte Zikaden, ertastete Piniennadeln, bestrahlt von den heißer werdenden Sonnenstrahlen ... Sand und Muscheln kamen mir in den Sinn ... Felsen und heiße Winde. Ich hörte Wasserplätschern in der Ferne ... Delphine. Die junge Frau wiederholte murmelnd ihre Texte. Sie lernte ihre Rolle, und nahm ab und zu einen Schluck Wein aus der neben ihrem Bett stehenden Flasche. Wärme, Intensität und der Ton ihrer leise murmelnden Stimme berührten mich zutiefst. Was schwang hier schweigend mit, auf welchem Körper saß diese Stimme, auf welchem Zwerchfell schwang dieses lapidar Gesagte und flüsterte sich hinein in den schwach beleuchteten, nach Parfum und Räucherstäbchen riechenden Raum? Aus welchem Gewicht welches Gelebten heraus wog dieses Wort, und welche Wirkung ging von ihm aus? Das Wort hat den Ort immer schon verlassen, aus dem heraus es benennt, dachte ich still, verharrte regungslos und lauschte der Sprache der jungen Schauspielerin. Kaum sichtbare Schwaden, ausgehend von den Räucherstäbchen, zogen durch mein Zimmer und verbreiteten einen leicht süßlichen Duft. Knochen zusammensuchen. Gedankensplitter kleben. Eine Glücksträne auf dem Kissen verwischen. „Hallo", hörte ich mich plötzlich sagen. Keinerlei Überraschung bei ihr, und, als sei es das selbstverständlichste von der Welt, blickte sie von ihrem Text auf, lächelte mich an und antwortete. „Hallo. Ich heiße Eleonora." Ein kurzer Moment des Schweigens. Mein Atem stockte vor diesem Bild. Vollkommen entspannt, aus leicht schläfrigen Augen blickte sie mich an. Die Zeit war eine wertvolle Muschel, die, ans Ohr gehalten, das Weltall rauschen macht. Sie legte den Text beiseite, richtete sich in ihrem Bett etwas auf und sagte: „Spielst du mit morgen?"

„Ja," antwortete ich schnell, „ich mache die Zwischenmusik – und heiße Alexander."

„Wie schön, na das wird ja lustig. Ich hab das Stück zwar schon mal gespielt, aber ich weiß nicht, ob ich das so auf die Schnelle gebacken kriege …"

Sie lachte laut auf und konnte gar nicht mehr aufhören zu lachen, als müsste sich in diesem Moment eine ungeheure Spannung in ihr lösen. Dann räkelte und streckte sie sich, löschte die Kerze und kuschelte sich in ihre große Bettdecke. Die plötzlich eintretende Dunkelheit war wie ein Kuss aus einem anderen Kosmos. Die Augen schließen. Schwindelerregende Welt. Alles ist gesagt; nichts ist gesagt. Ein Dorf im Schnee. Milch holen in der Kälte. Die Sonne berühren auf einem Fensterglas. Tränen-Prisma, verschwommene Allee. Stumm ist die Stunde, das Glück kaum erträglich. Eine zeichnende Hand, ein merkwürdiges Gelächter. In den Gassen die Hunde. Schritte in der Nacht. Ich lauschte ihrem Atem und spürte, ihre Augen waren noch offen.

„Du," sagte sie plötzlich, halb schon im Schlaf, „erzähl mir doch noch eine Geschichte … bitte …"

Ich schwieg. Eine Geschichte, dachte ich. Eine Geschichte ... ich mochte es nicht berühren, das Wort, und nichts anderes sagen, als das, was eben war, was in der Welt war, wie auch sie jetzt plötzlich in der Welt war. Und sich mitgeteilt hatte, sodass ich die unausgesprochene Botschaft teilen konnte, die Botschaft ihres Daseins. Zeichen geben. Zeichen setzen, wenn das Sein sich verdichtet ... im Zeichen, im Wort. Sich hingeben der Offenbarung, die sich im Augenblick öffnet ... dem Geräusch eines Schlüssels, der Wegnarbe eines Weges. Die Tage wanken, und hinter den Worten beginnt eine Landschaft, die zu betreten es einer Stundenliebe bedarf, eines Lupinenfeldes, eines seltenen Schattens, der aus dem Schlaf in den Tag hineinragt. Plötzlich öffnete sich mein Mund, und ich hörte mich sprechen:

„Es war einmal ein Prinz ..." – kaum hatte ich begonnen, unterbrach mich Eleonora, heftig auffahrend:

„Wie heißt der Prinz?"

„Du fragst mich, wie der Prinz heißt?", antwortete ich ihr leise. „Nun ... nennen wir ihn doch einfach Prinz Nicob aus dem Königreich Gothanien."

Ich atmete einmal tief durch und fuhr dann fort in meiner Erzählung:

„Prinz Nicob machte sich eines Tages auf, seine königliche Stadt zu verlassen. Sein Vater, König Ranshut von Gothanien, hatte ihm den Auftrag gegeben, eine wichtige Botschaft, die in letzter Minute eine kriegerische Auseinandersetzung zwischen dem Volk der Gothaner und dem Volk der Brensdaner verhindern sollte, persönlich zum fünf Tagesmärsche entfernt gelegenen Schloss des Königs Krumbass von Brensdan zu überbringen. Kaum hatte der Prinz die schneebedeckte Stadt verlassen, erreichte er die ersten Ausläufer eines riesigen Waldgebietes. Der Vollmond war inzwischen hinter den Tannenwipfeln aufgegangen, und Schnee knirschte unter den Füßen des Prinzen. Er trug ein goldenes Säcklein auf dem Rücken, hielt einen einfachen Buchenstock in seiner Rechten, und seinen

Kopf zierte eine dicke, prächtige Fuchspelzmütze. So marschierte er guten Mutes und aller Verpflichtungen, die sein Prinzenleben bisher bestimmt hatten, entledigt, einen von Schneeverwehungen gesäumten Pfad entlang. Noch musste er sich ein wenig an dieses neue Gefühl gewöhnen, an die Unbeschwertheit im Herzen, an die Freiheit im Innern seiner Brust. Er fühlte im Gehen seinen jungen, kräftigen Körper. Die Bewegung unter seiner dicken Fellkleidung wärmte ihn und schützte ihn vor der langsam heraufkommenden Kälte. Als er nun so einige Stunden durch den Wald marschiert war, sah er plötzlich weit in der Ferne ein Licht, hielt einen Augenblick inne und beschloss, der Erscheinung auf den Grund zu gehen. Als er die Richtung gewechselt hatte und immer weiter auf das Licht zulief, erkannte er bald, dass das Licht zu einer großen, dicken Kerze gehörte, die im Innern einer Holzhütte brannte. Schon wenig später stand der Prinz im Dunkeln vor der verschneiten Hütte. Der Mond war inzwischen hinter heraufziehenden Wolkenfetzen verschwunden und zeigte nur noch hier und da sein ruhiges, volles Gesicht. Schneefall hatte eingesetzt. Prinz Nicob von Gothanien nahm sich ein Herz und klopfte an die hölzerne Tür … einmal … zweimal. Plötzlich meinte er leise Schritte zu vernehmen …"

Ich hielt in meiner Erzählung inne und lauschte in die Dunkelheit. Eleonora war eingeschlafen. Ihre tiefen, regelmäßigen Atemzüge waren deutlich hörbar. Meine Stimme hatte sie in den Schlaf hinübergebracht. Ich hörte meinen eigenen Atem, fühlte meinen Puls und blickte auf die Straßenlaterne vor meinem Fenster. Eine Gasse hinuntergehen ohne Sehnsucht. Stillstand im Herzen. Neues Leben sammeln. Die Schönheit brennen lassen. Auch ich schloss nun die Augen, und ließ mich fallen in die innere Wärme, in das Gefühl von Zufriedenheit über den unsichtbaren Schleier, den die Zeit über diese nächtliche Stunde geworfen hatte.

„Reiblsam reiblsam", flüsterte ich leise vor mich hin. „Sprich mir zu aus Mondschein und Stille. Schenke mir den inneren Lauf von Schweigen, Schweigen und Schweigen … lass die Nachtschatten mich berühren. Entziffre die Zauberformel des Alls mir. Lass mich fallen in Absichtslosigkeit und Zufall, und führe mich, den Tönen aus fernen Fenstern, lauschend, die Schuhe wechselnd im Schnee, geblendet von den Scherben neben der Werkstatt meines Vaters ... Reiblsam reiblsam", flüsterte ich, „reiblsam kamesam reiblsam schuntegang ... schuntegang reiblsam ...", flüsterte ich, dachte, schon im Halbschlaf, an meine Tochter Nicola, deren Mutter ich vor Jahren verlassen hatte ... wie hatte meine heranwachsende Tochter mir immer wieder Kraft gegeben ... Kraft gegeben ... Kraft gegeben ... dachte ich noch, und schlief ein.

Plötzlich wachte ich auf. Penetranter Rauchgeruch drang in meine Nase. Ich schreckte hoch, vergewisserte mich, dass ich wirklich Rauch roch, lauschte in die Dunkelheit, hörte das schrille Geräusch einer näherkommenden Polizeisirene und dachte sofort an Feuer, an Brand. – Eleonora! – schoss es mir durch den Kopf. Ich sprang aus dem Bett, eilte ins andere Zimmer, packte sie an den Schultern und schüttelte sie.

„Eleonora!!", schrie ich. Sie schreckte hoch und sah mich völlig entgeistert an. Die Polizeisirene tönte inzwischen noch schriller und noch lauter durch die Nacht. Ich rannte zum Fenster und sah ein Feuerwehrauto unten an der Gasse vor dem Theater anhalten. Behelmte Männer in Uniform sprangen eilig aus dem Wagen. Ich rannte zum hinteren Fenster, sah hinunter, und tatsächlich, aus dem flachen Vorbau des Theaters, einer Art Werkstatt, drang eine dichte, schwarze Rauchwolke. Ich sah mich um. Da stand Eleonora, noch immer verwirrt, mitten im Zimmer.

„Es brennt!", schrie ich sie an. „Zieh dich an!! Pack deine Sachen! Wir müssen raus!!"

Dann ging alles sehr schnell. Ich griff meine Kleider, griff meine Tasche, schlüpfte so schnell es ging in meine Schuhe und sah, wie Eleonora im Nachthemd mit ihrem großen Rucksack an der Tür stand. Wir eilten so schnell wir konnten die Holztreppe hinunter.

Auf dem Absatz des ersten Stocks stolperte ich und wäre fast gefallen. Schließlich kamen wir in den unteren Flur, liefen über den steinernen Boden, stießen die schwere Theatertür auf und eilten hinaus auf die Straße. Eleonora war mir mit großer Geschicklichkeit gefolgt und stand jetzt heftig atmend neben mir. Die Feuerwehrleute hatten bereits die ersten Schläuche in das Innere des Theaters und dann durch den Hinterausgang gezogen. Die Gasse füllte sich mit Menschen. Zwei Polizeibeamte sperrten alles ab und baten die von unten und oben heraneilenden Leute, hinter der Absperrung zu bleiben. Als die Löschung bereits in vollem Gange war, öffnete sich plötzlich die Theatertür und ein Feuerwehrmann schrie: „Alles sauber!"

Eleonora und ich waren die einzigen, die im Theater übernachtet hatten. Alle anderen Räume waren unbewohnt. Plötzlich kam mir ein schrecklicher Gedanke: der Techniker! Er hatte gestern Nacht angedeutet, dass er in der Werkstatt übernachten wolle. Kaum hatte die Beunruhigung, die dieser Gedanke in mir ausgelöst hatte, Platz gegriffen, sah ich ihn auf dem kleinen Weg, der zwischen Theater und Nachbarhaus zum Garten und zur Werkstatt führte, auf die Gasse heraustreten. Sein Gang war gelassen, sein Blick völlig entspannt. Spuren von Ruß zeichneten sein Gesicht. Ich ging rasch auf ihn zu und fragte ihn:

„Hallo Bruno, alles in Ordnung?"

Er sah mich aus seinen verrußten Augen vollkommen gelassen an und schwieg ... so, als ob er nichts sagen wollte, oder konnte. Schließlich antwortete er mit ruhiger und angenehmer Stimme:

„Schon. Ich habe geschlafen, bin aber noch rechtzeitig rausgekommen wie du siehst ...", und dabei schmunzelte er auf eine so liebenswürdige Art, dass mir ein kalter Schauer über den Rücken lief.

Der Brand war schnell gelöscht und hatte nicht weiter um sich gegriffen. Die Polizei nahm den Brand auf, befragte Bruno nach dem genauen Hergang und der Ursache des Brandes. Diese war noch nicht genau auszumachen, sodass weitere Nachforschungen notwendig waren und zwei Feuerwehrleute darangingen, die Werkstatt genauer zu untersuchen. Inzwischen war auch der Regisseur herangeeilt, hatte mit den Feuerwehrleuten und den Polizisten gesprochen, und Bruno, Eleonora und mir mitgeteilt, dass der Schaden sich in Grenzen hielte und dass die Probe wie geplant morgen früh um zehn Uhr beginnen würde. Eleonora könne bei ihm noch ein paar Stunden schlafen und Bruno würde mich sicher in sein Gartenhaus mitnehmen. Sie sollten bitte pünktlich sein, da sie nur noch ein paar Stunden Zeit hätten bis zur Premiere. Sprach's, nahm Eleonora das Gepäck ab, legte ihr, die in der klirrenden Kälte immer noch ihr Nachthemd trug, eine warme Decke über die Schultern, hakte sie unter und eilte mit ihr die Gasse hinauf, wo er seinen großen alten Citroën abgestellt hatte. Bruno sah mich an und gab mir mit dem Kopf ein Zeichen, ihm zu folgen. Mit zügigen, kraftvollen Schritten eilte er die Gasse hinunter. Ich folgte ihm so gut ich konnte, mein kleines Gepäck auf dem Rücken. Bruno marschierte und marschierte und schwieg. Nach etwa einer halben Stunde kamen wir in ein Tal. Noch immer war es dunkel. Der Weg, den wir jetzt gingen, war nicht mehr beleuchtet. Schließlich folgte ich Bruno über eine verschneite Wiese einen steilen Pfad hinauf. Ich rutschte mehrere Male aus und drohte zu fallen, doch schließlich stand ich, inzwischen völlig außer Atem, vor einer zweistöckigen Hütte. Bruno schloss die hölzerne Tür auf, hängte seine Felljacke an den Garderobenhaken, und begann sofort mit großer Geschicklichkeit in dem schwarzen, gusseisernen Ofen, der in der Ecke eines mit Holz ausgekleideten Raumes stand, Feuer zu machen. Ich stellte mein Gepäck in eine Ecke der Küche, setzte mich auf die Bank, die hinter einem einfachen Holztisch stand, und starrte durch eines der beiden Fenster hinaus ins Dunkle. Dann kochte Bruno auf einem kleinen

Gaskocher Tee. Er sagte immer noch nichts. Er stellte zwei einfache Tontassen mit zwei Löffeln, Honig und eine goldgelbe Wachskerze auf den Tisch. Kurze Zeit später goss er ruhig und konzentriert heißen Tee in die Tassen. Dann setzte er sich mir gegenüber und bedeutete mir mit einer kurzen Geste, ich möge Honig in den Tee tropfen lassen. Ich nahm einen der beiden Löffel und ließ Honig in den Tee tropfen. Wärme breitete sich langsam in den Räumen aus. Ich hörte das Knistern im Ofen, trank den heißen Tee und dachte bei mir, Was ist das wohl für ein Mensch, dieser Bruno. Er war von kräftiger Statur, hatte eine Halbglatze, einen Dreitagebart und sehr wache Augen. Mit entschiedenen Gesten und gelassener Eile tat er, was zu tun war. Und schwieg. Auch jetzt, wo wir uns gegenübersaßen, trank er genüsslich seinen Tee und sagte kein Wort. Ich wagte nicht, ein Gespräch anzufangen. Vielleicht steckt ihm der Brand noch in den Knochen und er muss die Ereignisse der Nacht verarbeiten, dachte ich. Doch Brunos Gesicht wirkte völlig entspannt. Mit dem Ausdruck von Neugierde und stillem Vergnügen blickte er zum Fenster hinaus. Höhlenkinder sind wir, dachte ich, und niemand weiß, und niemand ahnt, an welchem Feuer ich mich wärme, und welches Glück mich hier berührt. Ich sah das Trostlose und Abgründige meiner Seele im Spiegel von Brunos Schweigen … die Hilflosigkeit, die Verlassenheit, den Trotz, die Aggression, die Verzweiflung und Wut, die Schuldgefühle, die Lieblosigkeiten … ganz unten, in den Schrecknissen und Wirrnissen, in der Leere und Öde und Einsamkeit meines verschlossenen, verriegelten Herzens, in einer Trauer, von der niemand weiß und wissen sollte, dort, in den tiefsten Kellern meiner Kinderseele, wirkte Brunos Dasein wie die Erlösung meines gefangenen Körpers durch die Berührung einer fremden Seele. Eine Kraft von Angenommensein, von tiefem Verstehen ohne Worte ging von Bruno aus. Sie gab in einem Blick für Sekunden ihr Geheimnis preis, zeigte sich in einer stillen Geste, und hatte keine Sprache als die wortlose Botschaft aus warmen Decken. Sie brach als heimliche Freude in meine verkrustete

Schmerzlandschaft ein, als geduldiges Ereignis, als die Hand, die mir sagen wollte: Ich bin da, ohne anwesend zu sein. Als wir eine lange Weile so gesessen hatten, schaute Bruno mich plötzlich an und sagte:

„Ich zeige dir jetzt deinen Schlafplatz", blies die Kerze aus, stand auf, nahm eine große Taschenlampe vom Regal neben der Tür, öffnete mit einem langen Holzhaken die Dachluke, ließ eine Leiter herunter und stieg auf den Dachboden. Ich nahm meine Tasche und folgte ihm. Oben angekommen spürte ich die Kälte dieser winterlichen Nacht. Meine Augen folgten dem Strahl von Brunos Lampe. Etwa drei Meter vom Fenster, das bis auf den Boden reichte, entfernt, lag eine einfache Matratze mit Decken und Kissen. Daneben stand eine große Kerze mit Streichhölzern. Bruno sah mich an und sagte:

„Gute Nacht, Alexander. Ich wecke dich morgen rechtzeitig", drehte sich um und stieg die Treppe wieder hinunter. Ich nahm die leiser werdenden Geräusche wahr, stand eine Weile regungslos in der Dunkelheit und hörte von unten noch einige Mal entferntes Klappern. Ich sah zum Fenster hinaus. Ein erster Morgenschimmer war bereits über der Stadt zu erkennen. Ich selbst musste mir Kurs und Bestimmung sein, das wusste ich in diesem Moment. Müdigkeit übermannte mich. Unruhe ist das Fieber zum Ganzen hin, welches wir glühend ersehen, und das es niemals gibt, dachte ich. Wir verschmelzen mit den Augenblicken immer wieder, und bleiben doch zurück als Wunde und Schmerz. Ich legte meine Tasche neben das Bett, zog mich aus und legte mich schlafen. Schon nach kurzer Zeit fand ich mich in einem Traum wieder …

… meine Eltern fuhren mit mir und meinen Brüdern – ich war vielleicht siebzehn Jahre alt – in einem hellblauen Auto hinauf in die Berge in eine gemietete Hütte, um Ferien zu machen. Schon bei der langen Fahrt die vielen Serpentinen hinauf hatte ich leichte Kopfschmerzen, und ich sah, wie durch einen Schleier, in der Ferne das

schneebedeckte Gebirge. Als wir ein kurzes Stück bergab in das Feriendorf fuhren, das im Seitental einer weitläufigen Bergkette lag, wurde mir leicht schlecht. Meine beiden Brüder waren bester Laune, alberten herum und hänselten mich immer wieder. Ich verstummte und fühlte mich nicht in der Lage, an der heiteren Stimmung teilzunehmen. Kurz nachdem wir unsere Pension erreicht hatten, richteten wir uns im oberen Stockwerk in einem von den Eltern getrennten Zimmer ein, verstauten unsere Skier und stiegen kurze Zeit später die Stiege zum Speiseraum hinunter. Meine Kopfschmerzen wurden stärker und stärker, und ich sah mich nicht in der Lage, mit meinen Eltern und Brüdern zu Abend zu essen. Ich sagte meiner Mutter Bescheid. Sie sah mich besorgt an und bat mich, schlafen zu gehen.

„Morgen früh ist sicher alles wieder gut", sagte sie noch. Ich verabschiedete mich, schlich leicht benommen die Treppen nach oben, legte mich ins Bett und schlief bald ein. Als ich, nach einer unruhigen Nacht, am nächsten Morgen die Augen aufschlug, spürte ich einen stechenden Schmerz in der Schläfengegend. Die Sonne schien bereits zum Fenster herein. Meine Brüder waren längst auf den Beinen und wirbelten im Zimmer herum.

„Schlafmütze", sagte der eine.

„Steh auf, du depressiver Sack", provozierte mich der andere.

Ich stand langsam auf. Zwischen mir und der Welt hatte sich ein unsichtbarer Schleier gelegt. Ich zog mich an, ging hinunter und traf meine Mutter am Frühstückstisch. Sie sah mich fragend an, und ich sagte ihr, dass meine Schmerzen nicht besser geworden seien. Mein Vater kam die Treppe herunter. Die beiden berieten sich eine kurze Zeit. Ich stand abseits. Dumpf drangen Geräusche vom Gemurmel der Leute im Frühstücksraum und von klapperndem Geschirr an mein Ohr. Plötzlich kam mein Vater zu mir, legte seine Hand auf meine Schulter und sagte:

„Komm, ich fahre dich jetzt zum Arzt …"

Ich willigte ein, und kurze Zeit später – meine Mutter hatte mithilfe der Pensionschefin einen Termin im nahegelegenen Gebietskrankenhaus vereinbaren können – saßen mein Vater und ich im Auto und fuhren in die Notaufnahme des Spitals, die sich im Erdgeschoss des Gebäudes befand. Mein Vater wollte mich nicht weiter begleiten und bat mich, ihn anzurufen, wenn ich fertig sei. Ich sah meinen Vater durch die Glasscheiben des Empfangsbereiches in sein hellblaues Auto steigen und davonfahren. Meine Personalien wurden aufgenommen, und bald darauf saß ich bei einem der behandelnden Ärzte auf einer weißen Liege. Der junge Arzt schaute mir lange in die Augen und fragte dann kurz und knapp nach meinen Beschwerden. – Ein Mann, der kein Mitleid kennt – dachte ich im Traum. Er betastete meine Schläfen, meinen Kopf und schickte mich sofort zu weiteren Untersuchungen. Blut wurde abgenommen. Mein Kopf wurde geröntgt, und schließlich fand ich mich in einem der kahlen Zimmer des Krankenhauses wieder. Hier sollte ich auf den Arzt warten. Ich spürte im Traum: Ein Gewitter braute sich über mir zusammen. Mir war, als schlügen Blitze um mich ein. Als hörte ich nicht enden wollendes, lautloses Donnerkrachen. Als ginge ein Prasselregen in meinem Kopf hernieder. Die Tür öffnete sich. Der Arzt kam. Seine Worte waren kurz und hart.

„Sie haben einen Gehirntumor, der sich in den nächsten 24 Stunden auf die Lunge ausweiten und in spätestens zwei Tagen zum sofortigen Tod führen wird. Operation zwecklos. Sie haben etwa noch zwei Tage zu leben. Besser jedoch, sie lassen sich gleich verbrennen. Soll ich Ihnen einen Termin machen? Wir haben in den Bergen ein Krematorium, da könnten Sie heute noch hinfahren. Mit dem Bus etwa 1 ½ Stunden."

Gehirntumor ... sich auf die Lunge ausweiten ... kann sich ein Gehirntumor überhaupt auf die Lunge ausweiten? Was redet denn der da!! Ich will nicht sterben!!! Jedenfalls jetzt noch nicht!!! Gehirntumor ... mir war, als fiele ich von einer Sekunde auf die andere in einen Abgrund ... als fiele ich und fiele ... in einen dunklen, *unermesslichen Raum ... als fiele ich in einer schneller werdenden Bewegung ohne Ziel in einen Raum ohne Ende ... als fiele ich ohne jemals anzukommen, und ohne jemals eine Grenze zu erreichen. Ich sah den Arzt mit ängstlichen Augen an, und hielt die heraufkommende Panik in mir kaum aus ... ich war in diesem Moment vollkommen willenlos und sah in das zynische, mitleidlose Gesicht des Arztes. Meine Augen blickten zu Boden. Ich sah die regelmäßige Struktur des hellen Bodenparketts. Mein Leben war zu Ende. Alle Träume zerschmettert. Alle Pläne zerrissen, in unendlich kleinen Papierschnipseln in alle Winde zerstreut ... was ich jemals wollte, alle Freude, alle Hoffnung auf kommendes Glück war in einer Sekunde verbrannt ... ja, auch alle Vergangenheit, alles, alles was jemals war in meinem Leben, hatte seinen Sinn, seine Fügung, seine Berechtigung, sein Sein verloren ... das wenige Erreichte lag als unbeachtetes Wrack, sinnlos vermodernd im austrocknenden Sumpf der Vergessenheit darnieder. Mein Zimmer zu Hause war eingerichtet, als würde ich noch leben ... ich sah es bildlich vor mir: Alles war an seinem Platz ... was ist mit Eleonora, dachte ich plötzlich im Traum. Und wollte ihr eine SMS schreiben: „Wenn du dies liest bin ich tot." Doch ich zögerte, ich konnte nicht ... ich dachte, sie denkt dann, ich hätte Selbstmord begangen ... Eleonora ... wie verabschiede ich mich von Eleonora ... ich fühlte mich kraftlos und sank innerlich in mich zusammen ... die Wege, das Gras, die vielen Sommermorgen, und morgendlichen Gänge, der Blick aus dem Fenster, die Gassen, der erste zarte Kuss, Meeresbrandung und Stürme, Winterland, das Mondlicht über den Dächern, Gelächter nach Mitternacht, der erste Ton eines Violinkonzerts, das Haus am Ende der Straße, der kurze Rock, das wallende Haar, der süßliche Geruch aus der Küche, die Treppe hinauf in die Dachkammer, das Rauschen der Kastanienbäume, die Blumen vor der Tür, Grillenzirpen, der Duft von Thymian und Rosmarin, Rascheln von Geschenkpapier, Kinderplantschen im Wellenbad, Maienblüte und geöffnetes Kleid, Tanzlicht und Nachtgänge, das Geräusch eines anfahrenden Zuges, der Geruch von Zucker und Zimt, Flötentöne, der Gesang des Pirol, das Klicken des Gartentors, der Blick auf die Kathedrale, die liebenden Hände auf meiner Haut, Schneeflocken und Sonnenrot, Wolkentürme und Krähenkrächzen, Erdbeermarmelade und Brioches, Stimmennähe und Tränenglück, Telefonklingeln und Türenklopfen, Winken, Warten, Wiedersehen, Trauben, Wein und Schneegebirge, altes Papier von Büchern zwischen den Fingern, Elstern vor dem Fenster, Mandelblüte, Hagedorn, Sand in den Dünen, Fischgeruch und fremde Strände, und immer wieder die Sehnsucht nach der Stunde von Kuss und Umarmung – alles, alles, alles zerbrochen, vorbei, verbrannt ... ich schaute auf, dem Arzt in die Augen, und flüsterte: „Machen Sie mir einen Termin."*

Kurze Zeit später saß ich in einem Bus, der mich hinauf ins Krematorium bringen sollte. Am Rand der Serpentinen hinauf lagen Dörfer links und rechts. Menschen waren auf den Straßen. Ein Traktor, ein Kindergarten, alles, was ich sah, sollte ich jetzt zum letzten Mal sehen, dachte ich im Traum. Und wenn der Arzt nicht recht hatte? Ich spürte inzwischen keinerlei Schmerzen mehr, außer einem leichten Schwindelgefühl, das war alles. Was, wenn der Arzt irrte? Soll ja schon mal vorgekommen sein. Immerhin hatte er mir noch zwei Tage Zeit gegeben. Warum sollte ich mich vorher verbrennen lassen? Um mir die Schmerzen zu ersparen? Warum dieser voreilige freiwillige Gang in den geregelten Tod? Waren es nicht meine zwei Tage, die zu leben mir noch vergönnt waren? Plötzlich kam mir ein schrecklicher Gedanke: Ich hatte mich noch gar nicht verabschiedet! Nicht von meiner Mutter, nicht von meinem Vater, nicht von meinen Brüdern, nicht von Bruno, nicht von Eleonora ... ach, könnte ich doch anhalten und letzte Karten schreiben ... Briefe mit letzten Worten, letztem Dank ... Wolken türmten sich über den Bergen, das Wetter schlug um. Ich sah hinauf in den von zerrissenen Wolken bedeckten Himmel. Gewitter und Regengüsse standen kurz bevor. Nein, ich musste raus aus diesem Bus, musste zumindest eine kurze Pause machen, oder gar umkehren, zurück, nicht ins Krematorium, nicht ins Krematorium, das jetzt in riesengroßen Buchstaben wie eine letzte Festung vor meinem inneren Auge auftauchte. Der Bus fuhr ein in ein Bergdorf und hielt an. Die vordere Tür öffnete sich und eine alte Frau in schwarzer Kleidung mit einem zerschlissenen Koffer mühte sich umständlich die Metalltreppe herauf. Blitzschnell packte ich meinen Rucksack, eilte so schnell ich konnte zur hinteren Tür des Busses und drückte auf den Öffnungsknopf. Die Tür öffnete sich, und ich sprang hinaus ins Freie. Da stand ich, auf einem Dorfplatz, im Traum, und erste schwere Regentropfen fielen auf die Pflastersteine. Schnell eilte ich unter das Dach der Bushaltestelle, und hörte die Tropfen auf das Plexiglas schlagen. Gedanken wälzten sich durch meinen Traum … Wie hart ist doch der Monat April, träumte ich denkend … dachte ich träumend … wo alles in dir nach Sommer schreit, und dann der Winter noch einmal mit harter Pranke zuschlägt. Plötzlich Graupelschauer, plötzlich wieder Minustemperaturen. Und genau an dem Punkt, wo Wut und Zorn und Hass in Resignation und Depression umschlagen wollen, kommt plötzlich ein milder Tag. Du wachst auf und blinzelst in die Sonne, gehst zum offenen Fenster, hörst der Vögel Morgengesang, alles regt sich, lebt und beginnt von Neuem zu hoffen. Plötzlich wieder Pläne, Neugierde … Türen öffnen sich, die verschlossen schienen … Probleme, die du als erdrückend empfunden hast, sind nicht mehr. Du gehst hinaus, bist heiter und leicht, und alles fühlt sich so an, als ob nie ein Winter gewesen wäre. Die Natur ist unverschämt, dachte ich in meinem nicht enden wollenden Traum … sie treibt ein böses Spiel mit mir, jedenfalls ist sie stärker als mein von Stimmungen abhängiges Gemüt. Sie nimmt mich nicht wahr, sie hat ihren Rhythmus, dem ich und mein Körper sich beugen müssen, ob sie wollen oder nicht. Bis in ihren allmählichen Zerfall. Da stand ich nun, zitternd, auf dem Dorfplatz, und wollte zurück, wollte dem Krematorium den Rücken kehren, entrinnen der Verbrennung bei lebendigem Leib. Zurück, um die verbleibenden Tage zu nutzen, noch einmal Kaffee zu riechen, Baumrinde zu tasten, Flötentöne zu hören, Sonnenlicht zu trinken, Menschen zu umarmen, noch einmal zu versinken in alles, was war. Zurück, um mich zu verabschieden, letzte Worte zu finden, letzte Gesten, letzte Blicke zu tauschen, zu bitten um eine letzte tröstende Hand. Vielleicht werde ich ja doch noch gesund, dachte ich, es geschehen ja immer wieder Wunder. Und außerdem: Verbrennen lassen kann ich mich immer noch am Montag. Aber was machen die da oben im Krematorium, wenn ich nicht zum Termin komme, schoss es mir durch den Kopf. Ach, dann nehmen die halt den Nächsten, dachte ich und blickte vom Dorfplatz hinauf ins Gebirge. Da sah ich plötzlich von Ferne den Bus die Strecke in umgekehrter Richtung die Serpentinen herunterkommen ... welch ein Zufall ....der Bus fährt zurück. Ich kann jetzt zurückfahren. Kurze Zeit später hielt der Bus. Die Tür öffnete sich, ich stieg ein, zahlte mit fremden Münzen beim Busfahrer vorne und löste eine Fahrkarte ins Tal. Der Bus war voll. Menschen saßen da, und standen, Menschen, die aus den Bergen kamen. Bauern meist. Frauen mit weißen Taschen und geflochtenen Körben. Nur der etwas tieferliegende Sitz für Behinderte war noch frei. Ich setzte mich, und war erleichtert. Trotz des leichten Schwindelgefühls, das mich die ganze Zeit nicht verlassen hatte. Der Bus fuhr ins Tal, und fuhr und fuhr. Ich hörte das Gemurmel der Leute, hörte das Geräusch vorbeifahrender Autos im Regen, als wäre es das letzte Mal. Ab und zu ein Hupen. Dann bog der Bus in eine schmale Gasse ein, die von der Hauptstraße abging, und erreichte in Kürze die Haltestelle vor dem Rathaus eines etwas größeren Dorfes. Inzwischen prasselte der Regen noch heftiger hernieder. Ich blickte hinaus. Da standen zwei Menschen, wartend unter ihren Schirmen, und ich traute meinen Augen nicht. Ich sah noch einmal genauer hin: Ja, die Menschen, die da standen, waren meine beiden Brüder! Sie klappten ihre schwarzen Schirme zu und stiegen in den Bus ein. Und, als wüssten sie, dass ich hier sitzen würde, drängten sie sich in großer Eile durch die im Gang stehenden Menschen, kamen auf mich zu, beugten sich zu mir herunter und sprachen mich an:

„Hallo Alexander", sagte der eine. „Schön, dass du wieder zurückkommst."

„Wir wissen alles", fuhr der andere fort. „Komm, wir begleiten dich jetzt nach Hause."

„Gib mir deine Hand", sagte der eine und sah mich mit gütigen Augen an.

„Hab keine Angst", ergänzte der andere mit unsicherer Stimme und strich mir sanft über den Kopf. Ich blickte beschämt zu Boden, war nicht in der Lage zu antworten und verstummte vollkommen. Ich wusste nichts zu sagen. Gerettet war ich nicht. War ich zurückempfangen? War ich, nun doch, aufgenommen? Am Ende meines Lebens willkommen geheißen in der – Familie? Öffnete sich hier, im allerletzten Moment, eine Tür zu einer – Heimat? Welchen Weg gehen, wenn nichts mehr zusammengeht?, dachte ich. Wenn alles verworren ist und kaputt, wenn alles auseinanderläuft, und jetzt in einer anderen Welt sich bewegt? Die Familie zerrissen ... ich selbst zerrissen ... mir war bang bei diesem Gedanken. Da ging nichts mehr zusammen. Ein Schicksal war mir bestimmt, welches aus sich selbst heraus leben musste ... jenseits des Risses, jenseits der Familie, und doch war ich immer auf der Suche nach ihr, im Spiegel meiner selbst. Grauenvoll kamen sie zutage, die Risse, wenn ich sie aufsuchte. In ihrer Nähe zersplitterte sich das Ich wie ein Spiegel der zersplitterten Familie. Meine Sehnsucht war immer da, und wollte wieder zusammenfügen. Ich lebte in der Nähe von Schmerzlinien, in trostlosen Schweigeräumen. Vorwärtsgehen. Das Alleinsein annehmen. Die alte Welt nicht mehr aufsuchen. Aufbrechen. Klar sein, höflich, menschlich, liebevoll den Unverständigen gegenüber. Schräge Heimat ... Höllenfahrt seelischer Herkunft. Unselige Verknüpfung. Harmonische Familienabende. Weihnachten bei Schnee und Kerzenschein im trauten Kreis. Horrorfilm verschwiegener Empfindung, verdrängter Wut, nicht gelebter

Aggression. Mordgedanken und Zerstückelungsphantasien. Familie als Hort der Ruhe und des segensreichen Friedens. Trauer, Verstummen, endgültige Melancholie. Einsamkeit ohne Wiederkehr. Es gab kein Zurück, immer nur die Tür in einen nicht enden wollenden Abgrund, die Wiederholung ewig vergeblicher Bemühung beim Besuch zu Hause ... ein Wunder, dass die Mauern des elterlichen Hauses noch standen, das Dach nicht abgebrannt, die Gashähne noch geschlossen, die Elektroleitungen noch nicht gekappt waren ... Fluchtmomente, die Suche nach einem anderen Verlassensein ... süße Augenblicke am See, der sommerliche Morgen im Wald, Spechtklopfen ... du biegst um eine Ecke und siehst den Kirchturm deines Dorfes, den Straßenzug, der zu deiner Wohnung führt ... Treppenhausgeruch, die gebohnerten Dielen, der Staub auf dem Türpfosten ... langsam greift eine neue Verwurzelung ... zart berührt dich die vorübereilende Zeit, und schenkt dir einen kurzen Wärmestrom, eine flüchtige Heimat ...

Plötzlich hielt der Bus. Es hatte aufgehört zu regnen. Wolkenfetzen zogen über die Häuserdächer meines heimatlichen Dorfes. Meine Brüder nahmen mich in ihre Mitte. Wir stiegen aus. Dann standen wir vor unserem elterlichen Haus. Wir kamen nicht zum Ferienhaus zurück, sondern zu dem Haus, in dem ich aufgewachsen war ... Warum nur, warum, dachte ich im Traum ... – Wir stiegen schweigend die steile Treppe durch den Rosengarten hinauf zum Eingang. Ich erkannte die Fenster wieder, die Holztäfelung, den großen Naturfels auf dem Rasenstück neben dem Außenkamin, den mein Vater dort hatte anbringen lassen. Wir gingen um das Haus herum, hinter dem Haus eine Betontreppe hinauf und erreichten eine Terrasse, die sich unmittelbar hinter dem Haus der modernen Villa befand. Da saß mein Vater, mit schwarz gefärbten Haaren, und sah mich staunend an. Ihm gegenüber, auf der anderen Seite eines großen, langen Tisches aus dunklem Holz, saß meine Mutter. Auch sie sah mich an. Besorgt. Fragend. Erwartungsvoll. Ich setzte mich neben sie. Meine beiden Brüder setzten sich neben meinen Vater. Schweigen breitete sich aus. Mein Körper war schwer, als trüge er eine große Last. Langsam stand ich auf, wollte reden, und wollte mich verabschieden von meinen Eltern, von meinen Brüdern. In der Sekunde aber, in der ich den Mund öffnen wollte, fiel mir Eleonora ein ... ich wollte ihr einen Brief schreiben ... sie würde sich sicher freuen, wenn sie nach meinem Tod einen Brief von mir bekäme, schoss es mir durch den Kopf. Der Gedanke machte mich für einen kurzen Moment froh. „Liebe Eltern, liebe Brüder ...", begann ich jetzt im Traum zu reden. Doch kaum hatte ich begonnen, fing mein Vater mit meinem älteren Bruder laut an zu sprechen und ich hörte ihn sagen:

„Na, wie geht's denn so mit dem Studium?"

Meine Mutter fuhr dazwischen, unterbrach ihn barsch und schrie ihn mit schriller Stimme an:

„Hans, kannst du nicht einmal, ein einziges Mal deinem Sohn zuhören, er hat dir etwas Wichtiges zu sagen!"

Mein Vater verstummte und sah mich mit großen Augen an. Sein Blick war verunsichert. Dann, nach einer kurzen Pause betretenen Schweigens, hörte ich mich wieder sprechen:

„Liebe Eltern, liebe Brüder! Der Arzt, zu dem mich Vater gefahren hat, ist sich sicher und hat euch wohl darüber informiert, dass ich an einem unheilbaren Gehirntumor leide, der innerhalb der nächsten beiden Tage zu meinem sicheren Tod führen wird. Und ihr wisst sicher auch bereits, dass der Arzt mir einen Termin zur Verbrennung bei lebendigem Leib in den Bergen im Krematorium gemacht hatte und ich auf dem Weg dorthin war. Nun habe ich mir überlegt, dass der Arzt mir ja noch zwei Tage zu leben gegeben hat, an denen ich eigentlich noch was Schönes machen könnte."

Ich hielt kurz inne und fuhr dann fort:

„Ich möchte mich jetzt von euch verabschieden. Ihr wisst, dass ich nicht sterben möchte. Aber darüber kann ich nicht entscheiden. Ich werde sterben müssen ..."

Langsam beugte ich mich hinunter zu meiner Mutter und flüsterte ihr leise ins Ohr:
„Mutter, hast du mir vielleicht noch eine Briefmarke übrig, ich müsste noch einen Abschiedsbrief schreiben ..."
Meine Mutter nickte stumm. Nach einer weiteren längeren Pause sprach mich mein Vater mit milder Stimme an:
„Alexander, möchtest du morgen, am Sonntag, noch einmal etwas mit mir unternehmen?"
„Ja, Vater. Lass uns noch einmal zusammen in die Berge fahren."

„Alexander, es ist Zeit." Ich schreckte hoch aus meinem Traum und sah Bruno neben meiner Matratze stehen. Meine Augen schwammen noch halb im Schlafland. Er lachte mich an und sagte:
„Komm, es ist Zeit. Könnte ein stressiger Tag werden", drehte sich um und stieg die Leiter zur Dachkammer wieder hinunter.

Eine Stunde später saßen Bruno und ich im Büro des Theaters zur Besprechung. Ein leichter Brandgeruch lag noch im Raum. Die Anspannung bei Regisseur und Assistent, bei der Kostümbildnerin, dem Lichttechniker, bei Eleonora und den anderen vier Schauspielern war mit Händen zu greifen. Nur Bruno saß ruhig auf der Heizung und hörte zu. Auf seinen milden Gesichtszügen lag ein Ausdruck neugieriger Gelassenheit. Der Regisseur ergriff sofort das Wort, wendete sich zu den Anwesenden und sprach sie mit harter, bestimmter Stimme an:
„Wir spielen. Die Premiere findet statt. Probenbeginn in zehn Minuten in Kostüm und Maske. Noch Fragen?"
Einer der Schauspieler warf ein: „Warum können wir die Premiere nicht verschieben? Das klappt doch nie! Die Absage würde doch jeder verstehen mit dem Brand heute Nacht!"
„Deutsche Sprache, schwere Sprache", höhnte einer der Schauspieler.

„Ich diskutiere jetzt nicht!! Sonst noch was?", unterbrach ihn der Regisseur leicht aggressiv. Keiner traute sich noch was zu sagen, und nach einer kurzen angespannten Stille schloss der Regisseur die Besprechung mit den Worten:

„Wir sehen uns in zehn Minuten im Theater. Wir beginnen 2. Akt 4. Szene, Monolog Eleonora und folgende."

„Kann mir mal jemand helfen, die Kostüme vom Dachboden zu holen?", schrie die Kostümbildnerin aufgeregt in die sich auflösende Versammlung. Einer der Schauspieler erbarmte sich und eilte mit ihr die Treppe nach oben. Die anderen polterten die Treppe nach unten in den Schminkraum, der sich im ersten Stock des Theaters befand. Ich folgte ihnen, blieb an der Tür des Zimmers stehen und sah, wie die Darsteller sich hektisch ihre Schminke auftrugen. Pinsel, Lippenstifte, Lidschatten, Puder und Nagellack wurden mit großer Geschicklichkeit auf Gesicht, Haare und Fingernägel aufgetragen.

„So eine Scheiße. Ich weiß nicht, was der sich dabei denkt", fluchte einer der Schauspieler vor sich hin.

„Wir müssen die ganze Kacke ausbaden. Wir stehen auf der Bühne und müssen den Kopf hinhalten. Der Herr Regisseur macht sich's in der letzten Reihe bequem und fährt morgen zurück, wenn er sich die Vorstellung überhaupt anschaut", sagte ein anderer.

„Können wir den Schluss der 4. Szene im 3. Akt nochmal kurz durchsprechen?", bat der erste ihn flehentlich. Und schon begannen die Beiden in großer Eile flüsternd ihren Dialog zu proben – „... dass Korrektur Einfluss sich nicht ereignet oder dort draußen ..."

Eleonora, die bisher in großer Ruhe und Konzentration sich geschminkt hatte, fuhr jetzt mit herrischer Stimme dazwischen:

„Könnt ihr das bitte woanders machen, ich muss schließlich meinen Text auch durchgehen."

Wortlos legten die beiden ihre Schminksachen beiseite und gingen an mir vorbei ins Nebenzimmer. Dort war inzwischen die Kostümbildnerin damit beschäftigt, sämtliche Kostüme zu ordnen, auf einen improvisierten Kleiderständer zu hängen und mit kleinen gedruckten Namensschildern zu versehen. Kaum hatten die beiden Schauspieler den Raum betreten, fauchte sie die beiden an:

„Nee Jungs, also das geht gar nicht! Raus hier und Tür zu, ich muss mich konzentrieren."

„Ja seid ihr denn alle bekloppt hier", brüllte, leicht panisch, der eine Schauspieler zurück.

„Komm, wir proben unten im Theater", flüsterte der andere ihm zu.

„Aber ich bin doch noch gar nicht fertiggeschminkt!", antwortete ihm der erste.

„Dann schmink dich, ich geh schon mal runter", antwortete ihm der andere und trippelte bereits die Steintreppe ins Gewölbe hinunter. Eleonora war inzwischen mit dem Schminken fertig, ging ins Kostümzimmer, winkte mir kurz zu, als sie an mir vorbeiging, und ließ die Tür offen, sodass ich sehen konnte, wie sie sich in den eigentlich für ihre erkrankte Vorgängerin genähten prächtigen türkisenen Rüschenrock zwängte. Kurz darauf hörte ich das Geräusch reißenden Stoffes ... ratsch machte es ... eine Naht war gerissen. „Mist", entfuhr es Eleonora. Die Kostümbildnerin, die gerade eine Bluse bügelte, legte das Bügeleisen beiseite, half Eleonora aus dem Rock, legte diesen übers Bügelbrett, trennte die kurze Naht auf, vergrößerte den Umfang etwas und nähte geschickt mit wenigen Stichen die Naht wieder zu. Dabei stach sie sich in den Zeigefinger, und ein Blutstropfen quoll hervor.

„Ein Pflaster!", schrie sie. „Hol mir mal wer ein Pflaster aus dem Büro!!"

Gerade in diesem Moment kam der Assistent die Treppe herunter. Er hatte die letzten Sätze gehört. Die Kostümbildnerin bat ihn flehentlich:

„Bitte, Karl-Heinz, bitte hol' mir doch ein Pflaster aus dem Büro, du bist ein Schatz!"

„Hab ich vielleicht noch was anderes zu tun?!", fluchte dieser und trabte die Treppe wieder nach oben ins Büro. Während Eleonora ihr prächtiges goldgelbes Oberteil anprobierte, murmelte sie ihren Text leise vor sich hin und betrachtete sich dabei im Spiegel. Karl-Heinz kam mit einem Pflaster zurück, der Finger wurde verarztet, der Rock fertiggenäht, und Eleonora zog ihn sich ein zweites Mal an. Diesmal passte alles. In schnellen, energischen Bewegungen streifte sie sich ihre Schuhe über und entschwand nach unten ins Gewölbe. Ich ging hinein zur Kostümbildnerin, die inzwischen wieder mit angespanntem Gesicht am Bügelbrett stand, und bat um mein Kostüm. Mit zwei Griffen holte sie eine Hose, ein lang herunterhängendes Oberteil aus braunem Sackleinen und eine Kordel von der Stange und gab sie mir. Ich zog mich schnell um und begab mich dann langsam die Steintreppe hinunter Richtung Theater. Oben an der Treppe blieb ich stehen und blickte in das Gewölbe. Eleonora hatte ihr wallendes, schwarzes Haar geöffnet, saß am Rand des Autowracks auf einer Kiste und sprach ihren Text leise vor sich hin. Neben mir sauste der erste Schauspieler, inzwischen geschminkt, die Treppe hinunter und probte mit dem zweiten ihren Dialog. In der hinteren Nische kauerte der vierte Schauspieler und lernte seinen Text. Rechts hinten im Dunkeln klapperte der Lichttechniker mit den Scheinwerfern herum und versuchte sie zu montieren.

„Scheiße!", schrie er in den Raum. „Ein Scheinwerfer ist futsch. Ich muss neue holen. Die in der Werkstatt sind durch den Brand sowieso verreckt."

Niemand interessierte sich für ihn. Niemand wollte ihn hören. Wirr und fettig hingen ihm die Haare übers Gesicht. Seine Hände waren schwarz und ölig. Er eilte an mir vorbei die Treppe hinauf und verschwand. Plötzlich tippte mich jemand von hinten auf die Schulter. Ich zuckte zusammen, drehte mich um und schaute in Brunos heiteres Gesicht.

„Na, aufgeregt?", fragte er mich.

Ich sah ihn schweigend an. Er gab mir einen Klapps auf die Schulter und ging, einen Werkzeugkoffer in der rechten Hand, hinunter ins Gewölbe. Dort bereitete er in aller Ruhe die Requisiten vor, legte zwei Teller und Tassen links neben den Autoscheinwerfer, eine Pistole, ein Messer und eine Kette in die hintere Wandnische, sowie drei Blechbüchsen und eine Gummischleuder in die vordere. Dabei ging er ruhig, präzise und sorgfältig vor. Ich hatte das Gefühl, die Gegenstände dürften nur so, nur in dieser Weise, und millimetergenau nur an diesem Ort jetzt so daliegen. In jeder seiner Handlungen lagen Ruhe und Perfektion. Inzwischen war auch der dritte Schauspieler im Gewölbe. Er ging zu dem roten Autowrack, testete verschiedene Positionen, stieg aufs Dach und deklamierte in dramatischer Pose mit donnernder Stimme den Satz:

„Heil dir, der du dem Sumpf deines Quadratschädels entstiegen bist, um auszumessen den Raum zwischen Lenkrad und Lichtmaschine, Frontscheibe und Heckklappe, Kupplung und Keilriemen … gib dich hin dem erlösenden Motorengeräusch, steige auf aus den Tiefen des Getriebes und suche den Weg über die abgesessenen Sitze durchs Schiebedach in die Freiheit!"

Er wiederholte den Satz immer wieder und nahm dabei verschiedene Haltungen ein. Aber auch für ihn interessierte sich niemand. Eleonora wendete sich demonstrativ ab. Die beiden Schauspieler versuchten, sichtlich genervt, ihren Dialog weiter zu proben, der vierte Schauspieler hielt seinen Text noch näher vors Gesicht, und Bruno gähnte. Plötzlich kamen der korpulente Regisseur und sein Assistent Karl-Heinz behände die Treppe herunter. Eleonora blickte auf. Die beiden Schauspieler unterbrachen sofort ihren Dialog. Der dritte Schauspieler stieg vom Dach des Autowracks und stellte sich zu Eleonora, und der vierte Schauspieler legte seinen Text beiseite.

„Seid ihr so weit?"

Der Regisseur kam ohne Umschweife zur Sache.

„Wir beginnen mit Eleonoras Monolog und machen ohne Unterbrechung bis zum Ende des 2. Aktes. Bitte! Ich will niemanden auf der Bühne sehen außer Eleonora!!"

Der Regisseur setzte sich in seinen wackligen Regiestuhl, der seitlich des Autowracks in einer Ecke stand. Die beiden Schauspieler verkrümelten sich in die Nischen, der dritte Schauspieler verschwand rechts hinter einem schwarzen Paravent, und der vierte Schauspieler versteckte sich hinter der linken Stoffwand.

„Wir beginnen mit der Einleitung. Alexander, bitte!", rief der Regisseur ins Gewölbe hinein. Gerade als ich die ersten beiden Stufen die Treppe hinunterschleichen wollte, um ans Autowrack zu kommen, auf dem ich mit einer Geräuschimprovisation die Szene einleiten sollte, öffnete der Lichttechniker oben polternd die Tür des Theaters und kam die Treppe herunter. In seiner rechten Hand hielt er einen Scheinwerfer.

„Aus! Aus! Aus!", schrie der Regisseur und sprang von seinem Regiestuhl auf. „In welchem Provinztheater bin ich denn hier gelandet!!", brüllte er weiter und zündete sich, trotz strengsten Rauchverbots, eine Zigarette an. Die Schauspieler und Eleonora blickten den Lichttechniker an wie ein Gespenst. Der Assistent sprang auf, eilte zu dem Mann hinauf, der erschrocken auf der Treppe neben mir stehengeblieben war, flüsterte ihm ins Ohr, er solle jetzt auf der Stelle verschwinden, und schob ihn sanft die Treppe wieder hinauf. Kurze Zeit später konnte die Probe ein zweites Mal beginnen. Auf ein Zeichen des Regisseurs hin schlich ich zum Autowrack hinunter und erzeugte mit groben hölzernen Stöcken an den zerbeulten Türen, auf den zerrissenen Sitzen, an den Scheinwerferhöhlen, am rostenden Schiebedach, an der Heckklappe und an den Stoßstangen Geräusche, Rhythmen und Töne. Dann trippelte ich schnell und geräuschlos wieder die Treppe hinauf. Inzwischen war Eleonora mit ihrem prächtigen türkisenen Rüschenrock langsam auf die Bühne getreten und musterte mit intensiven Blicken den ganzen Raum. Für einen Augenblick herrschte vollkommene Stille. Dann hob sie langsam ihre rechte mit rötlichen Steinen beringte Hand und begann ihren Monolog.

„Man nenn' es ...", flüsterte sie, kaum hörbar, und machte eine lange Pause. „... Grille – Eitelkeit: gleich viel. Ich t e i l e meine Freuden nicht."

Ihr Blick wanderte langsam über die leeren Zuschauerreihen, an der steinernen Gewölbewand entlang, und blieb schließlich auf der Kühlerhaube des Autowracks liegen. Sie lächelte unmerklich, und fuhr fort:

„Dem Mann, dem Einzigen, den ich mir auserlesen, geb ich für alles, alles hin. Ich schenke nur einmal, aber ewig. Einen nur wird meine Liebe glücklich machen – Einen – doch diesen Einzigen ..." – wieder hielt sie inne, hob langsam ihren Kopf und sagte leise: „... zum Gott."

Langsam senkte sie ihren Kopf wieder und schien jetzt die Zuschauer, die nicht da waren, direkt anzusehen. Ihre Stimme wurde etwas lauter, und in entspannter Gelassenheit, wie jemand, der nichts mehr zu verlieren hat, hallte ihre angenehm sonore Stimme durch den Raum: „Der Seelen entzückender Zusammenklang – ein Kuss – der Schäferstunde schwelgerische Freuden – der Schönheit hohe, himmlische Magie sind eines Strahles schwesterliche Farben, sind einer Blume Blätter nur."

Plötzlich warf sie ihre fülligen schwarzen Haare nach hinten, ging in schnellen Schritten auf der Bretterbühne nach rechts – ihre Schuhe machten dabei ein lautes klackerndes Geräusch – und sprach in einer unerwartet heftigen Bewegung so laut und erregt, dass ich unwillkürlich zusammenzuckte:

„Ich sollte, ich Rasende! Ein abgerissenes Blatt aus dieser Blume schönem Kelch verschenken? Ich selbst des Weibes hohe Majestät, der Gottheit großes Meisterstück, verstümmeln, den Abend eines Prassers zu versüßen?"

Die Textpassage hatte ihren Höhepunkt erreicht. Alle im Raum waren beeindruckt. Eleonora atmete schwer, und ihr Busen hob und senkte sich unter ihrem dünnen Gewand.

„Stopp!", rief der Regisseur aus der Ecke dazwischen. „Stopp! Stopp! Alles wunderbar ... aber kannst du bitte am Schluss noch zwei Schritte weiter nach rechts gehen, das ist mir doch zu zentral. – Alles auf Anfang!"

Eleonora ging wieder zurück auf ihre Ausgangsposition, und der Regisseur eröffnete den zweiten Versuch mit den Worten:

„Und ... bitte!"

Der Regisseur probte und probte, unerbittlich, bis zum Beginn des Einlasses. Die Schlussszene war gerade im Gange, als eine junge Frau von der Kasse herunterkam und den Regisseur fragte, ob sie den Einlass machen könne, vor dem Theater würden sich schon die ersten Leute sammeln. Der Regisseur drehte sich, selbst in höchster Anspannung, zu ihr um und schnauzte sie an.

„Du siehst doch, dass wir hier proben ... Einlass in 15 Minuten!!"

Bruno versuchte möglichst unauffällig die vordere Bühne mit einem schwarzen Tuch abzudecken. Der Lichttechniker markierte die richtigen Lichteinstellungen nach dem Plan, den der Regisseur in den kurzen Probenpausen mit ihm erarbeitet hatte und programmierte seinen Laptop. Die Programmhefte waren gerade druckfrisch aus der Druckerei gekommen. Eine Frau, die ich nicht kannte, ging fast geräuschlos durch die Zuschauerreihen, wischte mit einem nassen Lappen behände die Zuschauersitze ab und legte jeweils ein Programmheft darauf. Währenddessen wurde weiter geprobt. Zwei Schauspieler hingen mit Seilen an der Decke, als ob sie gehängt worden wären, und brüllten mit aggressiven Stimmen in das Theatergewölbe hinein:

„Wie geht es Ihnen?"

„Danke gut, und Ihnen?"

„Ich kann nicht klagen."

„Sind Sie wohl bei Gesundheit?"
„Danke, danke, das Knie schmerzt wie immer – und Sie?"
„Keine besonderen Vorkommnisse. Alles in bester Ordnung!"
„Das freut mich zu hören!"
Während des Dialogs baumelten und drehten sich die beiden an den Seilen und wiederholten wie in einer Endlosschleife immer wieder ihre Sätze. Mal sprachen Sie sich einander zugewandt an, mal voneinander abgewandt, mal sprachen sie aneinander vorbei. Plötzlich rollte der vierte Schauspieler mit einem Rollstuhl auf die Bühne. Er war vollkommen in schwarze Mullbinden eingehüllt, sodass Mund und Augen nur durch zwei schmale Schlitze zu erkennen waren. Er trug ein großes eisernes Kreuz um den Hals und brüllte:
„Die Macht ist verteilt, die Kriege zu Ende, der Sieg ist unser. Wir tragen die Last. Wir führen das Volk. Wir sind die Ordnung der Welt."
Auch er wiederholte diese Sätze immer wieder und fuhr dabei mit seinem Rollstuhl hin und her. Von links kam der dritte Schauspieler in Militäruniform. Er trug schwarze Militärstiefel, einen Stahlhelm auf dem Kopf und schlug sich mit einem Polizeiknüppel fortwährend auf die Innenseite seiner linken Hand. Plötzlich schrie der Regisseur, außer sich vor Wut, mit sich überschlagender Stimme auf den Bretterboden stampfend, so dass ein Brett, für alle deutlich hörbar, zersplitterte:
„Was ist das für ein Scheißpantomimenschritt!! Ich will die Schritte hören, die wir alle kennen!!!"
Der vierte Schauspieler stampfte daraufhin mit zusammengebissenen Zähnen auf den Boden, sodass sein Schritt zu einem heftigen, unerbittlichen, rhythmischen Akzent wurde. In diesem Augenblick betrat Eleonora die Bühne. Ihre rechte Brust war entblößt, in der linken Hand hielt sie eine französische Fahne. Sie warf sich fahneschwenkend auf den Boden, wälzte sich auf den Rücken, verharrte in sich hingebender Pose, bedeckte ihre Brust mit der französischen Flagge, streifte langsam ihren Rüschenrock hoch über ihre

Schenkel, sodass rote Strapse sichtbar wurden, und spitzte ihre rot geschminkten Lippen zum Kuss. Das Licht dämpfte sich ab. Die unwirkliche Szenerie war nur noch schemenhaft zu erkennen, und mit einem Schlag ertönte über Lautsprecher in voller Lautstärke der Schlusschor von Beethovens Neunter Sinfonie: „Alle Menschen werden Brüder." Die Musik endete abrupt. Der Regisseur brüllte:

„Alles auf Anfang. In einer halben Stunde beginnt die Vorstellung."

Die beiden Schauspieler wurden aus ihrer hängenden Lage befreit, Eleonora packte in Windeseile ihre Sachen, die Akteure stieben auseinander, der Lichttechniker bastelte immer noch weiter, Bruno machte einen letzten überprüfenden Rundgang, schlug hier noch einen Nagel ein, korrigierte dort noch die Position eines Paravents, schloss seinen Werkzeugkasten und ging konzentriert die Theatertreppe nach oben. Die ersten Zuschauer kamen ihm bereits entgegen und nahmen Platz. Ich stand an der Treppe und sah ins Gewölbe hinunter. Der Lichttechniker zog noch eine letzte Schraube an einem der Scheinwerfer fest, ließ die Leiter hinter dem rechten hinteren Vorhang verschwinden und ging leicht missgelaunt ebenfalls nach oben. Ich blieb immer noch stehen und schaute nach unten. Dort, wo gerade noch Hektik und aufgeladene Stimmung zwischen allen Beteiligten die Szenerie beherrscht hatte, breitete sich jetzt erwartungsvolle Stille aus. Weitere Zuschauer kamen die Treppe herunter und suchten ihre Plätze. Schließlich ging auch ich nach oben, und als ich ins erste Stockwerk hinaufsteigen wollte, sah ich dort auf den Stufen den Regisseur sitzen und in großer Konzentration einem älteren Herrn, der vor ihm stand und eifrig in ein Heft kritzelte – offensichtlich der Theaterkritiker –, Sätze zuflüstern.

Die Vorstellung war zu Ende. Heftiger Applaus setzte ein. Einzelne Buhrufe. Wir verbeugten uns. Regisseur, Kostüm- und Bühnenbildnerin wurden auf die Bühne gebeten. Der Applaus brandete noch einmal auf. Langsam verließen die ersten Zuschauer das Gewölbe, ließen sich an der Garderobe ihre Mäntel geben und traten hinaus

ins Freie. Sämtliche Anspannung war von den Schauspielern gewichen. Ich sah in strahlende Gesichter. Alle umarmten sich, und ich hörte lachende, von euphorischer Stimmung getragene Sätze wie:
„... das wäre aber um ein Haar schiefgegangen ..."
„... dir war schon klar, dass ich die Fragen vertauscht habe?"
„... ach das hat doch keine Sau gemerkt ..."
„... plötzlich war mein Stock weg, ich dachte ich spinne!"
„... ich Idiot, ich hätte natürlich von links kommen sollen!"
„... sorry, ich hatte einen kurzen Blackout ... ist mir wirklich noch nie passiert ..."

Die Schauspieler schminkten sich ab. Gelächter hallte durch die Zimmer, ein Wort gab das andere, und so mancher Witz machte die Runde. Auch ich zog mir die Sackleinen-Kleider vom Leib, legte sie sorgfältig in den Kostüm-Raum und ging in das größere Zimmer, das in eine geräumige Terrasse mündete, die sich direkt über der ausgebrannten Werkstatt befand. Zum Garten hin konnte ich auf den in der Dunkelheit dahinfließenden Fluss sehen. Hier sollte die Premierenfeier stattfinden, und langsam kamen Schauspieler, Assistent, Lichtmann, Bruno, Kostüm- und Maskenbildnerin, eine Fotografin, die, wie ich später erfuhr, die Bilder fürs Programmheft gemacht hatte, Freunde und Bekannte, die Eltern des Regisseurs, Brunos Bruder, Eleonoras Schwester und schließlich Eleonora selbst zur Tür herein. Nach und nach füllte sich der Raum, und mittendrin bewegte sich der Regisseur. Er bedankte sich bei allein einzeln und persönlich, umarmte alle und jeden und fand lobende Worte hier und lobende Worte da. Die Frau von der Kasse brachte belegte Brote. Sekt wurde ausgeschenkt, und unter großem Hallo wurde angestoßen auf die gelungene Produktion. Ein Reden, Lärmen, Lachen und Singen setzte ein, und, nachdem ich, in einer Ecke stehend, dem Treiben längere Zeit zugesehen und den heiteren Tönen gelauscht hatte, kam plötzlich Eleonora auf mich zu, nahm mich am Arm und zog mich durch die plaudernden Menschen hinaus auf die Terrasse. Sie hatte sich vorsorglich ihre Pelzjacke übergezogen, ich aber stand in Hemd und Jackett, und fror. Wir standen nebeneinander über das Eisengeländer gebeugt, und schauten auf den Fluss.

„Ich komme gleich wieder", sagte ich ihr flüsternd, verschwand im Inneren des Theaters und holte meinen Wintermantel aus der oberen Wohnung. Als ich wieder auf die Terrasse trat, schlug die Glocke des Doms zwölfmal. Wieder war Mitternacht. Der Fluss plätscherte im Mondlicht ruhig vor sich hin. Einige wenige Sterne waren zu sehen. Der letzte Glockenton verhallte. Eine helle Winternacht, dachte ich. Kalt und klar. Eleonora schwieg. Von drinnen drangen die Gespräche der vielen Gäste nach draußen an mein Ohr wie das Gemurmel eines Bergbachs. Plötzlich wendete sie den Kopf zu mir herüber und fragte:

„Und wie ging die Geschichte mit Nicob weiter?"

Sie war noch immer aufgeputscht von der Theatervorstellung, von der enormen Leistung, die sie noch wenige Stunden zuvor auf der Bühne erbracht hatte. Ich schaute ihr in die Augen. Sie waren wach und neugierig.

„Du bist eingeschlafen über der Geschichte", antwortete ich ihr fast flüsternd.

„Ja, und das war ja wohl auch der Sinn der Sache", entgegnete sie schnell. „Aber wie geht die Geschichte denn weiter?"

„Nun, du erinnerst dich vielleicht ...", fuhr ich fort, „Prinz Nicob von Gothanien war in einen verschneiten Winterwald geraten, hatte von Ferne ein Licht gesehen und war zu einer Holzhütte gekommen. Er hatte geklopft, und plötzlich leise Schritte vernommen ... knarrend öffnete sich die Tür, und eine uralte Frau – sie trug ein prächtig glänzendes, blaues Kopftuch – schaute ihm gütig in die Augen. Sie war in Schwarz gekleidet, trug einen wallend langen Rock, der bis zum Boden fiel, und eine dunkle, mit Silber bestickte Felljacke. ‚Sei gegrüßt, Prinz Nicob von Gothanien', sagte sie langsam mit heller Stimme. ‚Komm nur herein. Ich habe dich schon erwartet.'
Nicob ging langsam über die Schwelle und folgte der Greisin in ein

größeres Zimmer. Dort stand, auf einem großen Metallständer, eine mächtige Kerze. Die züngelnde Flamme erhellte den ganzen Raum. Woher kennt sie meinen Namen?, dachte Nicob bei sich. Und woher wusste sie, dass ich zu ihr in diese verlassene Hütte kommen würde? Er war in einer wichtigen Mission unterwegs und musste den Brief, den er sorgsam in seiner Ledertasche verwahrt bei sich trug, König Krumbass von Brensdan im fünf Tagesmärsche entfernten Schloss persönlich überbringen. Die alte Frau setzte sich langsam in einen großen Sessel und bat Nicob, ihr gegenüber auf einem einfachen Holzstuhl Platz zu nehmen. ‚Trink, Nicob, trink', forderte sie ihn auf, und deutete dabei auf eine dampfende Tasse Tee, die unmittelbar neben Nicob auf einem kunstvoll gedrechselten Holztischchen stand. ‚Das wird dir guttun. Du kommst aus der Kälte und bist sicher schon lange unterwegs', fuhr sie fort. Nicob nahm die große, rötliche Tontasse und führte sie langsam an seinen Mund. Der heiße Tee tat ihm gut und wärmte ihn von innen. Welche Wendung hatte dieser Tag so plötzlich genommen, dachte er bei sich. Die alte Frau war ihm fremd, und er wusste nicht, was sie von ihm wollte, und ob er bleiben sollte. ‚Es gibt Krieg', sagte sie plötzlich. ‚Und keiner weiß, was geschehen wird. Wie Totengerippe werden die Bäume stehen, säumend die verlassenen Alleen. Alle Seelenliebe wird dich verlassen, und die Sehnsucht nach körperlicher Liebe wird aus dir verschwinden wie ein erlöschender Komet. Bald liegen die wirklichen Bilder zertrümmert, und die Farben werden neu gemischt. Das Chaos frisst sich selbst auf. Vorbei, vorbei der schmerzensreich-glückliche Moment, die zufällig aufgefangene Melodie. Vorbei der Atem aus Wind und Bergen, Steppe und Savanne. Verstummen werden die Stimmen aus ewigem Eis. Aber die Welt wird auferstehen mit wetterverwitterten Gesten. Ich sehe Augen, die den jahrtausendealten Hochgebirgsfelsen süchtiges Leben verleihen. Ich höre Klänge, deren Töne ohne Menschen auskommen, und überbracht werden von demütigen, in sich ruhenden Händen.' Und nach einer längeren Pause fuhr sie fort: ‚Irgendwann wirst du springen müssen,

Prinz Nicob von Gothanien. Ins kalte Wasser. Irgendwann werden die hochschlagenden Wellen dich an einen Strand spülen, den du niemals zu sehen dir vorstellen konntest. Du wirst aus deiner Bewusstlosigkeit erwachen und neues Land betreten. Taumelnd vor Angst. Taumelnd vor Glück. Taumelnd vor Neugierde. Und Kräfte werden dich hineingeschleudert haben ins Offene, weil du selbst dazu die Kraft nicht hattest.' Die Greisin hielt inne. Sie wendete langsam ihren Kopf und schaute lange auf die flackernde Flamme der riesigen Kerze und schwieg. Nicob wurde unruhig. Er wollte weg. Sollte die Alte doch sagen was sie wollte. Was hatte er damit zu schaffen! Er hatte einen Auftrag zu erfüllen und nichts sonst. Fest umklammerte er seine Ledertasche, und in einer heftigen Bewegung stand er auf, bedankte sich bei der Greisin für den Tee und verabschiedete sich. Die Greisin schaute ihn an, und ein fast unmerkliches Lächeln verjüngte für einige Sekunden die zerfurchten Züge ihres Gesichts. Prinz Nicob von Gothanien ging zur Tür, trat, innerlich aufgewärmt, doch voller Unruhe hinaus in die Kälte und ließ die Holztür zögernd ins Schloss fallen. Seine Seele tapste. Er schaute sich um, unsicher, von Ängsten noch gehalten, und doch schon gehend, umsichtig, ein wenig zitternd, und doch getragen von kleinen Glückswellen. Die kommenden Tage winkten ihm zu. Sie waren freundlich, und luden ihn ein mit bescheidenen Gesten. Es hatte aufgehört zu schneien. Mit schnellen Schritten stapfte der Prinz schließlich durch den frischgefallenen Schnee und fand bald den Weg wieder, an dem er abgebogen war. Er wollte noch etwa zwei Stunden marschieren und hoffte dann, die Grenze des väterlichen Reiches zu erreichen. Dort, so hatte ihm sein Vater, König Ranshut von Gothanien, mit auf den Weg gegeben, würde er eine bequeme Unterkunft für die Nacht finden."

„Eleonora!", rief in diesem Augenblick eine Stimme aus dem Inneren des Theaters. „Presse."

„Ich komme!", schrie Eleonora zurück, hielt einen kurzen Moment inne, schaute mir in die Augen, sagte leise „Danke" und verschwand kurz darauf im Inneren des Hauses. Merkwürdig, dachte ich. Ein Pressegespräch nach Mitternacht, und blieb über das eiserne Geländer gelehnt stehen. Inzwischen waren einige weitere Sterne zu sehen. Was für eine seltsame Zeit. Welch merkwürdige Momente. Der Winter hatte sich noch nicht verabschiedet, mit seinen vereisten Ufern, mit seinen kalten Morgenstunden, seinen Schneerändern und vermatschten Straßen, mit seinen grauen Nachmittagen, seinen frierenden Fingern, mit seinen gezuckerten Dächern, seinen kahlen Alleen, und seinen hellen Mondnächten. Eleonoras Stimme hatte sich mir tief eingeprägt. Nach dem verhallenden Gelächter der zu Ende gehenden Premierenfeier blieb ein leiser Ton zurück, ein Flüstern, und die flüchtige Berührung mit Eleonoras flüchtigem Wesen kauerte nun an meinem Herzen und wollte leise singen. Wo Stille ist, ist auch Musik. Ich nahm einen leeren Zettel aus meinem Portemonnaie, fand einen Bleistift in meiner Jackentasche und schrieb im Dämmerlicht, das vom Innenraum durch die Fenster müde auf die Terrasse schien: Deine Seele ist schön, und ich wünsche sie Dir von Herzen unverletzt, wissend, wie naiv dies ist, da doch nur die Verletztheit deiner Seele möglich macht, was die Kunst von Dir fordert. Alexander. Plötzlich stupste mich jemand von hinten auf die Schulter. Ich drehte mich um. Bruno stand vor mir und bedeutete mir mit einer kurzen, schnellen Drehung seines Kopfes, dass er gerne gehen wolle. Ich folgte ihm über die Terrasse durch den Innenraum und sah an einem der kleinen, runden, hohen Tische Eleonora stehen. Sie war mit einem Journalisten ins Gespräch vertieft. Schnell ging ich zu ihr hin. Unwirsch drehte sie sich zu mir um. Ich blickte sie an, gab ihr den Zettel, und folgte Bruno weiter durchs Theater ins Freie.

Den ganzen Weg über in das kleine Tal zu seinem Gartenhaus sprach Bruno kein einziges Wort. Als wir mitten durch den nächtlich schimmernden Schnee den steilen Pfad hinaufstapften und schließlich am Gartenhaus oben ankamen, wurde die hölzerne

Eingangstür von innen geöffnet. Eine Frau stand vor uns. Großgewachsen, mit wallenden, schon leicht angegrauten Haaren begrüßte sie Bruno mit einem Kuss, stellte sich mir kurz als Katja vor, und bat uns herein. Auch sie sprach kein Wort. Wir traten ein, legten unsere Mäntel auf eine alte Kommode und setzten uns an den Küchentisch. Katja, Brunos Freundin, wie ich vermuten durfte, zündete eine Kerze an, bereitete uns einen würzigen Tee und setzte sich zu uns. Bruno war zufrieden, das spürte ich, und ihm gefiel, dass ich ihn begleitet hatte. Der Tee dampfte. Ab und zu war ein leises Knacken aus dem oberen Gebälk zu hören. Wir tranken und schwiegen. Ruhe endlich. Nichts mehr. Drei schlagende Herzen, weit nach Mitternacht. Brunos Freundin hatte ein raues, schönes Gesicht. Ihr Blick war mild und offen. Sie war vielleicht vierzig Jahre alt. Ab und zu schauten die beiden sich an, dann huschte ein leichtes Lächeln über ihr Gesicht. Herz aus Glas, zerbrechlich und streng. Die Sekunde, die durchsticht, und den Moment in plötzlichen Zauber taucht. Augenglanz über den tönernen Tassen. Stille, die keine Antwort braucht. Der Gang ins Weltall, das Glück bei den Sirenen, der Ritt der Fantasie durch die Galaxien. Ach … all die verlümmelten Jahre. Bruno schaute mich an und sagte leise: „Komm!" Er stand auf und zog sich seine Felljacke über. Ich zog mir meinen Mantel an und folgte ihm. Er ging nach draußen vor die Hütte in den Schnee und blieb stehen. Ich stellte mich neben ihn. Kälte kroch mir ins Gesicht. Bruno schaute hinauf zu den Sternen. Der Raum über uns öffnete sich. Er zeigte mir den hell-leuchtenden Polarstern, den Aronstab, den Großen Wagen mit seiner Deichsel, und das Sternbild des Löwen. Ein deutlich sichtbarer, diffuser, weißer Streifen zog sich wie ein Bogen über den Nachthimmel. Die Milchstraße. Der unendliche Raum über mir. Der Raum, der kein Ende hat, in keine Richtung. Oben und Unten lösten sich auf. Magnetisch gebannt durch die Erdanziehung stand ich auf einer sich langsam drehenden Kugel, auf seiner Kruste, und meine Augen suchten den Raum zu erfassen, und reichten doch nur bis zu einem kläglichen Horizont voller schwächer werdender Lichtpunkte ... was war dahinter ... und dahinter ... und dahinter ... ich konnte es nicht sehen ... ich konnte es nicht wissen ... ich konnte es nicht ahnen ... ich konnte es nicht denken ... und wenn ich jetzt fiele ... wohin würde ich fallen ... wer hielte mich ... was hielte mich ... oder würde ich immer weiter nur fallen ... und warum fallen ... warum nicht steigen ... gab es doch keine Richtung mehr, und alle Bewegung war gleich ... und auch die Zeit war in diesem Fallen eine wertlose Geburt meines kleinen menschlichen Gehirns ... es gab keinen Anfang, und kein Ende ... kein Loskommen und kein Ankommen ... ein kleines, kurzes Erdenleben war es nur, auf einer erstarrten Kruste über dem wütenden Feuer im Inneren der Erde ... in rätselhafter Nacht schwebend durch rätselhaften Raum ... und doch gab es Glück und Erfüllung, und Tränen der Freude, und Trauer in der Erfüllung, und Erfüllung in der Trauer ... meine Seele hielt kurz inne ... ich befand mich inmitten eines rätselhaften Raumes, einer unergründlichen Unendlichkeit.

„Komm", sagte Bruno leise zu mir, und, als hätten wir etwas miteinander geteilt, ohne uns mitzuteilen, gingen wir schweigend zurück in die Hütte, sahen uns an und verabschiedeten uns für die Nacht. Ich stieg hinauf in die Dachkammer, zog mich aus und sank erschöpft auf die Matratze. In wenigen Minuten war ich eingeschlafen und fand mich in einem merkwürdigen Traum wieder ...

... langsam wandelte ich durch eine große gotische Kathedrale. Bläuliche Lichtschimmer drangen von draußen durch die in prächtigen Mosaiken abstrakt gestalteten hohen Kirchenfenster ins Innere des gewaltigen Mittelschiffes. Ich blickte in das Nebenschiff, sah die Seitenkapelle, den Chorraum, den Bischofsgang auf halber Höhe, den hölzernen Altar, den in Stein gehauenen geschwungenen Kanzelaufgang, den großen, goldenen Kronleuchter, der in der Mitte eines runden Vorraums von der Decke hing ... aus einiger Entfernung, von außerhalb der Kathedrale, hörte ich gregorianische

Gesänge ... war da ein Kreuzgang? War da ein Kloster? Musik und Tonschwingung, dachte ich im Traum ... Maß und Proportion des Bauwerks, genommen aus der Obertonreihe ... Oktave, Quint ... Quart ... große Terz ... kleine Terz ... die Längenverhältnisse auf einer schwingenden Saite als Grundmasse eines mittelalterlichen Bauwerks ... Musik und Stein ... Glas und Licht ... – ich ging zurück zum Hauptportal, und wie von Geisterhand öffneten sich, bevor ich dort angelangt war, die riesigen, eisernen Türflügel. Ich wurde geblendet vom Licht, das wie eine nicht aufzuhaltende Wasserflut durch das Tor hereinbrach und, als wäre ein Damm gebrochen, sich ins Innere der Kathedrale ergoss. Als sich meine Augen an das helle Licht gewöhnt hatten, sah ich plötzlich, wie zwei feiste, dicke Mönchsmänner in langen braunen Mönchskutten, die mit hellbraunen, seilartigen Kordeln an der Hüfte zusammengefasst waren und die vor ihren Gesichtern zwei vollkommen sich gleichende Luther-Masken trugen, mir den Weg versperrten. Sie schienen über magische Kräfte zu verfügen und hinderten mich daran, vom Inneren der Kathedrale nach draußen zu treten. Behäbig tänzelnd bewegten sie sich mit schwerfälligen unbeholfenen Schritten. Ab und zu drehten sie sich auf einem Bein hüpfend im Kreis, und immer wieder drängten sie mich, ohne mich jedoch zu berühren, zurück ins Innere der Kathedrale. Egal in welcher Richtung, ich versuchte an ihnen vorbeizukommen, sie stellten sich jedes Mal vor mich. Dabei wurde ich von magischen Kräften in der Kathedrale gehalten. Sie lachten laut auf, und ich wusste nicht, war es Hohn, war es Spott, war es Sarkasmus, war es Schadenfreude. Plötzlich drehte der eine von Ihnen mir den Rücken zu, raffte sein braunes Mönchsgewand mit seinen kurzen, dicken Fingern und zeigte mir für einen kurzen Augenblick seinen nackten Hintern. Hier war kein Entkommen, kein Entrinnen mehr, das spürte ich, und ich fühlte mich mehr und mehr bedroht, verloren, verlassen, hilflos und ausgeliefert. Ich war ein Spielball der magischen Kräfte, über die die beiden Mönche verfügten und schlitterte mehr und mehr hinein in ein Gefühl grenzenloser Ohnmacht. Ich geriet in höchste Panik, und in der größten Bedrängnis und Not phantasierte und erhoffte ich Rettung, die mir jedoch gleichzeitig völlig unwirklich erschien. „Ach könnte doch bloß jetzt ...", „Ach würde doch plötzlich ...", dachte ich im Traum, und es war nichts als ein aus purer Panik erwachsener Wunsch, eine Sehnsucht ohne Inhalt in einem Moment, in dem mein Leben verloren schien ... – und plötzlich trat das Unglaubliche ein, das Unwahrscheinlichste, das, was ich in diesem Moment niemals zu denken gewagt hätte: ein Wunder! Zwei mächtige Opernintervalle, zwei kräftige, fast überlaute und doch fein orchestrierte Instrumentalakkorde, begleitet von zwei lauten, wohlklingenden Tenortönen kündigten Rettung an! So stark wie das einfallende Sonnenlicht meine Augen geblendet hatte, als sich die Tore öffneten und ich aus der Kathedrale kam, fiel diese Musik jetzt vom Himmel und drang als unabweisbare Vorahnung von Rettung und Befreiung an mein Ohr. Jetzt erkannte ich das Intervall: es war ein Tritonus! Eine Teufelsquart! Diese wiederholte sich wieder und wieder ... und plötzlich stand hoch über dem schmiedeeisernen Eingangstor zur Kathedrale eine als Teufel verkleidete Gestalt! Im Traum wusste ich sofort: Diese Gestalt war meine Rettung! Und tatsächlich, im Einklang und Zusammenklang mit der Musik befahl diese mir wohlgesonnene Mephistofigur den beiden tanzenden Mönchen mit einer herrischen unmissverständlichen Geste zu verschwinden. Die alles überströmende Musik hatte den feisten Männern mehr und mehr ihre magischen Kräfte genommen, und schließlich mutierten sie zu zwei lächerlichen Gnomen, die mit schnellen, trippelnden Schritten wie Erwischte und Gejagte über den Kathedralenvorplatz hinweg das Weite suchten.

Ich wachte auf. Was für ein Traum! Um mich war tiefste Nacht. Durch das Giebelfenster schien der Vollmond auf mein Gesicht. Kalt war es hier oben. Ich zog die Decke fester um meinen Körper. Die Bilder des Traums flogen wie Wolken durch meine Fantasie und verflüchtigten sich mehr und mehr. Fragen blieben in mir zurück. Warum Mönche? Warum zwei Mönche? Warum der nackte Hintern? Warum diese Orchestermusik, der Tritonus, die Teufelsquart, die mephistophelische Gestalt, die meine Rettung war? Was bedeuteten die Luthermasken? Warum waren die beiden Mönche Zwillinge? Woher die magischen Kräfte und was bedeuteten sie? Die Musik des Traums klang noch in mir nach, und die starke Tenorstimme wollte mir nicht aus dem Gehör. Still war es hier oben. Ich empfand die winterliche Schneenacht als beruhigend. Müdigkeit übermannte mich. Gerade als ich wieder einschlafen wollte, hörte ich plötzlich Schritte die Leiter heraufkommen. Ich hielt den Atem an. Ja, da waren Schritte. Langsam kamen sie herauf, Sprosse um Sprosse. Ich lag wie erstarrt, und bekam Angst. Außer Bruno und seiner Freundin Katja war niemand in der Hütte, das wusste ich. Konnte jemand von außen eingedrungen sein? Unwahrscheinlich. Der Weg zur Hütte herauf durch den Schnee war unangenehm, und hier war nichts zu holen, was diese Mühe gelohnt hätte. Plötzlich erschien, beleuchtet vom fahlen Mondlicht, ein Kopf in der Luke. Ich erkannte Brunos Freundin Katja. Ich war erleichtert. Ihr langes Haar fiel ungeordnet über ihre Schultern. Langsam stieg sie die letzten Sprossen herauf in die Dachkammer und stand jetzt als schemenhafte Gestalt nur wenige Schritte von mir entfernt. Sie war vollkommen nackt. Ihre schlanke Gestalt blieb einen kurzen Moment vor mir stehen. Ich sah ihre schönen, kleinen Brüste. Dann bewegte sie sich langsam und etwas unkoordiniert, wie mir schien, weiter. Ihr Blick war jetzt starr zu mir gerichtet. Sie sah mich an, und sah mich nicht. Ihre Gesichtszüge waren ausdruckslos als schliefe sie im Stehen. Ich atmete so leise wie möglich und verkroch mich noch weiter unter meiner Bettdecke. Langsam ging sie auf das Giebelfenster zu, blieb direkt neben meiner Matratze stehen, hob langsam die Hand, hielt sich an dem verrosteten Fenstergriff fest und schaute gebannt hinaus, direkt in den Mond. Plötzlich, immer weiter unverwandt in den Mond starrend, bewegten sich ihre Lippen wie ferngesteuert, und sie begann flüsternd zu sprechen:

„… harte traum folgte …" – Ich horchte angestrengt in die Dunkelheit hinein, um ihre Worte zu erfassen – „zauberdenk tranke" – sie machte eine längere Pause, dann sprach sie weiter – „rabezehr herrsche ube taube stürz Raube flüchtete nach vogelnder Erde …" – Was hörte ich da … aus welchen Träumen formten sich diese Laute … sie sprach wie in Trance und wusste offensichtlich nicht, was sie tat – „murrten und harrten …", flüsterte sie stockend weiter … wieder eine längere Pause … sie schlief im Wachen, und aus einem unbewussten Zustand heraus formten sich in ihr Worte, deren Bedeutung wie durch einen Schleier bedeckt nichts als eine vage innere Ahnung preisgaben, und nur ab und zu durch eine kurz hindurchspukende Verständlichkeit in mir eine magische Neugierde auf das im fahlen Mondlicht Mitgeteilte zu wecken verstand. Sie sprach weiter, und ihre Stimme ging nun über von rauchigem Flüstern zu leisem Sprechen …

„fremdruhiger Schlafling lag traueren Pulses am Flecht … Merze soll nicht mehr leuchten … ach schachte die Wam machte Eilbe sie kühn stumm Aidemais Knie … sprang aus verzehre lass ihn nach kehre Schmerz Hause zurück … die ensfre leb uden gen rauvo …", und dann wiederholte sie die letzten Worte wieder und wieder, als ob sie sich ihrer Bedeutung vergewissern wollte, oder ihrer Bedeutung durch ständige suchende Wiederholung auf die Spur zu kommen hoffte – „… die ensfre leb uden gen rauvo … die ensfre leb uden gen rauvo … die ensfre leb uden gen rauvo …"

Dann hielt sie inne. Ganz allmählich löste sich ihr starrer Blick vom Mondlicht. Langsam drehte sie sich um, ging offensichtlich schlafwandelnd und etwas unbeholfen zurück zur Luke und stieg Sprosse für Sprosse die Leiter wieder nach unten. Ich hörte noch einige entfernte Geräusche. Dann war es wieder still.

Ich mochte nicht denken, was ich eben gesehen hatte. Mondlicht, wirres, krauses, langes Haar. Katja nackt am Fenster stehend, murmelnd Worte aus verschwiegener Herkunft. Ein Bild prägte sich ein. Eine tiefe Gravur in der Erinnerung entstand, noch frisch, noch unbedeckt von den zahllosen wirren Strichen des Alltags. Die ersten Morgenstrahlen eines kalten Wintertages legten sich wie eine zarte Verheißung aus gedämpftem Licht über die Dachstube. Staubkörnchen tanzten. Ich schloss meine Augen, und schlief ein.

2. Kapitel

Ein knappes Jahr später, an einem jener dämmernden Winterabende in der Vorweihnachtszeit, an denen der Herbst sich längst verabschiedet hat, noch kein Schnee gefallen war, Wiesen, Felder, Äcker und Wälder in träges Dunkel getaucht lagen und der Geruch vermodernden Laubs die Luft mit düsteren Vorahnungen erfüllte, hielt ein kleiner Regionalzug auf einem unscheinbaren Bahnhof in der Pfalz. Der Ort, den der Zug angesteuert hatte, war seit jeher die Endstation dieser Strecke gewesen. Einige wenige Menschen stiegen aus den Waggons und eilten die Treppe hinunter, an deren unterem Ende sich der Weg zur einen oder zur anderen Seite eines Tunnelausgangs gabelte. Während die Menschen meist nach rechts einbogen, ihre Taschen tragend, oder Koffer hinter sich herziehend, nahmen als einzige meine Begleiterin und ich den linken Ausgang. Arm in Arm, in heiterer Stimmung, wie zwei Frischverliebte schlenderten Miriam und ich durch den Tunnel und traten auf einen geteerten Fleck ins Freie. Vor uns lag eine in der schnell fortschreitenden Dämmerung liegende, in leichten Hügeln abfallende Landschaft, durch die ein Schotterweg sich ins Tal hinunterschlängelte. Das Tageslicht war bereits hinter den Horizont getaucht und die Hügel in der Ferne nur noch als leichte Umrisse erkennbar. Hinter einer Baumgruppe, etwas erhöht auf der anderen Seite eines schmalen Baches gelegen, lag ein altes, einsam stehendes Haus. Schwach leuchteten einige Lichter in den unteren Stuben. Jetzt erst erkannte ich eine Gestalt, die langsam den Weg heraufkam, auf uns zusteuerte und die rechte Hand, in der eine Zigarette brannte, schwach zum Gruß erhob. Die Gestalt war mein Onkel Rudolph, mit dem wir verabredet waren, und der uns vom Bahnhof abholen sollte. Er hatte sich etwas verspätet. Onkel Rudolph war seit einigen Jahren Rentner und nach einem langen, arbeitsreichen Leben als Pfleger in der nahegelegenen Psychiatrie zum Trinker geworden. Seine kräftige Gestalt hüllte sich in einen grauschwarzen zerschlissenen Mantel.

Seine langen Haare hingen, ergraut und gelichtet, wirr um seine rötlichen Wangen. Inmitten zweier verschmitzter, in unendlicher Güte lächelnden Augen saß eine große Knollennase. Die locker hängende Hose wurde von schwarz-gestreiften Hosenträgern gehalten, und auch die abgewetzten Schuhe machten einen leicht verwahrlosten Eindruck. Er hatte uns jetzt erreicht, gab mir seine kräftige, verwitterte Hand, stieß ein paar undeutliche Laute hervor und schaute uns dabei wach und liebevoll ins Gesicht. Miriam und ich begrüßten ihn lachend, wechselten ein paar Worte mit ihm, und bald darauf machten wir uns gemeinsam auf den Weg und gingen plaudernd hinunter in die Dunkelheit. Meine Begleiterin war hochgewachsen und schlank, hatte halblanges, fülliges, braunes Haar, war sehr zäh und etwas eigenwillig. Sie hatte ihr Referendariat gerade abgeschlossen und eine Stelle als Musiklehrerin in der Realschule eines entlegenen Bezirks angetreten, und galt als äußerst ehrgeizig. Zuweilen wurde ihr von einigen Kollegen in der Schule hinter vorgehaltener Hand Rechthaberei vorgeworfen. Ich kannte meine Begleiterin seit einigen Monaten. Wir wohnten im selben Viertel und hatten uns immer wieder wie zufällig beim Einkaufen oder an der Bushaltestelle getroffen. Vor etwa zwei Monaten, nach einer Party in Miriams Nachbarhaus, die bis in die frühen Morgenstunden dauerte, waren wir uns nähergekommen und hatten in leicht angetrunkenem Zustand das erste Mal zusammen geschlafen. Unsere kurze Beziehung war bereits von einigen Krisen gezeichnet. Diese hatten sich ergeben, als Miriam sich eines Abends in den Regisseur eines Jugendtheaterstücks verliebte, und ich mich meinerseits kurze Zeit später einer alten Liebe aus meiner Schulzeit zuwandte. Inzwischen hatten wir uns jedoch in langen Nächten ausgesprochen. Jeder hatte dem Anderen seine jeweiligen Abenteuer gestanden, für beendet erklärt und unserer Liebe eine neue, ernsthaftere Chance gegeben.

Bald hatten wir das Anwesen erreicht, und kaum waren wir durch das Gartentor getreten, kam uns mit kräftigen Sprüngen ein rabenschwarzer, noch junger Hund laut kläffend entgegen. Er sprang in unbändiger Freude an Onkel Rudolph empor, ließ wieder ab, rannte wie besessen ein Stück zurück, kam wieder, riss Miriam beinahe um, kläffte schneller und lauter, warf sich plötzlich zu Boden, rannte im Kreis herum und begleitete uns auf diese Weise zum Hauseingang und schließlich ins Innere des Gebäudes. Das Haus war zwar geräumig, aber alt, und in heruntergekommenem Zustand. Holzgeländer, Holztreppen, ein Muffelgeruch wie nach verbrauchten Teppichen, eine Wanduhr mit goldenen Gewichten, Holzschränke, Truhen, Bilder von Berglandschaften, Hirschgeweihe an der Frontwand des Flurs, ein alter Ofen und kleine Fenster verliehen den Räumen eine düstere und abgeschiedene Atmosphäre. Onkel Rudolph trat plaudernd mit uns ins Wohnzimmer. Da saß meine Oma Martha, die zu besuchen wir uns aufgemacht hatten, in ihrem Schaukelstuhl und begrüßte uns freundlich und freudig. Sie war eine kleine zierliche Greisin, schaute, wie Onkel Rudolph, aus wachen Augen und hielt sich mit langen, schmalen Fingern an den Armlehnen ihres Schaukelstuhls fest. Ein paar einzelne graue Haare fielen ihr, einer Ziege ähnlich, vom Kinn abwärts, und die Haut ihres Halses war von Altersflecken gezeichnet.

„Hallo, Oma Martha" sprach ich sie an. Oma Martha schaute zu mir herauf, streichelte meine Hand mit der ihren und sprach mich mit heller, leicht knarzender Stimme an:

„Alexander, mein Alexander! Wie gut, dass du da bist!"

Sie hielt kurz inne, schaute hinüber zu Miriam, schluckte zweimal und fragte mich dann:

„Aber wen hast du denn da mitgebracht?"

Ich beugte mich hinunter an ihr Ohr und antwortete:

„Oma, das ist meine Freundin Miriam, ich möchte sie dir gerne vorstellen."

„Ach wie schön," brach es aus ihr heraus, „herzlich willkommen in meinem Hause, Fräulein Miriam!"

Dabei musterte sie Miriam neugierig, und ihre Augen bekamen einen leicht verschmitzten Ausdruck. Sie fragte uns nach unserer Reise, machte ein paar Bemerkungen über das üble Wetter, bat alle zum Kaffeetisch, der bereits sauber gedeckt vor uns stand, und kam sofort auf ihr Lieblingsthema zu sprechen. Die Franzosen, so sagte sie, die Franzosen seien an allem schuld. Sie hätten uns das Elsass weggenommen, seien schlechte Menschen von Geburt, Kriegsverbrecher und brächten nichts als Elend über die Welt.

„Wenn ich einen Franzosen sehe," so fuhr sie mit schriller Stimme fort, „dann weiß ich, wie hinterhältig und gemein Menschen sein können!"

Die kriegerischen Auseinandersetzungen des letzten Jahrhunderts zwischen Deutschland und Frankreich hatten sich in ihrem Gehirn festgesetzt, und ihre Vorurteile hatten die Zeit schadlos überstanden. Die beiden Länder waren längst eng befreundete Nationen und gehörten zu den Kernländern eines modernen Europas, das sich, zögernd zwar, aber doch zielstrebig zu einem neuen einheitlichen Staat heranbildete. Plötzlich kam Charlie – so hieß der junge Hund, der sich kurz in die oberen Gemächer verzogen hatte – wie ein schwarzer Blitz die Holztreppe heruntergerannt, stürzte sich auf Oma Martha, riss mit seinem Schwanz zwei volle Kaffeetassen um, sodass die schwarze Brühe über das weiße Tischtuch spritzte und die Porzellantassen scheppernd auf dem Boden zerbrachen.

„Mein guter Charlie, mein braver Charlie, mein süßer Charlie", sagte meine Oma mit begeisterter Stimme, wobei der Hund ihr mehrere Male übers Gesicht leckte und die zierliche Person fast unter sich begrub. Charlie bellte, stemmte sich mit allen Vieren auf Oma Martha, ließ dann plötzlich wieder ab von ihr und sauste wie ein Wirbelwind hinaus in den Garten. Oma Martha schienen die zerbrochenen Kaffeetassen nicht im Mindesten zu stören.

„Ach," sagte sie beinahe belustigt „der Hund kann doch nichts dafür ... ist doch mein guter Hund, mein guter braver Charlie", und sie lachte dabei so gütig, dass man ihr in diesem Moment alles hätte verzeihen können.

Miriam und ich schauten uns fragend an, versuchten mit den Servietten die Kaffeeflecken so gut es ging von Hose und Kleid zu wischen und schwiegen betreten ...

„Ja, die Franzosen," fuhr Oma Martha nach einer Weile in wieder aufflammender Rage fort, „sie verwüsten Monat für Monat meinen Garten, wollen mir das Haus wegnehmen und bringen das schlechte Wetter."

Ob sich das noch nicht herumgesprochen hätte ... die Franzosen würden Wettermaschinen entwickeln, mit denen sie schlechtes Wetter zu uns schicken könnten, wann immer es ihnen passe.

„Dieses schreckliche Volk muss mit allen Mitteln bekämpft werden", fauchte sie weiter, und ihre Stimme bekam dabei eine zunehmend aggressive, unangenehme Färbung. Onkel Rudolph war peinlich berührt. Er versuchte sich beschwichtigend einzumischen, doch Oma Martha wies ihn mit einigen giftigen Bemerkungen zurecht und fuhr unverdrossen mit ihren Beschimpfungen fort. Plötzlich kam der Hund ein zweites Mal zurück, rannte durch die Zimmer und Flure der unteren Wohnung, stieß den alten Lampenschirm um, riss die Tischdecke des Kaffeetischchens herunter, sprang bellend gegen das Fenster, raste auf uns zu, besprang mich, leckte mir heftig übers Gesicht, hechelte zum Fenster, sah die dicken fallenden Schneeflocken – der erste Schneefall des Jahres hatte inzwischen eingesetzt – und raste wieder hinaus. Oma Martha lächelte gütig vor sich hin.

„Ja, ja, mein Charlie ... er ist nicht zu bändigen – komm, mein lieber Alexander, wir wollen doch deiner Freundin – wie heißt sie doch gleich?"

„Miriam", warf ich ein.

„Ja, wir wollen doch deiner Miriam noch schnell die oberen Zimmer zeigen, in denen du als Kind so gern gespielt hast ...", sagte sie, quälte sich aus ihrem Schaukelstuhl, nahm ihren mit silbernem

Knauf geschmückten Stock und ging mit Onkel Rudolph voran zur Holztreppe, die in die oberen Stuben führte. Wir folgten ihr langsam und gingen hinter den beiden die knarrende Treppe hinauf. Verstaubt und nahezu unbenutzt lagen die vier Zimmer dort oben. Nur in dem kleinen Raum unter dem vorderen Giebel des Hauses, dessen schmales Fenster zum Garten hinaus zeigte, stand ein Doppelbett. Aufgewühlt, grau und ungewaschen waren Bettdecken und Kissen, zerrissen und schmutzig die Laken, durchgelegen die Matratzen. In der Ecke neben dem kleinen Nachttisch lagen ein paar abgewetzte alte Lederstiefel und ein Fressnapf.

„Hier schlafe ich ... ich und unser Charlie", sagte Onkel Rudolph, etwas beschämt, als wir auf unserem Rundgang einen kurzen Blick in die kleine Kammer warfen.

„Ja ... Charlie schläft immer neben mir ... ist doch gut, wenn man nicht so allein schlafen muss ...", sagte Onkel Rudolph, und seine Augen bekamen dabei einen traurigen Glanz. Plötzlich winkte mich Oma Martha mit ihrem Stock zu sich und sagte:

„Alexander, mein lieber Alexander ... schau doch mal auf den Dachboden. Ich glaube, Rudolph hat dort einige schöne Bücher gestapelt. Such dir was aus und nimm, was du brauchen kannst, du liest doch so viel."

„Danke, vielen Dank, liebe Oma – hast du mir vielleicht eine Taschenlampe? Soviel ich weiß, gibt es oben kein Licht, und selbst bei Tag war es dort oben doch immer ziemlich dunkel", antwortete ich. Onkel Rudolph fand eine Taschenlampe in einem verstaubten Regal neben seinem Bett und gab sie mir. Oma Martha brach plötzlich in Tränen aus. Ich strich ihr sanft über den Kopf und verharrte einen Moment bei ihr. Kurze Zeit später gingen Martha, Rudolf und Miriam langsam die Treppe wieder nach unten. Ich nahm die Taschenlampe und kletterte die Holzleiter, die ich als Kind immer so gern hinaufgestiegen war, nach oben auf den Dachboden. Langsam öffnete ich die schwere Luke und fand mich in der geräumigen Kammer wieder, in der ich als Kind so oft gespielt hatte. Durch zwei mit Milchglas versehene Dachfenster fiel fahles Licht. Ein penetranter Holzgeruch lag in der Luft. Zwischen den Balken hingen Spinnweben. Eine alte Couch dämmerte vor sich hin. Allerlei undefinierbares Gerümpel stapelte sich rechts und links der Dachschrägen. Plötzlich empfand ich die Stille hier oben. Nur wie von Ferne, als dumpfe Geräusche, wie in Watte gehüllt, drang ab und zu Miriams Gelächter zu mir herauf. Ich schaute mich weiter um, und erinnerte mich, dass ich hier, wenn meine Eltern mich in den Sommerwochen bei Oma Martha und Onkel Rudolph zurückgelassen hatten, oft stundenlang mit den vielen Zinnsoldaten gespielt hatte, die seit dem Ersten Weltkrieg auf diesem Dachboden wie ausrangierte Zeugen einer längst vergangenen Katastrophe ihr verstaubtes Dasein fristeten. Ich versuchte, mich langsam zurechtzufinden. Und tatsächlich, ganz hinten rechts entdeckte ich im Schein der Taschenlampe zwei weitere umgefallene Zinnsoldaten, und einige übereinandergestapelte Bretter, offensichtlich die Reste eines Bücherregals. Daneben lagen herausgerissene Dübel, Schrauben und Holzteile. Dazwischen eine griechische Münze, ein brasilianisches Armband, ein Ledersäckchen, gefüllt mit magischen Steinen, ein Gedicht in griechischer Schrift, ein verschlossenes chinesisches Spruch-Blatt, eine Glaskugel, eine Münze mit der Gravur einer mittelalterlichen Stadt, ein Kaspar aus Ton mit Mephisto-Mütze und blauer Arbeiterkluft, der über die Bücher gebeugt eingeschlafen schien, und ein Sänger aus Ton, wohl sibirischer Herkunft, der ein Buch in der Hand hielt und, sein Schnäbelchen öffnend, in die Welt hinaussang. In der Ecke, unter die Dachschräge geschoben, entdeckte ich zwei offene Kisten, die über und über mit Staub bedeckt waren. Sie enthielten Bücher. Ich nahm mein Taschentuch, wischte den Staub von den Buchdeckeln, stöberte in den Kisten und entdeckte ein Bilderbuch über Pferde, einen Stapel Hefte mit Comics (ich überflog einige Titelseiten und erkannte Dagobert Duck), und zwei Kochbücher mit französischen Gerichten. Dann fielen mir nacheinander ein Buch mit zahlreichen Abbildungen über Pompeji, eine Biografie über Bismarck und ein griechisches Lexikon in die Hände. Auf einem der Buchdeckel las ich Philosophie leicht gemacht, fand einen Reiseführer durch die Pfalz, ein Bastelbuch für Kinder, einen dicken größeren Band über den Zweiten Weltkrieg und ein Buch über die Tundra. Plötzlich hörte ich die Kirchenglocken des Nachbardorfes läuten. Ich hielt inne, horchte, gab mich dem Klang der Glocken hin und hielt für einen kurzen Moment den Atem an. Alles zu sehen mit den Augen der ersten Landschaft, dachte ich … mit dem Blick des Kindes. Die erste Schlittenfahrt, die klammen Finger unter den Handschuhen, der erste Blick über den zugefrorenen See, die kindliche Stiefelspur auf dem verwehten Weg. Aller Begegnung haftet an die Sehnsucht nach heimatlicher Landschaft. Der Blick vom Feld auf die ferne Kirchturmspitze des Dorfes. Plötzlich überströmte mich die Erinnerung an einen Sommer in Griechenland … Piniengeruch, vertrocknetes Gras, einsame Sandstunden, Wellen und klares, kühlendes Wasser. Hügel, schattenspendende Bäume, Zypressen im abendlichen Licht. Die Allee zu den Tempeln hin, der berauschende Duft aus Oleanderbüschen an einem menschenverlassenen Morgen, die ersten Sonnenstrahlen, herzöffnend, über dem noch nachtruhigen Meer. Landschaften, die von weit her in meine Seele kamen, und durch die ich, wenn ich still genug war, alles um mich herum anders wahrnehmen konnte … die allem, was mich umgab, Farbe, Duft, Gewahrung und öffnende Berührung verliehen. – Die Glockenschläge der nahegelegenen Kirche klangen aus. Ich klemmte das große Buch über Pompeji unter den Arm und wollte mich gerade wieder auf den Weg nach unten zu den anderen machen, da fiel der Strahl meiner Taschenlampe auf einen großen roten Umschlag, der an der Seite zwischen Kistenrand und Büchern steckte. Vorsichtig zog ich ihn heraus und las auf dem verwitterten Couvert in blasser Schrift: Briefe an Rosalinde. Sofort erkannte ich Onkel Rudolphs krakelige Handschrift. Mit klopfendem Herzen, erst zögernd, und dann von Neugierde gepackt öffnete ich den Umschlag. Schon die ersten Sätze zogen mich in ihren Bann, und ich las mit wachsender Verwunderung die Briefe, die mir so plötzlich das Geheimnis um meinen Onkel Rudolph preisgeben sollten …

3. Juli

Liebste Rosalinde!

Erschrick nicht, ich schreibe vom Krankenhaus. Vor zwei Tagen wurde ich am Herzen operiert. Ich fühle mich schwach. Die Schwestern sind gerade gegangen. Ich wünschte, Du kämst jetzt als Engel geflogen und legtest Deinen Kopf auf meinen warmen Bauch. Der Arzt sagt, ich solle mich strengstens schonen. Aber ich muss Dir schreiben. Ich habe eine Riesendummheit begangen und fast mit dem Leben bezahlt. Die Schmerzen in der Brust beginnen wieder. Sie sind unerträglich. Bin müde. Muss schlafen. Bitte verlass mich nicht. Warte auf Nachricht.

Tausend Küsse! Dein Rudolph

5. Juli

Allerliebste Rosalinde!

Ich habe lange geschlafen, und, kaum bin ich aufgewacht, hat mich Sehnsucht nach Dir ergriffen. Ich weiß nicht, welcher Zustand schlimmer ist: wachen, ohne bei Dir zu sein, oder schlafen, um die Sehnsucht zu vergessen … ach Rosalinde, die Tage mit Dir waren so schön, ich möchte jeden einzelnen halten und noch einmal anschauen, so wie ich Dich jetzt für einen Moment halten und anschauen möchte … Du verstreust so viel Glück und Kraft, und Deine Saat geht in den Seelen derer auf, die dir begegnen, und alle werden fröhlicher. Ich weiß nicht, wie spät es ist. Ich sehe die Mondsichel über dem bewaldeten Hügel aufgehen. Ich habe mit einiger Mühe eine Kerze angezündet und denke an unseren letzten Tag. Die Stunden im Park, am Bach und in den Sommerwiesen, die jetzt besonders schön blühen ... ich sehe Dich mit mir umherziehen, Holz riechen, barfuß im regennassen Gras laufen, auf Baumstämmen balancieren, am See liegen und in den Mittag dösen. Ich möchte meine Kinderseele öffnen. Ich möchte mich schützen vor dem Missbrauch des Augenblicks ... jetzt empfinde ich Trauer, bin verwundet. Und fühle mich schutzlos vor der Unruhe, den Ängsten, und vor jedem neuen Tag. – Ich höre Geräusche an der Tür. Ich glaube, der Arzt oder die Schwestern kommen. Ich muss schließen. Sie sollen mich schlafend finden.

R.

6. Juli

Liebste Rosalinde!

Es geht mir etwas besser. Ich hoffe so sehr, dass ich Dich bald wiedersehen kann. Das tägliche Wechseln der Verbände ist schmerzhaft, auch kann ich das Bett noch nicht verlassen. Ich esse sehr wenig und trinke unendlich viel. Wenn ich an Dich denke, lebe ich, und alles ist Licht und die Fische beginnen zu springen ... ich bin aufgewacht, ich schlage die Augen nieder. Ich gebe Dir die Hand und sehe Dich mit offenem Haar, in Deinen schönen Kleidern. Ich möchte den Schriftzug Deines Fleisches entziffern und bin wiedergeboren in eine Welt, die hinter den Augen beginnt ... so liege ich hier, berührt, beschämt von so viel Innigkeit ...

Nun sollst Du wissen, was geschehen ist. Es kam zum Duell zwischen Fritze Rotzebuk, Du weißt, dem stämmigen Schmiedegesellen aus der Mauergasse, und mir. Kaum warst Du am Abend mit Deinen Koffern zur Tür hinaus und auf dem Weg ins Gebirge nach Gastein zu Deiner Tante, überfiel mich lähmende Leere und ich fiel in ein tiefes Loch. Gerade noch in Deinen Armen, gerade noch Deinen Atem auf der Haut und Deine Küsse im Gesicht, und jetzt allein auf so lange Zeit, ich konnte es nicht ertragen. So ging ich hinaus in den „Steinernen Adler" und betrank mich, bis ich sturzbesoffen an der Theke hing. Irgendwann kam der Rotzebuk und rempelte mich an. Ich muss ihn furchtbar beleidigt haben, denn er forderte mich zum Duell. Ich ging also den andern Tag frühmorgens mit fürchterlichem Kater wie vereinbart auf die Forstheide. Schon von Ferne sah ich Rotzebuks frechen Schnauzbart und seinen breitkrempigen Hut. Kalt und voll Verachtung sah er mir in die Augen. Er schien sich sicher, dass er mich über den Jordan schicken würde. Ach, Rosalinde, immer werde ich unterbrochen. Die Ärzte kommen wieder zur Visite. Morgen mehr.

R.

7. Juli

Liebste Rosalinde!

Meine Heilung schreitet voran. Desto mehr beginnt meine Sehnsucht nach Dir zu bluten. Die Ärzte sind zufrieden. Aber wie sollte ich es sein, wo ich nicht weiß, wie es Dir geht! Ich will Kieselsteine sammeln und einen Kreis für Dich legen ... Du bist die Hüterin meiner Seele, und auch wenn wir lange uns nicht sehen und lange nichts voneinander hören, weiß ich doch, dass *mein Kopf an Deinem Busen ruht, und Dein Haar an meinem Ohr mich kitzelt ... ich schlafe ein, ich schließe die Augen und ruhe bei Dir ... welch ein Sommertag heute! Wie gerne würde ich jetzt hinaus mit Dir ...*

Nun muss ich Dir weitererzählen. Ich habe Angst, dass ich Dich erschrecke, dass Du Dich abwendest von mir. Aber, liebste Rosalinde, ich will unsere so frische Liebe nicht mit einem Geheimnis belasten. Das Kommando kam und ich schoss. Rotzebuk war, wie ich heute weiß, sofort tot. Aber auch ich war schwergetroffen und fiel in die Bewusstlosigkeit. Kurz bevor ich wegsank, meine ich mich noch zu erinnern – in einer Art plötzlichem innerem Bild – eine kleine silberne Kugel in der Nähe meines Herzens gesehen zu haben. Aber da kann ich mich täuschen. Als ich erwachte, hörte ich Stimmen. Ich war im Krankenhaus. Offenbar stritten sich zwei Ärzte über meinen Fall. Sie dachten wohl, ich sei noch nicht bei Sinnen. Der eine, ein älterer der Stimme nach, sagte, er gäbe mir noch vier, allerhöchstens fünf Tage. Eine Operation sei zwecklos. Meine Konstitution sei nicht die beste und die Verletzung so schwerwiegend, dass keinerlei Hoffnung auf Heilung bestünde. Liebste Rosalinde, Du kannst Dir vorstellen, wie mir zumute war, als ich diese Sätze hörte. Ich gab mich verloren. Rotzebuks Tod quälte mich. Ich habe ihn nicht besonders gemocht, wir waren schon öfter aneinandergeraten und ich hatte auch noch eine alte Rechnung mit ihm zu begleichen. Aber dass ich ihn umgebracht hatte, dies, so fühlte ich in diesem Moment, würde ich mir niemals verzeihen können. Nun sollte ich ihm also in den Tod folgen. Ich dachte an Dich ... so grußlos sollte ich also von Dir gehen müssen. Ich fand mich in einem unerträglichen Zustand. Meine Gefühle stürzten ins Bodenlose. Das Glück, die Freude, die Umarmung unserer Seelen sollte jetzt durch meine Dummheit so plötzlich zu Ende sein ... ich wollte in diesem Augenblick all Deine ungeweinten

Tränen trinken. Ich sah Deine Brüste blumenübersät, und ich ließ die Blütenblätter – es waren Tausende, blau, gelb, orange und rot – einzeln auf meiner Zunge zergehen ... ich hatte starke Schmerzen in der Brust und betete zu Gott, dass er mir einen sanften Tod schenken möge. Liebste, verzeih, ich bin jetzt sehr müde. Ich kann nicht mehr weiterschreiben. Ich nehme Dich mit in den Schlaf und hoffe, dass ich weiter gesunde.

R.

8. Juli

Liebste Rosalinde!

Ich halte Dich zart umschlungen und verharre, nur um für einen Moment zu begreifen, dass es Dich gibt. Danke für Deinen Brief, für Deine ehrlichen Zeilen, für Dein Vertrauen, für Deine Verletzlichkeit und Deine wilde Schrift ... es ist frühmorgens, der Tag beginnt golden, die Sonne geht auf, die ersten Vögel zwitschern ... mir ist, als ginge ich barfuß auf Moos ... Deine Stirn und Deine Augenbrauen, Dein Nacken, Deine Wangen und Deine Schultern sprechen zu mir ... ich folge der Musik, die in mir zu klingen beginnt, und bin ruhig ... jetzt setzt sich eine Elster auf die Eichenkrone vor meinem Fenster und genießt die ersten Sonnenstrahlen ... mir ist, als würde ich jeden Morgen eine Milchkanne vor Deine Tür stellen, um dich meinen Schlaf daraus trinken zu lassen, als könnte ich jeden Morgen einen Schatten an Dein Fensterglas werfen, dass Du ihn mit sanften Küssen begrüßt, mir ist, als würde ich den Bäckerjungen beauftragen, Dir Brötchen zu bringen und Dir heimlich ein Lied zu singen, das beginnen würde mit den Worten „das Gras der Wege". Seit Deinem gestrigen Brief ist aus meiner

Sehnsucht Erfüllung geworden. So wie bei großen Künstlern im ersten Entwurf bereits alles enthalten ist, so haben die Götter, sie müssen verrückt, ja, sie müssen besoffen gewesen sein, sich in einer absichtslosen Laune den Entwurf unserer Begegnung ausgedacht ... ich fühle, dass die Natur Dich bereitet hat für ein Fest, das zu begehen uns noch tausend Stunden gegeben sind, ja, dessen rauschhafte Erfüllung wir sogar empfinden könnten, selbst wenn wir uns niemals mehr begegnen würden ... ich bin so glücklich.

Nun sollst Du die Geschichte zu Ende wissen, die Du mir, und Du glaubst nicht, wie erleichtert ich darüber war, in Deinem Brief so wunderbar verziehen hast.

Als ich völlig verzweifelt auf meiner Pritsche lag, hörte ich den jüngeren der beiden Ärzte etwas lauter werden. Er herrschte den älteren an, man müsse jeden Versuch wagen, um ein Menschenleben zu retten. Die Kugel müsse ja nicht unbedingt herausoperiert werden, man könne sie auch einwachsen lassen. Er möge gefälligst, wenn er schon, was er für grob fahrlässig halte, den Fall aufgegeben habe, ihm die Sache überlassen. Nun, Liebste, mit „der Sache" war wohl ich gemeint. Kurz darauf muss ich wieder das Bewusstsein verloren haben.

Der jüngere Arzt sollte recht behalten, und so lebe ich jetzt mit einer Kugel dicht neben dem Herzen. Meine Schmerzen lassen nach, und bald, so sagte mir gestern der Arzt, sei ich wieder ganz gesund. Die Narben auf meiner Brust allerdings werden bleiben.

Ich habe den Brief wieder unterbrechen müssen. Inzwischen höre ich draußen die Vögel im Abendgespräch. Es ist inzwischen dunkel geworden. Friedlich ist die Stimmung. Auch aufgewühlt bin ich nicht, etwas erschöpft, aber ruhig und wach, und voll von leisen Gedanken, die am Abend zu mir kommen, auf Taubenfüßen. Ich füttere sie, und sie fliegen wieder weg. Zu Dir. Als ob Du um mich wüsstest, lebe ich in dem Gefühl, aufgenommen zu sein. Ich sehe die Bäume wieder, und die Erde singt ... – Du schreibst, dass es Deiner Tante den Umständen entsprechend gut ginge und Du in einer Woche schon zurückkommen könntest! Welche Freude!! Ich zähle die Stunden, die Sekunden ...

In Liebe, R.

Ich hatte zu Ende gelesen und hielt einen Augenblick inne. Mein Onkel Rudolph! Er, der immer so freundlich war, und doch so unnahbar für seine Umgebung. Ich wollte den roten Umschlag gerade wieder schließen, da fielen zwei kleine Zeitungsschnipsel aus dem Couvert auf den staubigen Boden. Ich suchte sie mit der Taschenlampe, hielt sie ans Licht und las. Das eine war eine Agenturmeldung:

Bad Gastein. 11. Juli 1903 . Bei einem Bergunfall an der Gasteiner Klamm ist die Deutsche Rosalinde M. gestern gegen 17 Uhr auf tragische Weise ums Leben gekommen. Die Bergwacht fand ihren Leichnam neben dem Flussbett der Ache.

Das andere war eine Todesanzeige:

Plötzlich und für uns alle unerwartet starb am Freitag, den 11. Juli 1903 durch einen tragischen Unfall im Alter von 26 Jahren

Rosalinde Meyer

In Liebe und Dankbarkeit: *Gunda und Arnulf Meyer*
                                             Rolf Meyer mit Familie
                                             Annette Bethenkamm
                                             Fritz und Herta Triebsch
                                             mit Martin und Jacob
                                             Und alle Angehörigen

Die Beerdigung findet am 17. Juli 1903, um 11 Uhr 15 auf dem Friedhof in Metzingen statt.

3. Kapitel

Als Miriam und ich uns von Oma Martha und Onkel Rudolph verabschiedeten, sah ich Rudolph lange in die Augen. Ich fand keine anderen Worte als „Auf Wiedersehen Onkel Rudolph" und „Danke für alles" und „Alles, alles Gute". Oma Martha packte uns noch schnell einen kleinen weißen Barockengel mit goldenem Haar und goldenen Flügeln ein. „Vergesst uns nicht so schnell", rief sie uns noch nach und winkte uns langsam hinterher. Onkel Rudolph lachte verschmitzt, und der Hund begleitete uns noch eine Weile, bellte immer wieder, wälzte sich über den Boden, sprang über die noch zarte Schneedecke und war außer sich vor Freude über den fallenden Schnee.

Miriam und ich erreichten den letzten Zug noch rechtzeitig und suchten uns ein leeres Abteil. Wir wollten die nächste größere Stadt erreichen und dort die Nacht bei Miriams Eltern verbringen. Der alte Zug fuhr ruckelnd los. Immer dichter fielen die Flocken und bedeckten das hügelige Land. Ich nahm unwillkürlich Miriams Hand. Die Lektüre von Rudolphs Briefen hatte mich aufgewühlt. Der gute Onkel, den ich von Kindesbeinen an kannte, hatte früh auf so tragische Weise seine große Liebe verloren, und war sicher auch im Gefängnis gewesen. Ich war verunsichert und nervös. Hatte ich doch als Kind oft die Sommerferien bei meiner Oma verbracht, und ich erinnerte mich gern an die vielen unbeschwerten Stunden im Garten, unter den Bäumen, am Bach, auf den Wiesen, den Äckern und in den Wäldern ringsum ... erinnerte mich an die gütige Wärme, die von den beiden Menschen ausgegangen und die Freude, mit der ich jeden Sommer aufs Neue hierhergekommen war. Wie anders hatte ich nun, nach so langer Zeit, Haus, Garten, und auch die beiden altgewordenen Menschen erlebt. Bedrückend, düster, fremd, weltabgeschieden und auch ein wenig absurd hatte der ehemals so sonnige Ort auf mich gewirkt. Die Geschichte von Onkel Rudolphs großer Liebe hatte mich beschämt, und ich fühlte mich elend bei dem Gedanken, ungefragt eingedrungen zu sein und mir Zutritt verschafft zu haben in ein Geheimnis, das ich lieber hätte ruhen lassen. In Gedanken versunken dämmerte ich vor mich hin, und allmählich verflogen die Ahnungen und Bilder, die das Erlebnis mit den Briefen meines Onkels in mir hatten aufsteigen lassen. Das regelmäßige Rattern des Zuges versetzte mich mehr und mehr in einen Zustand, der mich wehrlos machte, und unmerklich schlichen sich leise, wie unangekündigte Gäste, Träume in meinen Schlaf ...

Mit einem kräftigen Ruck hielt der Zug plötzlich an. Ich schreckte aus meinen Träumen auf und saß leicht vornübergebeugt, halb wach, und halb noch im Schlaf eine kurze Zeit wie benommen auf meinem Sitz. Dann schaute ich zu Miriam hinüber und legte meine Hand auf ihr Knie. In ihrem Gesicht bemerkte ich eine gewisse Unruhe. Ihr Mund zuckte ab und zu. Ihre Augen flackerten, ihre Pupillen sprangen hin und her und konnten nicht mehr stillstehen. Ihr Kopf rotierte in kleinen ruckartigen Bewegungen. Mal schaute sie zum Zugfenster hinaus, dann wieder zur Tür, dann starrte sie wieder für Sekunden auf den Boden, oder schaute mich plötzlich an und verzog den Mund zu einem gequälten Lächeln. Ich wusste nicht genau was in ihr vorging, schwieg, und wagte auch nicht zu fragen. Und plötzlich empfand ich, das erste Mal, vielleicht auch durch die Verwirrung, die der seltsame Traum in mir ausgelöst hatte, eine unüberbrückbare Fremde zu ihr.

4. Kapitel

Ein halbes Jahr später saßen Miriam und ich wieder im Zug. Eine längere Rundreise um Sizilien lag hinter uns. Die Sonne hatte unsere Gesichter gebräunt. Wir hatten in Genua ein Schiff genommen, waren nach Palermo gefahren, hatten San Vito, Marsala, Agrigent, Syrakus, Catania und Taormina besucht, uns mit Rucksäcken und Zelt über die Meeresstraße von Messina über Reggio die italienische Küste aufwärts bis nach Salerno durchgeschlagen und wollten schließlich in Paestum aussteigen, um dort die berühmten dorischen Tempel zu besichtigen. Der Zug ratterte in den Abend hinein. Erneut sollte ein heftiger Streit unsere Beziehung belasten. Die Sonne ging gerade unter, und das Meer verwandelte seine Farbe mehr und mehr von einem dunklen Blau in ein Grauschwarz. Miriam und ich hatten ein Abteil für uns, und immer, wenn der Zug in einen der vielen Tunnel einfuhr, ratterte, von einem kurzen heftigen Luftzug erfasst, die Schiebetür des Abteils.

„Das Fenster bleibt offen!", schrie mich Miriam an.

„Bitte mach das Fenster zu, ich erkälte mich", gab ich ihr leise, aber bestimmt zurück.

„Sei nicht so empfindlich, ein bisschen Sommerluft kann niemandem schaden, auch dir nicht!!", schrie sie mich mit schriller Stimme an.

Wir hatten die letzte Nacht auf einem lauten Campingplatz an der Küste Siziliens verbracht und waren beide unausgeschlafen.

„Ich spüre schon ein Kratzen im Hals", antwortete ich ihr, genervt, und etwas lauter werdend.

„Kratzen im Hals, Kratzen im Hals …", äffte sie mich nach und riss das Fenster noch weiter auf. Langsam ging ich zum Zugfenster und schloss es wieder. Daraufhin packte sie mit wütendem Gesicht meinen Arm, schob mich beiseite und riss das Fenster wieder auf. Ich sah sie entgeistert an, resignierte, setzte mich wieder und sah zum Fenster hinaus. Traurigkeit überfiel mich. Draußen war es inzwischen dunkel geworden. Lichter rasten an mir vorüber, diffus, sich spiegelnd, Linien ziehend. Ich empfand Härte, Wut, Distanz und Beziehungslosigkeit zu Miriam. Warum immer und immer wieder diese störrische Rechthaberei, diese Selbstgerechtigkeit. Der Zug verlangsamte sein Tempo. Schemenhaft erkannte ich die Häuser einer Stadt. Wir schwiegen und starrten in verschiedene Richtungen. Eine verzerrte knarzende italienische Stimme kündigte aus dem Zuglautsprecher die nächste Station an. Das Wort „Paestum" konnte ich gerade noch verstehen. Hier wollten wir aussteigen und auf einem Campingplatz die Nacht verbringen. Der Zug quietschte noch einmal heftig und kam dann zum Stehen. Ein kleiner verlassener Bahnhof empfing uns, und nur wenige Fahrgäste verließen den Zug. Wir schulterten unsere Rucksäcke und gingen wortlos nebeneinander her. Ich bemerkte einen großen, etwas korpulenteren Mann, der langsam, eine Zigarette rauchend, auf dem Bahnsteig auf und ab ging. Für einen kurzen Moment war mir, als würde er uns aus seinen Augenwinkeln heraus beobachten. Doch war ich viel zu sehr in meiner Wut auf Miriam gefangen, als dass ich dem hätte weiter Beachtung schenken können. Wir gingen durch das kleine Bahnhofsgebäude und traten hinaus in die sommerliche Nacht. Eine schmale unbefestigte Straße führte vom Bahnhof weg in die Dunkelheit. Von Ferne hörte ich leise das Wellenrauschen des Meeres. Miriam ging in strammem Schritt voraus. Ich hatte keine Lust zu laufen, ich war müde, mein Rucksack schwer, und meine Wut auf Miriam groß. Ich ging langsamer. Der Abstand zwischen uns vergrößerte sich. Neben der Straße verlief ein schmaler unbefestigter Pfad. Mühsam und lustlos setzte ich einen Fuß vor den anderen. Ab und zu fuhr ein Auto dicht an mir vorbei. Nächtlicher Vogel, breite deine Schwingen aus, beschütze mein heftig schlagendes Herz und leite mich. Warmer Dunst lag über den Feldern rechts und links. Die Luft war erfüllt vom auf- und abschwellenden Lärm zirpender Grillen. Es roch nach Korn. Die Zeit anhalten. Langsam gehen. Hinter das Herz schauen. Welche Bilder strömen aus der innersten Quelle.

Welcher Abend neigt sich hier an diesem Ort, wo das Glück meiner Seele am Abgrund ruht. Ich musste an meine Kindheit denken ... an das verwundete Aufwachsen ... an Glockenläuten ... an Krokusse im Garten ... an Schulwege und Wege abseits ... an Straßen, auf denen niemand mich vermutet hätte ... an Wälder, in denen meine Seele suchte ... an Stuben, deren Gegenstände mir wie geheime Zeichen schienen, die zu entziffern mir aufgegeben war. Plötzlich sah ich in einiger Entfernung vor mir in der Dunkelheit zwei Zigaretten glimmen. Als ich näherkam, erkannte ich die Schatten zweier hagerer Gestalten, die sich mit Miriam unterhielten. Bald hatte ich die Gruppe erreicht.

„Buona sera!", begrüßte mich der eine der beiden Männer. Mein Widerstand war gebrochen. Ich stand müde, resigniert und stumm, und hatte keinen eigenen Willen mehr.

„We know good camping place for you", sprach mich der zweite in gebrochenem Englisch an. Miriam sah zu mir herüber und sagte kühl:

„Die Beiden kennen sich hier aus. Sie können uns zu einem guten Campingplatz bringen ..."

Ich nickte kurz, senkte den Kopf und wusste nichts zu sagen. Ich konnte Miriam nicht in die Augen blicken. Wir sind in Italien ... wir sind in der Nähe von Neapel, schoss es mir durch den Kopf. Dann winkte der erste der beiden Gestalten auch schon ein Auto heran, das von einem schwach beleuchteten Haus zu uns heranfuhr und neben uns anhielt. Die beiden Männer wechselten ein paar freundliche Worte mit dem Fahrer, nahmen uns unsere Rucksäcke ab, legten sie in den Kofferraum des Wagens, öffneten die hintere Tür und baten uns einzusteigen. Wir stiegen ein. Zuerst ich, dann Miriam, dann einer der beiden Männer. Sein Kumpel setzte sich vorne auf den Beifahrersitz. Das Auto fuhr los, die kleine Straße weiter entlang durch die Dunkelheit. In der Ferne sah ich das Meer im Mondlicht glitzern, und davor die Lichter von Küstendörfern. Miriam und ich schwiegen. Die Männer unterhielten sich auf

Italienisch. Ich hatte Hautfrösteln. Mein Schenkel berührte Miriams Schenkel, doch die Berührung war mir unangenehm. Ich empfand keine Anziehung mehr zu ihr. Was uns verbunden hatte, war zerschnitten. Alle Liebe war erloschen. Kalte Asche füllte mein Herz. Enklave aus Melancholie und Trauer. Flüchtige Zeit. Purzeln ohne Halt. Strom von Bildern … verschwindende Wolke hinterm Berg … Füße, die tief unter Wasser auf Korallenriffen gehen … Nacht, die ihre Schatten auf die Dämmerung wirft … das Licht eines Körpers, eingebrannt in die Seele als Mal … das irrlichternde Innere, das in langsamem Tempo den Kieselstein sucht. Unüberwindbare Mauer. Stopptaste. Befreiung aus den Fängen der Voraussehbarkeit. Die äußere Welt war nicht mehr, sie hatte allen Charme verloren, erschöpfte sich in Wiederholung. Auch die Sprache, die wiederkehrenden Sätze, en bloc geliefert aus bekannten Zuständen, versiegte. Miriam blickte starr geradeaus. Ich spürte instinktiv: wir saßen in der Falle. Die Hoffnung auf einen Campingplatz hatte ich aufgegeben. Aber ich tat nichts. Ich blieb stumm, teilnahmslos, apathisch. Und war wie gelähmt. Ich schrie nicht auf. Ich sagte nicht Stopp. Ich riss die Tür nicht auf. Ich teilte mich nicht mit. Der Fahrer fuhr in eines der Dörfer. Im Zentrum des Küstenortes waren so viele Menschen unterwegs, dass der Wagen langsam fahren und sich einen Weg durch die Menge bahnen musste. Touristenläden, Boutiquen, Imbissbuden, kleine Hotels, Karussell und Luftballons, Kinder … überall lärmendes, buntes Treiben. Jetzt wäre Gelegenheit auszusteigen, dachte ich. Doch ich blieb sitzen, ließ die Dinge geschehen und ergab mich meinem Schicksal. Sollte nun kommen was wolle. Miriam war schuld. Der Fahrer hielt an. Die Männer gestikulierten, versuchten gute Laune zu machen. Der jüngere der beiden Gestalten, der auf dem Beifahrersitz saß, stieg aus und holte an einer der Imbissbuden vier Dosen Cola. Als er zurückkam, wendete er sich zu mir nach hinten und bot mir eine der Dosen an. Mein Misstrauen war inzwischen so weit gewachsen, dass ich höflich ablehnte. Hatte er mir K.O. Tropfen in die Dose geträufelt? Wollten die Männer mich unschädlich machen? Das scheinheilige Vorspiel einer folgenden Hölle. Die drei nahmen einen Schluck aus den Dosen, machten einige witzige Bemerkungen auf Italienisch und lachten. Ich ahnte Unheil, nahm die bedrohliche Stimmung wahr, doch folgte ich meiner inneren Stimme nicht. Der Fahrer ließ den Motor wieder an und fuhr los. Wir verließen das Dorf und kamen auf eine kurvenreiche Strecke, die bergauf in einen Wald führte. Der Fahrer klagte über Kopfschmerzen und versuchte, sich auf Französisch verständlich zu machen ...

„Mal à la tête ... mal à la tête ...", jammerte er ein ums andere Mal. Drittklassige Schauspielerei, schoss es mir durch den Kopf. Ich wendete mich zu Miriam und flüsterte ihr ins Ohr:

„Jetzt weiß ich nicht mehr was geschieht."

Sie warf mir einen verächtlichen Blick zu. Ich sah in ein steinernes Herz, das aus eigener Schutzbedürftigkeit heraus erstarrt war. Verwundeter Weißer Engel, verwundeter Schwarzer Engel, warum steht ihr mir jetzt nicht bei. Wir hielten an einer kleinen Lichtung. Jetzt wusste ich, was geschehen würde. Eine Ahnung hatte sich den Weg geebnet zu brüchiger Gewissheit. Mein Herz schlug mir bis zum Hals, doch versuchte ich, ruhig zu bleiben. Meine Vernunft schaltete sich ein. Instinktiv nahm ich Miriams Hand in die meine, neigte mich hinüber zu ihr und flüsterte ihr eindringlich ins Ohr:

„Versuche, so gut mitzumachen, wie es dir irgend möglich ist, jeder Widerstand führt zu Verletzungen und kann für uns beide tödlich enden ..."

Miriam schaute mich mit schreckgeweiteten Augen an. Erst jetzt dämmerte ihr, in welch bedrohliche Situation wir geraten waren. Der Fahrer war währenddessen schnell ausgestiegen, riss die Tür an meiner Seite auf, packte mich an den Haaren, zerrte mich aus dem Wagen, bohrte mir eine Pistole in den Rücken, warf mich ins Gras, presste mich mit einem Knie auf die Erde, hielt mit der rechten Hand seine Pistole an meine Schläfe, umklammerte mit der linken meinen Hals und drückte mich zu Boden. Ich schloss die Augen.

Dunkelheit. Alles drehte sich in mir. Ich spürte meinen heftig schlagenden Puls am Hals. Jede Gegenwehr war sinnlos. Ich bekam Panik. Hatte Schweißausbrüche. Todesangst. So sollte es also enden, mein Leben. Auf einer kleinen Wiese. Durch den Schuss eines kleinen, miesen Verbrechers. Ich atmete heftig und versuchte, meinen Atem zu beruhigen. In fieberhafter Eile überlegte ich, was ich tun könnte ... eine List ... ein rettender Gedanke ... vielleicht sprechen, vielleicht schreien ... doch alles schien mir die Situation nur noch schlimmer zu machen. Plötzlich fiel alle Spannung von mir ab. Ich lag wie leblos, spürte die kühle Erde unter mir. Das Gras an meinen Händen. Ich hatte aufgegeben. Das Knie im Rücken schmerzte. Die Hand am Hals fühlte sich an wie ein Schraubstock. So jung sterben, dachte ich. Warum. Ein blöder Einfall des Schicksals, mich hier verrecken zu lassen ... meine Kindheit raste an mir vorüber die Sonnenflecken im Wald die verbrannte Milch die Spieltankstelle zu Weihnachten die schwarze Kutsche auf schwarzem Asphalt die Flugzeuge am Himmel die Hand meiner Mutter mein Fuß auf dem Kopf des Bruders das Gewitter die Blume im Gras die Eiche am Waldrand die Schneekappe auf dem Vogelhäuschen das bange Warten am Ende des Tunnels Sand in den Fingern der Geruch von Leder in einem Schulranzenladen das weiche Ei am Sonntagmorgen die mahnende Stimme des Vaters die gütige Oma der Ball in meinen Händen die Spielzeugindianer die Dreckhügel und Sandburgen frische Bettwäsche gespitzte Bleistifte Papiergeruch und Ledersitze im Bus Kreide weiße Kittel lange Flure – ich hörte Geräusche, und wusste nicht, was geschah, und wusste es doch ... die Männer wechselten sich ab, ein anderer drückte mich zu Boden ... noch war ich am Leben, noch atmete ich! Der Mann sprach zu mir, auf Italienisch. Ein bisschen verstand ich, und dachte, und hoffte, und meinte, er hätte sowas gesagt wie:

„Es wird dir nichts passieren."

Ein Hoffnungsschimmer. Was war mit Miriam, was geschah mit ihr, würde sie überleben, würde sie verletzt sein und bluten?

Geduldig sein, und hoffen ... irgendwann wird alles vorüber sein ... so oder so ... ich biss mir auf die Lippen, um mich zu spüren ... ich hörte Geräusche ... Rascheln, Stöhnen ... der Wald war still ... die Tiere kamen nicht, sie schrien nicht auf, sie warfen sich nicht auf die Männer, gruben ihre Zähne nicht in ihre Hälse, zerfetzten sie nicht in kleine Stücke ... der Wald war still, und ich konnte nichts tun ... ein Gefühl der Ohnmacht presste gegen meine Brust und brachte mein Herz für einen Moment zum Stillstand ... dann schlug es wieder ... poch, poch, poch ... ich hatte plötzlich das Gefühl, dass ich nicht sterben würde ... der Tod hatte angeklopft und trollte sich langsam wieder ... seine Schritte hallten in mir nach, wurden leiser und entfernten sich schließlich ganz. Noch war ich mir nicht sicher, doch hoffte ich wieder ... aber würde Miriam überleben? Sie war Opfer und Zeugin des Verbrechens, das jetzt gerade geschah. Die Männer könnten sie töten wollen, dachte es panisch in mir. Ich konnte nichts tun ... nur geduldig sein, und hoffen, hoffen, hoffen ...

Plötzlich ließ der Mann von mir ab. Zögernd und langsam stand ich auf. Mein Rücken schmerzte. Meine Arme schmerzten. Der Mann, es war der Beifahrer, packte mich an den Schultern und schob mich gewaltsam auf die Rückbank des Wagens. Dort saß Miriam. Sie lebte. Sie weinte nicht. Sie schrie nicht. Sie schwieg und starrte wortlos vor sich hin. Die versteinerten Tränen, die nicht mehr fließen können. Seit ihrer Kindheit. Sie schien keine Schmerzen zu haben und wirkte unverletzt. Das erste Mal spürte ich sowas wie Erleichterung. Der Condor war davongeflogen. Der Blick der Eule gewährte Schutz. Die Männer stiegen schnell ein, knallten die Wagentüren zu und fuhren los. Ich nahm Miriams Hand und suchte ihren Blick. Doch sie erwiderte ihn nicht, hielt die Schultern leicht eingerollt und stierte nach vorn. Wir fuhren die Serpentinen abwärts durch den dunklen Wald. Noch waren wir nicht in Sicherheit. Noch wusste ich nicht, was als nächstes geschehen würde. Noch war die Zeit bang und das Herz ohne Halt. Irgendwann fuhr der Wagen an den unbefestigten Straßenrand und hielt ruckartig an. In der Ferne konnte ich Lichter eines Dorfes erkennen. Wieder stieg der Fahrer aus und zerrte mich heraus. Der Beifahrer öffnete den Kofferraum, packte unsere Rucksäcke und warf sie auf die Straße. Auch Miriam war inzwischen ausgestiegen, ging langsam um die Kühlerhaube herum und kam zu mir an den Wegrand. Dann stiegen die drei Männer hektisch ins Auto, machten die Scheinwerfer aus und rasten mit heulendem Motor davon in die Dunkelheit.

Die Männer waren weg. Und wir lebten. Ich nahm Miriam in die Arme und flüsterte:
„Wir haben überlebt, das ist die Hauptsache. Alles andere schaffen wir."
Der Streit zwischen uns war vergessen. Ich drückte sie fest an mich und strich ihr übers Haar. Sie weinte nicht. Sie schrie nicht. Sie blieb stumm, drückte aber auch mich an sich. Die Rucksäcke fielen mir ein. Sie lagen noch auf der Straße. Ich löste mich langsam von Miriam, holte die beiden Rucksäcke und legte sie vor uns auf das Gras. Dann schaute ich Miriam in die Augen, fragte zaghaft und hilflos:
„War es schlimm?"
Ich schämte mich. Nichts hatte ich tun können. Nichts. Und doch hätte ich eingreifen müssen, handeln müssen, irgendetwas tun müssen, bevor es zur Katastrophe gekommen war. Ich fühlte mich elend und schlecht Miriam gegenüber. Sie senkte den Kopf und sagte leise:
„Nein, es war nicht schlimm."
Und nach einer kurzen Pause:
„Aber ich möchte jetzt nicht darüber sprechen."
„Gut", sagte ich nachdenklich, nahm sie noch einmal in meine Arme und hielt sie lange fest. Dann half ich ihr in den Rucksack, schulterte meinen eigenen und schlug vor, in das nahegelegene Dorf zu gehen.

Kurze Zeit später erreichten wir ein kleines Restaurant, aßen eine Kleinigkeit, fragten nach der nächsten Polizeiwache, machten uns wieder auf den Weg, kamen zu einem kleinen, viereckigen Gebäude in einer Seitenstraße und traten ein. Die Polizisten auf der Wache empfingen uns freundlich und mitfühlend. Sie setzten ein Protokoll auf. Anschließend kamen zwei Kriminalbeamte mittleren Alters und fragten uns, ob wir bereit und in der Lage wären, mit ihnen noch einmal die Strecke abzufahren und die Stelle zu suchen, an der das Verbrechen stattgefunden hatte. Es war bereits weit nach Mitternacht, doch wir stimmten beide zu. Wieder stiegen wir in ein Auto und fuhren los, die Serpentinen hinauf, und fanden tatsächlich die Lichtung wieder. Noch einmal wurden wir auf Englisch nach dem genauen Hergang befragt, und ich konnte einigermaßen antworten. Völlig übermüdet fiel ich auf der Rückfahrt in tiefen Schlaf. Zurück auf der Wache wurde ein weiterer Bericht angefertigt, den wir beide unterschreiben mussten. Schließlich entließen uns die Kriminalbeamten auf die freundlichste Weise und rieten uns, so schnell als möglich zurück nach Deutschland zu fahren und uns dort von einem Arzt untersuchen zu lassen. Die Uhr auf der Wache zeigte inzwischen vier Uhr morgens. Wir traten nach draußen. Am Horizont war bereits ein schmaler Lichtstreif zu erkennen. Einer der Polizisten fuhr uns zum Bahnhof, und kurze Zeit später saßen wir im Zug Richtung Norden. Aus übermüdeten Augen sah ich, wie Hügel und Berge an mir vorüberflogen, die Morgensonne aufstieg und auf die mediterrane Küstenlandschaft strahlte. Das Meer glitzerte friedlich in der Ferne, als ob nichts gewesen wäre. Miriam war eingeschlafen. Ich fand keine Ruhe. In mir brodelte es. Wut und Hass auf die Männer hatten vollständig Besitz von mir ergriffen, und wieder und wieder erschütterten mich heftige Phantasien ... warum habe ich mich nicht gewehrt ... warum hatte ich kein Pfefferspray dabei, kein Messer, keine Pistole ... warum war mir keine List eingefallen ... warum habe ich die Männer nicht erschlagen, oder zumindest gefesselt, an einen Baum gebunden, sie getreten, angebrüllt, gefoltert, gemartert, zerstückelt und ihre Einzelteile auf der Wiese verstreut ... warum hatte ich die Tür nicht aufgerissen, warum hatte ich Miriam nicht an mich gezerrt und war herausgesprungen ... irgendwo im Wald ... wir hätten fliehen können ... ich phantasierte immer weiter, und wie ein wiederkehrender Zwang in mir beherrschten mich unabweisbar Bilder, wie ich die Männer einzeln erstach ... ihnen die Kehle durchschnitt, ihnen das Herz herausriss ... wie ich auf ihnen herumtrampelte ... (einmal hatte ich als Kind in hemmungsloser Wut auf dem Gesicht meines fünfjährigen Bruders herumgetrampelt). Ich fühlte mich als Versager, fühlte mich schuldig Miriam gegenüber. Ich hatte mich nicht als Held in Szene gesetzt. Ich war nicht der große Beschützer. Ich hatte die Situation frühzeitig erkannt und hatte Miriam trotzdem ins Verderben rennen lassen ... – war das nicht auch Hass auf Miriam? War das nicht auch heimliche Rache für ihr dominierendes Verhalten mir gegenüber, für Rechthaberei und Selbstgerechtigkeit? Ich sah Miriams schlafendes Gesicht. Sie wirkte vollkommen entspannt, als wäre ihre Seele unterwegs in einer anderen Welt. Ihre Ruhe irritierte mich. Sie war nicht zusammengebrochen. Sie hatte alles stoisch über sich ergehen lassen. Dies war mir ein Rätsel. Sie war mir ein Rätsel. Wie schrecklich war das Geschehene für sie? Wie grausam war die Vergewaltigung für sie wirklich? Was ging in ihr vor? Wie würde sie das alles verarbeiten? Was hatte sie gedacht, getan, empfunden? Ich wusste es nicht, und hatte das Gefühl, sie würde mir gegenüber niemals darüber sprechen wollen. Ich dagegen war meinen Gewaltphantasien vollkommen ausgeliefert, und war außer mir – doch sie war Opfer des Verbrechens, nicht ich! Der Zug verlangsamte sein Tempo, die Räder quietschten. Dann standen sie still. Draußen sah ich ein kaputtes Bahnhofsschild: Salerno. Zwanzig etwa achtjährige Kinder mit bunten Rucksäcken auf dem Rücken stiegen in den Zug und setzten sich mit lärmendem Getöse in das benachbarte Abteil. Zwei Erwachsene, ein Mann und eine Frau, wohl Lehrer, ermahnten die Kinder zur Ruhe. Ich versank in mir, schloss die Augen, hörte die Stimmen der Kinder wie ein entferntes, vielstimmiges Echo, und schlief ein ... Traumfetzen ordneten sich mehr und mehr zu einer Bildabfolge ... *ich träumte den Verhörraum einer Polizeiwache ... ein Kriminalobermeister und sein Assistent verhörten eine gebeugte, etwas ältere Frau ... der Assistent schrieb alles, was gesagt wurde, eifrig mit ... die Frau stand direkt neben dem Kriminalobermeister, der wild gestikulierend auf sie einredete, sie anbrüllte und einzuschüchtern versuchte ... alle Indizien sprächen gegen sie ... sie solle endlich zugeben, dass sie die drei Frauen vergiftet, ihre Leichen mit Eisenteilen beschwert und in den See geworfen hätte ... der Kriminalobermeister redete sich immer weiter in Rage und wollte ein Geständnis von der Frau, die eher einen schüchternen, hilfsbedürftigen Eindruck machte, erpressen. Die Frau schwieg und begann zu weinen und zu schluchzen. Doch der Kriminalobermeister ließ nicht locker ... viele hätten schon versucht, sich durch Schweigen aus der Affäre zu ziehen, bei ihm aber würde diese Maske nicht ziehen ... „Bei mir nicht!", schrie er die Frau an, und hielt dabei seinen Mund ganz nah an ihr rechtes Ohr. Gerade als die Frau sprechen wollte, um ein Geständnis abzulegen, tauchte plötzlich rechts an der hinteren Wand ein etwa vierzehnjähriger Knabe auf und schaute den Kriminalobermeister mit großen, dunklen Augen an. Er war barfuß und trug ein weißes Nachthemd. Vor sich hielt er ein edles, dunkelblaues Kissen, bestickt mit weißen chinesischen Schriftzeichen. Auf dem Kissen lagen viele kleine nummerierte Indizien in Plastiktütchen, die eindeutig bewiesen, dass der Kriminalobermeister selbst die drei Frauen vergiftet und in den See geworfen hatte. Er hatte die Frau nur verhört, um von sich selbst abzulenken. Der Kriminalobermeister wendete seinen Kopf zu dem Jungen hin, riss den Mund auf und blickte ihn mit dem Ausdruck schamvollen Entsetzens an ...*

Ich erwachte aus meinem Traum. Vielstimmiger Gesang hatte mich geweckt. Schlief ich noch, oder war ich schon wach? War es der Junge aus dem Traum, der zu singen begonnen hatte? Langsam öffnete ich meine verklebten Augenlider. Die Sonne schien mir ins Gesicht. Ich war wach. Langsam wendete ich den Kopf und blickte zum Zugfenster hinaus. Die sommerliche Landschaft strahlte in einen neuen Tag. Chorgesang drang an mein Ohr. Die Kindergruppe aus dem Nachbarabteil sang aus vollen Kehlen ein kalabrisches Volkslied, und die Stimmen waren von solcher Reinheit und Musikalität, die Akkorde von so eindrücklicher Schwingung und Klangschönheit, die langsamen Melodiebögen von solch unwidersprochener Melancholie, dass ich nicht anders konnte als meinen Tränen freien Lauf zu lassen. Ich schluchzte hemmungslos. Mein ganzer Körper zitterte. Der Gesang hatte in mir alle Anspannung gelöst, und die ganzen Ängste der letzten Nacht, der ganze Schock, die ganze Wut und Verzweiflung, die Hilflosigkeit, die Selbstanklage, die Todesphantasien, die Panik mündeten jetzt, wo alles vorüber war, in einen nicht enden wollenden Fluss von Tränen.

Zwei Monate später waren wir getrennt. Unser gemeinsamer Besuch bei Oma Martha und Onkel Rudolph hatte bereits – aus Gründen, die für mich letztlich im Dunklen blieben – einen Keil zwischen uns getrieben, und seit den Ereignissen im Wald auf einer Anhöhe vor Paestum hatte sich unsere Liebe in zunehmende Gefühllosigkeit, Fremde, und von Zeit zu Zeit aufflackernden Hass verwandelt. In immer kürzeren Abständen gerieten wir in immer heftiger werdende Streits. Trotz mehrmaligen, vielleicht etwas hilflosen Versuchen, mit ihr über das Verbrechen zu sprechen, gelang es mir kein einziges Mal, auch nur ein Wort über ihr Erleben und Empfinden während des Verbrechens aus ihr herauszubekommen. Schließlich konnte ich Miriams sich stetig steigernde Dominanz nicht mehr ertragen und fand mich meinerseits in immer heftiger werdenden Aggressionen gegen sie wieder, sodass ich – nach mehreren Gesprächen, in denen wir uns immer tiefer in gegenseitigen Schuldzuweisungen verhedderten – die Reißleine zog und ihr – nach einer weiteren Woche Bedenkzeit – meinen unwiderruflichen Entschluss, mich von ihr zu trennen, mitteilte.

5. Kapitel

Im darauffolgenden Winter zog ich in eine größere Stadt. Als ich mich nach einigen Wochen in meiner neuen Wohnung notdürftig eingerichtet hatte, ging ich eines Tages früh morgens zu einem der beiden großen Friedhöfe meines Bezirks. Die Straßen und Häuser lagen in eisiger Kälte. Ich öffnete das quietschende eiserne Tor und betrat das Gelände. Einige Schneereste fielen von den Spitzen des Gitters herunter auf den vereisten Kiesweg. Ich schlenderte über den Heiligen Ort und blieb stehen. Aus der Ferne hörte ich Stadtgeräusche ... das Surren eines Baukrans ... anfahrende Autos ... eine leiser werdende Polizeisirene. Einzelne Schneeflocken fielen aus dem morgendlichen Himmel auf die alten Bäume des Friedhofsparks, auf die Sträucher, auf die Gräber, die Grabsteine, auf die Gebinde. Ich sah die überlebensgroße Statue eines trauernden Engels. Er hielt die Arme und Hände ausbreitend über die Erde, den Kopf leicht gebeugt, und schien mit sanft behütender Geste inmitten der erwachenden Stadt den Toten ewigen Schlaf und Seelenfrieden zu spenden. Die christliche Religion und ihre Totenrituale. Die gewaltigen Chöre Bachs aus der Johannespassion kamen mir in den Sinn. „Herr. Herr. Herr – O Herrscher." Ich ging weiter an repräsentativen Gräbern einiger Industriellenfamilien vorbei. Imitationen griechischer Säulen und Säulchen. Goldgravuren. Renaissance-Dächer. Kleine herrschaftliche Häuser für die Verstorbenen, und die noch kommen. In Sumpfgebieten können die Toten nicht begraben werden, da der Morast die Leichen aufschwemmt. So bauten die Menschen, wie etwa im Mississippi-Delta von New Orleans, Steinhäuser für die Särge, in denen sie ihre Eltern, Verwandten und Ahnen begruben. Ich sah eine Bank, vereist. Daneben stand ein weißes Holzkreuz, braun umrandet, gegen den Himmel. Den aufgebahrten Toten verlässt die Seele. Ich habe es gesehen, das Gesicht ohne Seele. Die unbelebte Hülle von Augen, Mund, Nase, Stirn. Erlöst. Angekommen. Vollbracht, das Leben. Feierabend. Der Sarg wird geschlossen. Der Sarg wird zum offenen Grab getragen, in fast militärischer Zeremonie. Der Sarg wird hinuntergelassen. Das Grab wird zugeschüttet. Erde zu Erde. Schwarz gekleidete Menschen gehen murmelnd über die Wege und schütteln sich die Hände. Jetzt, an diesem grauen Morgen, lag der Friedhof verlassen. Mich fror. Ich kam an Kiefern und Birken vorbei auf einen geräumigeren Weg. Ruinen. Statuen und Statuetten. Ausgeraubte Gräber, auch dies in der modernen Zeit. Hakenkreuze auf Granitsteinen. Wie in einem Kitschfilm krächzten die Krähen. Wenn jetzt ein Handy piepste aus einer der Gruben und brächte Nachrichten aus dem Jenseits. Eine Mauer. Ein Baumstumpf. Kreuze waren aufgestellt in Reih und Glied, wie Soldaten. Die vielen Toten der Kriege. Das Denkmal des abgestürzten Piloten. Was würden sie erzählen, wenn sie aus den Gräbern kämen, zurück, was! Die Geschichte ihres Todes, die Geschichte ihrer Ermordung. Die Geschichte ihrer letzten Stunden. Vielleicht ihren letzten Gedanken in ihrer letzten Sekunde. Ich bog ein in die große Allee, die Hauptachse des Heiligen Ortes. Der Tote weint nicht mehr, es sind die Zurückgebliebenen, die weinen. In der Ferne, mit schneebedecktem Dach, die Friedhofskapelle. Kirchen wurden gesprengt. Die Toten umgebettet. Die Gemeinde verjagt. Um einer Staatsgrenze willen. Die trauernde Witwe, hilflos und verloren. Eine dunkle Brille auf der Nase. Durcheinander. Hektisch. Das Leiden hat ihn gehorsam gemacht, sagte der Pastor. Gehorsam für wen? Gehorsam für was? Der Theaterdichter Paul Scheerbart hatte viel Zeit darauf verwendet, ein Perpetuum mobile zu bauen. Eines Tages schrieb er einem Freund: Pepe ist fertig, es funktioniert nur noch nicht. So ähnlich muss Gott gedacht haben, als er den Menschen fertig hatte … Erwin ist jung gestorben. An Aids. Wurde verbrannt. Urnenbestattung. „Jetzt ist Erwin im Eimer, Mama!", sagte ein sechsjähriger Junge. Ein Walzer für den Toten. Durchs Eisentor zum Krematorium. Der heitere Friedhof. Ein Eichhörnchen rast die Rinde herunter, stibitzt eine Walnuss von einem der Gräber und trägt sie fort. Wie kommt die Walnuss auf den Friedhof.

Der schwarze und der grüne Engel. Die Asche wird über den Bergen verstreut. Oder über dem Meer. Nichts wird bleiben. Erinnerungslos das Gehirn. Erinnerungslos der Mensch. Erinnerungslos der Planet. Was anderes also sollte ich verteidigen als den jetzigen Moment, das flüchtige Dasein, den Augenblick, der aufblüht in der mir vergehenden Zeit, mich mit staunenden Kinderaugen ansieht und flüstert „Du bist"? Herzstillstand. Unfall. Krebs. Der plötzliche Tod. Nach der morgendlichen Gymnastik. Die Sankas, die täglich durch die Stadt rasen. „Schwer ist es auf dieser Welt zu leben, und der Tod ist mir eine Erlösung. Selbst wenn draußen alles hell ist und die Sonne scheint ist es schwer in mir. Und dunkel. Aber erst muss ich hier auf Erden meine Aufgaben erfüllen." Dieses Wort einer Freundin ging mir durch den Sinn. Ich ging weiter die verschneite Allee hinunter auf die Aussegnungshalle zu. Der alte Stein. Die Kapelle. Der steinerne Raum. Ein Engel berührt den Moment des Todes. Tagträume. Erinnerungen, die sich heften an bestimmte Materialien, und wachgerufen werden bei ihrem Anblick. Der Friedhof war leer. Keine Menschenseele weit und breit. Eiszapfen hingen von der Dachrinne der Aussegnungshalle. Ich ging vorbei an dem Haus der Toten in den hinteren Teil des Friedhofs, und dort zu dem kleinen, schmucken Tempel, an dem ich verabredet war an diesem winterlichen Morgen. Ich wartete eine Stunde in der Kälte, ging auf und ab, trampelte in den Schnee, um mich warm zu halten, doch Malene kam nicht. Sie hatte auf einem anderen Friedhof gewartet. Ebenso vergeblich, zur selben kalten Morgenstunde. Ein Missverständnis, gleich zu Beginn.

Zwei Tage später verabredeten wir uns ein zweites Mal. Ich sah sie stehen vor einem Schaufenster, in dem Schuhe ausgestellt waren, reglos wie eine ägyptische Statue. Unter ihrer weißen Winterjacke lugte ein dunkelgelbes Jäckchen mit Stickereien, wohl aus Indien, hervor. Sie trug einen schwarzen, langen Rock mit Seitenschlitz, eine schwarze Strumpfhose und schwarze, halbhohe Stiefel.

Ihr offenes langes Haar hatte sie hinten locker zusammengesteckt … großgezeichnete Gesichtszüge, großer Schlitzmund, und große dunkle Katzenaugen mit unruhigem Blick. Wir begrüßten uns, sprachen. Gingen ins Café. Sie musste ständig laut auflachen. Sah mir beim Sprechen intensiv in die Augen. Sie nahm meine Hand. Ließ sie wieder los. Spielte mit dem Aschenbecher. Schloss die Augen beim Kaffeetrinken. Erzählte von ihrer Katze. Legte mir einen kleinen, roten Stein in die Hand.

„Aus einem Fluss auf Korsika", sagte sie.

Schaute hinaus in den kleinen Park. Auf die Bäume.

„Krähen." sagte sie „Krähen bevölkern die Stadt."

Meinen Schal wollte sie plötzlich haben. Ich wand ihn ihr um den Hals und sagte:

„Schön, dass mein Schal jetzt deinen Hals beschützt."

Ein lautes Lachen war die Antwort. Halb spöttisch, und halb als fühle sie sich geschmeichelt. Wir zogen weiter. In einen Trödelladen. Ich fand ein Fotobuch über die Befreiungskriege und tat so, als würde ich darin lesen. Beobachtete sie von der Seite. Sah sie in Büchern stöbern, den Staub von einem der Buchdeckel wischen. Mir war, als wolle sie die Buchtitel in rasender Geschwindigkeit in sich aufsaugen. Wir landeten in einer Feinbäckerei. Champagnertrüffel wollte sie mir zeigen. Wir tranken Milch. Sie zog plötzlich eine Uhr aus der Tasche. Sagte, sie müsse jetzt gehen. Und war verschwunden.

Am darauffolgenden Tag verabredeten wir uns wieder auf einer kleinen Anhöhe vor einem mächtigen Turm. Später Nachmittag. Grau, kalt und öde lagen die Häuser ringsum. Langsam und vorsichtig ging ich die vereisten Steintreppen hinauf zu der großen, ovalen, schneebedeckten Fläche, die vor dem Turm lag. Plötzlich lugte sie hinter dem Turm hervor, sprang, tanzte, und kam lachend auf mich zu. In einem knöchellangen, bunten Wollrock. Wieder sahen die blaugrauen Katzenaugen mich an. Sie nahm mich plötzlich an der Hand und führte mich über den Schnee. Wir schlenderten zum angrenzenden Park. Dort stand eine große Glocke, aufgebaut an einem kleinen, vereisten See. Einige Kinder schlitterten über das Eis. Die Krähen wieder. Die Krähen. Als wollte ihr Krächzen mich warnen. Malene kroch in die Glocke und schlug sie an. Ein tiefer, warmer, weicher Ton breitete sich aus, als wolle er das Eis zum Schmelzen bringen. Und nochmal. Und nochmal. Sie kroch wieder hervor. Noch lange klang der Glockenton nach und verebbte schließlich über dem See. Wir gingen weiter. Schnee knirschte unter unseren Füßen. Wir sprachen Belangloses. Blaues Licht. Dämmernder Wintertag. Schattenrisse von mächtigen, alten Bäumen. Mit dem Abend legte sich noch schärfere Kälte über die Stadt. Wir kamen auf einen baumumstandenen Platz. Plötzlich drehte sie sich im Kreis. Schneller und schneller. Lachte laut auf. Ich nahm sie auf meine Arme und drehte mich mit. Wir verloren das Gleichgewicht und stürzten aufs Eis. Sie erschrak. Stand auf. Schaute mich an. Hatte sich wehgetan an der Hüfte. Sagte, sie müsse jetzt gehen. Und war verschwunden.

Am nächsten Tag verabredeten wir uns wieder für den späten Abend draußen am Turm und kauerten zueinander auf mitgebrachten Kissen. Die Kälte kroch von unten herauf in unsere Körper. In jenen Tagen hatte der Winter die Stadt fest im Griff. Am Nachthimmel war die Milchstraße als heller Streifen zu erkennen. Der Mond war fast voll, schien über die schneebedeckten Dächer und tauchte die Stadtlandschaft in ein mattes, fast märchenhaftes Weiß. Wir kuschelten näher zueinander. Und küssten uns. Und küssten uns wieder. Und küssten uns lang. Und wussten, dass wir Liebende sind.

Etwa elf Monate nach unserer ersten Begegnung entschlossen wir uns, Malenes Eltern aufzusuchen. Ein früher Winter war hereingebrochen, und wir fuhren mit dem Zug in die Dunkelheit eines früh zu Ende gehenden Tages. Als Malenes Vater uns vom Bahnhof abholte, war der Abend längst zur Nacht geworden. Den ganzen Tag über hatte es geschneit. Erst jetzt ließ der Schneefall allmählich nach, und auf den Straßen verwandelte sich der Schnee langsam zu Matsch. Wir erreichten Malenes Elternhaus, schüttelten den Schnee von unseren Kleidern, traten in das moderne Gebäude ein und setzten uns zum Tee in ein geräumiges Wohnzimmer. Malenes Vater, ein vornehm wirkender, hochaufgeschossener Mann mit längerem, schlohweißem Haar fragte nach unserer Reise und musterte mich neugierig. Vor den Fenstern des Wohnzimmers standen zwei große Tannen, die vom Licht der beiden Außenlampen, die auf der Terrasse eingelassen waren, angestrahlt wurden. Die Äste der alten Bäume trugen schwer an der Last des frischgefallenen Schnees. Als Malene und ich nach einer ersten angeregten Unterhaltung mit dem Vater uns schließlich in die Kellergeschosswohnung zurückzogen, uns schlafen legten und die wohltuende Wärme frischer Bettwäsche genossen, war die Stimmung zwischen uns, in unserer noch relativ jungen Liebe, das erste Mal verändert. Nicht das heiße Verlangen nach Kuss und Umarmung, nicht die magische Anziehung unserer Körper, sondern eine merkwürdige Spannung und Stille zwischen zwei Menschen, die zueinander wollen und doch entfremdet nebeneinander liegen, bestimmte plötzlich unser Zusammensein. War es der Ort, Malenes Elternhaus, an dem wir uns befanden, oder waren es Ereignisse, von denen ich nichts wusste, die zu dieser Fremde geführt hatten … ich grübelte und grübelte, und war unfähig, die Distanz zwischen uns aufzulösen. Malene starrte zur Decke und schien unnahbar. Ich lag halb abgewendet von ihr, konnte den Abstand zwischen uns kaum ertragen, und war beunruhigt über ihren Zustand. Tausend Gedanken schossen mir durch den Kopf. Ich wusste nicht, was mit ihr los war, wagte mich nicht zu bewegen und versuchte das leichte Zittern meines Körpers in den Griff zu bekommen. Plötzlich sagte sie:

„Meine Mutter ist vor zwei Jahren an Krebs gestorben. Sie lag in meinen Armen als sie starb."

Mir stockte der Atem. Nicht so sehr die Nachricht als vielmehr die Spannung, die in diesem Moment von Malene ausging, lähmte meinen Körper. Eine unerträgliche Stille breitete sich in der Dunkelheit des Zimmers aus. Dann sagte sie noch:

„Ich habe eine Zeichnung von ihr gemacht als sie im Sterben lag."

Ich wollte antworten, irgendetwas sagen, tausend Gedanken, tausend Möglichkeiten einer Antwort wirbelten in rasender Geschwindigkeit durch meinen Kopf, doch mein Mund wollte sich nicht öffnen. Ich blieb wie gelähmt, war blockiert im Innersten und fühlte dabei bis in die letzten Muskeln hinein meine Verkrampfung. Ich wollte sprechen, doch ich konnte nicht. Malene war vollkommen eingetaucht in eine andere Welt. Alles Leben schien von ihr gewichen. Ihr sonst so weicher, lebendiger, sprühender Körper lag wie tot neben mir. Ich wagte nicht, sie zu berühren und blieb wie erstarrt neben ihr liegen.

Nach einigen Minuten, es war wohl schon weit nach Mitternacht – von einer Straßenlaterne beleuchtet sah ich Eis an den oberen Kellerfenstern liegen – hörte ich neben mir Malenes tiefer gehenden Atem. Ihre Augen waren geschlossen. Ihr Gesicht hatte sich entspannt, und ihr Kopf lag leicht zur Seite geneigt in den Kissen. Sie war eingeschlafen. Auch meine Verkrampfung löste sich nun langsam auf, und bald darauf schlief ich ein. Nach kurzer Zeit fand ich mich in einem Traum wieder …

… ich fuhr mit Malene in einem Kleinbus durch eine verlassene Landschaft. Der Sommer hatte gerade begonnen, und auf den weiträumigen Flächen vor welligen Hügeln blühten Bäume, Sträucher und Wiesen. Wir verließen ein kleines Dorf südwärts und fuhren eine leichte Steigung hinauf zwischen Obstbäumen und Mohnblumenfeldern. Malene saß schweigend auf dem Beifahrersitz. Ich hatte sie von der Dorfschule abgeholt und wir wollten zu Freunden fahren, die etwa eine Stunde Autofahrt entfernt wohnten. Die kurze

Reise über Land hatte etwas Eintöniges. Meine Gedanken schweiften ab, kreisten um kleine erotische Fantasien, oder ängstigten sich vor den Erfordernissen der allernächsten Zukunft. Eben hatte ich mit dem Wagen eine Kreuzung passiert, da schrie Malene laut auf:

„Halt! Umdrehen! Wir sind falsch! Du fährst die falsche Richtung! So kommen wir ja nie an! Pass doch auf wo Du hinfährst! Träum nicht so in der Gegend herum! Lass mich fahren, wenn du keine Ahnung hast!"

Ich war müde und unkonzentriert. Offensichtlich hatte ich ein Hinweisschild übersehen. Der Boden rechts und links war sandig, die Fahrbahn eng. Ich hielt an, wollte wenden, kam ins Schwitzen. Die Räder drehten durch auf dem sandigen Untergrund. Malene begleitete meine Bemühungen mit missmutigen, verachtenden Blicken. Der Motor heulte auf. Ich hatte zu viel Gas gegeben. Der Wagen lag schräg am Fahrbahnrand, doch schließlich gelang es mir, den Wagen zu wenden und wir fuhren zurück, kamen zu der Kreuzung, an der ich das Hinweisschild übersehen hatte, bogen rechts ab und folgten der kleinen geteerten Straße durch ein ausgedehntes Kornfeld. Golden leuchteten die Ähren in der Abendsonne. Ein leichter Wind wehte und verwandelte das Feld in eine wogende See. Inmitten der sich in Wellen bewegenden Fläche sah ich von Ferne einen dunklen Fleck, und je näher wir kamen, desto größer wurde diese Stelle. Die Ähren waren dort wahllos, ohne erkennbares System, niedergetrampelt, Wohl die Spuren eines Kampfes, dachte ich, und plötzlich sah ich hinter der verwüsteten Stelle zwischen den Ähren einen Tiger stehen. Mit weit aufgerissenem Maul stand er da, schien zufrieden und machte keinerlei Anstalten wegzulaufen. Ich war überrascht, fasziniert, magisch angezogen ... ängstlich und neugierig zugleich. Ich verlangsamte die Fahrt und brachte den Wagen zum Stehen.

„Fahr weiter, du Idiot, fahr sofort weiter! Bist du wahnsinnig! Ich will weg hier, sofort weg!"

Malene zeterte und schrie mir die Ohren voll, doch ihre Stimme erreichte mich nicht mehr. Ich sah den Tiger, und war fasziniert von dem seltsamen Anblick. Langsam stieg ich aus und ging in das Kornfeld hinein. Schon nach wenigen Schritten sah ich eine Gestalt am Boden liegen, regungslos, und steif. Ein Zylinderhut lag beiseite gerollt zwischen den Ähren. Das schlohweiße Haar des reglosen Mannes verteilte sich wirr auf der Lehmerde. Frack, Hose, Lackschuhe und Schlips waren kaum aus der Ordnung. Ein Zirkusdirektor, schoss es mir durch den Kopf. An seinem braunen und faltigen Hals bemerkte ich eine klaffende Wunde. Der Biss des Tigers. Blut floss noch immer aus einer der Hulsadern und sickerte in die Erde. Der Zirkusdirektor war tot. Staunend ging ich weiter, und stieß auf weitere Leichen im Kornfeld. Offensichtlich Leute vom Zirkus, dachte ich im Traum. Kreuz und quer lagen sie herum ... ein Clown mit übergroßen, knallroten Schuhen, gestreifter Pumphose, goldbesticktem Frack und türkisenem Hemd. Einige Schweißperlen standen noch über seinen Augenbrauen, und weiße Schminke verschmierte das alte, traurige Gesicht. Neben ihm verstreut lagen zerplatzte bunte Luftballons. Etwas weiter weg lag ein junges Artistenpaar. Er mit nacktem, behaartem Oberkörper, sie ebenfalls halbnackt. Ihre wilden roten Haare fransten sich über die toten Augen. Er hatte blauschwarzes Haar, und Bartstoppeln verzierten sein spitz zulaufendes Kinn. Die Augen starrten in den Himmel. Noch weiter in der Ferne sah ich Tänzerinnen, Bedienstete, Orchestermusiker. Alle tot, doch sehr ordentlich gekleidet. Ich stieg über die Leichen und ging weiter. Noch immer stand der Tiger in einiger Entfernung und schaute mich neugierig an. Das Tier schien mir wohlgesonnen. Meine anfängliche Angst vor dem Raubtier war gewichen. Langsam fasste ich Zutrauen zu dem Tiger. In der Ferne bemerkte ich jetzt eine Holzbrücke, die über einen kleinen Fluss führte. Davor, noch in der Nähe der Leichen, stand ein Mann, ängstlich geduckt, dem Tiger zugewandt. In seinen Händen hielt er zwei große, weiße, innen hohle Quader. Er trug einen wirren

Schnauzer im Gesicht, Hosenträger, ein weißes Hemd, eine schwarze Fliege, und wollte offensichtlich den Tiger fangen. Der Mann hatte Angst. Schweiß perlte an seinem Gesicht herunter. Langsam näherte er sich dem Tiger. Ich blieb stehen, und plötzlich überfiel mich, im Traum, eine große Traurigkeit. Der Gedanke, dass der Tiger gefangen würde und ich ohne Tiger weiterleben müsse war mir unerträglich. Der Mann stand im Begriff, mir den Tiger, den ich jetzt als meinen Gefährten ansah, wegzunehmen ... ja ... es bestand kein Zweifel mehr ... das Tier hatte mich erkannt und wollte zu mir. Der Mann bemerkte mich, sah, wie ich mich dem Tiger bis auf wenige Schritte genähert hatte, erschrak, und blieb für einige Sekunden wie erstarrt stehen. Dann stapelte er schnell die beiden Quader übereinander und kletterte blitzartig obendrauf. Staunend sah ich, wie aus dem dämmernden Abendhimmel ein Seil mit einer Schlaufe heruntergelassen wurde. Der Mann mit dem Schnauzbart streifte sich die Schlinge über den Kopf, stieß die Quader beiseite und erhängte sich. Wie selbstverständlich ging ich nun zu dem Tiger hin, strich ihm übers Fell, und kraulte seinen Nacken. Dass der Mann sich erhängt hatte, war mir gleichgültig. Der Tiger riss noch einmal das Maul weit auf. Ich sah Blutreste an den Backenzähnen des Tigers. Wohliges Knurren kam aus dem blutigen Schlund. Was war geschehen, und warum? Wo waren die Zirkuswagen? Zweifel und Fragen stellten sich mir im Traum, und verflogen wieder. Ich brach auf und ging über die schmale Brücke auf die andere Seite des Flusses. Zahm und willig trabte der Tiger neben mir her. Wie von Ferne hörte ich noch den Motor des Kleinbusses aufheulen. Malene fuhr davon, doch dies war mir gleichgültig geworden. Ich wollte mit dem Tiger leben, nicht wissend, wohin uns unser Weg führen würde. Die Sonne war inzwischen untergegangen, und wir gingen ziellos durch ein weiteres Kornfeld auf die Hügel zu.

Plötzlich schreckte ich hoch. Einen Moment lang wusste ich nicht mehr wo ich war. Der Traum hatte mich beunruhigt. Irgendein

Geräusch, das ich nicht näher verorten konnte, hatte mich geweckt. Angst kroch in mir hoch. Ich begann ruhig zu atmen, konnte meine Angst bezwingen und tastete vorsichtig neben mich. Der Bettplatz neben mir war leer. Ich horchte hinaus in den Flur in der Hoffnung, dass Malene vielleicht auf Toilette gegangen sei. Doch alles blieb still. Ein Wasserhahn tropfte. Ich stand auf, stellte das Tropfen ab und horchte noch einmal in die Stille. Nichts rührte sich. Malene war verschwunden. Ich versuchte mich zu beruhigen, zog langsam die Decke über den Kopf, legte mir einige banale Erklärungen zurecht und schlief wieder ein.

Als ich wieder erwachte war es schon spät am Morgen. Fahl schien das spärliche Tageslicht durch die oberen Kellerfenster herunter. An den Scheiben hatten sich Eisblumen gebildet. Malene lag neben mir und war ebenfalls gerade aufgewacht. Sie kuschelte in ihren Kissen, sah zu mir herüber und legte das verschmitzte Lächeln einer Katze auf. Ihr langes braunes Haar lag wirr, ihre Augen glänzten. Plötzlich hörte ich ihren Vater von oben rufen:

„Frühstück. Das Frühstück ist fertig."

Hell auflachend sprang Malene aus dem Bett und sagte – ihr Lachen hatte sich inzwischen zu einem Lachanfall gesteigert:

„Komm, du einstürzendes Schlafgerüst, Kaffeezeit!"

Und schon war sie angezogen und eilte hinauf zu ihrem Vater. Was war geschehen … warum war sie plötzlich wieder so gut gelaunt … warum war jede Spannung zwischen uns wieder wie verflogen? – Mir brummte der Schädel. Langsam versuchte ich zu mir zu kommen und erinnerte mich allmählich an Malenes Weg¬sein in der Nacht. Und an ihre Bemerkung über den Tod ihrer Mutter. Was war da? Ich wusch mich, putzte die Zähne, zog mich an, trabte nach oben und setzte mich an den perfekt gedeckten Frühstückstisch. Eigentlich ein zauberhafter Morgen, dachte ich. Die schneebedeckte Gartenlandschaft. Das Winterlicht vor den großen Fenstern. Die vielen Köstlichkeiten, die Malenes Vater uns bereitet hatte. Malene selbst war in fast überschäumender Stimmung. Ihr Haar hing noch etwas wirr über ihr lachendes Gesicht. Sie trug eine rote Bolero-Bluse und grünbesteinte Ohrringe. Mein Blick schweifte über den Tisch, über die Trauben, Bananen, Brötchen, den Schinken, die Käsesorten, den Quark, die Eier, die Erdbeer- und Kirschmarmelade, den Salzstreuer und die Pfeffermühle, die Kaffee- und die Teekanne ... dann sah ich zwei Tablettenpackungen neben Malenes Kaffeetasse liegen. Sie hatte offensichtlich vor dem Frühstück Tabletten genommen. Ich wusste nichts damit anzufangen. Sie war nicht krank, im Gegenteil. Malene erfreute sich blühender Vitalität und Gesundheit. Und doch nahm sie Tabletten. Wofür oder wogegen? Ich wollte sie danach fragen, doch hatte ich plötzlich das Gefühl, an Bereiche zu rühren, die geeignet waren, die heitere Morgenstimmung zu zerstören.

Nach dem Frühstück wollten Malene und ich aufbrechen und unsere Heimreise antreten. Davor wollte sie noch eine kurze Runde allein mit ihrem Vater drehen, und ich versprach, in der Zwischenzeit die Koffer zu packen und das Frühstücksgeschirr in die Spülmaschine zu räumen. Kaum waren Malene und ihr Vater in die winterliche Kälte hinausgetreten, begann ich meine Sachen zusammenzusuchen. Ich war gerade dabei, meinen Koffer zu schließen, als ich plötzlich einen dicken Briefumschlag auf dem Boden neben Malenes Nachttischchen liegen sah. Knallrot war die Aufschrift. Der Brief war an Malene adressiert. Ich zögerte ... sollte ich oder sollte ich nicht ... die Gelegenheit war günstig. Ich spürte deutlich den Vertrauensbruch, den ich begehen würde, wenn ich diesen Umschlag jetzt ... – aber meine Neugier war stärker, und außerdem war der Umschlag unverschlossen. Schnell nahm ich den Brief, zog die vielen zusammengefalteten Blätter heraus und begann zu lesen ... alles in rot geschrieben ... hektisch durchgestrichene Sätze, dick unterstrichene Worte, Ausrufungs- und mehrere Fragezeichen waren über die Seiten verstreut. Schnell versuchte ich, ein paar Fragmente des Briefes zu erhaschen ... der du die einzige bist ... eines Tages lege ich meinen Schmuck vor dir ab ... mit bebendem Atem und Goldlack in deinem Haar ... hätte ich nicht eng umschlungen mit den Toten gelegen ... würde ein Feuerlicht mich nicht sinnenberaubend zu dir ziehen ... Habichtsnacht ... Schwanenseele ... Ich war elektrisiert. Was ich da las, kam aus einer Welt, die nicht die meine war. Und doch zog sie mich an wie die Motten das Licht. Ich konnte nicht aufhören zu lesen. Malene und ihr Vater konnten jeden Moment wiederkommen, das wusste ich. Mein Herz klopfte unruhig, und meine Augen gruben sich immer weiter in die flammend-rote Schrift ... ich schicke meine Freundinnen aus für dich, die grauen Stadttauben mit ihren grün- und lilaschimmernden Hälsen und ihren ungläubigen Augen ... plötzlich hörte ich das Quietschen der Haustür. Schnell legte ich die Blätter wieder aufeinander, faltete sie zusammen, steckte sie in den Umschlag und legte den Brief wieder an genau dieselbe Stelle zurück, an der er gelegen hatte. Ich konnte meine Unruhe kaum bezähmen. Was hatte das zu bedeuten? Hatte sie den Brief etwa in der Nacht, als sie ihr Bett verlassen hatte, gelesen? Eine tiefe Verunsicherung ergriff mich. Ich war verstört und wusste nur eines: Dieser Brief war von Frauenhand geschrieben.

Als wir wieder im Zug saßen, redeten wir wenig. Die Hügel, Häuserreihen, Kirchtürme, die Bahnhöfe, Autobahnbrücken und Hochspannungsleitungen flogen an uns vorüber. Rehe liefen über eine Lichtung. Schneeverwehungen waren zu sehen, und der Wind riffelte die weißen Flächen auf den Äckern zu regelmäßig geschwungenen Mustern. Ich war müde geworden, legte meinen Kopf an Malenes Brust und schloss ab und zu die Augen. Das Rattern des Zuges hatte eine beruhigende Wirkung auf mich, und die Wärme von Malenes Brüsten, die meinen Kopf zärtlich hielten, lenkte meine Gedanken zu den Begegnungen, die ich im Frühling unserer Liebe mit ihr hatte ... warm war es draußen geworden ... sie hatte mir ein Meer von Blausternchen auf dem Friedhof gezeigt, auf dem unsere erste Verabredung gescheitert war. Als hätten Blausternchen eine besondere Bedeutung für sie. Blausternchen. Juniwiesen, und aller Wildwuchs, blütenoffen. Wegesrand und warme Winde. Gräser, weiße Wolken, Seegewässer. Malene lag, berauscht von einer duftenden Allee, an einem Platz, den keiner kennt. An einem Baum, der ihre Heimat war. Sie hatte ihre Hand auf die Rinde eines Baumes gelegt, der ihren Namen wusste, wie sie sagte. Die Farbe ihres Kleides war ein Fest. Sie hatte sich hingelegt, halbnackt, und unter sich die warme Erde erspürt. Winde, die ihr Haar verwuschelten und ihre Stoffe hoben. Sie hatte geschlafen, und hatte doch nicht geschlafen. Sie dämmerte, und ihr Herz kam heim. Blätterrauschen. Ästeknacken. Stimmen von Pirol und Nachtigall. Und Schmetterlinge flatterten um uns und erzählten von unerlöstem Glück. – Inzwischen war Malene eingeschlafen. Ihre Hände hatten sich langsam von meinem Kopf gelöst. Ich richtete mich auf und sah ihr schlafendes Gesicht, das sich im Zugfenster etwas blasser widerspiegelte. Die Formen waren groß ... die Stirn, die Augen, die Nase, die Wangen, der Mund ... und doch von sinnlicher Schönheit. Irgendetwas Leidendes hat ihr Gesicht auch, dachte ich, doch der Schlaf hatte dieses Etwas vollkommen gelöst und in friedliche Entspannung verwandelt.

Zwei Wochen nach unserem Besuch bei ihrem Vater zog Malene in meine Wohnung. Nach heftigen Auseinandersetzungen mit den drei Frauen ihrer Wohngemeinschaft hatte sie sich zu diesem plötzlichen Schritt entschlossen. Ihre Kleider hingen jetzt hinter den großen Glasfenstern meiner kleinen Dachwohnung in der Sonne, die schon von Früh an zu uns hereinschien. Ihr Duft erweckte die Zimmer zu neuem Leben. Ihre Zahnbürste, ihr Handtuch, ihr Haargummi, ihre Schuhe, ihr Nagellack und ihr Lippenstift lachten mich jeden Morgen an und schienen mir sagen zu wollen: „Guter Freund, ich bin jetzt hier, lass mich ein wenig tanzen mit dir."

6. Kapitel

Auf freier Strecke war die Fahrbahn plötzlich vereist. Der kleine Wagen fuhr mit hoher Geschwindigkeit und kam an einer leichten Linkskurve ins Schleudern. Malene versuchte sofort gegenzusteuern. Das Auto streifte die Leitplanke, drehte sich auf der Fahrbahn, schlitterte unkontrolliert Richtung Böschung und kippte an der Fahrbahnkante um. Malene blieb die Luft weg, sie hatte panische Angst, war wie gelähmt, und konnte für den Bruchteil einer Sekunde nicht mehr atmen. Sie sah das Gesicht ihrer Beifahrerin, sah, wie die winterliche Landschaft sich vor ihren Augen drehte. Dann knallte sie mit dem Kopf gegen die zerspringende Frontscheibe, wurde nach hinten geworfen und flog durch die sich öffnende Tür hinaus in den Schnee. Das Auto überschlug sich noch mehrmals und stürzte, wie der Polizeibericht später festhielt, etwa dreißig Meter neben der Fahrbahn kopfüber in eine Mulde. Malene blieb bewusstlos liegen. Der Schnee um sie herum begann sich langsam rot zu färben. Einige Minuten später hielt eine schwarze Limousine am Fahrbahnrand. Drei Männer stürzten heraus und eilten zum Unfallwagen.

„Uwe, schnell, dein Handy. Ruf die Feuerwehr!", rief einer von ihnen hastig.

Sie sahen im Innern des Wagens eine Gestalt regungslos liegen.

„Zieh die Tür auf, wir holen die Frau raus!", schrie der dritte.

Beide zerrten an der verkeilten Tür.

„Hör auf, das ist völlig sinnlos. Wir brauchen schweres Gerät. Hast Du die Feuerwehr erreicht?"

„Ja, ja, sie sind in fünf Minuten da."

Plötzlich zeigte Uwe aufgeregt nach rechts:

„Schau mal, dort im Schnee, da liegt jemand."

Jetzt hatten sie Malene entdeckt und eilten zu ihr. Sie legten ihren leblosen Körper vorsichtig zur Seite und betteten ihren aus zwei Wunden blutenden Kopf auf eine Jacke. Einer der Männer holte

Wolldecken aus dem Kofferraum der Limousine. Vorsichtig legten sie Malene auf eine der Decken. Wenige Minuten später waren Polizei, Feuerwehr und Notarzt zur Stelle. Ein junger Mediziner eilte heran und beugte sich über die schwerverletzte Frau.

Sein Bericht sollte später festhalten: Autounfall. Ankunft 14:34 Uhr. Patientin nicht ansprechbar. Spontanatmung. Kreislauf stabil. Pupillen anisokor. Äußere Verletzungen: zwei Kopfwunden, vermutlich gebrochene Hand, Schürfungen an beiden Schultern, rechtem Knie und rechter Hüfte. Rippenprellungen. Diagnose: Verdacht auf Schädelhirntrauma mit Hirnödem. Der Arzt unterstützte Malenes Atmung durch Sauerstoffsonde und Atemmaske und legte eine Infusionsnadel. Malenes Herzschlag schien in Ordnung. Zwei Sanitäter banden sie auf eine Trage. Inzwischen hatten die Feuerwehrleute das Blech des Unfallwagens aufgeschnitten und die andere Gestalt, die regungslos mit dem Kopf neben den Splittern einer zersprungenen Scheibe im hinteren Teil des Wagens lag, vorsichtig herausgeholt. Sie hievten die Frau ebenfalls auf eine Trage und banden sie fest. Die Fahrbahn war inzwischen vollständig abgesperrt. Im Nu hatte sich ein kleiner Stau gebildet. Die drei Männer wurden vernommen. Wenige Minuten später landete ein Rettungshubschrauber auf der Fahrbahn und flog die Verletzten ins nahegelegene Krankenhaus.

Ich wähnte Malene bei der Arbeit, hatte meinen Schreibtisch verlassen, war hinausgegangen und schlenderte durch die Fußgängerzone meines Viertels. Die Straßen und Häuser, früher heruntergekommen wie Behausungen aus einem vergessenen Land, erstrahlten heute – nach zwei Jahrzehnten behutsamer Sanierung – im aufgeputzten Glanz einer neuen Gründerzeit. Boutiquen, Juwelier- und Uhrengeschäfte, Buch- und Antiquitätenläden, Computer-, Telekommunikations- und Elektrozweigstellen, Kneipen, Cafés und Restaurants dominierten das Stadtbild. Die Mieten waren Jahr für

Jahr gestiegen und die angestammte Bevölkerung zum größten Teil in die noch bezahlbaren Massenquartiere am Stadtrand vertrieben worden. Das ganze Viertel trug eine Art distinguierten Wohlstand zur Schau. Ich bewunderte immer wieder aufs Neue die prächtig renovierten Fassaden, die schmiedeeisernen Gitter und Tore, die gestalteten Hinterhöfe, die gekachelten Außenwände, die Säulchen, Giebelchen und Erker, die gepflasterten Wege und Straßen, die verwinkelten Treppenfluchten, schiefen Dachlandschaften, und die noch erhaltenen mittelalterlichen Mauerreste. Nach einer Weile des Umherschlenderns setzte ich mich schließlich in ein kleines Café, bestellte Cappuccino und Rosinenschnecke und vertiefte mich in die bereitliegende Tageszeitung. Plötzlich klingelte mein Handy. Ich kramte das vibrierende Gerät umständlich aus meiner Hosentasche und sagte, etwas zu laut:

„Hallo, ja bitte?"

Am anderen Ende vernahm ich die hysterische laut kreischende Stimme von Malenes Schwester. Unwillkürlich hielt ich den Hörer einige Zentimeter von meinem Ohr entfernt.

„Alexander, hörst du, Alexander, hier ist Anna-Maria, Alexander, du musst sofort ins Krankenhaus …"

Ich atmete tief durch.

„Malene ist verunglückt, schwer verunglückt, hörst du, sofort, ins Unfallkrankenhaus, bitte Alexander, Malene braucht dich jetzt!"

„Beruhige dich, Anna-Maria", antwortete ich und versuchte krampfhaft, meiner Stimme einen tiefen Klang zu geben.

„Es wird schon nicht so schlimm sein …"

Ich hörte Anna-Maria am anderen Ende schluchzen und versuchte weiter, ihr gut zuzureden:

„Beruhige dich doch, ich fahre ja sofort hin …"

Anna-Maria unterbrach das Gespräch kommentarlos und legte auf. Die Nachricht stürzte mich jählings aus meinen Gedanken. Malene war verunglückt. Offensichtlich schwer verunglückt. Anna-Marias Stimme klang, wie meistens, wenn ich mit ihr telefonierte, bestürzt und verzweifelt. Doch diesmal schien die Katastrophe keine ihrer üblichen Erfindungen oder Übertreibungen zu sein. Ich war tief verunsichert, und fühlte mich, als hätte ich einen schweren Schlag in die Magengrube bekommen. Aufgewühlt verließ ich das Café, vergaß zu bezahlen, nahm das nächste Taxi und stand fünfzehn Minuten später an der Pforte des Unfallkrankenhauses. Ungeduldig klopfte ich an das Fensterglas des Pförtnerhäuschens. Ein älterer Mann saß dort und war über Listen und Papieren eingeschlafen. Die wenigen silbergrauen Haarsträhnen hingen ihm lang im Nacken. Ich klopfte noch einmal, diesmal etwas lauter, doch der Mann rührte sich nicht. Erst als das Telefon, das unmittelbar neben seinem Ohr stand, klingelte, schreckte er hoch und griff schnell nach dem Hörer. Er schob seine schwarzumrandete Nickelbrille, die ihm fast von der Nase gefallen war, zurecht und begann mit knarzender Stimme einige Auskünfte zu geben. Ich gestikulierte und klopfte wieder und wieder an die Glasscheibe. Der Mann tat so, als überhörte er das Klopfen und starrte während des Telefongesprächs an die gegenüberliegende Wand. Erst als er den Telefonhörer wieder aufgelegt hatte, schien er mich zu bemerken. Mit einer trägen Geste öffnete er die Sprechluke, die sich in der Fensterglasscheibe befand, schaute mich mit großen, müden Augen an und sagte:

„Bitte sehr, Sie wünschen, mein Herr?"

„Ist hier eine Frau Malene Breitgrat eingeliefert worden? Bitte, können Sie mir sagen, auf welcher Station sie sich befindet?"

Ich sprach schnell und eindringlich.

„Mein Herr, entschuldigen Sie bitte, Sie müssen etwas lauter reden, sonst kann ich Sie nicht verstehen", antwortete der Mann in leicht gereiztem Ton.

„Ich suche eine Frau Malene Breitgrat, ist sie hier eingeliefert worden?"

Ich versuchte, laut und deutlich zu sprechen, doch gerade in diesem Moment fuhr ein Rettungswagen mit laut trötendem Martinshorn hinter mir vorbei.

„Entschuldigen Sie, wie heißt die Dame?", fragte er nach und runzelte dabei seine breite Stirn.

„Malene Breitgrat!"

Meine Stimme überschlug sich inzwischen.

„Ja, ja", sagte der Pförtner, aber nicht etwa, weil er nun den Namen der Patientin wiedererkannt hätte, sondern lediglich, um zu zeigen, dass er den Namen verstanden hatte. Er schloss die Luke und kramte eine Weile in den vor ihm liegenden Listen. Sein leicht aufgequollener Zeigefinger schien Name für Name einer langen Patientenliste abzutasten. Dann hob er wieder den Kopf, schaute mich durch seine dicken Brillengläser an, öffnete die Luke und sagte:

„Wissen Sie vielleicht, wann die Dame eingeliefert wurde und an was sie erkrankt ist? Verstehen Sie, ich bin heute nur aushilfsweise hier, ihre Angaben würden mir die Auskunft wesentlich erleichtern."

„Vor wenigen Stunden muss sie eingeliefert worden sein. Ein Unfall", antwortete ich mit schneller unruhiger Stimme.

„Ach, ein Unfall, ja, mein Herr, das ist etwas anderes."

Der Pförtner zog sich wieder zurück, nahm den Telefonhörer ab und wählte eine Nummer, wobei er mich immer wieder von der Seite anschaute. Endlich schien er Verbindung zu haben und ich hörte ihn sagen:

„Hallo, Schwester Elisabeth, ist bei Ihnen heute Früh vielleicht eine Frau Breit ... Moment mal ... wie war noch der Name der Dame?", fragte er durch die Luke zu mir heraus, indem er mit einer Hand die untere Muschel des Hörers abdeckte.

„Breitgrat!", schrie ich jetzt außer mir, und der Pförtner gab den Namen durchs Telefon weiter.

Kurze Zeit später legte der Pförtner den Telefonhörer wieder auf und schrieb in krakeliger Schrift etwas auf einen bereitliegenden Schmierzettel. Diesen reichte er mir durch die Luke und sagte:

„Gehen Sie, die Dame liegt auf der Intensivstation in Block VII, rechter Aufgang, 5. Stock."

„Wissen Sie, wie es ihr geht, was sie hat …", fragte ich zutiefst beunruhigt nach.

Der Pförtner antwortete mir daraufhin langsam und schläfrig: „Tut mir leid, mein Herr, wir haben hier über zweitausend Betten!", und schloss geräuschvoll die gläserne Luke.

Ich steckte den Zettel in meine rechte Hosentasche und eilte die kleine Treppe zur Eingangshalle des Krankenhauses hinauf. Der Ernst der Lage wurde mir jetzt mehr und mehr bewusst, und in rasender Geschwindigkeit schossen mir fiebrige Gedanken durch den Kopf. Warum hatte Malene das Auto genommen? Wohin war sie gefahren? Was war geschehen? Wie schwer war sie verletzt? Sie war doch eine sehr gute Autofahrerin, scheute jedes Risiko. Riskante Überholmanöver, zu denen ich mich zuweilen hinreißen ließ, waren ihr zuwider. Ich verlief mich in den Gängen des Krankenhauses, kramte mit zitternden Händen den Zettel aus meiner Hosentasche, und kam schließlich an ein Treppenhaus, das mit roten Baumarkierungen versperrt war. Aufgerissene Fußbodenplatten und Mörtel deuteten eine Baustelle an. Ich kehrte um, benutzte den Aufzug, kam in den 5. Stock des Krankenhauses, fragte einen alten Mann, der im Bademantel auf Krücken den Gang entlang humpelte und dabei sinnend aus dem Fenster blickte, nervös nach dem Weg zur Intensivstation.

„Das kann ich Ihnen leider nicht sagen, da müssten Sie Schwester Erna fragen. Aber ich glaube, sie ist gerade zu Mittag. Um zwei Uhr ist sie meist wieder zurück", antwortete er mir höflich.

Ich hetzte einen weiteren Gang entlang, bog links ab, sah ein beleuchtetes Schild mit der Aufschrift Intensivstation und stand schließlich vor einer massiven Glastür, die verschlossen war. Im Gang hinter der Glaswand sah ich Schwestern und Pfleger geschäftig auf und ab gehen. Ich klingelte mehrmals. Eine dickliche Frau in grüner Schwesternkluft und hochgebundenem Haar unter grüner Haube kam schließlich und öffnete die Tür einen Spalt weit. Sie sah mich mit strengem Blick an und fragte barsch:

„Was wollen Sie?"

„Entschuldigen Sie bitte, kann ich Frau Malene Breitgrat sehen, ist sie ansprechbar, kann ich zu ihr, wissen Sie ...", stotterte ich und war bereits im Begriff einzutreten.

Die Krankenschwester jedoch versperrte mir mit der ganzen Fülle ihres Körpers den Weg.

„Darf ich fragen, wer Sie überhaupt sind, Sie können hier unmöglich herein!", entgegnete Sie hart und sah mir mit stechendem Blick in die Augen.

„Ich bin ihr Freund, sie muss einen Unfall gehabt haben, verstehen Sie, ich bin in Sorge, können Sie mir sagen, wie es ihr geht, was sie hat, was geschehen ist ..."

„Es tut mir wirklich sehr leid für Sie, Herr ..."

„Schuber", beeilte ich mich zu sagen und fügte schnell hinzu: „Alexander Schuber."

„Ich kann Sie weder hier hereinlassen, noch kann ich Ihnen irgendeine Auskunft geben. Wir unterliegen strengsten Sicherheitsvorschriften, und Informationen jedweder Art dürfen nur von den behandelnden Ärzten und nur an unmittelbare Verwandte, die sich ausweisen können, gegeben werden. Wenden Sie sich bitte an die Verwandtschaft der Patientin, und jetzt entschuldigen Sie mich bitte!"

Mit diesen Worten schloss sie die schwere Glastür vor meiner Nase wieder zu. Ich sah, wie ihr mächtiger Hintern von dannen wackelte und sie mit entschiedenem Schritt hinter der nächsten Ecke des Flurs verschwand. Langsam ging ich zurück, stand plötzlich vor einer offenen Aufzugstür, ging hinein und drückte wie in Trance die Taste E/Ausgang. Unruhe und ein nicht genau definierbarer innerer Schmerz hatten sich meiner bemächtigt. Sicher, Malene und ich hatten bereits drei Wochen, nachdem sie bei mir eingezogen war, Streit gehabt. Immer wieder war sie abends weggegangen, und erst sehr spät nachts nach Hause gekommen. Manchmal leicht angetrunken, aber immer heiter und guter Dinge. Und als ich sie gefragt hatte, wo sie denn so lange geblieben sei, hatte sie immer nur geantwortet, sie hätte sich prächtig amüsiert. Anfangs war ich unruhig, konnte nicht einschlafen und machte mir schwere Vorwürfe. Wie konnte ich nur einer grundlosen Eifersucht so viel Raum in mir geben? Ich versuchte, mit Fangfragen den Grund ihrer nächtlichen Ausflüge zu erschließen. Doch sie ließ mich hartnäckig im Ungewissen. Schließlich gab ich resigniert auf und versuchte, mich damit abzufinden, dass sie einen wesentlichen Teil ihrer Tage ohne mich zu führen begonnen hatte. Jetzt, nach dem Unfall, war all dies plötzlich wie weggewischt. Die tiefe Unruhe und der Schmerz darüber, nicht zu wissen, was geschehen war und wie es ihr ging, führten mir schlagartig vor Augen, wie sehr ich Malene liebte. In gespenstischer Schärfe trat jetzt, nach der gewaltsamen Trennung zutage, was die Irritation der letzten Wochen zwischen uns ausgelöscht zu haben schien.

Ich trat durch die geöffnete Aufzugstür hinaus in die Vorhalle, passierte das Pförtnerhäuschen und erreichte den Vorgarten des Krankenhauses. Leichter Schneefall hatte eingesetzt. Frische, kalte Luft wehte mir um Ohren und Nase. Ich zurrte meinen Wollschal enger um den Hals und ging durch die wirbelnden Schneeflocken Richtung Innenstadt. Dämmerung legte sich über die schon leicht verschneiten Dächer, die ersten Lichter gingen an, und auf der zarten Schneedecke hinterließen meine Schuhe ihre ersten Abdrücke. Mit glasigen Augen sah ich in den geröteten Himmel. Drei Düsenjäger donnerten in der Ferne über das städtische Umland. Mir drängten sich plötzlich Bilder auf, Bilder eines Tages, den ich an Heiligabend im Schnee mit Malene verbracht hatte. Ich war morgens mit ihr auf den höchsten Berg eines etwa drei Stunden entfernten Mittelgebirgszuges gefahren. Viel Schnee war damals in der Nacht gefallen. Ich erinnerte mich an Malenes Atem in der kalten Luft, hörte ihre knirschenden Schritte. Wir hatten kaum geredet. Immer wieder schüttelten die Tannen ihre Schneelast ab wie vom Regen durchnässte Hunde. Sonnenbeschienen waren damals die verschneiten Hügel und Berge ringsum. Wir wanderten und verirrten uns. Ich war durch die Schneedecke eingebrochen, und nur mühsam hatten wir den Weg zurückgefunden. Gegen Abend stapften wir durch einen lichten Tannenwald entlang eines Baches, der unter dicken Eisschichten Richtung Tal plätscherte. Und plötzlich, von uns unbemerkt, war der Vollmond aufgegangen. Wie eine große magische Kugel stand er, übersät von zarten Zeichnungen, zwischen den Tannen. Matt glänzte der Schnee, und Malene und ich hüpften vor Freude. Wir umarmten uns still, und küssten uns, obwohl die Kälte uns fast den Atem abschnitt.

Das laute Hupen eines Autos holte mich aus meinen Träumereien zurück. Fast wäre ich in einen schnell vorbeifahrenden Wagen gelaufen. Ich fing eine Schneeflocke, ging wie betäubt zwischen Baustellen und Häusern zu Straßenenden hin, überquerte zwei Kreuzungen, erreichte die Fußgängerzone, ging in das Gasthaus Oswald und betrank mich.

Professor Efting, ein großgewachsener energischer Arzt mit markantem, knochigem Gesicht und schwarzen, kurzgeschorenen Haaren hatte meist ein leicht sarkastisches Lächeln auf den Lippen. Das Ergebnis der Computertomographie, die bei Malene gemacht worden war, verhieß nichts Gutes: Schädelhirntrauma, großes subdurales Hämatom unter der harten Hirnhaut – zu groß, um konservativ behandelt werden zu können. Das hieß, so erkannte Professor Efting sofort, akute Lebensgefahr durch mögliche Einklemmung des Gehirns. Die übrigen Verletzungen schätzte er vergleichsweise gering ein: drei Rippenprellungen, Schürfungen an beiden Schultern, rechtem Knie und rechter Hüfte, und eine gebrochene Hand. Malene war nicht mehr bei Bewusstsein. Sie begann bereits einzutrüben und die Schutzreflexe blieben aus. In aller Eile wurde ein Anästhesist hinzugezogen, der sofort mit der Intubation begann. Die Anästhesie wurde eingeleitet und ein Anästhetikum in die Flexüle gespritzt.

„Wir operieren sofort, veranlassen Sie bitte alles", sagte der Professor mit großer Entschiedenheit zu seinem Assistenzarzt Dr. Stankat. Dieser überwachte von nun an Malenes Kreislauf am Monitor, während sie vom Anästhesisten und einem Pfleger Richtung Operationssaal geschoben wurde. Dort wurden Malene in großer Eile alle Haare vom Kopf geschoren. OP-Schwester Christine bereitete Pinzetten, aseptische Tücher, Spritzen, Skalpell, Elektrokauter und Saugmaschine vor. Ein OP-Pfleger und eine weitere Schwester gingen ihr zur Hand. Malene lag regungslos auf dem Operationstisch. Sie blieb die ganze Zeit über intubiert, und die Atemmaschine gab ein regelmäßig wiederkehrendes pfeifendes Geräusch von sich. Wenig später kamen Professor Efting und Dr. Stankat, zogen sich sterile Kittel an und streiften sich Handschuhe über. Medizinisch ist mit dem Tod die Erinnerung ausgelöscht, schoss es Professor Efting durch den Kopf. Was immer nach dem Tod kommt: Eine Erinnerung an das Hiesige ist unmöglich. Die beiden Ärzte beugten sich über Malenes kahlgeschorenen Kopf, der im grellen Licht der OP-Lampe mit dunklen und hellen Stellen, Einbuchtungen, Äderchen, Warzen, Knorpeln und Knochen wie das Relief einer Mondlandschaft wirkte. Professor Efting entschied sich für eine Mini-Trepanation, das hieß: partielle Schädelöffnung. Kurz über der rechten Schläfe ritzte Dr. Stankat mithilfe eines kleinen, scharfen Messerchens die Kopfhaut Malenes in ovaler Form auf. Er klappte das Hautstück zur Seite. Dann begann Professor Efting vorsichtig mit einer kleinen Stichsäge die Schädeldecke Malenes in ovaler Form aufzusägen. Dr. Stankat nahm das Stück Schädeldecke heraus und legte es auf eine Folie. Dann öffnete Professor Efting die harte Hirnhaut. Schwester Christine reichte die Saugmaschine. Dr. Stankat legte die Drainage und saugte das Blut vorsichtig ab. Mit seiner Stirnlampe leuchtete Professor Efting nun den Raum zwischen harter Hirnhaut und Gehirnmasse aus und entdeckte weitere Blutungen. Dann verlangte er nach dem Elektrokauter. Ein kurzer schneller Blick zu Schwester Christine und das Gerät war zur Stelle.

Er verödete mit großer Geschicklichkeit die noch blutenden Gefäße. Eine externe Ventrikeldrainage, damit das Hirnwasser abfließen konnte, und eine Hirndrucksonde wurden angelegt. Dr. Stankat nähte die harte Hirnhaut zu und setzte das Knochenfragment wieder ein. Dann wurden Malene Narkose- und Schmerzmittel über Perfusoren in reduzierter Form verabreicht. Sie sollte zunächst in einem künstlichen Koma gehalten werden, um den Anstieg des Gehirndrucks durch Wachheit zu vermeiden. Dr. Stankat, der Anästhesist und ein Pfleger betteten Malene vom OP-Tisch auf ein fahrbares Krankenbett, und der Pfleger schob sie dann auf die Intensivstation zurück. Dort schrillte in unregelmäßigen Abständen Alarm, weil einer der Patienten einen Arm oder einen Fuß unwillkürlich bewegt hatte, oder ein Kreislauf instabil geworden war, oder die Monitore bei einem der Patienten Herzrhythmusstörungen signalisierten. Inmitten von unregelmäßig piepsenden Geräten, Schläuchen, Flaschen, zuckenden Lichtern und schwer atmenden Menschen, von denen drei Viertel, zu denen Malene jetzt gehörte, nicht ansprechbar waren, lag sie nun in tiefem Schlaf, und möglicherweise signalisierte ihr ihr Unbewusstes, dass sie mit dem Leben noch einmal davongekommen war.

Meine Unruhe hatte sich in den folgenden Tagen nicht gelegt. Die Ungewissheit über Malenes Gesundheitszustand und die merkwürdigen Umstände ihres Unfalls besetzten meine Gedanken und Gefühle bis hinein in die schlaflosen Stunden, denen ich mich in der Nacht ausgesetzt sah. Ich hatte Urlaub genommen, fühlte mich arbeitsunfähig und im Grunde selbst krank. In wiederkehrenden Anfällen fing mein Herz ohne erkennbaren Grund stark an zu pochen, und ich musste nach Luft ringen. Ich hatte plötzliche Schweißausbrüche, und eines Nachts suchte ein Traum mich heim …

Geräusche drangen an mein Ohr. Stöhnen. Schweres Atmen. Schritte. Flüstern. Klirren. Glucksen. Töne fließenden Wassers. Ich öffnete im Traum unendlich langsam meine Augen. Zuckende Punkte. Dunkelheit. Meine Lider fielen wieder zu. Bilder eines kalten Winterabends stellten sich ein. Blaues Licht. Sterneleuchten. Ich stapfte neben Malene her. Einen Schneehang hinauf, an den verschneiten Weinbergen vorbei. Und zog einen Schlitten hinter mir her. Schnee knirschte unter unseren Stiefeln. Noch durch die Handschuhe hindurch war die Kälte an meinen Fingern zu spüren. Meine Ohren froren unter der Mütze. Ich stapfte mit Malene den Weg langsam immer weiter hinauf. Sie wagte nicht, meine Hand zu nehmen. Weit unten im Tal sah ich die Lichter eines Dorfes. Eine Kirchturmglocke schlug achtmal. Ich blickte Malene verstohlen von der Seite an, und sah den Atemschweif an ihrem Mund. Ein Kerzenlicht brannte in meinem Bauch. Ich wollte sie zärtlich berühren. Sie ging schweigend. Und auch ich sagte nichts. Dann waren wir oben am Berg. Wir blickten uns kurz an. Ich setzte mich vorn auf den Schlitten, und hinunter ging die Fahrt. Ich fühlte meinen Hintern auf dem harten Holz, schloss die Augen und ließ mich leicht nach hinten an Malenes Brust fallen. Schnee wirbelte auf. Die Schlittenbahn war gefroren und schnell kam das Fahrzeug in Fahrt. Ich hielt die Augen geöffnet und blickte in den Himmel über mir. Zahllose Sterne wankten in großen Bögen hin und her. Ich fühlte Malenes Hände an meinem Bauch. Hart schlug der Schlitten auf einige Bodenwellen, und fast wären wir von der Bahn geworfen worden. Mit den Hacken ihrer Stiefel hatte Malene die schleudernden Bewegungen aufgefangen ...

Ich schreckte hoch aus meinem Traum, eilte ins Badezimmer, schloss den Wasserhahn, eilte zum Telefon, rief im Krankenhaus an, ohne dass es mir gelang, irgendeine Auskunft zu bekommen.

Am fünften Tag nach Malenes Operation – ich telefonierte wie täglich gegen elf Uhr früh mit der Krankenhausverwaltung – bekam ich Bescheid, dass Malene nun auf die normale Station verlegt worden sei und ich sie innerhalb der üblichen Zeiten besuchen könne. Meine Unruhe steigerte sich mit dieser Nachricht noch, und in quälendem Warten verbrachte ich die kommenden Stunden. Schließlich stand ich vor ihrem Krankenzimmer. Ich hatte drei weiße Lilien gekauft, befreite die Blumen vom Papier, knüllte das Papier zusammen, stopfte es in meine Jackentasche, klopfte an die Krankenzimmertür und trat vorsichtig ein. Da sah ich Malene in ihrem Bett liegen, eingehüllt bis zum Hals in weiße Decken, zwei Kissen unterm Nacken, die obere Kopfhälfte umwickelt mit Mullbinden, das Gesicht übersät von verkrusteten Schürfwunden. Ich erkannte sie kaum wieder. Langsam drehte Malene den Kopf und sah mich schweigend an. Ihr Blick erreichte mich, als käme ihre Seele aus einem fernen Land und würde mit unsicherem Schritt wieder heimatlichen Boden betreten. Ich war von ihrem Anblick schockiert, versuchte aber Fassung zu bewahren und deutete ein Lächeln an. Tränen stiegen in mir auf, doch es gelang mir, einen Weinkrampf zu unterdrücken. Malene bewegte ihren Arm unter der Decke, sodass ihre Hand sichtbar wurde. Ich legte meine Hand in die ihre. So stand ich viele Minuten schweigend, und wir erkannten uns nur mühsam wieder.

„Hallo Malene", sagte ich schließlich, um die Spannung aufzulösen und ein Gespräch zu beginnen. Aber Malene nickte nur müde. Sie war erschöpft und deutete auf ihren Kopf. Sie hatte wohl rasende Kopfschmerzen. Sie konnte und wollte jetzt nicht reden. So schlich ich schließlich zum Zimmer hinaus und holte eine Vase, um die Lilien an Malenes Bett zu stellen. Ich war voller Fragen, wollte wissen, wie es ihr ging, wie die Diagnose der Ärzte war, wollte von den Ärzten wissen, ob sie bleibende Schäden zurückbehalten würde, und vor allem, wie es zu dem Unfall gekommen war. Doch resigniert musste ich feststellen, dass ein Gespräch mit Malene oder mit den Ärzten zu diesem Zeitpunkt völlig unmöglich war. Sie brauchte Schonung und absolute Ruhe. Ich stellte mich noch einmal vor Malenes Bett und strich langsam wieder und wieder über ihre Wangen. Und plötzlich erkannte ich, dass sie zu lächeln versuchte.

Als ich wenige Tage später wieder an ihrem Krankenbett saß, ging es ihr wesentlich besser. Die Kopfschmerzen hatten nachgelassen, sie war zu Kräften gekommen, saß aufrecht im Bett und aß regelmäßig.

„Frag nicht", sagte Malene leise, bevor ich irgendetwas sagen konnte. „Ich weiß es nicht, ich weiß nichts."

Ich hörte die Glocken der nahegelegenen Kirche dreimal schlagen und versank in Schweigen. Dann hob Malene plötzlich den Kopf und sagte unvermittelt:

„Wo ist Hannah? Weißt du, wo Hannah ist?"

„Malene, wer ist Hannah, ich kenne keine Hannah, was meinst du denn?", antwortete ich, bemüht, meine Gereiztheit zu unterdrücken.

„Hannah, meine liebste Hannah!", hauchte Malene vor sich hin.

„Gibt es denn keine gelben Rosenblätter hier?"

Ich verstand nichts. Völlig verunsichert starrte ich zum Fenster hinaus. Sollte ich weiter fragen? War sie verrückt geworden? Hatte sie der Unfall um ihren Verstand gebracht? Als ob Malene meine Gedanken erraten hätte sagte sie plötzlich:

„Ach Alexander, du weißt nichts, du verstehst gar nichts. Ich fühle jetzt wieder …" – und sie machte eine lange Pause – „… dass ich fühle …"

Ich sah, wie ihr eine Träne über die Wange lief. Sie starrte vor sich hin und begann zu flüstern, als ob sie irre geworden wäre …

„Ich fühle … ihr Haar … ihre Haut, ihren Kuss … meine Hannah …!"

Ich saß wie versteinert.

„Die Nacht am Kanal … der Sommer … wir liefen barfuß, Hannah, wo bist du … sie bewarf mich … mit Schlamm. Und ich …

warf ... zurück, klatschte ihr ... Klumpen ... nassen ... Lehms ... an ihre Bluse ... sie warf ... mit ... ihren ... Schuhen nach mir, unsere Augen ... vergruben sich ... ineinander ... sie riss mir die Bluse in Fetzen und warf sie ... ins Wasser ... wir wälzten uns ... im Schlamm ... und küssten uns, küssten, küssten ... küssten uns ... die Bäume begannen ... zu singen und überall hüpften ... Töne auf den ... Zweigen ... wir ... setzten ... uns ... in Tränen ... nieder, und ... hielten uns, und ... küssten uns die Lippen wund und weinten ... und warfen unsere Röcke ins Wasser ... sie plusterten sich auf ... wie Luftballons, trieben ... den Kanal ... hinunter, versanken langsam ... und ... verschwanden in der Dunkelheit ... ihre ... Rastalocken waren verschmiert, verschmiert ihr dunkles ... Gesicht, und die Augen ... voller ... Glut, sie wollten nicht ... lassen von mir, Pantheraugen, die mich ... fraßen in ... ihrer ... Gier ... und wieder ... lag ich ... auf ihr ... im Gras und küsste ihren Hals, ihre Brüste, und ... wir verschränkten unsere Beine ineinander und ... kugelten ... die Böschung hinunter ... zum Kanal ... ihre Haare ... klatschten ... ins Wasser ... und trieften ... Hannah, Hannah, hundertmal rief ich ihren Namen und sie ... stammelte ... wieder ... und wieder ... schluchzend und lachend und flüsternd ... ich liebe ... ich liebe ... wir liefen Hand in Hand, verschmiert, in Unterwäsche ... durch die Straßen und hüpften ... und tanzten und ... der Sommermond schmolz unsere Herzen zusammen ... und barg sie schaudernd in die Muschel dieser nächtlichen Stunden ... wir landeten zu Hause ... unter der Dusche ... und ... seiften uns ein ..."

Malene hielt inne. Ihr flüsternder Redefluss war zu Ende. Sie legte ihren Kopf erschöpft auf die Kissen und schloss die Augen. Ich saß verwirrt und beklommen auf der Kante des Krankenbettes und wagte nicht zu sprechen. Ich stockte, war blockiert, mein Inneres lag für Sekunden in Trümmern, und plötzlich war mir, als wäre mein ganzes bisheriges Leben in belanglosem Einerlei an mir vorübergegangen.

„Lass mich nun schlafen", sagte Malene fast unhörbar und nahm meine Hand, und schon waren ihre Atemzüge tiefer, seufzte und röchelte sie hinüber in einen erneuten Genesungsschlaf. Ich stand leise auf und verließ das Krankenzimmer. Ich war wie in Trance … nahm kaum wahr, wie ich Türen öffnete, Flure entlanglief … was hatte Malene da geredet? Hatte sie geträumt? Hatte sie etwas hinübererzählt aus einer anderen Welt? War ihr Gehirn in Unordnung geraten durch den Unfall? Wer war Hannah? Als ob ich von Gespenstern heimgesucht worden wäre, suchte ich schweigend und sinnend den Schutz meiner Wohnung auf, legte mich aufs Bett und hing noch lange meinen aufgeschreckten Gedanken nach.

Als ich einige Tage später abends erneut an ihrem Krankenbett stand, war ich entschlossen, der Sache auf den Grund zu gehen. Malene konnte bereits aufstehen. Sie ging in den Waschraum, und ich stand am Fenster des Krankenzimmers. Der Garten war inzwischen tief verschneit, und die Zweige der beiden großgewachsenen Fichten vor den Fenstern ihres Krankenbetts konnten die Schneelast kaum halten. Ich sah die Lichter, und sah in der Ferne die eisige, graue Stadt. Wie fremd war mir Malene auf einmal geworden! Wie wenig wusste ich von ihrem wirklichen Leben! Wie unachtsam war ich die ganzen Monate mit ihr umgegangen! Wie wenig hatte ich empfunden von dem, was sie wirklich bewegte! Wie schäbig stand ich nun hier! Verkrampft und lächerlich fühlte ich mich vor ihr. Malene kam zurück aus dem Waschraum. Ihre obere Kopfhälfte war immer noch mehrfach mit Mullbinden umwickelt. Lange schaute sie mir in die Augen. Ihr Blick war gütig und hatte etwas Verzeihendes. Langsam legte sie sich in ihr Krankenbett zurück und, ehe ich in der Lage war, Worte zu finden, begann sie von Neuem an zu reden.

„Hannah und ich trafen uns noch einmal, später. Ich hatte ein billiges Hotelzimmer bestellt. Mit Blümchentapeten, Plastikgardinen und lieblos aufgestellten Plastikblumen. Ein knarzendes Bett und zwei hässliche Stühle standen in der Mitte. Aus dem Duschkopf kamen nur kümmerliche Wasserstrahlen. Doch Hannah kam nicht. Ich setzte mich, in eine Decke gehüllt, vor das Hotel auf die Straße und wartete ... Stunde um Stunde. Betrunkene Passanten kamen vorbei und rempelten mich an. Sie lachten mich aus, und einer trat sogar nach mir. Ich saß wie versteinert und wartete, wartete auf Hannah. Bang und hoffnungsvoll verging die Zeit. Irgendwann, tief in der Nacht, kam sie dann doch noch, übermüdet von der langen Autofahrt. Sie schüttete gelbe Rosenblätter über mir aus und begrüßte mich. Doch wie schmerzvoll sollten die kommenden Stunden werden. Wie stumm und trostlos lagen wir nebeneinander. Unsere Liebe war ausgebrannt, und Hannah zuckte bei jeder meiner Berührungen zurück. Wie leblos empfanden wir jetzt unsere Nähe. Und wie fahl war der Morgen hinter den Plastikgardinen. Leer waren unsere Blicke geworden, und unsere Gefühle waren abgestürzt. Wir fanden keine Sprache für das, was geschehen war, und wussten es nicht einmal. Wir waren verzweifelt und konnten es uns nicht sagen. Schließlich standen wir auf, bezahlten das Hotel und verabschiedeten uns. Ich taumelte nach Hause, müde, enttäuscht, leer, und voller innerer Schmerzen."

Malene schwieg, und murmelte dann fast unhörbar in sich hinein: „Hannah war meine große Liebe."

In diesem Moment kamen zwei Krankenschwestern herein, um Malenes Verband zu wechseln. Sie schickten mich für einige Minuten hinaus auf den Flur. Nun hatte ich Gewissheit, dass Hannah tatsächlich existierte, und konnte kaum glauben, dass mir dies alles, was Malene gerade erzählt hatte, entgangen war. Dass ich fast nichts bemerkt hatte. Zwar wusste ich von Malenes Abwesenheit, und ihre heiteren Stimmungen nach ihren nächtlichen Ausflügen hatten mir Mal um Mal einen Stich versetzt. Doch was ich jetzt hier gerade von ihr erfahren hatte war mir fremd, war mir rätselhaft. Nervös ging ich im Flur auf und ab. Ich war eifersüchtig, und wollte mich sofort von Malene trennen. Doch jetzt, in dieser Situation, in ihrer Lage sollte ich sie mit Trennung konfrontieren? Nein, dies wäre vollkommen unangemessen, ja geradezu brutal. Mein Herz klopfte stark, und ich musste nach Atem ringen. Die beiden Krankenschwestern verließen das Zimmer wieder. Ich ging wieder zu Malene hinein. Ich suchte ihre Hand, doch konnte ich meinen Zorn kaum verbergen. Ich schaute bedrückt ins Leere. Doch plötzlich machte sich ein Gefühl von Angerührt-Sein über Malenes Erzählung in mir breit, und in irgendeinem fernen Winkel meiner Seele begann ich bereits, ihr zu verzeihen. Malene drückte meine Hand etwas fester und streichelte sie. Jetzt, nachdem sie mir alles erzählt hatte, war sie erleichtert, und auch von ihr her strömte ein Wärmeschauer zu mir hin. Ich nahm mir ein Herz und fragte sie:

„Wie ist der Unfall denn passiert?"

Sie schwieg lange. Dann schaute sie mich an und antwortete:

„Wir haben uns noch einmal getroffen, waren mit dem Auto unterwegs und haben uns heftig gestritten. Sie wollte mit mir zusammenziehen. Ich konnte nicht und sagte ihr, dass ich dich lieben würde und dich niemals verlassen könne. Da griff sie mir ins Steuer. Die Straße war glatt, und dann ist es passiert."

Kaum hatte Malene geendet, konnte ich meine Tränen nicht mehr zurückhalten. Malene zog meinen Kopf an ihre Schulter und streichelte mir sanft übers Haar.

Eine Woche später war Malene wieder zu Hause. Ein strahlender, noch kalter Wintertag war angebrochen. Wir gingen zum Friedhof. Hannah hatte den Unfall nicht überlebt. Die Ärzte hatten um ihr Leben gekämpft, und verloren. Der leitende Oberarzt hatte Malene erst kurz vor ihrer Entlassung aus dem Krankenhaus den Tod ihrer Freundin mitgeteilt. Wir gingen einen vereisten Kiesweg entlang. Einige Vögel zwitscherten in den Kronen der hochaufgewachsenen Ulmen. Am frischen Grab Hannahs legten wir gelbe Rosen nieder, und standen eine lange Weile schweigend im schon sonnigen Wintermorgen. Unwillkürlich ließ Malene meine Hand los.

7. Kapitel

Einige Monate später – Malene war inzwischen fast vollständig genesen und wir hatten uns längst auf die schönste Weise versöhnt – kam ich abends von der Arbeit nach Hause und war erfüllt von einer zarten Vorfreude, Malene zu sehen. Ich begann, die Schritte zu zählen, die mich die vielen Treppen aufwärts in meine Dachwohnung führten. Als ich um die letzte Ecke bog, mich am Treppengeländer aufwärts zog und den Schlüssel bereits in der Hand hielt, sah ich meine weiße Wohnungstür beschriftet. Wild und groß, mit rotem Lippenstift geschrieben, stand da ein Bibel-Zitat aus dem Hohelied des Salomon: Der König führte mich in seine Gemächer und Mein Liebster, Du bist der Apfelbaum unter den wilden Bäumen. Die Tür war übersät mit Kussmündern. Ich war ins Mark getroffen. Hastig öffnete ich die Tür und stürzte ins Innere. Dort wartete auf mich die nächste Überraschung. Der ganze Holzfußboden war mit roten Rosenblüten bestreut, und auf dem Wohnzimmertisch fand ich folgenden Brief:

Hallo König! Du sollst jetzt nicht erschrecken, aber ich bin in der Wohnung meines Vaters, gebannt und unfähig mich zu bewegen, aufzustehen. Ich bin in einer Krise, die ich kaum aushalte, und in der ich jetzt allein sein muss. Irgendwann werde ich mich wieder melden. M.

Ich war wie vom Donner gerührt. Irgendwann schoss es mir mechanisch durch den Kopf. Irgendwann ... irgendwann ... Das konnte, das durfte nicht wahr sein! Was war los? Ich hatte, und das war das Beunruhigendste für mich, keinerlei Erklärung für das, was geschah. Der leidenschaftliche Empfang, das Zitat an der Tür, der Lippenstift, der blütenbestreute Boden ... und dann dieser kühle (so empfand ich dies in dieser Sekunde), ja, fast abweisende Brief. Ich fand keine Ruhe mehr, lief in meiner Wohnung auf und ab und dachte nach, was zu tun sei. Schließlich fand ich die Telefonnummer von Malenes Vater und rief dort an. Die Leitung war besetzt. Ich rief wieder an. Wieder war kein Durchkommen. Mit wem mochte sie wohl telefonieren? Was ging vor? Meine Unruhe steigerte sich ins Unermessliche, bis schließlich das erlösende Freizeichen in meinem Handy ertönte und kurz danach Malene sich am anderen Ende meldete. Bevor ich irgendetwas in der Lage war zu sagen schrie sie mich durchs Telefon an:

„Was rufst du mich bei meinem Vater an?! Hab ich dir nicht geschrieben, dass ich mich melden würde? Was willst du?"

„Ich wollte … nur … fragen, wie es … dir geht?", stotterte ich schuldbewusst … ich war verblüfft, verwundert … verwundert und verunsichert. Wie war dieser plötzliche Stimmungswechsel zu erklären? War er überhaupt zu erklären? Sie war abweisend, kurz angebunden, machte mir weitere Vorwürfe und erklärte sich gerade noch bereit, sich mit mir tags darauf an der Kathedrale zu treffen.

Die folgende Nacht verbrachte ich nahezu schlaflos. Schon früh um fünf Uhr stand ich auf. Die Zeit schien stillzustehen, und der Tag quälte sich Stunde um Stunde in die Morgendämmerung hinein. Ich versuchte mich abzulenken. Fing an Staub zu saugen, schraubte die Wasserrohre unterm Waschbecken auseinander und reinigte sie so gründlich wie ich sie noch nie zuvor gereinigt hatte. Ich wusch das schmutzige Geschirr vom Vortag ab und sprühte den Teppich mit Teppichreiniger ein. Ich entsorgte alle Papierkörbe und allen Müll. Der Zeiger der Küchenuhr bewegte sich nur mühsam voran. Ich räumte meinen Schreibtisch auf, ordnete einige Bücher neu. Schließlich hielt ich es nicht länger aus in meiner Wohnung und stürmte hinaus. Der Himmel war bedeckt, die Temperatur war weiter gefallen und Schneefall kündigte sich an. Ich lief wahllos irgendwelche Straßen entlang und konnte die Unruhe in mir kaum noch ertragen. Meine Gedanken kreisten um Malene. Ich wollte sie so schnell wie möglich wiedersehen und Klarheit schaffen. Schließlich landete ich wieder in meiner Wohnung. Kaum eine halbe Stunde war vergangen. Um elf Uhr waren wir verabredet. Zu früh ging ich wieder los, zu früh war ich an der Kathedrale und betrat den Innenraum des mächtigen spätgotischen Bauwerks. Die plötzlich eintretende Stille wirkte beruhigend auf mich. Säulenreihen, Spitzbögen, die riesigen schmalen bunten Kirchenfenster, Seitenschiff, Altar, in den Boden gelassene Grabplatten, die schweren Eisentore, Kreuzgang und Innenhof, die Kerzen, die Statuen, die kunstvoll geschnitzten Holzbänke, die lange Reihe der Orgelpfeifen, und der durch seine Schlichtheit und Masse wirkende Stein: Dies alles kannte ich bereits und hatte es viele Male gesehen. Doch heute nahm ich die Dinge mit lebendigeren Augen auf, ja, es war, als würde sich das, was ich früher lediglich als Materie – zwar eindrucksvoll, aber tot – wahrgenommen hatte, sich jetzt unter meinen Blicken mit Leben füllen und zu meinem aufgewühlten Inneren sprechen. Von dem seit Jahrhunderten in der Stille ruhenden Stein ging so etwas wie Trost aus, und legte sich behutsam auf mein Gemüt. Ich öffnete eine weitere Eisentür und stand im „Paradies." Dies war die Bezeichnung für eine kleine Vorhalle, in der zehn überlebensgroße Statuen – die fünf törichten und fünf klugen Jungfrauen – an sich gegenüberliegenden Wänden aufgestellt standen. Die Figuren waren auf Sockeln über Kopfhöhe angebracht und hielten Kerzen in den Händen. Das Gleichnis aus dem Matthäus-Evangelium für das Himmelreich und die Ankunft Jesu war auf einzigartige Weise von dem Bildhauer ausgeführt. Tiefster Schmerz, Enttäuschung, Resignation und Trauer, höchste Freude, Stolz und ein Zustand von Ekstase und Verzückung war bei jeder jeweils einzelnen der Frauen – je nachdem, zu welcher Gruppe sie gehörten – individuell in Gesichtsausdruck und Körpersprache derart verdichtet gemeißelt, dass der Betrachter geradezu in den Gefühlszustand der einzelnen Frauen hineingesogen wurde. Die Gemütsverfassung jeder einzelnen Figur war auf vollkommene Weise in den Körperausdruck gebracht. Diejenigen der fünf Frauen, die sich mit ihren Kerzen als Sinnbild des Lebenslichtes auf die Ankunft ihres Bräutigams vorbereitet hatten, indem sie, dem Gleichnis folgend, immer für genügend Vorrat an Öl gesorgt hatten, waren in Gestik, Kopfhaltung, Körperspannung, und in der Art, wie sie ihre brennenden Kerzen gerade vor sich hertrugen oder ihre üppig fallenden Gewänder mit einer Hand fassten, vollkommen mit sich im Gleichgewicht, waren von höchster Vorfreude über die Ankunft Jesu – den sie in vollkommener inneren Verzückung für ihren Bräutigam hielten – durchdrungen und ruhten ganz in sich. Diejenigen der Frauen aber, deren Kerzen aus Mangel an Vorsorge an Öl erloschen waren, schienen, wie im letzten Zucken einer gerade noch brennenden Flamme, gefangen in ihrem eigenen Schmerz, selbst zu erlöschen. Ihre Körper waren aus dem Gleichgewicht, die Trauer drückte ihre Köpfe nach unten, und auch die in Falten fallenden Gewänder waren weder geordnet, noch wurden sie stolz getragen als bräutlicher Schmuck wie bei den anderen, sondern zeigten sich dem Betrachter als acht- und lieblos angetane Kleidung. Die trauernden Jungfrauen trugen ihre erloschenen Kerzen schief und krumm, und eine jede hielt sie in eine andere Richtung. Ich blieb lange stehen und betrachtete voller Bewunderung das Kunstwerk. Plötzlich hatte ich das Gefühl, dass dieses Gleichnis irgendetwas mit mir zu tun hatte, wusste jedoch nicht was. Nachdenklich und befangen von dem Eindruck, den die Statuen in mir hinterlassen hatten, ging ich hinaus in die Kälte. Da erinnerte ich mich plötzlich: mein Großvater hatte mir die Geschichte von den fünf törichten und fünf klugen Jungfrauen einmal erzählt! Ich mochte damals acht oder neun Jahre alt gewesen sein. Mein Großvater hatte gerade in seinem Garten vor dem Schuppen Holz gehackt. Wir hatten uns auf eine kleine Wiese vor dem einfachen Haus meiner Großeltern in die Abendsonne gesetzt, und dort lauschte ich gebannt, an den Lippen meines Großvaters hängend, seiner Erzählung.

Inzwischen hatte ich mich, in Gedanken versunken, etwas von der Kathedrale entfernt. Leichter Schneefall hatte eingesetzt. Ich drehte mich um und sah das gewaltige Bauwerk hinter einem Schleier von Schneeflocken fast verschwinden. Mein Blick verharrte am Haupteingang der Kathedrale, und plötzlich sah ich Malene dort stehen. Hochaufgeschossen, in grauem langem Mantel, aufgesteckt ihr Haar, unbeweglich die Gestalt, so stand sie da auf den Steinstufen vor dem mächtigen Tor und schaute zu mir hin. Ich ging mit raschen, ungeduldigen Schritten auf das Tor zu. Schneeflocken wirbelten mir ins Gesicht. Als ich sie schließlich erreicht hatte und mit ihr unter dem mächtigen Eingang der Kathedrale stand, sah sie mich mit unsicheren Augen an. Auch ich wusste mich nicht zu verhalten und schlug die Augen nieder. Plötzlich sprach sie zu mir, mit kalter, sachlicher Stimme:

„Alexander, ich möchte dich jetzt fünf Monate nicht mehr sehen und keinerlei Kontakt mit dir haben. Verzeih mir bitte. Nach fünf Monaten werde ich dir meine Entscheidung mitteilen, ob ich bei dir bleiben kann."

Sprach's, drehte sich um, ging mit stolzem Gang über den Kathedralenvorplatz und verschwand wie eine sich auflösende Wolke in den dichten im Wind wirbelnden Schneeflocken.

8. Kapitel

Die plötzliche Trennung Malenes von mir hatte mich in einen schmerzlichen Zustand versetzt. Sie hatte sich fünf Monate Rückzug ausbedungen, keine Treffen, keine Anrufe, keine Briefe, keine Mails, keine SMS. Danach sollte ich sie wieder treffen können, und Malene hatte versprochen, sich bis dahin zu entscheiden: für mich oder gegen mich. Der Zustand, während dieser Zeit in ihrer Nähe zu sein ohne Kontakt mit ihr haben zu können, war mir von Woche zu Woche unerträglicher geworden, und so hatte ich mich nach vier Monaten schließlich entschlossen, die Einladung einer Freundin, deren Familie eine Hütte im Schweizer Wallis besaß, anzunehmen. Ich wollte mich ablenken und ablenken lassen, anders, so fühlte ich deutlich, würde ich die Spannung bis zu Malenes Entscheidung nicht aushalten können. Meinen Schmerz wollte ich mit in die Berge nehmen, und ausführen wie einen Hund.

Am Morgen meiner Abreise putzte ich meine Wohnung, lüftete und entsorgte den Müll. Ich schickte Malene meinen Wohnungsschlüssel und bat sie in einem kurzen, liebevollen Brief, meine Blumen zu gießen. Meine Bitte hatte den einzigen Grund, mich in der Vorstellung zu wiegen, wenigstens minimalen Kontakt zu ihr zu haben. Auf rotem Samt, in einem Steinkreis, an eine Kerze gelehnt hinterließ ich ihr einen Liebesbrief. Die letzte Karte, die sie mir geschrieben hatte, nahm ich, als Pfand einer hoffnungslosen Hoffnung, in meiner Brusttasche mit auf die Reise.

Endlich war der Sommer gekommen. Das Voralpenland flog an mir vorüber. Aus dem Zugfenster heraus sah ich Felder, Hügel, Äcker und Wälder, Flusstäler, hochstehendes Korn, und die Sommerwolken über mir. Ich fuhr durch die Landschaft meiner Heimat … und meinte, das Stroh von damals wieder zu riechen. Zusammengeschnürt in große Ballen hatte es aufgetürmt in den bäuerlichen

Scheunen gelegen, und an heißen Sommertagen tollte ich mit meinen Freunden dort herum. Die schwarzen Gewitterwolken aus der Zeit meiner Kindheit kamen mir wieder in den Sinn ... die Blitze ... die Donnerschläge ... die Angst ... an der Hand meiner Mutter hatte ich mich hinterm Vorhang unseres engen Schlafzimmers versteckt, und sah durch einen kleinen Spalt, mit schreckgeweiteten Augen, wie durch eine plötzliche heftige Windhose das mächtige Scheunentor gegenüber ausgehebelt wurde, nach einigen schwerfälligen Tanzbewegungen krachend zu Boden fiel und dort in tausend Teile zersplitterte. Danach war Totenstille. Und plötzlich hörte ich, ängstlich an meine Mutter geklammert, den glasklaren Klang von Pferdegetrappel, das immer näherkam. Kurze Zeit später fuhr eine schwarze Kutsche an unserem Fenster vorbei die Gasse hinunter. Ich erinnerte mich plötzlich an einen anderen Blitzeinschlag, der direkt in den Blitzableiter meines Kindergartens einschlug: An einem blauen Sommerhimmel stand plötzlich eine pechschwarze Wolke über dem Gebäude und ich schaute hinauf. Der krachende Donnerschlag war so heftig, dass ich mich trotz der Beruhigungsversuche meiner Erzieherin von diesem Schock lange Zeit nicht mehr erholt hatte. Ich fuhr durch die Landschaft meiner Kindheit, und ein weiteres Gewitter stieg in meiner Erinnerung auf: Über dem Tal, an dessen Rand wir wohnten. Der Sommer war zu Ende. Ich war mit meinem Vater, der einen Leiterwagen hinter sich herzog und Müll zur Deponie des Nachbardorfes bringen wollte, unterwegs. Regen prasselte aus einem pechschwarzen Himmel auf mich und meinen Vater hernieder. Wir flüchteten an den Waldrand, und mein Vater wandte sich zu mir und sagte:

„Buchen sollst du suchen, Eichen sollst du weichen."

Ich erinnerte mich an die näherkommenden Donnerschläge, meine Angst, und die beruhigende Stimme meines Vaters. Dann riss der Himmel auf, und ich sah inmitten der schwarzen Wolken ein blaues Loch. Entwarnung. – Der Zug fuhr und fuhr und mein Gedankenstrom kam immer weiter in Fluss ... ich erinnerte mich an

Wanderungen über sommerliche Hügel ... Ästeknacken ... frühen Tagesaufbruch ... Rehe ... Gras ... die Geräusche des Waldes ... ich erinnerte mich an den Geruch eines Zeltinneren, das in der Sonne im Garten stand. Sand. Lehm. Dreck, in dem meine Freunde und ich mit kleinen Indianerfiguren spielten ... Holzstämme ... Kindertauschgeschäfte ... eine Blutwurst auf silberner Platte ... der Geruch von Leder, als meine Großmutter mir meinen ersten Schulranzen kaufte ... eine Wanduhr mit goldenen Gewichten ... ein Klavier ... das große Bild von schäumenden Meereswellen im Arbeitszimmer meines Großvaters ... riesige Atlanten, Karten der Welt ... barfußgehen ... der Biss in einen frischen Pfirsich ... Schiefertafeln, und Kreide zwischen den Fingern ... die Flucht vor der Hitze draußen in die dunkle Bücherei meines Onkels, eines evangelischen Pfarrers ... durch die kleinen Fenster des Pfarrhauses hatte ich Blumen gesehen im Garten, und eine alte Holzbank ... mein Onkel hatte ein Buch aufgeschlagen ... Bücher seien heilig, hatte er zu mir gesagt ... ich erinnerte mich auch an die Vogelhäuschen im Garten ...

Der Zug fuhr inzwischen Richtung Gebirge und hielt meine innere Bilderflut in Gang ... ich sah die kleinen Dörfer mit den einfallslosen roten Dächern. Die Vorgärten, Zäune, Geranien und Geräteschuppen. Dies war die scheinbar so geordnete Welt meiner Kindheit, die ich in jungen Jahren verlassen hatte, um in die weite Welt zu ziehen. Alles, was ich sah, schmerzte mich. Kein Gedanke, kein Bild, keine Erinnerung war im Moment in der Lage, die Wunde, die die Trennung Malenes in mir geschlagen hatte, zu heilen. Die Zeit totschlagen, sich in die Ablenkung zwingen, irgendwie durchhalten, dies war das einzige, was ich mir vorzunehmen in der Lage war. Und tatsächlich: Je mehr sich der Zug den Bergen näherte, desto schwächer wurde meine innere Besessenheit, und als ich in einem kleinen Schweizer Ort in den Anschlusszug stieg, der die Via Mala hinauffahren sollte, konnte ich sogar wieder den einen oder anderen ruhigeren Gedanken fassen.

Der Zug war ein älteres Modell der Schweizer Nationalbahn. Keuchend und ächzend krauchte das museumsreife Gefährt die Schlucht mit dem legendären Namen „Via Mala" hinauf. Durch einen Roman gleichen Namens war dieses außergewöhnliche Naturereignis bereits Anfang des letzten Jahrhunderts zu einem der attraktivsten Ausflugsziele in der Schweiz aufgestiegen. Wie ein verwundetes Tier auf der Flucht quälte sich die Eisenbahn, dicke dunkle Rauchschwaden hinter sich lassend und pfeifend vor jeder Tunneleinfahrt, Richtung Passhöhe. Eine abenteuerliche Strecke bis heute, dachte ich. Nur wenige Menschen saßen im Waggon. Der Zug überquerte die tiefe Schlucht immer wieder auf gewagt gebauten Brücken, durchfuhr unzählige Felstunnel, die das Geräusch der fahrenden Maschine jedes Mal von einem hellen Rattern in ein dunkles Zischen verwandelten. Ich saß am Fenster, und kaum hatte der Zug eines der Tunnel hinter sich gelassen, bot sich mir ein kurzer, heller Ausblick auf den von großer Höhe herabrauschenden Wildbach, oder auf zackig vor mir sich auftürmende Felsmassive, oder auf jäh abfallende Felswände, oder auf eine der zahlreichen Holzbrücken, bevor der Zug unvermittelt wieder für längere Zeit im nächsten Tunnel verschwand. Das Waggoninnere war erfüllt vom beißenden Geruch der Rauchschwaden. Ein Fahrgast begann zu husten.

Während der Zug sich der Passhöhe näherte, fragte ich mich wieder und wieder, warum es mir nicht gelang, meine Schmerzen loszuwerden, ja, Malene selbst loszuwerden, warum ich Minute um Minute an sie denken musste und die Zeit bis zu einem möglichen Wiedersehen als eine ewige und unüberwindliche Strecke erlebte, die zu bewältigen ich kaum Kraft und Ausdauer zu besitzen glaubte. Der Ausschnitt des Himmels, der vom Zugfenster aus zu sehen war, wurde allmählich größer, die fliehenden Wolken zogen schneller und schneller über eine größer werdende Fläche, die Bergspitzen rückten näher, das Licht auf den kurzen tunnelfreien Strecken wurde heller, und Almen, auf denen schwarzgescheckte Kühe herumstanden, säumten die Bahnstrecke. Schließlich verließ der Zug die Via Mala, fuhr durch einen letzten langen Tunnel und bog in den Passbahnhof ein.

Esther, die mich in die Berghütte ihrer Eltern eingeladen hatte, war zum Passbahnhof gekommen, um mich abzuholen. Die Begrüßung war ausgesprochen herzlich, und als sie mich umarmte, wirkte ihre Berührung wie eine plötzliche Erlösung. Ihr sonniges Gemüt, ihr helles Lachen, ihre einladenden Gesten taten mir gut. Die Kraft und Fröhlichkeit, die von ihr ausgingen, gaben mir schon in den ersten Minuten meines Hierseins das entschiedene Gefühl, die lange Reise habe sich gelohnt. Wir gingen vom Bahnhof einen kleinen steilen Pfad hinauf über eine ausgedehnte Almwiese, auf der in großen Abständen über den ganzen Hang verstreut stabile zweistöckige Alphütten aus dunklem Lindenholz standen. Die Geräusche, die vom Bahnhof herkamen, wurden allmählich leiser. Stille breitete sich aus. Eine mächtige Gletscherzunge war in der Ferne sichtbar. Berggipfel und Bergzacken leuchteten im Spätnachmittagslicht. Einzig das ferne Rauschen eines Wasserfalls war jetzt noch zu hören. Nach etwa einer halben Stunde hatten wir unsere Hütte erreicht. Auch sie war zweistöckig gebaut, und an der hinteren Wand des Hauses war bis unters Dach Holz aufgeschichtet. Wir betraten die kleinen Räume des Untergeschosses. Ich legte mein Gepäck ab und setzte mich auf die massive Holzbank. Esther zündete den offenen Kamin an und bereitete für uns ein Schweizer Raclette vor. Ich war angekommen in einer anderen Wirklichkeit, war weg von Malene. Weit, weit weg. Ich saß in einem anderen Raum, der wohlgeordnet und bestellt wirkte. Holzwände, Holzdecken, Holztüren … die Hütte war komplett aus Holz gebaut. In dem offenen Kamin knisterten bald die brennenden Scheite und verbreiteten eine angenehme Wärme. Die Freundlichkeit Esthers und unsere sowohl ernste als auch heitere Unterhaltung machten mich den Grund meines Hierseins für einige Zeit fast vergessen. Als ich jedoch schließlich im oberen Stockwerk in einem schlichten Holzbett in frisch bezogenen Decken lag und durch das kleine Fenster auf die im Mondschein sich auftürmenden Berge hinausblickte, nahmen Schmerz und Unruhe wieder zu. Meine Gedanken kreisen um Malene. Warum war ich dieser Frau so verfallen? Warum hing mein ganzes Glück von ihrer Entscheidung ab? Warum empfand ich jede Minute, die ich ohne sie zu verbringen gezwungen war, als Qual? Als unnütz verbrachte leblose Zeit? Warum war ich selbst leblos ohne sie? Warum empfand ich mich selbst nur noch mechanisch funktionierend wie eine Puppe? Warum war ich so willenlos? Warum hatte ich keine Pläne mehr über das absolut notwendige der Tagesanforderungen hinaus? Warum gingen meine Beine so schwer, warum setzte mein Denken aus? Warum sehnte ich mich so sehr nach ihrem nicht enden wollenden Kuss? Warum kam ich nicht los von ihr? Warum konnte ich dies alles niemandem mehr erklären, am wenigsten mir selbst? Warum war ich so besetzt von rasender Eifersucht allein bei dem Gedanken, sie könne sich mit anderen Männern treffen? Warum malte ich mir immer wieder aus, wie ich diese Männer, die es ja gar nicht gab, niederstach und ihre Leichen zerstückelte? Warum gab es in meinem Inneren nichts anderes mehr als Malene? Warum malte ich mir eine Zukunft mit ihr aus, ein Leben auf dem Lande, mit Büchern und See? Warum stellte ich sie mir immer wieder vor in aufreizenden Kleidern, in Stiefeln, kurzen Röcken, offenen Blusen, seidenen Hemden, Ringen, Reifen, Ketten, Schals und Tüchern, vermummt und halbnackt und fast nackt und ganz nackt? Warum traf mich immer wieder ihr Lachen mitten im Tagtraum? Warum sah ich überall ihre Augen auf mich gerichtet, einmal glutvoll verlangend, und dann wieder verachtend, abweisend, kalt? Während ich auf diese und ähnliche Weise sinnend auf dem Rücken lag, nahm ich wieder das ferne Rauschen des Wasserfalls wahr, und dann hörte ich plötzlich Klänge, Akkorde, Töne, Rhythmen. Leise drangen sie durch die Holzdecke von unten zu mir herauf. Esther spielte Klavier. Wohl ein Stück von Bach dachte ich. Das Rauschen des Wasserfalls, und die einzelnen Melodien, die, sich ineinander verwebend, dahinflossen, beruhigten mein Herz. Mein Körper entspannte sich. Ich drehte mich zur Seite, lauschte noch eine Weile den Tönen nach und schlief ein.

Als ich wieder erwachte, spürte ich ein Kribbeln im Rücken. Mein Gehirn war leer. Eine phantasielose Blase zwischen zwei Schläfen. Ich befühlte meine Arme, Zehen, die Fersen, Waden, das Knie. Mein Augenlid klebte. Die verschwommenen Ränder meiner Bettdecke schärften sich. Mein Blick ging durch das kleine Holzfenster nach draußen. Dort lagen die Gebirgszacken im Morgenlicht. Ein Spinnennetz glitzerte an einem der Holzbalken, die die Decke verstärkten. Jetzt nahm ich das Rauschen des Wasserfalls wieder wahr und mir dämmerte langsam, wo ich mich befand. Langsam bewegte ich meine Beine und hörte einen meiner Knieknochen knacken. Schlaf lag hinter mir. Schlaf wie verlassenes Land, dessen Grenzpfahl ich noch streifend berührte … Straßen aus Schlamm, die von dorther in mein Bewusstsein führten. Hatte ich geträumt? Ich konnte mich an nichts mehr erinnern. Ein neuer Tag. Der erste Schritt ist der schwerste, dachte ich. Wörter stellten sich ein. „Könnte", „würde" und „wäre". Die Morgenstunde des Konjunktivs. Ein leeres Blatt beschriftete sich neu. Ich öffnete meine Nasenflügel und holte tief Luft. Dann stellte ich einen Fuß aus dem Bett auf die Holzbretter und spürte einen Tropfen Urin an meiner Nachthose. Wieder sah ich zum Fenster hinaus. In der Ferne fuhr ein roter Bus unterhalb einer Felswand entlang. Ich roch meine Socken, die neben dem Bett auf einem Stuhl lagen. Was ist die Zeit, wenn nicht Täuschung der Täuschung der Täuschung. Jetzt bloß nicht denken, dachte ich, und betrachtete das Urstromtal auf meiner Hand zwischen Mittelfinger und Daumen. Mein Ziel kann nicht weit sein, dachte ich weiter. Sagen wir Zahnputzbecher und Waschlappen, Fernziel Kaffee. Ich spürte ein Zittern im Kehlkopf und räusperte mich heiser. Meine Fingernägel waren schmutzig. Ich atmete freier. Warum dieser Morgen, warum dieser Tag. Ich machte mich träge ans Aufstehen und trat ans Fenster. Morgensonne stand über den Bergen, fiel auf mein Gesicht und wärmte mich. Die Wiesen waren den Abhang hinauf bis zum Rand eines Waldes übersät mit bunt blühenden Blumen. Ich sah Esther vor der hölzernen Außenwand auf der Rückseite der Hütte stehen. Sie stand nackt unter einer Art Dusche, bestehend aus einem schwarzen Sack mit Schraubverschluss, den man auf- und zudrehen konnte. Wasser rieselte über ihr dichtes, langes, schwarzgekräuseltes Haar. Rieselte in vielen kleinen Bahnen ihren Körper entlang. Rieselte über ihre kleinen, spitzen Brüste. Sammelte sich an ihren Schamhaaren und tropfte von dort auf den Boden. Esther hatte die Augen geschlossen und schien den Moment zu genießen. Ein schönes Bild, dachte ich.

Eine Stunde später machte ich mich auf den Weg. Ich wollte in einer Tageswanderung hinauf zum Gletscher, und von dort über die Gletscherseen auf eine weitere Passhöhe steigen. Esther hatte mir beim Frühstück, das wir in der morgendlichen Sonne auf einem ebenen Wiesenabschnitt eingenommen hatten, die Tour vorgeschlagen und mir den Weg erklärt. Frischen Schweizerkäse hatte sie mir mitgegeben, Brot und Wasser. Auch Schokolade. Die Bewegung tat mir gut. In langsamen, kleinen, kräftigen Schritten wanderte ich den steinigen Pfad hinauf. Die vielen Blumen und Blüten, die meinen Weg säumten, konnte ich jetzt von Nahem sehen und teilweise erkennen. Weiße Paradieslilien. Steinlilien. Türkenbund. Gelbe Arnika. Lila Wiesenschaumkraut. Ich kam an Geröllfeldern vorbei und erreichte die Baumgrenze. Um mich herum ragten in unerreichbarer Ferne Bergzacken in den Himmel. Der Pfad wurde steiler. Die Vögel, deren Gesang mich zu Beginn noch begleitet hatte, verstummten allmählich. Ein Drachengleiter mit rotem Segel schwebte über mich hinweg und suchte den Weg ins Tal. An einem steilen Geröllpfad kam mir, ihren bepackten Esel an der Leine führend, ein zerzaustes jüngeres Paar entgegen. Sie waren ebenfalls auf dem Weg ins Tal. Kurze Zeit später erreichte ich eine kleine grasbewachsene Mulde. Dort stand eine einfache Berghütte. Wohl die Behausung der beiden, dachte ich. Auf einer kleinen Holzbank an der Außenwand der Hütte machte ich meine erste Rast. Die Sonne stand inzwischen höher und schien so warm, dass ich mich nach einem kurzen Imbiss ins Gras legte, einschlief und in einen schweren Traum verfiel ...

... ich träumte von starkem Schneefall und Regen. Ich war bei meiner Mutter in ihrer kleinen Wohnung, von der aus ich auf einen wolkenverhangenen See blicken konnte. Ein etwa achtjähriges Mädchen saß auf einem Stuhl am Fenster des Wohnzimmers und kämmte die Haare einer Puppe. Ich versuchte mit einem alten Telefon, das noch mit Drehscheibe bedient werden musste, Malene anzurufen. Ich träumte, dass diese sich telefonisch gemeldet hätte und sich mit mir in einem nahegelegenen Café treffen wolle. Ich wunderte mich, dass die Straße, in der das Café sich befand, die gleiche war wie die, in der ein ehemaliger Geliebter Malenes wohnte. Ich hatte den Namen des Cafés nicht verstanden, und wollte unbedingt zurückrufen. Erst fehlten die Nummern auf der Drehscheibe des Telefons, sodass ich nicht wusste, wie ich wählen sollte. Dann waren die Nummern plötzlich wieder sichtbar. Ich wählte in rasender Eile, hörte plötzlich eine Stimme am anderen Ende, doch ich war falsch verbunden. Aus dem Operationssaal eines Krankenhauses hatte sich eine Krankenschwester gemeldet und mit mir gesprochen. Ich legte hastig wieder auf, wählte wieder. Jetzt hatte ich die Nummern verwechselt und verdreht. Ich war verzweifelt und begann zu weinen. Ich legte schnell meine beiden Adressbücher neben mich und versuchte, die Nummern abzulesen und nochmals zu wählen. Es gelang mir nicht. Trotz allergrößter Anstrengung konnte ich nicht gleichzeitig die Nummern ablesen und die Nummern auf der Scheibe wählen. Meine Mutter erschien an der Tür und wollte unbedingt telefonieren. Plötzlich gab es zwei Telefone. Eines davon mit kleinen goldenen Zahlen auf einem extra-kleinen, weckerähnlichen

Gebilde, das an der Wand hing. Meine Mutter ließ mich zuerst telefonieren. Mir gelang es jedoch nicht, auf dem goldenen Gebilde die kleinen Zahlen zu finden. Dann ging ich hastig zum anderen Telefon. Dieses hatte jetzt Tasten, aber ich konnte die Tasten nicht richtig bedienen. Rasende Wut überkam mich und ich begann heftig zu weinen. Das Mädchen am Fenster stand von seinem Stuhl auf, legte die Puppe beiseite, setzte sich staunend zu mir und wollte mir helfen ...

Ich erwachte. Meine Glieder waren schwer. Ich versuchte mich an den Traum zu erinnern. Einzelne Bilder und Szenen, Fetzen und bewegte Traumreste erschienen vor meinem geistigen Auge, doch ich konnte das, was ich geträumt hatte, nicht deuten. Langsam kam meine Kraft wieder zurück. Benommen schaute ich in die Ferne. Alle Ängste, die mich im Traum bedrängt hatten, waren verschwunden. Ich sah die Wiesen, fühlte die Sonnenwärme, und entdeckte hinter einem Bergvorsprung die Spitze eines gewaltigen Gletschers. Dort wollte ich hin. Ich schulterte meinen Rucksack und machte mich auf den Weg.

Nach etwa zwei Stunden hatte ich den Gletscher erreicht. Hoch türmten sich zerklüftete Eisbrocken vor mir auf. Schmutziges Weiß. Ein intensiver Blauschimmer schien durch die Eismassen. Wie zerschlagenes Milchglas sendeten sie blasses und doch sehr intensives Licht, eine Art weiß-blaue Strahlung aus. Der Gletscher hatte sich über Jahrtausende hinweg sichtbar zurückgezogen, und auf der Felsmasse, die er im Lauf der Zeit freigegeben hatte, Zeichen hinterlassen: Schrammen, Kratzer und Furchen, die ein Bett abgaben für schmale Rinnsale, die kreuz und quer, wie auf einer lebendigen Zeichnung, über den grauen Fels hinweg in einer Art chaotischem Muster ihren Weg ins Tal suchten. Ein unheimliches Knacken im Eis durchbrach die Stille hier und da. Ich versuchte über einen Felspfad, der in einiger Entfernung am Gletscher entlangführte, näher an das Eis heranzukommen. Die Wüsten wachsen und das Eis zieht sich zurück. Die Erdatmosphäre erwärmt sich. Die beiden Erdpole schmelzen von Jahrzehnt zu Jahrzehnt in schnellerem Tempo, dachte ich, stand eine Weile vor den Eismassen, die die Luft um einige Grade abkühlten, schaute hinauf in das blendende Weiß, schaute zurück auf die Felsketten auf der anderen Seite des Wallis, und sah einen Adler mit mächtigen Schwingen über dem Gletscher kreisen. Das Sonnenlicht wurde schwächer. Der Abend streckte seine Fühler aus. Ich machte mich an den Abstieg.

Bald kam ich auf meiner Rundwanderung zum Ausgangspunkt des Tals zurück. Dort stand eine Bergkirche, die ich schon beim Aufstieg von Ferne hatte liegen sehen. Meine innere Unruhe hatte sich etwas gelegt, und doch verging kein Schritt, an dem ich nicht an Malene denken musste. Ich wollte geduldig sein. Ich wollte warten. Malene brauchte Zeit für ihre Entscheidung. Und doch quälte mich die Ungewissheit. Keinen Kontakt zu ihr zu haben und nichts von ihr zu wissen, beunruhigte mich und war grausam. Wieder und wieder fühlte ich meine Ohnmacht. Ich konnte nicht eingreifen. Ich konnte nichts ändern. Ich war der Situation und meinem Zustand machtlos ausgeliefert. Der Weg zur Kirche war umsäumt von hohem Gras. Schließlich, nach einigem Zögern, betrat ich die Schwelle des Gotteshauses und schaute ins Innere. Abendlicht drang durch die kleinen hohen Kirchenfenster. Von den Kirchenbänken ging ein strenger Holzgeruch aus. In der vordersten Reihe sah ich ein altes Mütterchen im Gebet. Hinter dem Chor hing der gekreuzigte Jesus. Ich erinnerte mich plötzlich an die Worte meines Vaters – ich mochte damals vielleicht sieben Jahre alt gewesen sein – beim Anblick des leidenden Heilands:

„Sieh an, schon wieder ein Rückenschwimmer, der auf den letzten Metern schlapp macht."

Und, als sei es gestern gewesen, lachte er lauthals in mir über seinen eigenen Witz. Die Kirche war klein, und doch hatte sie Haupt- und

Seitenschiff, Chor, Glockenturm, und einen schmucklosen Altar in der Mitte. An der linken Seite erhob sich eine schlichte Holzkanzel. Zwei größere Ölgemälde, die Speisung der Fünftausend und den Hinauswurf der Pharisäer aus dem Tempel darstellend, hingen an den Seitenwänden. Da die Fenster im Verhältnis zum Bau groß und hoch waren, kam von allen Seiten Licht ins Innere. Ungewöhnlich für eine Bergkirche, dachte ich. Ein einfacher Raum, gebaut ins allgegenwärtige Licht. Ein Schutzraum. Eine Hülle für die sich versammelnde Seele. Ein mächtiges Gleichnis für die zarte Hülle des Körpers. Ein äußerer Raum, in dem der innere stattfinden kann. Das so Gebaute war heilend in seiner Wirkung und beruhigte mich. Die Stimmung in der Kirche führte das zerrissene Geteilte meines seelischen Zustandes zurück in ein schlichtes, sich versammelndes Ganzes. Und wurde dadurch zum Ausgang eines sich erneuernden Aufbruchs. Der Bau und der innere Raum ermöglichten mir durch den kurzen, versammelnden Aufenthalt im Ursprung für einen kurzen Moment Staunen und neues Erwachen. Gedanken schossen mir durch den Kopf. Ich genoss den Augenblick, schloss die Augen und hörte das Mütterchen murmeln. Ich dachte an all die vergangenen Jahre, an die Kraft meines Weges, der Bindungen überdauert und Wunden zurückgelassen hatte. Ich fragte mich, was ich wirklich war, was ich wirklich getan hatte. Ich dachte an die Prägung meiner Gesichtszüge ... an den stolzesten Bildhauer, die Zeit, der sie gemeißelt hatte in aller Stille. Von Jahr zu Jahr. Hier war sie sichtbar gemacht, die Handschrift meiner Seele! Geschrieben und herausgeformt mit dem Material jeden einzelnen Tages. Ich stand im Kirchenraum und empfand mein Dasein als rätselhaft. Den Urgrund als dunkel, und doch schien dieser hinein in jedes tägliche Detail. Ich fühlte mich jämmerlich, hilflos, ausgeliefert, ohnmächtig einem Gefühl gegenüber, vor dem zu stürzen mir unausweichlich schien, und das mich mit der Unbarmherzigkeit einer fallenden Guillotine trennen wollte von der simplen Fähigkeit zu leben. – Ich verließ die Kirche. Unruhe hatte mich wieder ergriffen. Rasch fand ich den

Pfad hinunter, fand die Alm und die Wiese mit den vielen Berghütten und stürmte weiter über die steinigen Wege in die Dämmerung hinein.

Als ich im Haus meiner Gastgeberin ankam, war sie verschwunden. Ich kochte mir Tee, schmierte ein Käsebrot, zog mich zurück in das obere Zimmer und war entschlossen, Malene einen Brief zu schreiben. Dunkelheit hatte sich inzwischen über das Tal gelegt. Wasserfallrauschen drang wieder durch die nächtliche Stille. Ich trat an das kleine Dachfenster, setzte mich auf den einfachen Holzstuhl und begann zu schreiben. Hin und her wälzten sich meine Gedanken. Ich strich Wörter durch. Strich Sätze durch, zerriss die erste Seite und begann von Neuem. Ich wollte ihr meine Sehnsucht mitteilen und ihr meine Zerrissenheit verbergen. Ich suchte krampfhaft nach Formulierungen für das, was ich als Liebe zu ihr empfand, und schämte mich für jeden einzelnen Buchstaben. Ich wollte sie mit meiner Sprache erreichen und erreichte nicht einmal mich selbst. Mir fehlten die Worte für das, was geschah. Ich empfand zu viel, und wusste zu wenig. Schließlich nahm ich eine Ansichtskarte – ich hatte sie tags zuvor auf dem Bahnhof beim Umsteigen erstanden – und schrieb darauf ein Zitat von Friedrich Hölderlin, das mir aus der Schulzeit im Gedächtnis geblieben war: Lang ist die Zeit/es ereignet sich aber das Wahre.

Esther war in der Nacht noch zurückgekommen. Beim Einschlafen hatte ich ihre Schritte gehört. Meine Unruhe war wieder ins nahezu Unerträgliche gestiegen. Ich wollte mit Esther reden, doch gelang es mir nicht mehr, mein Bett zu verlassen. Ich horchte in die Nacht. War ich nicht umgeben von lauter guten Geistern, lebenden und toten? War dies nicht der Ort, an dem die Sprache verloren und das Wort gefunden war? Keines Menschen Seele kann der Stärke widersprechen, die aus fragilen Verhältnissen erwächst. Dies war die schweigende Botschaft von Säule und Bogen, die ich in der Bergkirche am späten Nachmittag erfahren hatte. – Die Nacht war scheinbar ohne Ende. Mein Herz schlug mit pochendem, eigensinnigem Schlag mitten in die noch blutende Wunde hinein. Ich litt am Diktat einer Einsamkeit, die ich als Kind durchlebt haben musste. Das schmerzliche Gesicht einer Landschaft. Die schmerzliche Landschaft eines Gesichts. Ich konnte in der Hütte nicht länger bleiben.

Am nächsten Morgen verabschiedete ich mich von Esther, bedankte mich bei ihr aufs herzlichste und entschuldigte mich ohne weitere Erklärung dafür, dass ich würde gehen müssen. Als ich gepackt hatte und zum Bahnhof hinuntergestiegen war, mein Zug losfuhr und schließlich den ersten Tunnel erreicht hatte, kamen die Tränen. Ich weinte und wusste nicht warum. Der Zug trug mich von Tunnel zu Tunnel ins Tal hinunter. Die Sitze waren hart. Fenster und Türen klapperten. Wieder ein Sommertag. Wieder der Wildbach, die Schlucht, die Felsen, das morgendliche Spiel von Licht und Schatten. Die Tränen hatten mich entspannt. Unter dem Rattern des Zuges schlief ich ein und hatte einen merkwürdigen Traum ...

... ich träumte von einem grauen Märztag ... träumte, die Dämmerung sei gerade hereingebrochen. Ich saß wie jeden Donnerstagabend an meinem Schreibtisch. Immer wieder blies der Wind gegen die Fensterscheiben meiner kleinen Wohnung. Den ganzen Tag waren Regenschauer niedergegangen. Ich träumte, ich hätte die Arbeit an einem Gutachten, das ich für eine Versicherung anzufertigen hatte, unterbrochen und mich entschlossen, einen Brief an Malene zu schreiben. War es das wechselhafte und kalte Wetter oder war es das letzte Gespräch mit Malene, das in einem furchtbaren Krach geendet hatte: Ich träumte meine Unruhe. Musste die Sätze suchen, setzte immer wieder neu an, schrieb den Brief schließlich hastig zu Ende und überflog nochmals den Schluss: ... ,keine Sprache zu finden für uns, mich zu verstecken und nicht teilen und

mitteilen zu können, was mich im Innersten bewegt und in unseren Gesichtern Ausdruck findet, ja, unverschuldet im Gefängnis meines Körpers zu sitzen und nach außen hin ohne Tränen zu leben, obwohl Du das stumme Ungeweinte in mir spürst: Das ist es, was mich an unserer Liebe verzweifeln lässt. Ich legte den Brief beiseite und hielt inne. Der Satz schien mir plötzlich peinlich, der ganze Brief ein sinnloser Versuch, wieder einzurenken, was nicht mehr einzurenken war. Hatte sich Malene nicht längst von mir entfernt? Suchte sie nicht ständig nach Wegen, um mir auszuweichen? Mit einem Ruck stand ich auf, zerriss den Brief in kleinste Schnipsel und streute sie über den Fußboden. Ich träumte, ich ginge hinaus, das Freie suchend ... meinen Mantel im Gehen überwerfend. Ich brauchte Luft und Bewegung ... eine Straße entlang gehen und ein anderer sein ... um eine Ecke biegen und ein anderer sein. Ich kämpfte gegen heftige Windböen an und lief Richtung Stadttor. Die Straßen waren noch nass. Vor kurzem musste es geregnet haben. Ich ging durch das Tor, meine Schritte verlangsamten sich. Schließlich erreichte ich den großen Platz vor der Stadt und sah von Ferne ein hell erleuchtetes Festzelt. Der Wind trug immer wieder Musikfetzen herüber. Blasmusik, Märsche mussten es wohl sein, dachte ich im Traum und ging, halb abgestoßen, halb neugierig in Richtung Zelt. Je näher ich kam, desto zusammenhängender und lauter hörte ich die Musik. Jugendliche standen im Halbdunkel vor dem Eingang. Angetrunkene Männer lärmten, ab und zu gellte ein Frauenlachen aus der Dunkelheit. Von drinnen drang lautes Gemurmel nach draußen. An langen Tischen saßen mehr oder weniger hässliche Menschen. Sie waren in der Mehrzahl mittleren Alters. Die Frauen waren meist grell geschminkt. Einige Männer trugen Schnauzer, Backen- oder Kinnbärte. Hunde liefen zwischen den Bierbänken umher, bellten ab und zu, bekamen Knochen zugeworfen und wedelten mit den Schwänzen. Die Frauen und Männer hatten oft rosige Gesichter, dicke Bäuche, feiste Arme und Schenkel. Alle waren festlich gekleidet. Sie redeten aufeinander ein, gestikulierten, lachten, rauchten, tranken, sangen oder grölten lauthals gegen die Blasmusik an. Einige schunkelten dabei. Unter dem Zeltdach hatte sich Rauch zu einer großen Dunstglocke gesammelt. Auf der Bühne saßen etwa dreißig Musiker der städtischen Blaskapelle und heizten mit munteren Märschen die Stimmung an. Ich hörte, wie in einer kurzen Pause durch die knatternde Musikanlage eine Tombola angekündigt wurde. Vereinzeltes Klatschen, Rufe, Unruhe. Ich stand eine Weile am Eingang und wollte mich gerade wieder umdrehen und in Richtung Stadt laufen, da schreckte ich zurück und tauchte schnell zur Seite ab. Ich hatte Malene gesehen, wie sie auf das Festzelt zu schlenderte. Ihr volles dunkles Haar war vom Wind zerzaust. Sie trug eine kurze, schwarze Lederjacke, darunter ein enganliegendes, rotes Minikleid, schwarze Strumpfhosen und schwarze Stiefel. Augen und Mund waren leicht geschminkt. Ihre Brüste wölbten sich stolz und deutlich sichtbar unter ihrem Kleid. Unverkennbar trug sie keinen BH. Sie war in Begleitung zweier kaffeebrauner, ebenfalls schlanker, gutgekleideter Herren, wohl Brasilianer, dachte ich im Traum. Dem einen hatte sie ihren rechten Arm um die Hüfte gelegt, den anderen hielt sie an der Hand. Sie mochten wohl um die dreißig Jahre alt gewesen sein. Das kurze Kraushaar, die dunklen Augen, die makellos gezeichneten Gesichter, die weißen Zähne, die bei jedem Lachen leuchteten, und ihre geschmeidige Art zu gehen gaben den Beiden ein bestechendes Aussehen. Malene schmiegte sich wechselseitig an sie, schäkerte mit ihnen, lachte und schien in ausgelassener Stimmung. Die drei hatten jetzt den Eingang des Festzelts erreicht. Sie zogen sofort die Blicke der Umstehenden auf sich. Ich stand jetzt kaum zwei Schritte von ihnen entfernt. Mein Herz begann heftig zu schlagen. Ich war sprachlos, und stand wie angewurzelt. So schön hatte ich Malene noch nie gesehen. In einer Mischung aus Neugierde, Faszination und unbändiger Wut sah ich, wie die drei ins Festzelt gingen und bald in der Menge verschwanden. Welche Sehnsucht hatte mich plötzlich ergriffen, und welcher Schmerz hatte mich jetzt im Griff!

Malene war mit anderen. Und sie war eine andere. Im Moment meines größten Hasses glaubte ich mich verloren in einer hoffnungslosen Liebe. Ich musste den Ort verlassen ... ich taumelte wie benommen zurück in die Dunkelheit und fand einen schmalen, asphaltierten Fußweg, der durch ein kurzes Waldstück leicht abwärts auf eine durch tropfenförmige Laternen spärlich beleuchtete Straße führte. Unversehens war ich in einem Vorstadtviertel gelandet. Links standen leicht erhöht neue Einfamilienhäuser, die von der Straße her angeleuchtet wurden. Vereinzelt brannten Lichter hinter den Fenstern. Die leicht abschüssigen Vorgärten waren umzäunt und mit schmiedeeisernen Gartentörchen versehen. Ich war verletzt und verwirrt. Meine Gefühle waren wie taub. Ich wusste nichts zu denken. Meine Blicke irrten hilflos umher, versuchten sich irgendwo festzuhalten. Ich ging und ging, bis plötzlich von Ferne eine Sirene zu heulen begann. Unwillkürlich wanderte mein Blick hinauf zu einem der Häuser. Ich blickte auf ein längeres Balkongitter aus filigranen Eisenstäben und sah, wie sich die Balkontür dahinter langsam öffnete. Der auf- und abheulende Sirenenton wurde durchdringender, kam näher. Mein Blick hing wie magisch angezogen an der Balkontür. Mir war, als verlöre ich in diesem Moment vollends die Macht über mich. Angst und panische Gefühle begannen, nach mir zu greifen. Ich wollte wegsehen, doch ich konnte nicht. Ich wollte weggehen, doch meine Beine waren wie gelähmt. Da erschien in der Balkontür ein weißer Kopf, schob sich langsam nach vorne, ein Körper wurde sichtbar, weiß und spindeldürr. Jetzt erkannte ich, dass die Gestalt eingewickelt war in Mullbinden ... vom Kopf über den Hals, die Brust, den Unterleib und die Beine bis hinunter zu den Fersen war sie fest verschnürt. Die weiße Gestalt trippelte auf Zehenspitzen in rasendem Tempo in kleinen, stakkatoartigen Schritten hinaus auf den Balkon. Die Sirene war nun unerträglich schrill geworden und heulte auf und ab, während die Gestalt jetzt hinter dem Balkongitter zum Ton der Sirene hin- und hertrippelte. Mein Herz schlug mir bis zum Hals. Ich hatte Schweißausbrüche am ganzen Körper, war in panischer Angst, begann zu frösteln und zu zittern, bekam Atemnot und versuchte, mit schnellen und heftigen Atemzügen dagegen anzukämpfen. Ich wusste im Traum sofort, dass die Erscheinung dieser weißen Gestalt, die so plötzlich aufgetaucht war, dass diese lebendige Mumie das Zeichen für meinen sicheren Tod war. Unwiderruflich, wie das Fallbeil einer Guillotine, war meine Zeit abgelaufen, und ich musste sterben. Hilfesuchend, mit rasenden Herzschlägen, wie ein Ertrinkender, schaute ich im Augenblick meiner höchsten Panik um mich. Plötzlich streckten sich mir auf der anderen Seite des Weges aus dem Gebüsch, das ich bisher nicht beachtet hatte, eine Hand und ein Arm in schwarzem, ärmellangem Handschuh entgegen. Ich wusste instinktiv, dies war meine einzige Chance, der Mumie und dem sicher geglaubten Tod zu entrinnen. Ich griff sofort zu. Die Hand packte mich schnell und hart und zerrte mich ins Gebüsch. Nasse Zweige schlugen mir ins Gesicht und schmerzten. Ich folgte blindlings der Hand ins Halbdunkel durch die nassen Sträucher auf eine gemähte Wiese. Die Wolkendecke war inzwischen aufgerissen, und für einen kurzen Moment erschien die Mondsichel hinter den Wolken. Jetzt erkannte ich die Gestalt, deren Hand die meine so fest umklammert hielt: Ich sah eine alte, gebückte Frau, die ein Bein schwer hinter sich herzog. Das Bein war stark angeschwollen, und Kopf und Leib waren in schwarze Tücher gewickelt. Ich meinte für einen kurzen Augenblick in das verwitterte und zerfurchte Gesicht einer Greisin, vielleicht einer Bäuerin, zu sehen. Sie gab mir jetzt unwirsch ein Zeichen, ihr zu folgen und mühte sich so schnell sie konnte, mich mit ruckartigen kräftigen Zügen die Wiese hinaufzuziehen. Langsam wichen Ungewissheit und Angst. Ich wusste instinktiv, ich war gerettet. Ich fühlte mich erschöpft, hatte jedoch Vertrauen gefasst und folgte der Gestalt willig den Weg hinauf. Am Ende der Wiese erreichten wir schließlich eine große Treppe, die hinauf zu einem Parkplatz führte. Hier war die Vorstadt zu Ende. Stufe um Stufe gingen wir die Treppe hinauf. Ich hörte das Keuchen der alten Frau vor mir und empfand plötzlich Mitleid mit ihr, und ein Gefühl großer Dankbarkeit. Oben angekommen hielten wir einen Moment lang inne. Auch ich atmete schwer. Die Greisin stand jetzt dicht vor mir. Langsam drehte sie sich um und wendete sich mir zu. Die Straßenlaternen des Parkplatzes ließen schwache Umrisse von Autos und Häusern erkennen. Die Gestalt kam jetzt noch näher an mich heran und war jetzt nur noch wenige Zentimeter vor mir. Alte, gütige Augen schauten mich an. Ich hob meinen Kopf, und erstarrte. Ich blickte – in das Gesicht meines Vaters.

„Endstation. Bitte alle aussteigen. Endstation. Bitte alle aussteigen."
Die knarrende Stimme des Bahnhofslautsprechers schreckte mich auf aus meinem merkwürdigen Traum. Ich rieb mir die Augen. Meine Haare waren zerzaust. Schnell schnappte ich Koffer und Taschen, stieg wie benommen aus dem Zug und setzte mich auf eine der Bahnhofsbänke. Der Traum bewegte mich aufs heftigste. Tod durch die Mutter. Rettung durch den Vater. Was hatte dies alles zu bedeuten? Meine Eifersucht. Die dunkle Stimmung im Traum, die Bedrohung, die Angst, ja, Todesangst. Ich war gerettet. Ich fasste mich am Arm, zwickte mich ins Ohr. Ich war hier auf Erden, auf dem Bahnsteig einer kleinen Schweizer Ortschaft. Langsam stand ich auf und schlenderte mit meinem Gepäck Richtung Ausgang. Die Außengeräusche erreichten mich kaum mehr. Mir war, als wäre ich taub, und ginge im Inneren einer Träne.

Die letzte Nacht vor meiner endgültigen Rückreise verbrachte ich bei meiner Cousine Monika. Die Spannung, am nächsten Tag Malene wiederzusehen und mit ihrer Entscheidung konfrontiert zu werden, war so groß, dass ich es nicht mehr länger aushielt. Um Mitternacht versuchte ich, Malene anzurufen. Nach mehreren vergeblichen Versuchen hörte ich ihre Stimme am anderen Ende. Verunsichert, und wie gebannt lauschte ich in den Telefonhörer.

„Hallo Alexander ... Alexander ... Alexander ... wo bist du ... wie geht es dir ... wann kommst du?"

Ihre Stimme war voller Wärme, voller Sehnsucht, und voller Zuversicht. Sie lachte und lachte, wünschte mich herbei, flüsterte, wie gut es ihr ginge, wie glücklich sie sei, dass sie mich getroffen hätte, und dass sie es kaum mehr erwarten könne, bis ich morgen wieder in ihren Armen läge. Ich jauchzte innerlich vor Freude, war den Tränen nahe, lauschte und stammelte. Nach fünf langen kontaktlosen Monaten hörte ich das erste Mal wieder den Klang ihrer Stimme. Über eine Stunde lang tauschten wir Worte aus, suchten nach Sätzen, waren befangen in flüsternder Liebe, und verabredeten uns am nächsten Tag abends um sechs Uhr in meiner Wohnung.

Die Nacht war kurz. Ich hatte Schwierigkeiten einzuschlafen. Glücksgefühl und Freude wurden blasser. Wie die Wölfe in der Nacht kamen die Zweifel wieder zurück. Konnte ich ihrer Stimmung trauen? Konnte ich ihr überhaupt vertrauen? Zärtliche, wortlose Welt ... tapse heran auf den Saiten eines Monochords und bring Akkorde zum Klingen. Worte, zögernde Lippen. Worte, aus Wäldern entflohen. Worte aus nassgeweinter Erde. Worte, deinen Augen entsprungen ... die Hand an der Sonne ... mondvoll dein Blick ...

Der nächste Morgen war licht und warm. Eigentlich war Regen angesagt. Ich öffnete das Fenster des Gästezimmers, das mir meine Cousine angeboten hatte, sah über die Dächer, sah Dom, Kirchenbauten, Türme, Altstadt und Kloster. Ich atmete die frische Luft, verharrte einen kurzen Moment in der wärmenden Sonne, sah hinauf in den Himmel. Ein paar Wölkchen zogen vorüber. Ich empfand Aufbruch und Wanderschaft. Ich dachte an die Wege und Weggabelungen, die Täler und felsigen Pfade auf meiner Reise durch die vergangenen Jahre, dachte an die überraschenden Ausblicke, die Ruhe, die Müdigkeit, den Schlaf ... und sah mich wieder über

Blumenwiesen schlendern ... phantasierte Liebesrast auf moosigem Grund ... Erzählungen am Feuer, Wellenrauschen, Sand an den Sohlen, und sah Malenes lachende Augen vor mir, ihre ganze Lebenslust und Lebensfreude, die aus so viel Schmerz zu kommen und sich mit diesem die Waage zu halten schien. Bald, sehr bald, heute noch würde ich Malene wiedersehen! Die Bilder unserer Begegnung wurden stärker in mir. Die Vorstellung, mit ihr hinauszugehen in die Nacht, zu kuscheln am Kuss ihrer starken, bunten und verletzten Seele, besetzte mich wie eine Vorahnung von Erfüllung. Zu wissen, dass sie verstand, wenn ich sprach ... zu wissen, dass sie wusste ... mehr wusste um mich, als zu sagen nötig war, durchströmten mich mit Wärme und setzten mich in einen Zustand ahnenden Glücks. Die Berührung, die durch den inneren Kontakt mit ihr entstand, formte Sätze, malte Zeichen, hinterließ Spuren wie unmerklich duftende Öle, wie Seelenteichwellen, setzte eine Traumbilderflut in Gang aus Wasserhand und Herbstlaubfuß, aus Blausternchenfeldern, Eschenalleen und sommerlichem Pappelschnee ...

Der Spuk also war zu Ende. Malene hatte sich für mich entschieden. Nach fünf Monaten des Getrenntseins und Getrenntlebens ohne jegliche Nachricht vom jeweils anderen war sie zurückgekommen. Meine Seele zitterte, und die Sekunden wollten nicht schnell genug verrinnen. Ich verabschiedete mich hektisch dankend von meiner Cousine und stürmte zum Bahnhof.

9. Kapitel

Meine Ankunft konnte ich kaum erwarten. Als der Zug in den Bahnhof der Stadt einfuhr, hatte ich mich längst auf dem kleinen Platz vor der automatischen Tür aufgestellt, um als erster Fahrgast den Zug verlassen zu können. Die Zugtür öffnete sich und machte den Weg frei auf den Bahnsteig. Ich ging die engen Stufen hinunter und zerrte meinen Koffer hinter mir her. Dieser verhakte sich an der noch nicht vollständig geöffneten Tür, ein Rad des Koffers brach heraus, kullerte ein Stück den Bahnsteig entlang und fiel unter den Zug auf die Gleise. Ich fluchte leise, nahm den Koffer unter die Arme und trabte, während die drei übrigen Taschen um meinen Körper baumelten, mühsam über den Bahnhofsvorplatz. Die S-Bahn war mir zu langsam, ich wollte nach Hause, ich wollte zu Malene. Und bestieg ein Taxi. Ich bat den Fahrer um Eile. Eine halbe Stunde später, fast pünktlich um sechs Uhr abends, stand ich vor meiner Haustür. Ich klingelte – doch niemand öffnete. Ich wartete ein paar Sekunden, und klingelte nochmals. Keinerlei Reaktion. Sicher hört sie die Klingel nicht, dachte ich. Oder sie hat ihre Kopfhörer auf und ist in laute Musik vertieft. Ich stellte kurzerhand die Taschen ab, fummelte meinen Haustürschlüssel aus der Jackentasche, schloss die Eingangstür auf und kämpfte mich mühsam die fünf Stockwerke hinauf bis vor meine Wohnungstür. Dort klingelte ich nochmals, rief mehrere Male „Hallo Malene", klopfte heftig gegen die Tür und schloss schließlich auch diese selbst auf.

Eine geputzte und aufgeräumte Wohnung empfing mich. Stille und Licht. Ordentlich gestapelte Bücherreihen. Ein sauberer Herd. Geruch nach Spülmittel und Bodencleaner. Die Pflanzen schienen erst vor kurzem gegossen und mir war, als hinge Malenes Duft noch zwischen den Wänden. Auf dem kleinen Holztisch im Wohnzimmer lächelte ein buntes Sträußchen, davor stand eine Karte, darauf die Tuschzeichnung eines blauen Pferdes. Malene war nicht da. Ich schaute auf die Uhr. Es war bereits zehn Minuten nach sechs. Nach fünf Monaten Kontaktlosigkeit hatten wir gestern Nacht heiß und inniglich telefoniert und uns für heute verabredet. Malene war nicht da. Ich setzte mich. Meine überschäumende Stimmung, die innerlich seit Stunden schon das Wiedersehen mit Malene feierte, kippte von einer Sekunde zur anderen. Tränen stiegen in mir auf, und Mutlosigkeit überfiel mich. Ich saß wie gelähmt. Die Zeit stand still und mitteilungslos. Nebelschwaden zogen über meine Seele. Alle Wege schienen versperrt von vom Blitz zerschlagenen Baumstämmen, von heruntergestürzten Felsbrocken, von eingestürzten Brücken und abgebrochenen Geländern. Ich nahm langsam die Karte zur Hand und erkannte auf der Rückseite Malenes Schrift: Bin bei mir zu Hause. Bitte kontaktiere mich nicht. Malene. Ein weiterer Schlag. Wieder wollte sie keinen Kontakt. Plötzlich. Unerwartet. Ohne jede Erklärung. Ohne jede Vorwarnung. Was war bloß geschehen dachte ich verzweifelt. Hatte ich sie gekränkt? Hatte ich sie unabsichtlich durch eine Bemerkung verletzt? Krampfhaft versuchte ich nochmals das Telefongespräch von gestern Nacht in mir wachzurufen. Satz für Satz. Thema für Thema. Aber da war nichts. Ich konnte nichts finden, nichts, gar nichts, was sie in irgendeiner Weise hätte verletzen können. Ich hörte im Inneren nur ihre liebevolle Stimme, ihr Lachen, ihre Sehnsucht, ihre Wärme. Und jetzt dieser Satz: Bitte kontaktiere mich nicht. Ich griff zum Handy und wählte ihre Nummer. Ich lauschte minutenlang dem nicht enden wollenden Freizeichen. Niemand nahm am anderen Ende ab. Sie war also nicht zu Hause. Oder verweigerte mir das Gespräch. Ich versuchte es wieder und wieder. Wenigstens reden wollte ich mit ihr. Wenigstens kurz. Ich brauchte eine Erklärung, einen Hinweis, irgendetwas, woran ich mich hätte halten können. Aber da war nichts als das immerwährende Tuten des Telefons. Schließlich, als ich gerade das Telefon resigniert beiseiteschieben wollte, nahm jemand den Hörer ab.

„Hallo Malene", flüsterte ich.

Meine Stimme zitterte. Ich lauschte in den Hörer. Sekunden vergingen. Dann nahm ich plötzlich wie von Ferne durch die Leitung ein herzerschütterndes Schluchzen wahr. Ja, da schluchzte jemand.

„Malene, hallo Malene, hörst du mich?", rief ich in den Hörer.

Wieder keine Antwort. Nur immer wieder dieses leise Schluchzen. Ich hörte es sehr deutlich. Ein plötzliches Rumpeln und das folgende eintönige Tuten des Telefons beendeten den Spuk, so, als hätte jemand wutentbrannt den Hörer aufgelegt. Ein weiteres Rätsel also. Warum antwortete sie nicht? Warum nahm sie dann doch irgendwann den Hörer ab, sprach aber nicht? Warum dieses leise Schluchzen? Warum das plötzliche Auflegen, die unvermittelte Unterbrechung der Verbindung? Ich zermarterte mir den Kopf und verlor die Zusammenhänge. Die Welt schien aus den Fugen. Ich verstand nichts mehr, und konnte einer Ursache nicht mehr in seine Wirkung folgen. Schließlich verlor ich mich in Phantastereien. Plötzlich klingelte das Telefon. Ich schreckte auf. Das musste Malene sein, das musste sie sein!, dachte ich und riss den Hörer an mein Ohr.

„Hallo, hallo, bitte …"

„Guten Tag," säuselte am anderen Ende eine Frauenstimme „spreche ich mit Herrn Schuber?"

„Ja", sagte ich wie versteinert.

„Hier spricht das Versandhaus Rubenstorch, wir hätten da heute ein einmaliges Angebot für sie. Also einmal zahlen und …"

„Nein", hauchte ich in den Hörer, „Nein, bitte heute keine Angebote …"

„… aber hören Sie, ihr Gutschein ist nur noch 12 Tage …"

Ich legte auf. Müde blickte ich hinaus auf den kleinen Balkon und ließ meinen Blick über die Dächer schweifen. Langsam sah ich an der schräg gegenüberliegenden Kirche eine Katze die Dachrinne entlangschleichen. Ich hielt einen Moment lang inne. Und plötzlich fiel es mir wie Schuppen von den Augen: die Katze! Ja, Malenes Katze! Diese wunderschöne, graue Angora-Katze! Sie hatte den Hörer von der Gabel geschubst, und von ihr kamen die jammervollen Laute, die ich als Schluchzen wahrgenommen hatte! Unwillkürlich brach ich in lautes Gelächter aus. Dies Beängstigende, dies mich so Bedrängende, dies Rätselhafte, dies für mich so vollkommen Unauflösbare hatte seine Erklärung in einem Vorgang von kaum zu überbietender Banalität gefunden.

Zehn Minuten später stand ich vor Malenes Haustür. Ich klingelte. Ich klingelte nochmals. Und nochmals. Zehn, zwanzig, dreißig Mal, bis ich mir schließlich eingestehen musste, dass Malene nicht da sein konnte. Resigniert ließ ich ab. Meine Theorie mit der Katze hatte also gestimmt. Gerade wollte ich den Hauseingang verlassen, da kam mir Malene entgegen. Sie trug ein enganliegendes, weißes Wollkleid, das ihr bis an die Knöchel reichte. Sie sah bestechend aus, und ich war tief bewegt von ihrer Gestalt. Aus dem Rollkragen ragte ihr schöner, schmaler Hals. Ihr langes Haar hatte sie hochgesteckt und oben mit einem schillernden, großen Kamm zusammengefasst. Goldene, filigrane Ohrringe baumelten an ihren Ohren unruhig hin und her. Ihre Lippen waren lilafarben gezeichnet. Die Begegnung war ihr offensichtlich peinlich. Kühl, abweisend, schnell, ja hektisch, und etwas zu laut sprach sie mich an:

„Was verschafft mir die Ehre? Ich muss gleich wieder los!"

Ich war sprachlos. Mit vielem hatte ich gerechnet. Mit einem Unfall. Mit einem Zusammenbruch. Mit einem unvorhergesehenen Termin. Mit einer dringenden Familienangelegenheit. Mit einem kaputten Herd oder einer gebrochenen Wasserleitung. Ich hatte mit vielem gerechnet, aber nicht mit dieser ihrer Kälte mir gegenüber. Hatten wir uns nicht gestern Nacht noch eine Stunde lang in flüsternder Liebe an die Telefonhörer gekuschelt? Uns in gegenseitiger Sehnsucht und Vorfreude die zärtlichsten und verbotensten Komplimente gemacht? In meinem Gemüt hatte alles nach Sommer geschrien, und nun schlug der Winter mit harter Pranke, mit Graupelschauer, Schneeregen und Minustemperaturen zurück. Ich stammelte, In einer Mischung aus Zorn, Hass und Resignation: „Na dann ... na dann wünsche ich noch einen schönen Abend ...", drehte mich um und ging mit schnellen Schritten, ohne mich ein einziges Mal umzudrehen, keuchend vor Wut und innerer Erregung die Straße hinauf und setzte mich am Rand eines kleinen Parks auf einen großen Stein. Die Dunkelheit war inzwischen hereingebrochen. Aus einem erleuchteten Café drang das Lachen einer Frau. Einzelne Gestalten eilten an mir vorüber. Ein Liebespaar schlenderte über die Straße. Aus einem Fenster schimpfte eine Männerstimme. Von irgendwoher hörte ich das Weinen eines Kindes. Wind kam auf, und die Kronen der alten Platanen über mir rauschten in unregelmäßigen Abständen. Ich stützte meinen Kopf in beide Hände, schloss die Augen und verfiel in eine Art Trancezustand. Ausgelöst durch das fahle Licht der Straßenlaternen stiegen heftige Bilder in mir auf. Halb Tagtraum, halb Erinnerung brach sich Musik in meinem Gedächtnis Bahn ... eine Stadt, hellerleuchtet ... herzzerreißend erbebten die Gassen von Trauermärschen, von düsterem Chorgesang, von Bläsern, von Trommeln ... eine große Menschenmenge, die trauernd sich durch die Straßen wälzte ... Traum, Alptraum oder Realität, ich wusste es nicht mehr zu sagen ... Menschengruppen strömten herbei aus allen Gassen, stellten sich auf im Spalier. Kerzen überall, Fackeln, außen an den Fassaden, entlang einer Prozessionsstraße. Die lächelnden Musiker einer Polizei- oder Feuerwehrkapelle. Dahinter in langem Zug, bedrohlich in schwarze Kapuzengewänder gekleidet, Männer. Sie sahen aus wie Männer des Klu-Klux-Klans. Dann, in gleichem Gewand, Gruppen in Lila, Gruppen in Rot, Gruppen in Weiß. Sie trugen Symbole, schwarze Kreuze, eine Schlinge auf einem Silbertablett, einen Handschuh, ebenfalls auf einem Silbertablett, einen Hahn, einen Fisch, auch dieser auf einem Silbertablett. Eine Gesangsgruppe folgte. Kinder in weißer Tracht, geführt von einem unmaskierten Priester mit einer langen, schwarzen Peitsche. Er ließ in regelmäßigen Abständen mit düsterer Miene und in aller Brutalität die Peitsche auf den Asphalt knallen. Würdenträger der Stadt, ordenbehängt. Regierungsvertreter. Masken. Kalte, versteinerte Gesichter, schreitend im unerbittlichen Rhythmus des von schrillen Bläserakkorden angeführten Trauermarsches ... – ich schreckte hoch. Die Traumgesichter hatten Macht über mich bekommen, und hätte einer der vorübereilenden Passanten mich angesehen, hätte dieser einen leicht irren Ausdruck in meinen Augen entdecken können. Plötzlich blieb mein Blick an einer hochaufgeschossenen Frauengestalt hängen, die aus der Dunkelheit in eiligen Schritten die Straße heraufkam. Als sie den Schein einer Straßenlaterne erreicht hatte, fiel das fahle Licht auf ihr Kleid. Ein weißes Wollkleid, das ihr bis an die Knöchel reichte. Es war Malene. Und sie hielt geradewegs auf mich zu. Jetzt bloß keine weitere Begegnung, kein weiteres Desaster, dachte ich, wandte mich um, flüchtete in die Dunkelheit und blieb im Schutz einiger mannshoher Sträucher stehen. Ich sah Malene vorbeigehen. Sie hatte mich nicht bemerkt. Langsam löste ich mich aus der Dunkelheit und nahm die Verfolgung auf. Unwiderstehlich empfand ich in mir den Sog zu ihr hin, und doch wollte ich auf keinen Fall von ihr entdeckt werden. Sie überquerte Straßen, bog um Ecken, immer wieder beleuchtet von den schillernden Lichtern der Stadt, der Leuchtreklame, den Straßenlaternen, von Autoscheinwerfern, Ampellichtern, oder von Restaurants, die ihr Licht nach draußen warfen. Plötzlich sah ich sie in einem kleinen Café verschwinden. Mir stockte der Atem. Ich stellte mich hastig gegenüber in den Schutz einer Kastanie, und sah durch die Fensterscheiben des Cafés, wie Malene im Inneren einen Mann begrüßte – was heißt begrüßte! Sie umarmte ihn, küsste ihn auf den Mund, berührte mit ihrer Stirn die seine und schien ihm tief in die Augen zu sehen. Mir wurde heiß und kalt. Ich fühlte Schweiß unter meinen Achselhöhlen, und Schweißperlen traten mir auf die Stirn. Was war das? Täuschte ich mich? Den Mann kannte ich nicht. Ich hatte ihn noch nie gesehen ... konnte es sein, dass sie mich so betrog? Ich wollte weggehen und konnte nicht. Ich wollte flüchten und blieb doch wie angewurzelt stehen. Meine Hände zitterten. Ich fühlte mein Herz heftig pochen, und sah, wie die beiden sich an den Tisch ans Fenster setzten, wie sie seine Hände in die ihren nahm, wie sie ihn streichelte, ihm in die Augen sah, ihn anlächelte. Der Mann hatte etwas längere, leicht gelockte Haare und trug einen kurzen, schwarzen Kinnbart. Er war tadellos gekleidet, trug Anzug, weißes Hemd und Krawatte. Magisch angezogen hing mein Blick an den Beiden. Ich war wie gelähmt. Die versteinerten Tränen, sie schauten mich an, mit flehenden Augen, und wollten fließen, und wollten fröhlich sein. Ich starrte wie gebannt auf das wie in einem Schaufenster in einiger Entfernung vor mir sitzende Paar. Sie tranken Wein. Sie lachten, schäkerten, sahen sich lange an, hielten sich immer wieder an den Händen. Ich harrte aus in der Kühle der Nacht und begann zu frieren. Meine Zähne klapperten. Ich war mir nun sicher, dass sie mich betrog. Plötzlich zog es mich mit unwiderstehlicher Gewalt hinein in das Café. Ich verließ meinen geschützten Platz, ging wie in Trance auf das Café zu, riss die Tür auf und baute mich vor den Beiden auf. Malene sah mich an wie ein Gespenst. Ihr Gesicht spiegelte blankes Entsetzen. Sie lief rot an, ihr Mund öffnete sich leicht, und ihre schwarzen Pupillen weiteten sich. Der Herr an seiner Seite suchte völlig verunsichert ihren Blick. Ich nahm die beiden Weingläser, schüttete ihr den Wein ins Gesicht, und brüllte sie völlig außer mir an:

„Warum tust du das? Waaaaruuumm? Warum tust du das? Warum tuuuust du dassss?"

Dann nahm ich den Mann beim Kragen und hob ihn aus seinem Stuhl. Dieser blickte mich völlig entgeistert an. Ich zerrte ihn schnaubend wie ein Pferd zur Tür hinaus und warf ihn auf den Bürgersteig. Dann rannte ich die Straße hinunter, bog um die nächste Ecke, rannte und rannte noch einige Ecken weiter, bis ich erschöpft und außer Atem, von unbändiger Wut getrieben, in schnelles Schritttempo wechselte. Ich bereute nichts. Nein, ich bereute nicht das Geringste. Ich wäre in diesem Moment auch ins Gefängnis gegangen für meine

Tat. Nie im Leben hatte ich mich so im Recht gefühlt wie in dieser Sekunde. Als ich schließlich zu Hause auf meinem Bett lag, hatte ich mich etwas beruhigt, und mir kamen die ersten Zweifel. War ich tatsächlich im Recht? War Malene nicht frei in ihren Entscheidungen? Durfte ich so über sie bestimmen? War mein Verhalten nicht jämmerlich? War es nicht die pure Hilflosigkeit, die nackte Ohnmacht, die mich beherrschte? War ich überhaupt noch ich selbst? Was bestimmte mich? Und warum hatte ich nicht die Kraft, mich einfach zu trennen von Malene? Warum ließ ich mich so verletzen? Warum fühlte ich mich so abhängig, ja, warum machte ich mich so abhängig von Malene? Ich sah ihren Mund, ihr Haar, ihre Brüste vor mir, fühlte ihre sanfte Berührung, hörte ihr helles Lachen und versank in ihrem verschlingenden Blick. Lange nach Mitternacht schlief ich schließlich ein ... und träumte heftig und tief ...

... ich befand mich unversehens in einem kleinen Auto mitten im Gebirge und hatte noch einen letzten Pass zu überqueren. Die Passhöhe lag bei 4000 m. Es war der höchste der Pässe. Die Straße hinauf war unwegsam, der Asphalt hatte Risse, und ab und zu lagen Teile der Straße weggebrochen am Abhang. Doch ich war guten Mutes, kam mit meinem kleinen Wagen an eine Weggabelung und fuhr hinunter in ein Dorf. Ich wollte Rast machen, hielt auf dem Dorfplatz an, ging ans andere Ende des Platzes in eine Schenke und öffnete die Tür. Warme Luft und der Qualm von Zigarillos und Zigaretten schlugen mir entgegen. Ich hörte Stimmengewirr und nahm den penetranten Geruch von verschüttetem Bier wahr. Die Kneipe war voll. Dorfbewohner aßen zu Mittag. Bauern und einige Gäste tranken Bier. Die weibliche Bedienung mit südländischen Gesichtszügen bemühte sich um Freundlichkeit. Sie hatte viel zu tun, brachte Essen, Getränke, nahm Bestellungen auf und verschwand wieder in der Küche. Am Tresen bestellte ich Eisbein mit Sauerkraut und ein großes Glas Bier. Ich kam mit einigen Bauern ins Gespräch, die mich misstrauisch als Fremden beäugten, und mich eindringlich

davor warnten – jeder auf seine Weise –, den Pass zu überqueren. Das Wetter, so sagten sie, sei zwar noch gut, wolkenlos und von intensivstem Licht. Die Winde jedoch kündigten schwere Stürme und den Einbruch des Herbstes an. Man wisse nie, ob die Straßen den zu erwartenden Regengüssen standhalten würden. Und einmal verloren, gäbe es kaum Hoffnung auf Hilfe, da nur selten ein Auto diese Passstraße benutzen würde. Außerdem stürzten manchmal unvermittelt Geröllmassen herunter. Die Straßen seien kaum befestigt, und durch die Stürme könnten ganze Bäume entwurzelt und auf die Fahrbahn geschleudert werden.

Ich sah in die Gesichter der alten Bergbauern, sah ihre vom Wetter gegerbte Haut, die vom Arbeiten im Freien gezeichneten Gesichtszüge, sah ihre klugen Augen. Doch ich nahm mir die Warnungen nicht zu Herzen. Ich war fest entschlossen, die Fahrt übers Gebirge zu wagen.

Ich bedankte mich höflich, aß in Ruhe zu Ende, bezahlte, nicht ohne noch einmal in das zarte Gesicht der Bedienung gesehen zu haben, und ging hinaus ins Freie. Draußen änderte sich das Wetter bereits. Erste Wolkenfetzen wurden von starken Winden über die Berggipfel getrieben, die Temperatur sank. Ich wollte den Pass heute noch überqueren. Morgen schon würde ich die Ebene erreicht haben und von dort aus würde es dann schnell Richtung Westen ans Meer gehen. Ich setzte mich hinters Steuer, ließ den Motor an, fuhr los, erreichte die Weggabelung und lenkte den Wagen die Bergstraße weiter aufwärts. Plötzliche auftretende heftige Windböen begannen den Wagen bereits anzugreifen und machten das Lenken schwierig. Ich fuhr langsam. Vereinzelt lagen Geröll und Gesteinsbrocken auf der Fahrbahn. Die Bergstraße schlängelte sich in Serpentinen den steilen Hang hinauf, und bald war die Baumgrenze erreicht. Die ersten schwarzen Wolken schoben sich zwischen die Felsmassen der Gebirgszacken. Plötzlich einsetzender Schneeregen behinderte die Sicht. Die Frontscheibe beschlug, und ich musste sie immer wieder mit dem Ärmel meines Pullovers *freiwischen.* Als ich, bereits in erheblicher Höhe, gerade wieder um eine der unzähligen Nadelkurven bog, versperrte mir ein Erdrutsch den Weg. Schlamm und Geröllmassen hatten sich gelöst, sich mit großer Wucht auf die Fahrbahn geschoben und einen Teil des asphaltierten Fahrbahnrandes mit in die Tiefe gerissen. Ich hielt den Wagen an, machte den Motor aus und atmete tief durch. Das Dorf war weit weg. Die Passhöhe erst zu etwa einem Drittel erreicht. Der Schneeregen wurde dichter und dichter. In etwa zwei Stunden würde die Dämmerung hereinbrechen. Ich dachte an die Warnungen der Bauern. Nein, da war kein Durchkommen. Ich musste umkehren. Die Situation, in die ich mich selbst manövriert hatte ließ keinen anderen Ausweg zu.

Merkwürdigerweise stellte sich mir im Traum ein Gefühl von Stolz ein. Stolz darüber, dass ich es trotz der Warnungen der einheimischen Bauern, wenigstens bis hierher, geschafft hatte. Genauer betrachtet hatte ich jedoch nichts erreicht. Ich hatte mich selbst in eine gefährliche Lage gebracht, hatte die Warnungen der Einheimischen in den Wind geschlagen und war sehenden Auges in eine Fast-Katastrophe geschlittert. Warum bin ich trotzdem so stolz?, dachte ich bei mir im Traum. Woher kam ausgerechnet jetzt diese starke Empfindung? Ich schob meine Gedanken beiseite, ließ den Motor an, setzte zurück bis zur letzten Nadelkurve und wendete den Wagen in einem schwierigen Manöver. Bei Einbruch der Dämmerung erreichte ich schließlich das Dorf, stellte den Wagen diesmal vor die Schenke, ging hinein und bestellte ein Zimmer für die Nacht. Ich war müde geworden, ging noch einmal hinunter in die Stube und bestellte Salat, Brot und Bier. Die Bauern tuschelten und warfen mir verächtliche Blicke zu. Ihre Gesten hatten etwas Ausgrenzendes. Ich wagte nicht, sie anzusprechen. Der Wirt, ein kleiner, bärtiger Mann, war knapp und sachlich. Die Bedienung musterte mich einen Augenblick lang in einer Mischung aus Neugier und Mitleid, wendete sich mir zu und sprach mich an.

„Sie haben es nicht geschafft? Sie sind nicht hinübergekommen?", fragte sie leise, fast flüsternd.

Ich ließ eine kleine Pause entstehen, schaute ihr in die Augen und antwortete:

„Kurz vor der Passhöhe hat ein Erdrutsch mir den Weg versperrt."

„Es gibt noch einen zweiten Weg", sagte sie schnell. „Wenn Sie unbedingt hinübermüssen, versuchen Sie doch den. Kurz vor der Baumgrenze gabelt sich die Straße. Fahren sie rechts ab ein Stück hinunter und dann wieder links weit hinauf bis zum Kloster, und dann rechts über den Pass ...", und schon war sie wieder verschwunden, räumte in großer Eile und Geschicklichkeit Teller, Gläser, Tassen und Essensreste der Gäste auf ihr großes Tablett, drängte sich durch die redenden und rauchenden Menschen Richtung Küche und nahm die neuen Getränke und Speisen entgegen.

Ich saß noch lange stumm am Tresen, sah dem Treiben zu und wagte kaum, die Gäste anzuschauen. Auch die Bedienung schien mich nicht mehr zu beachten. Müdigkeit übermannte mich. Ich ging hinauf in mein Zimmer, verkroch mich in das frischbezogene Bett und schlief sofort ein.

Am nächsten Morgen, so träumte ich weiter, erwachte ich aus tiefem Schlaf. Der Wind fegte um das kleine Haus. Das Gebälk über mir knarrte. Ab und zu schlug ein Fensterladen. Ich schaute auf meine Armbanduhr: Sie zeigte kurz nach halb zehn. Draußen fielen schwere Regentropfen und klatschten gegen die Fensterscheiben. Trotz der bereits fortgeschrittenen Zeit war der Tag noch finster. Bedenklich, die Fahrt über den Pass, dachte ich, packte in Ruhe meine Sachen und setzte mich zum Frühstück in die Bauernstube. Die Bedienung war zur Stelle, begrüßte mich freundlich und brachte Kaffee, Milch, frisches Brot, Butter, Käse, ein gekochtes Ei, Schinken und Marmelade. Ich saß lange, aß und grübelte, und dachte an die Weggabelung, von der die Bedienung gestern Abend gesprochen hatte. Ich wollte über den Pass. Ich musste über den

Pass. Hier zu bleiben empfand ich als Schande, als nie wieder gutzumachende Niederlage. Ich wollte mich dem Rat der Bauern nicht beugen. Mit einem Ruck stand ich auf, zahlte Zimmer und Frühstück, verabschiedete mich, ging durch den inzwischen peitschenden Regen zu meinem Wagen und fuhr los. Der Wind war stärker noch als tags zuvor. Ich hatte zwar zu kämpfen auf dem Weg aufwärts, kannte die Strecke allerdings inzwischen etwas besser. Die Wolken waren heruntergezogen, und ab und zu sah ich durch ein graues Loch hindurch Schnee auf den gegenüberliegenden Berghängen liegen. Schließlich erreichte ich wieder die Baumgrenze, fand nach einigem Suchen tatsächlich die beschriebene Weggabelung, fuhr die schmale Straße ein Stück hinunter und dann, wie die Bedienung beschrieben hatte, weiter hinauf. Kurve um Kurve kletterte der Wagen durch die Felsen nach oben. Wolken, Nebel und Regen behinderten die Sicht. Jeden Moment rechnete ich mit einem Stück abgerutschter Fahrbahn, mit Felsbrocken oder umgestürzten Bäumen. Ich hielt den Wagen für einen kurzen Moment an, um mich zu sammeln. Dann fuhr ich weiter, und ganz plötzlich, ich war gerade wieder um eine kleine Kurve gebogen und sehnte bereits die Passhöhe herbei, sah ich vor mir ein Kloster liegen. Die Gemäuer waren von einigen Nebelschwaden verhangen, und in einiger Entfernung zogen dicke Wolken über die Gebäude. Ich fuhr bis zu einem kleinen Platz vor dem Kloster und brachte den Wagen zum Stehen. War es der plötzliche Eindruck, den das massige Bauwerk auf mich machte, waren es Konzentration und Anstrengung, denen ich mich in den letzten Stunden ausgesetzt sah und die mir eine kleine Pause nahelegten, war es die Unruhe, die mich durch die unberechenbaren Wetterstürze des hereinbrechenden Herbstes erfasst hatte oder war es schlicht meine unbezwingbare Neugierde, die sich immer dann einstellte, wenn ich vor verschlossenen Türen stand: Wie benommen stieg ich aus und ging durch eine von Felswänden umsäumte Gasse auf das Kloster zu. Als ob ich gezogen würde, als ob ich nicht mehr Herr meiner eigenen Schritte wäre, gelangte ich an ein mächtiges, schmiedeeisernes Tor und klingelte. Nach einer kurzen Weile kam eine alte Frau im Nonnengewand langsam aus dem Kreuzgang den Weg zum Tor herauf. Sie ging leicht gebückt. Ihr von tiefen Furchen und einzelnen borstigen Haaren an Kinn und Wangen gezeichnetes Gesicht gaben ihr das Aussehen einer hochbetagten Frau. Sie öffnete das Tor mit einem eisernen Schlüssel und schaute mich mit gütigen Augen an.

„*Seien Sie willkommen*", *sagte sie mit hoher Stimme.*

Und nach einer kleinen Pause fuhr sie fort:

„*Besucher um diese Jahreszeit sind ungewöhnlich. Aber kommen Sie nur herein.*"

Sie drehte sich um und bat mich mit einer langsamen, aber deutlichen Handbewegung, ihr zu folgen. Wir gingen durch den Kreuzgang. Ich war etwas nass geworden und mich fröstelte leicht. Sturmähnliche Böen bliesen um das Gemäuer und ergaben eine eigenartig lebendige Musik aus schnell wechselndem Pfeifen, hellem Rauschen und Rascheln. Unsere Schritte hallten wider in den Gängen.

„*Wir sind nur wenige noch*", *sagte die Greisin zu mir.* „*Das Leben ist sehr hart hier oben, und jetzt, wo der Winter wieder kommt …*"

Wir gingen zu einem großen Brunnen im Innenhof des Kreuzgangs. Das Wasser war bereits leicht vereist, und einzelne Eiszapfen hatten sich an den Rändern des Beckens gebildet. Der Klosterbau war schlicht und massig, ohne jede farbliche Auflockerung. Nur der Kreuzgang zeigte an der Decke, dort, wo die Bögen sich kreuzten, kunstvoll in Stein gemeißelte Figuren. Zwei kleinere Türme, eine Kapelle, eine zweite, etwas niedrigere Kapelle und die um den Innenhof des Kreuzgangs gruppierten Zellen bildeten das Anwesen. Plötzlich öffnete die Nonne eine weitere Tür. Wir betraten einen Nebenraum, und sie zeigte mit langsamer Geste auf ein Kunstwerk, dessentwegen, wie sie sagte, die meisten Besucher den Weg hier herauffanden. Fast ehrfurchtsvoll deutete sie in eine Ecke auf ein Tableau.

„Dies ist der Stolz unseres Ordens. Eine Holzschnitzerei aus dem 17. Jahrhundert", flüsterte sie mir zu.

Ich sah auf einer größeren, aufgerauten Holzfläche dreiundzwanzig wildbewegte Figuren in verschiedenen Gruppierungen. Ein Totentanz. Teils verhüllt, teils ihre knochigen Körpergerüste enthüllend, mit Schwertern und Sensen tanzend, sich bückend, sich reckend, Arme und Beine aufwerfend, mit schreienden, lachenden, feixenden Totengesichtern schienen die Gestalten in einer Art Raserei den Tod als Erlösung vom Dasein zu feiern. In einer Mischung aus Bewunderung, Beklemmung, Angst und Neugierde betrachtete ich das Kunstwerk. Die Wirkung, die von den holzgeschnitzten Figuren und Gesichtern ausging, war so bedrängend, dass mir plötzlich alles zu viel wurde. Quälende Unruhe packte mich. Mein Herz begann schneller zu schlagen. Ich fühlte mich weggezogen, musste ins Freie, drehte mich um, ließ meine Begleiterin einfach stehen, suchte nach einem Ausgang und fand schließlich durch einen Steinbogen den Weg nach draußen. Offensichtlich befand ich mich am hinteren Teil des Klosters. Eine gebogene Steinbrücke führte über einen Wildbach. Über diese Brücke wollte ich gehen. Über diese Brücke musste ich gehen. Doch kaum hatte ich einen Schritt ins Freie getan, pfiff mir der Wind um die Ohren, und Regen peitschte mir ins Gesicht. Die Steinbrücke war schmal und hatte keinerlei Geländer. Um mich nicht unnötig zu gefährden, legte ich mich auf den Bauch, war in Kürze durchnässt und begann, bäuchlings über die Steinbrücke zu robben. Der Wind griff mich an. Ich hielt mich fest und kam nur langsam voran. Ich schaute zurück: Da stand die Nonne im Torbogen und beobachtete mich. Sie hatte ihre gütige, wohlwollende Ausstrahlung plötzlich verloren und sah mich mit großer Strenge an. Ihr Blick war von abgrundtiefer Bosheit. Ich hatte gerade die höchste Stelle der Brücke robbend erreicht, da erfasste mich plötzlich eine weitere Bö. Ich kippte zur Seite, wollte mich an einem Stein festhalten, rutschte ab und drohte zu stürzen. Meine Angst steigerte sich mehr und mehr. Plötzlich begann die

Greisin hinter mir zu schreien und fragte mich mit durchdringender Stimme:

„Wie heißt die Hauptstadt von Judäa?", und nochmals: „Wie heißt die Hauptstadt von Judäa?"

Ich wusste in diesem Augenblick, dass von der Beantwortung dieser einen Frage mein Schicksal abhing. Wusste ich die Antwort, war ich gerettet. Wusste ich sie nicht, würde ich sofort in die Tiefe stürzen. Ich klammerte mich krampfhaft an die Brücke und kämpfte gegen den Wind, der immer stärker wurde. Dann brüllte ich, brüllte unter Anstrengung all meiner Kräfte:

„Nazareth! Nazareth! Nazareth!"

Kaum hatte ich jedoch geendet, rutschte ich ab und stürzte in die Tiefe. Ich schloss die Augen. Ich wollte schreien und konnte nicht. Todesangst hatte mich ergriffen. Ich fiel und fiel. Plötzlich spürte ich zu meiner Überraschung, dass der Wind mich zu tragen begann. Ja, der Wind trug mich und hob mich immer weiter nach oben. Ich flog, und schwebte bereits über den Felsen ... langsam wich meine Angst einem Gefühl großer Erleichterung. Die Antwort war richtig gewesen, und ich war gerettet. Wie in einer Wiege wurde ich jetzt von den Winden hin- und hergeschaukelt. Ich sah nach unten. Meine Sinne waren vollkommen verwirrt. Plötzlich sah ich unten am Bach eine zierliche Gestalt stehen und zu mir heraufwinken. War es ein Trugbild? War es eine wirkliche Gestalt? Eine junge Frau meinte ich zu erkennen, oder waren es nur Felsen? Waren es Wind und Regen, die mir ein Objekt schmerzvoller Sehnsucht, die mich jetzt überfiel, vorspiegelten? Ich sah ein lächelndes Gesicht und wollte hinunter, hatte den unwiderstehlichen Wunsch, in die liebevolle Umarmung dieser Person zu sinken. Ich schwebte in langsamem Tempo abwärts, immer weiter abwärts ... kurze Zeit später schlug ich hart an einem Felshang auf und blieb liegen. Mich fror. Mein rechtes Knie schmerzte. Meine Unterarme hatten kräftige Schrammen abbekommen und bluteten leicht. Schließlich versuchte ich aufzustehen. Langsam kletterte ich hinunter und fand einen Pfad, der am Berghang entlangführte. Nach ungefähr einer Viertelstunde erreichte ich schließlich wieder das Kloster. Ich tastete mich langsam an der kalten und nassen äußeren Mauer entlang zum vorderen Teil der Anlage und kam schließlich wieder zum schmiedeeisernen Eingangstor. Alle Muskeln meines Körpers schienen zu schmerzen, und beim Gehen musste ich das rechte Bein etwas nachziehen.

Plötzlich, durch ein quietschendes Geräusch auf der Straße vor meiner Wohnung, schreckte ich aus meinem sonderbaren Traum auf. Mein rechtes Bein war im Schlaf über die Bettkante gerutscht. Ich griff nach meinem Unterschenkel. Er fühlte sich eisig an. Über Nacht hatte das Wetter gewechselt. Die Temperatur war gefallen und Kühle zog durch die Fensterritzen in mein Zimmer. Draußen waren graue Wolken aufgezogen. Müdigkeit hielt mich noch gefangen. Die Bilder und die Abfolge meines Traums stiegen mir langsam ins Bewusstsein. Ich geriet in einen tranceartigen Zustand. Innen und außen vermischten sich. Die Kontur einer Kirche und das Bild eines Bettes. Einzelne Töne klangen sonderbar hell in mir. Die Stunde vor der Dämmerung. Die Zeit geteilt in Tag und Nacht. Drehung zur Sonne hin, Drehung von der Sonne weg. Warten auf Worte. Ein Satz wollte entstehen, eingeschlossen in den Rätseln der Seele ... wie Holz, gelagert in großer Tiefe, unter ungeheurem Druck. Die Erde öffnet sich, und spuckt Diamanten aus. Unbeachtet liegen sie jahrtausendelang verstreut in der Wüste. Wohin reißen die Töne dich, wenn sie sich öffnen ... wohin führt deine Seele dich, wenn sie sich öffnet ... wo führt dein Körper dich hin, wenn er berührt. Ich fühlte mich fliegen. Von Akkorden getragen. Und wieder fallen wie eine schneller werdende Dämmerung. Ich fand mich wieder im Niemandsland von Gefühlen, die keine Sprache haben und keine Heimat, und empfand plötzlich das Gefängnis meiner Beziehung zu Malene, und all die Metamorphosen. Ich empfand meine Hilflosigkeit wieder, die schmerzlichen Nächte, meine Abhängigkeit, das vergebliche Ringen, meine zaghaften Versuche, den eigenen Süchten und Sehnsüchten zu entrinnen. Meine Kinderseele hatte in Kellern gehaust. Meine Empfindungswelt war Kind geblieben, und krümmte sich nun nieder vor dem Altar des Alterns, um an der Hand genommen, um erlöst zu werden. Ich empfand mich als haltlos, lebend ohne nähere Angaben von Gründen, und von ungewisser Herkunft. Malene hatte mich betrogen. Dies wurde mir wieder und wieder bewusst. Sechs Monate hatte ich gelebt zwischen Hoffen und Bangen. Und nun, im Schatten der Vorfreude eines überschäumenden Wiedersehens trat sie mir gegenüber in kalter Rüstung, ohne liebenden Blick. Wich mir aus, stieß mich zurück, ließ mich stehen und liebte einen anderen Mann. Ich konnte meine aufgewühlte Seele nicht weiter zugrunde richten lassen. Nicht von Malene. Eine Tasse berühren, einen Morgenschluck genießen, die Augen nach draußen richten, sich nicht entgegenstellen der Richtung, die innerlich sich weist. War es doch mein Leben, mein einziges, das kostbar verrann. War es doch mein Leben, das täglich mein Gesicht weiter zeichnete. Draußen hingen die Wolken tief. In der Ferne hörte ich einen langen Güterzug rattern. Zögernd mümmelte ich mich ein in meinen Morgenmantel. Die Dächer lagen grau. Laute drangen an mein Ohr, als wären sie in Watte gehüllt. Ich ging ans Fenster meines Zimmers und schaute hinunter auf die eilenden Menschen. Zu sein wo ich war. In Frieden zu leben mit dem Augenblick. Zu empfinden, dass die Zeit etwas Gütiges hatte, das sich dem offenbart, der innehält, und auf den inneren Wellen der Stunden schwimmend das Ufer des Tages erreicht – solche und ähnliche Gedanken wälzte ich in mir. Zögerlich sein. Schweigen. Warten. Dem Geschäftigen, Lärmenden, Treibenden, Reizüberflutenden, dem ganzen Als-Ob die stille Kerze des Ganz-Eigenen entgegenhalten. Ich nahm hastig einen Schmierzettel von meinem Schreibtisch und griff nach einem Kugelschreiber. Ein Abschiedsbrief musste her. Sollte ich Malene Vorwürfe machen? Sollte ich ihr meine Wut entgegenschleudern? Sie konfrontieren mit meinem ganzen Hass? Ich konnte ihr nicht mehr vertrauen. Ich konnte mich ihr nicht mehr anvertrauen, das Band war zerrissen. Ich wollte sie auch nicht mehr teilhaben lassen an meinem wirklichen Zustand. An meiner Enttäuschung, meiner Machtlosigkeit, meiner Hilflosigkeit. Ich fühlte mich elend und wusste, ich musste sie verlassen. Jetzt. Es gab kein Zögern mehr, und kein Verzeihen. Die Zeit war überreif. Und es war allein an mir, diesen Schritt zu tun. Und so schrieb ich Malene voller Unruhe einen Brief:

13. August

Liebe Malene!

Du hast mich betrogen, und kaum kann ich dir sagen, wie es mir geht. Ich weiß nur, ich muss dich verlassen. Das Warten, die Geduld, die Angst, das Leben zwischen Hoffen und Bangen hat nun ein Ende. Ich kann in diesem Zustand nicht weiterleben, du richtest mich zugrunde.

Wenn wir nun, jenseits und diesseits der süßen Fluchten, aufbrechen, jeder für sich, um den jeweils uns eigenen Weg zu suchen, wie oft werden Nebel hereinziehen, wie oft werden wir nicht mehr wissen, wo wir sind ... wie oft werden wir Angst haben und zurück wollen, wie oft werden die Wege versperrt sein von vom Blitz zerschlagenen Baumstämmen, von heruntergestürzten Felsbrocken ... wie oft werden wir erschöpft am Wegrand sitzen und den nächsten Morgen erwarten ... wie oft werden plötzliche Regengüsse uns die Sicht erschweren, eingestürzte Brücken und abgebrochene Geländer das Weiterkommen fast unmöglich erscheinen lassen ... wie oft werden Kälte und Schnee uns zur Vermummung zwingen und uns den nächsten Frühling erhoffen lassen ... wie oft werden wir zögern und zaudern, nicht wissend, ob der Weg noch weiterführt ... und doch ist kein anderer Weg als der uns eigene ... und doch sind alle anderen Wege kurz und endend. Und doch ist dieser Weg, nach einer plötzlichen Biegung vielleicht, sonnenbeschienen und gesäumt von Juniwiesen. Und doch bettet uns dieser Weg vielleicht an einem müden Nachmittag unendlich sanft auf erwärmtes Sommergras. Und doch schenkt uns dieser Weg vielleicht die klarsten Sternennächte, den verschwiegensten Nachthimmel, der um uns weiß, und uns Mut in die mutlosen Herzen senkt. Auf diesem Weg erleben wir uns vielleicht als Wandernde, sich Ändernde in den Schluchten unwegsamer Tage, und sehen, was wir noch nie gesehen, und erleben uns vielleicht irgendwann wieder als Liebende, deren geheimnisvolle Geste wie ein entferntes Winken unsere schönsten Stunden in sich trägt.

Alexander

10. Kapitel

Endlich saß ich im Flugzeug nach Marrakesch. Ich hatte den letzten Fensterplatz bekommen und saß direkt über der rechten Tragfläche, eine Sitzreihe hinter dem Notausgang. Die Maschine hob mit großem Getöse ab und schwebte in den leicht geröteten Morgenhimmel. Als das Flugzeug seine Flughöhe erreicht hatte, fiel alle Spannung von mir ab und ich kam in einen trägen Dämmerzustand. Wieder hatte mein Leben eine überraschende Wendung genommen. Kurze Zeit nachdem ich früh am Morgen Malene meinen Abschiedsbrief in den Briefkasten geworfen und mich danach nochmals schlafen gelegt hatte, bekam ich einen Anruf. Die Musikgruppe eines Bekannten fragte an, ob ich Lust hätte, mit ihnen am nächsten Tag nach Marokko zu fliegen. Ein Musiker war kurzfristig ausgefallen. Die Gruppe wollte in den Souks von Marrakesch Kleidung und Instrumente für ein aufwändiges Mittelalterspektakel einkaufen und einige Tage proben. Der musikalische Leiter fragte an, ob ich mir vorstellen könne, auch längerfristig einzuspringen. Ich hatte sofort zugesagt. Dies war meine Chance, die Chance, wegzukommen von hier, weit, weit weg. Ich konnte Abstand gewinnen von Malene, und selbst für längere Zeit unerreichbar sein. Die Schmerzen konnten überschrieben werden mit einer nordafrikanischen Landschaft. Eine neue Ordnung würde in mir entstehen Ein Glücksfall! Die wenigen Termine, die ich in der kommenden Zeit hatte, waren schnell abgesagt, der alte Koffer notdürftig gepackt, und als der Wecker in aller Frühe, nach einer Nacht voll Unruhe, Schlaflosigkeit und wirrer Gedanken den Moment der Abreise markierte, fühlte ich deutlich, dass ich aufbrach – in eine neue Zeit.

Langsam sah ich durch das Bullauge des Flugzeugs in der Ferne schneeweiße Gebirgsketten auf mich zukommen. Bald würden wir die Gipfel überfliegen. Ich sah Wetterwolken, die sich in der Ferne ausbreiteten wie Eismeere ... Luftschlössertürme ... Gebirge aus

Zuckerwatte ... darunter zeichneten sich Seen ab, die in der Morgensonne zu brennen schienen. Lichtstrahlen überfluteten Felder, Wälder, wellige Hügel, Flusslinien, Autobahnen und Häuserhaufen. Abschiedszeit ... leichte Zeit ... eine kleine Träne. Ich setzte Kopfhörer auf und hörte einer Jazztrompete zu ... hörte eine Ballade, eine Stimme. Die alten Wege verlassen, erleichtert sein in der Trauer, dachte ich. Die langsame Trompetenmelodie hatte recht: Sie führte gelassen und suchend in neue Zusammenhänge. Sie befreite, weil sie neu fühlen ließ. Ich empfand den Abschiedsschritt, als käme er nachts, und niemand würde ihn sehen. Als käme er langsam, und ein wenig ziellos. Als wisse er, weil er nicht wollen wollte. Ich schloss die Augen und gab mich ganz den Melodien der Jazzballade hin. Aufwachen und ein anderer sein. Um eine Ecke biegen und ein anderer sein. Empfindungen stellten sich ein und begrüßten den neuen Tag, waren getragen von einer neuen inneren Melodie, und ließen das Alte hinter sich. Ich sank zurück in den vor kurzem verlassenen Schlaf. Moosdusche, Steine und Statuen, Gassen und Wäscheleinen stiegen mit der Musik in meinem inneren Auge auf. Mein Herz war ein Bernstein, in den eingeschlossen ein stilles Glück ruhte, das alleingelassen sein wollte ... Fische braten und Regen trinken, den Lichtern zusehen und den schaukelnden Schiffen ... ein Gespräch führen aus Pinienduft und Meeresfrische ... zwischen mächtigen Tempelruinen barfuß gehen ... einen Fels berühren, und mit den Augen das Licht und die Gischt. Blind werden vor dem Urbild alles Schönen, das, eingegraben in die Erinnerung, dich niemals verlässt. Zu suchen dieses Urbild im menschlichen Körper, immer wieder ... in der Schönheit, die aus Wollust erwächst, und sie wie ein Schauer über die Liebenden wirft.

11. Kapitel

Einen Tag später fand ich mich in den Souks von Marrakesch wieder. Siegfried, ein Gitarrist, und Reinhold, der auf verschiedenen Flöten große Virtuosität erlangt hatte, wollten einen Flötenbauer ausfindig machen, um sich einige Instrumente in verschiedenen Größen anfertigen zu lassen. Wir waren in der Ebene – im Angesicht der schneebedeckten Gipfel des Atlasgebirges – gelandet und hatten problemlos unser Hotel am Rande der Souks erreicht. Früh morgens schon machten wir uns auf, erreichten nach wenigen Minuten in der schon heißen Sonne den „Platz der Gehenkten" und traten durch das mächtige Südtor in die zentralen Bezirke der Stadt ein. Auf einer der Zinnen hatte ein Storchenpaar sein Nest gebaut. Eine hohe Festungsmauer aus rötlichem Lehm umschloss lückenlos die Innenstadt mit ihrem labyrinthischen Gassengewirr und die in Waren-Viertel eingeteilte Bezirke. Sie wurde lediglich durch die fünf großen Stadttore durchbrochen. Sofort nachdem wir das Südtor hinter uns gelassen hatten, empfing uns ein Gewusel von Menschen. Aus allen Ecken und Gassen kam ein Feilschen, Hämmern, Reden, Gestikulieren, Rufen und Schreien. Dichtgedrängt nebeneinander und über und über angefüllt mit exotischen Gegenständen aller Art bildeten einfach gebaute Verkaufsstände eine nicht enden wollende Gasse. Im vorderen Bereich gestikulierten Händler mit ausladenden Gesten und versuchten, Kunden in ihre Stände zu locken. Hinter Trommeln, Lauten, Flöten, oder großen Metallbecken schauten Berbergesichter in blauen Gewändern aus dunklen Augen die Vorübereilenden an. Greise mit weißen Bärten saßen auf Holzpflöcken am Rand der Gasse und hoben mit knarzenden Stimmen ihre Hände, um flehentlich ein paar Münzen zu ergattern. Wagen drängten sich durch die dichte Menge. Fahrräder, Esel, Karren, kleine Kutschen und Mopeds. Gänse, Hühner und Kaninchen schrien, gackerten oder hüpften in kleinen mit Metallgittern zusammengebauten Ställen. Die unebenen Lehmgassen waren überdacht

von schlichten Strohmatten. Sonnenlicht malte zebraähnliche Muster auf die Erde und fiel in Streifen auf die Stände, die Waren, auf die feilschenden, heftig gestikulierenden oder vorwärtshastenden Menschen. Verhüllte Frauen in schwarzen Burkas hielten Kinder auf dem Arm, oder balancierten auf ihren Köpfen Waren in Körben aus Bast. Die Männer gingen größtenteils barfuß und trugen Turbane auf ihren Köpfen. Alte Krüge, in allen Formen, wohl von weither aus den Wüsten hertransportiert, dickbauchig oder langhalsig, kunstvoll verziert oder in schlichter Tonfarbe (die größeren dienten als Vorratskammern, die kleineren als Wasserbehälter), stapelten sich an den Wänden der Stände. Teeservice, Lampen, Taschen, Schuhe und gefärbte Stoffe, Gewürze. Ledergürtel. Silberkannen. Wollknäuel. Süßwaren, Nüsse und Kerne in Säcken. Radios. Uhren. Geflochtene Stühle, Messingklinken. Teppiche. Schachspiele, Schnitzereien, Topflappen und Eierwärmer. Messer. Dolche. Säbel und Schwerter. Ringe, Ketten und Filzhüte. Hastig hergestellte Bilder vom Atlasgebirge, von Wüstenlandschaften, von dichtgedrängten Häuserreihen, oder von verführerisch gekleideten Schönheiten, die in goldglänzendem Rahmen den Betrachter mit tiefem Blick in ihr Paradies zu holen schienen. Edelsteine und Pfannen, Eisenrohre und Töpfe, Handys, Tastaturen, kaputte Telefone, verbrauchte Monitore, Batterien und Computerteile. Drähte und Laternen, Schlösser und Tassen, Teller, Handtuchhalter, Garderoben und Besteck … die Stände quollen über, und die Fülle der Waren schien unendlich wie die Geschichten von Tausendundeiner Nacht. In großen in die Erde eingelassenen Bottichen, gefüllt mit intensivstem Farbwasser in Rot, Blau, Türkis, Grün, Lila und Gelb färbten die Berber ihre Wolle. Leder wurde zugeschnitten, Felle wurden gegerbt, Maß wurde genommen, Musikinstrumente wurden gebaut, Saiten wurden aufgezogen, Schuhe geflickt, Flöten gedrechselt, Stoffe geprüft, Gewürze geordnet, und überall wurde in unvorstellbarer Lebhaftigkeit mit irgendjemandem über irgendeinen Preis verhandelt.
– Wir kämpften uns von Stand zu Stand und waren immer wieder

umringt von Händlern. Diese redeten heftig auf uns ein, zerrten an meinem Hemd, hingen wie Fliegen an uns und versuchten in einem Kauderwelsch aus arabischen, französischen, englischen und spanischen Sprachbrocken uns mit ihren Überredungskünsten zu nötigen, dies oder jenes zu kaufen. Ein Drechsler saß am Boden und stellte in Windeseile, mit bloßen Händen und Füßen und mit kaum zu überbietender Geschicklichkeit Bohrer und Stechmesser haltend, an einer mit Schnüren zur Funktion gebrachten Drehbank kleine kunstvoll verzierte Tischbeine her. Wir trennten uns schließlich und wollten uns am Abend auf dem „Platz der Gehenkten" vor dem Südtor wieder treffen.

Ich schlenderte allein weiter. Plötzlich fiel mir gegenüber des mit Pflanzenmotiven auf blauen Kacheln bemalten Eingangstors zum türkischen Bad ein kleiner Messinglöffel auf, der auf einem roten Samttuch unscheinbar am Rand eines der Verkaufsstände lag und dessen Stielende zwei kunstvoll geschmiedete Löwenköpfe schmückten. Ich konnte meinen Blick nicht von dem Löffel lassen. Die Sonne fiel in Streifen durch die Dachmatten der Handelsgänge und ließ die Messinglegierung des Löffels in goldenem Glanz erstrahlen. Irgendetwas rührte mich an, irgendetwas bewegte mich, irgendetwas traf mich beim Anblick dieses kleinen Löffels. Farbe … Form … der Geist, der von diesem stummen Zeugen ausging. Ein Löffel, dem sein Schöpfer Sinnlichkeit und Schönheit eingehaucht hatte … Wüste und Sonne … Sand und zitternde Luft. Das Leben ist aus vielen Morgen gemacht. Ich war im Sternzeichen des Löwen geboren. Was hatte dies zu bedeuten? War dieser Löffel Zeugnis meiner Bestimmung? In der Tiefe eines einzigen Augenblicks meinte ich mein ganzes Schicksal zu empfinden. Ich musste den Löffel haben! Dies war der Moment! Ich konnte nicht mehr zurück. Ich musste den Löffel kaufen! Aus früherer Lektüre und aus Gesprächen mit meinen beiden Begleitern war ich gewarnt und wusste um die sorgsam gehütete Zeremonie des Verhandelns in den arabischen Souks. Feste Preise gab es nicht. Preise wurden in einem nach bestimmten Gesetzen verlaufenden Streitgespräch verhandelt. Ich signalisierte also mein Interesse an dem Löffel. Der Händler war ein stolzer Mann. Tiefblauer Turban und blauer Kaftan wiesen ihn als Tuareg – einer der bekanntesten Wüstenstämme der Berber – aus. Sein Gesicht war hager und knochig, die Haut von Wüste und Wetter gegerbt, seine Hände groß und die Finger lang. Seine Augen waren stechend, ein kleiner silbergrauer Ziegenbart verlängerte sein spitzes Kinn, und seine Füße zierten Ledersandalen, auf deren Striemen augenähnliche Muster eingelegt waren. Als er mein Interesse an dem Löffel bemerkte, schaute er freundlich lächelnd zu mir auf und sagte in seinem nordafrikanischen Französisch mit einer Stimme, die nach roter Erde und Wüstensand klang, der Löffel koste 1000 Dirham. Ich spielte zunächst den Sprachlosen, schüttelte den Kopf, sah dem Händler tief in die Augen und explodierte dann plötzlich in einem unvermittelten Redeschwall. Ich schrie den Händler an, was für eine Unverschämtheit dies sei, einen solchen Preis zu verlangen, ein anderer Berber hätte mir denselben Löffel für einen Dirham angeboten, ich aber sei, aus purer Großzügigkeit, und weil ich heute meinen guten Tag hätte, bereit, zwei Dirham für diesen Löffel zu geben. Daraufhin änderte sich der Gesichtsausdruck des Berbers schlagartig und er strafte seinerseits mich mit Blicken, die Messerstichen glichen und fragte mich, in welcher Schurken Hände ich denn da gefallen sei und was das wohl für krumme Blechlöffel gewesen sein müssten, die mir da angeboten worden wären und überhaupt, solche Berber, die solche Löffel anböten, gäbe es gar nicht. Die Berber seien ein ehrliches, stolzes und aufrichtiges Wüstenvolk. Ich atmete tief durch, versuchte eine zunächst versöhnende Geste und wendete dann ein, natürlich würde ich das Volk der Berber höchlich schätzen, es gäbe da ja geschichtliche und sprachliche Verbindungen zu den Finnen und Ungarn, aber trotzdem sei der Löffel doch wohl höchstens 3 Dirham wert. Der Händler unterbrach mich sofort und begann nunmehr die Vorzüge des Löffels in höchsten Tönen zu preisen. Mit Feuer in den

Augen und leidenschaftlicher Geste hob er denselben in die Sonnenstrahlen und rief mit einer Stimme, die den Stolz ganzer Generationen von Tuaregs erkennen ließ:

„Alles Handarbeit, alles Handarbeit. Ich habe ihn vom Künstler selbst für einen hohen Preis erstanden. Du siehst hier das einzige und einzigartige Exemplar seiner Gattung. Ich schwöre dies bei Allah, dem heiligen Propheten und allen Seiten des Koran: Ich habe den Löffel persönlich poliert, ihn behütet und bewahrt als wäre er das einzige Erbstück meiner Großmutter."

Mir gelang es kaum, den Redefluss des Händlers zu unterbrechen. Doch als dieser dann doch einmal Luft holen musste, stieß ich sofort in die Lücke und antwortete, ja, ja, das würde ich ja auch über alles an diesem einzigartigen Löffel schätzen, ich hätte jedoch gerade eine einschneidende Kürzung meines Monatsbudgets zu verkraften, der Monat sei schon weit fortgeschritten und so könne ich allerhöchstens, und dies sei mein letzter Preis, 4 Dirham für den Löffel bezahlen. Der Händler verfiel nunmehr in einen leicht flehentlichen Tonfall, trat näher an mich heran, schaute mir eindringlich in die Augen und erklärte mir mit etwas leiserer Stimme, er wohne in den Bergen und hätte fünf Kinder und diese würden alle aufs Essen warten und seine Frau hätte durch das schwere Erdbeben des letzten Jahres, von dem ich ja sicher in der Zeitung gelesen hätte, alles verloren. Ich konterte sofort und zeigte ihm das Foto der fünfjährigen Tochter meines Bruders. Das Gesicht des Händlers hellte sich auf. Freudestrahlend betrachtete er das Bild, als wäre ihm gerade das Paradies in seinen bescheidenen Verkaufsstand gefallen. Seine Gesichtszüge entspannten sich, er gab mir die Hand, stellte sich vor, er heiße Abdullah, und ich gab meinerseits meinen Namen preis. Es folgte ein längeres Gespräch über die jeweiligen Familienverhältnisse. Abdullah schien gütig gestimmt, und so beendete ich das Gespräch, schaute ihm friedlich lächelnd in die Augen, drückte ihm fest die Hand und sagte:

„Also abgemacht, 3 Dirham."

Wie ein plötzlich aufkommendes Gewitter änderte sich daraufhin der Gesichtsausdruck des Händlers. Leicht anschwellende Adern auf seiner dunklen Stirn und Zornesröte im Gesicht verhießen nichts Gutes. Er nahm den Löffel, legte ihn schweigend beiseite und wendete sich stolz und beleidigt von mir ab. Ebenso stolz und entschlossen nahm ich meine Tasche und suchte zügig das Weite. Ich kam aber nicht weit. Kaum hatte ich fünf Schritte getan, zupfte mich jemand am Arm. In düsterer Vorahnung drehte ich mich langsam um. Da stand der Händler Abdullah und schaute mir fest in die Augen, bat mich, noch einmal zurückzukommen, das sei doch alles nicht so gemeint gewesen, dies sei alles nur ein Missverständnis und der Löffel sei ja nun wirklich ein Wertstück allen ersten Ranges und man könne sich doch auf 3,50 Dirham einigen. Ich ließ mich überreden und ging zögernd zurück. Abdullah holte nun ein Teeservice mit prächtiger Silberkanne aus dem Inneren des Standes, bot mir auf einem der Holzpflöcke am Eingang einen Platz an und goss eilig und mit großer Könnerschaft Tee in die beiden bereitgestellten Gläser. Ich tat so, als würde ich mir die ganze Sache noch einmal überlegen und schnitt ein griesgrämiges Gesicht. Plötzlich stand ein dickleibiger Amerikaner mit kurzen karierten Hosen vor Abdullahs Verkaufsstand. In seinem Schlepptau hatte er einen marokkanischen Führer und Übersetzer – ein hagerer Mann mit braungegerbtem Gesicht, Kinnbart, knochigen langen Fingern, weißem Turban, weißem langem Gewand und zierlichen Sandalen. Der Amerikaner hielt in seinen Wurstfingern ein dickes Portemonnaie, trat breitbeinig an Abdullah heran, deutete auf den Löffel und sagte auf Amerikanisch, er wolle diesen haben. Dienstfertig beugte sich der Übersetzer zu Abdullah hinunter und flüstere ihm hektisch arabische Worte ins Ohr. Ich meinte zu verstehen, dass der Amerikaner ein guter Freund des Übersetzers sei, sehr, sehr viel Geld hätte und den Löffel unbedingt haben wolle. Der Amerikaner stand daneben und trommelte nervös auf sein Portemonnaie. Abdullah schien verunsichert und schaute immer wieder verstohlen zu mir herüber. Ich sah meine Felle davonschwimmen. Abdullah begann nun heftig gestikulierend mit dem Übersetzer zu verhandeln und den Preis für den Löffel abermals energisch nach oben zu treiben. Ich wurde von Sekunde zu Sekunde wütender, und gerade als ich mich entschlossen hatte, Abdullahs Verkaufsstand ein zweites Mal auf Nimmerwiedersehen zu verlassen, drang aus dem Inneren der zeltartigen Räume eine laut schimpfende arabische Frauenstimme. Am Eingang erschien eine in prächtige rote und orangene Tücher gekleidete Frau. Zwei blitzende Augen drangen wie Feuerstrahlen aus den Schlitzen ihrer schwarzen Burka, und wie die Trompeten von Jericho schmetterte sie mit einem arabischen Wortschwall den Amerikaner und den Übersetzer nieder. Sie bedeutete ihnen mit unmissverständlicher Geste, den Stand sofort zu verlassen. Abdullah schwieg, der Übersetzer ließ ab, warf dem Amerikaner einen unterwürfigen entschuldigenden Blick zu, nahm ihn am Arm und zog ihn weiter die schattige Handelsgasse hinunter. Die Frau redete jetzt unablässig auf Abdullah ein und zeigte dabei immer wieder mit dem Finger auf mich. Nach einigen Schlückchen Tee beruhigten sich die Gemüter wieder. Die Frau hatte offensichtlich zu meinen Gunsten energisch interveniert. Ich war erleichtert und warf ihr einen dankbaren Blick zu. Mit einer Lobeshymne auf die Schönheit von Abdullahs Verkaufsstand nahm ich das Gespräch wieder auf, und nach einem weiteren kurzen Hin und Her schlug ich schließlich bei einem Preis von 3,75 ein, machte den Händler Abdullah für einen Augenblick zum glücklichsten Menschen unter Allahs Sonne, konnte nunmehr den kleinen Löffel, den Abdullah inzwischen mit allergrößter Sorgfalt, Hingabe und Liebe eingepackt hatte, mein Eigen nennen und verabschiedete mich als stolzer Besitzer eines unvergleichlichen Stückes, nicht ohne jedoch meiner nochmaligen, allergrößten Hochachtung vor dem Volk der Berber Ausdruck verliehen zu haben. Wenn ich nun geglaubt hatte, die Sache sei ausgestanden, so befand ich mich entschieden im Irrtum. Denn Abdullah, beschwingt von seinem Geschäftserfolg, drang nun erst recht gewissenhaft in mich ein, hielt mich fest am Arm, sagte, fast flüsternd, als wolle er mir ein Geheimnis anvertrauen, er hätte noch einen Bruder, der verkaufe Teller von allergrößter Qualität, gleich um die Ecke, und dieser würde mir auf seine Empfehlung hin einen Sonderpreis machen, und einen Neffen, also wenn ich Lederschuhe bräuchte, und die braucht doch eigentlich jeder Mensch unter Allahs Sonne, oder ein Kleid für die Frau bei der Tante dort rechts, oder ein Messer echt Silber, oder eine Trommel, ein Täschchen, einen Hut, ein Spielzeug fürs Kind, eine Hose, ein Hemd, einen Ring oder eine Kette. Nur meine allergrößte Entschlossenheit und eine für europäische Verhältnisse geradezu beleidigende Art der Zurückweisung und Abgrenzung versetzte mich schließlich in die Lage, dem Labyrinth faszinierender, aber ungewollter Kommunikation mit Abdullah zu entrinnen.

12. Kapitel

Als ich nach tiefem Mittagsschlaf und wirren Träumen, deren Erinnerung mir mit dem Aufwachen entflohen war, das Hotel verließ, war die Dämmerung bereits hereingebrochen. Der Djemaa el Fna, wie der „Platz der Gehenkten" hieß, dampfte und qualmte von den über hundert Küchen, die hier jeden Abend, so hatte ich in einem billigen Reiseführer nachlesen können, in Windeseile unter freiem Himmel Stand neben Stand aufgebaut wurden. Der Platz wimmelte bereits von Menschen und ich fand mich in der lärmenden Menge kaum zurecht. An jedem der Stände wurden Speisen von eigens angestellten Marktschreiern angepriesen, und um jeden Stand waren Holztische und Holzbänke rundum angeordnet, an denen Menschen aßen, tranken und palaverten. Frauen und Männer in schönsten farbigen Gewändern, die Männer meist mit Bärten und Turbanen, die Frauen teils verschleiert, teils unverschleiert, mit Ketten und Ringen an Händen und Hals, Armen und Füßen, bevölkerten den Platz. Hunderte von Funzeln, Laternen und Lichterketten leuchteten spärlich aus dem Inneren der zahllosen Stände heraus und gaben dem ganzen Platz das Flair einer riesigen Wohnstube unter freiem Himmel, in der sich Einheimische und Touristen mischten und in lärmender Geselligkeit, meist essend, den Abend verbrachten. Kleine Musikgruppen, die meist aus den Bergen heruntergekommen waren, hatten sich aufgestellt, um ein paar Groschen zu verdienen. Sie spielten auf dem Platz hinter den Ständen, oder vor der angrenzenden Festungsmauer mit Trompeten, naturfellbespannten Tamburinen, Tamboukas, Gitarren, vibrierenden Stimmen und Blech-Tschinellen. An einer Ecke stand ein dunkelhäutiger Märchenerzähler und gab mit seiner tiefen, wohlklingenden Stimme, mit glühenden Blicken und leidenschaftlichen hypnotischen Gesten, inmitten einer gebannt lauschenden Menschenmenge seine Geschichten zum Besten. Irgendwo mitten im Gewühl sah ich einen Schlangenbeschwörer mit einem prächtigen grünen Turban auf dem Kopf im Schneidersitz auf einem kleinen kunstvoll geknüpften Teppich sitzen. Er spielte mit einer langen aus Holz geschnitzten Doppelflöte seine in Spiralen aufwärts gleitenden Melodien, um zwei Riesenschlangen aus einem vor ihm stehenden Bottich in die Höhe zu locken. Und, am Ende des Platzes, fast in der Dunkelheit, saß ein Greis. Er hielt eine Mandoline in seinen knochigen Händen und spielte auf den metallenen Saiten, immer noch recht virtuos, eine traurige arabische Weise. Bettler wuselten barfuß umher, und ich sah zu meinem Erstaunen, dass nirgends ein böses Wort über sie fiel, und dass sie überall, fast ehrfurchtsvoll, einige Münzen zugesteckt bekamen. Die Bettler waren geachtet, so schien es, geachtet, weil auch sie nach dem Willen Allahs so geworden waren, so lebten, wie es, nach muslimischem Glauben, Allahs Wille war. Ihre Gesichter waren gezeichnet von Wetter, Alter und Armut. Wenn sie den Mund öffneten, oder sich in scheppernden Gelächter ergingen, zeigten sich ihre Zahnlücken. Blinde wurden von Kindern geführt, und Lahme und Beinamputierte bewegten sich behände an Krücken durch die Menge. Inzwischen war der Mond aufgegangen. Die zahlreichen Minarette der Stadt umstanden als spitze Schatten den tiefblauen Horizont, und ein funkelnder Sternenhimmel überdachte die ganze bunte Szenerie, sodass ich für einen Moment hätte glauben können, ich stünde inmitten eines mittelalterlichen Gemäldes. Ich sah hinauf und erkannte die Milchstraße, die sich über den gesamten Nachthimmel als trübe weißliche Spur spannte, erkannte den Aronstab, den großen Bären, das Sternzeichen des Löwen und den großen Wagen. Die ganzen Himmelskörper leuchteten so intensiv und waren mir so nah, dass mir war, als sähe ich den Sternenhimmel zum allerersten Mal. Alles in Bewegung, dachte ich. Im unendlichen Raum. Jeder einzelne Lichtpunkt eingebettet in Sonnensysteme, in Galaxien. Der Berg, der Stein. Der Fluss, das Meer. Das Wachsende, Alternde. Die Hoffnung. Die Enttäuschung. Die Ernüchterung. Die Verklärung, die Versenkung. Auch die Bakterien in Bewegung. Die Blutkörperchen. Die chemischen

Verbrennungsprozesse, Verdauungsprozesse. Die Gehirnströme. Der unaufhaltsame Gedankenstrom. Traumstrom. Phantasiestrom. Der Entschluss, die Tat ... die Reflexion ... Aufbruch, Tod und Verwesung ... Umwandlung der Materie ... Geburten, sich wiederholend, täglich, tausendmal. Die Rückkunft des Gleichen in immer andere Verhältnisse ... die Erdumdrehung schließlich, der Mond, die Laufbahn der Gestirne ... – plötzlich stupste mich jemand von hinten auf die Schulter. Siegfried und Reinhold standen vor mir. Sie waren wie verabredet zum Südtor gekommen. Wir setzten uns an einen der Stände, aßen und tranken, und die beiden erzählten mir lebhaft, wie sie tagsüber beim Flötenbauer fünfzig Flöten, beim Filzhutmacher fünf spitze Filzhüte, beim Schuster zehn Paar kniehohe Lederstiefel und beim Schneider zehn mittelalterliche Hosen bestellt hätten. Mit einem gemieteten Auto wollten sie am Abend noch zu einer Bauchtanzvorführung in einen der Vororte fahren und fragten mich, ob ich mitkommen wolle. Ich willigte ein, und so machten wir uns nach dem Essen auf den Weg. Als wir schließlich im Auto saßen, waren wir in ausgelassener Stimmung. Ein Wort gab das andere, wir lachten und erzählten uns gegenseitig unsere kleinen Abenteuer. Gerade als Reinhold feixend die Geschichte zum Besten gab, wie er den Filzhutmacher mit einem Trick übers Ohr gehauen hatte und den Preis für fünf Filzhüte um ein Vielfaches hatte drücken können, bogen wir mit leicht überhöhter Geschwindigkeit in einen der zahlreichen Kreisverkehre ein. Plötzlich knallte etwas hart gegen die Windschutzscheibe. Glas splitterte. Siegfried riss das Steuer herum, der Wagen schleuderte nach rechts, schleuderte nach links, rammte einen Bordstein und kam schließlich auf einer kleinen Wiese zum Stehen. Unsere Fahrt war beendet. Wir stiegen aus. Mitten auf dem Asphalt lag ein Radfahrer und rührte sich nicht. Ein Junge, etwa 15 Jahre alt. Kaum drei Meter von ihm entfernt lag sein Fahrrad. Ein Korb war offensichtlich vom Gepäckträger geschleudert worden. Auf der Straße verstreut lagen Nüsse, zerquetschte Tomaten, halb ausgerollte Wollknäuel. Autos hielten an. Irgendwo aus der Dunkelheit strömten Menschen heran, und in Kürze waren wir umringt von einer Menschenmenge. Einige riefen. Frauen schrien. Kinder klammerten sich ängstlich an ihre Mütter. Siegfried ging zu dem Jungen hin, beugte sich über ihn und nahm ihn in den Arm. Der Junge zitterte. Siegfried legte ihn behutsam auf die Seite. Jemand reichte eine Decke und Siegfried legte sie über den Jungen. Ein Offizier in Uniform stieg aus einer dunklen Karosse, drängte die Menge zurück und rief per Handy einen Krankenwagen. Plötzlich eilten Menschen, die Verwandte des Unfallopfers sein mussten, in hektischer Eile zu dem Jungen heran. Waren es Bruder, waren es Onkel, Oma, Opa, Neffe, Cousine, ich wusste es nicht. Ich sah jedenfalls, wie sie mit dem Jungen sprachen und in einem wilden Durcheinander von Stimmen auf ihn einredeten. Er antwortete schwach, wollte sich aufrichten, doch Siegfried bedeutete ihm, liegenzubleiben. Plötzlich stürzte eine schreiende Frau heran, offensichtlich die Mutter des Jungen, und konnte von den anderen gerade noch daran gehindert werden, sich laut jammernd über ihren Sohn zu werfen. Da sank sie selbst ohnmächtig in die Arme einer der Verwandten. Siegfried, Reinhold und ich standen unter Schock. Wir wussten nicht, was dem Jungen geschehen war. Ich hörte das Gemurmel der Menschen. Würde der Junge überleben? War das das Ende unserer Reise? Was würde geschehen? Plötzlich schrie Reinhold mir ins Gesicht:

„Fotografieren! Du musst fotografieren! Wegen der Versicherung! Hast du deinen Fotoapparat dabei?!"

Ich wühlte wie in Trance in meiner Jackentasche. Ja, ich hatte meinen Fotoapparat einstecken. Ich holte den kleinen Apparat heraus und richtete die Linse auf den Unfallort und auf den Jungen. Plötzlich ging ein Aufschrei durch die Menschenmenge. Wie auf ein geheimes Zeichen hin hoben die vielen Menschen ihre Arme und fuchtelten wild in der Luft herum. Einige wollten mich am Fotografieren hindern und versuchten, mir den Fotoapparat zu entreißen. Einzelne Stimmen schrien immer wieder das Wort „Kismet!"

Plötzlich erinnerte ich mich an die Bedeutung des Wortes „Kismet", und die wilden Gesten bekamen ihren Sinn. Nach muslimischem Glauben sollte der Mensch gemäß Allahs Willen sterben und nichts, auch kein Abbild des Verstorbenen, durfte zurückbleiben. Menschen muslimischen Glaubens zu fotografieren war strengstens verboten. Hastig machte ich ein Foto und steckte den Apparat wieder in meine Jackentasche. Reinhold schrie mich an:

„Du sollst fotografieren! Fotografiere ... die Versicherung braucht Fotos! Die Versicherung braucht Beweise!"

Und die Menge schrie „Kismet! Kismet!" Ich stand wie versteinert und wagte nicht, das Gerät wieder aus meiner Tasche zu ziehen. Da ertönte endlich zur Erleichterung aller die Sirene eines Krankenwagens. Ein Arzt eilte heran und versorgte den Jungen. Er wurde vorsichtig auf eine Trage gebunden, in den Wagen geschoben und abtransportiert. Inzwischen waren drei Polizeibeamte gekommen. Sie drängten die immer noch gestikulierende und schwatzende Menge zurück, sperrten den Unfallort ab, räumten das Fahrrad beiseite, säuberten die Fahrbahn, nahmen unsere Schilderung vom Hergang des Unfalls zu Protokoll und bestellten uns für neun Uhr früh am nächsten Tag auf die Wache.

13. Kapitel

Der letzte Tag meiner kurzen Reise nach Marokko war angebrochen. Nachdem wir auf der Polizeiwache eine Stunde in einem kärglichen Steinzimmer auf den diensthabenden Beamten gewartet und schließlich den Unfallhergang nach einer ausführlichen Befragung nochmals zu Protokoll gegeben hatten, erfuhren wir, dass der Junge mit einer leichten Gehirnerschütterung ins Krankenhaus gebracht worden war und uns keine Schuld an dem Unfall traf. Im Gefühl größter Erleichterung waren wir kurze Zeit später mit einem neuen Leihwagen Richtung Süden nach Tiznit gefahren und hatten zwischen den Felsen des anbrausenden Meeres drei Tage lang geprobt. Zurück in Marrakesch wollten Siegfried und Reinhold die letzten Geschäfte mit Schuhen, Filzhüten, Lederhosen und Flöten abschließen. Gegen Abend wollten wir zurückfliegen.

Am Morgen vor der Abreise packte ich meinen Koffer und stellte ihn abreisebereit neben das Hotelbett. Ich wollte noch einmal durch die Stadt schlendern, um ein paar Fotoaufnahmen zu machen, steckte meine kleine Digitalkamera in die Jackentasche und verließ in heiterer Stimmung das Hotel. Die Sonne ging strahlend auf und tauchte die Lehmstadt in goldenes Licht. Blass war die Mondsichel am Horizont noch zu sehen, kaum ein Lüftchen wehte, und ein tiefblauer Himmel wölbte sich als makellose Kuppel über das ganze Land. In der Ferne konnte ich durch die Fluchten der Gassen schneebedeckte Gipfel eines ausgedehnten Gebirges erkennen. Ich geriet unversehens ins Jüdische Viertel und schlenderte gemächlich durch die engen Straßen. Die ersten Händler öffneten ihre Läden. Ich ließ die verzierten Steintore, die Innenhöfe mit ihren Säulen und Säulchen, die Brunnen, Torbögen, Ornamentwände, die Kuppeln, die gekachelten Bänkchen und die mit kunstvollen Mosaikmustern bestückten Teetischchen auf mich wirken und schoss einige Fotos. Hier und da lungerten Halbstarke herum und rauchten. Kinder kamen barfuß aus Kellereingängen gelaufen und lachten, rauften sich oder spielten Fußball zwischen den Mauern. Und doch war die Stimmung stiller als sonst. Noch waren nicht viele Menschen unterwegs. Als ich um eine der zahlreichen Ecken bog, versperrten mir drei junge arabische Männer den Weg. Erst im letzten Moment öffneten sie eine Gasse und ich konnte zwischen ihnen hindurchgehen. Mit etwas mulmigem Gefühl folgte ich einem verrosteten Schild, das auf ein Café hinwies, und betrat durch ein hohes Lehmtor einen großen quadratischen Innenhof. Das Café war leer. In großer Höhe verband ein Glasdach fünf riesige Palmen. Der halboffene Raum glich eher einem Gewächshaus oder einem exotischen Garten als einem Café. Über die ganze Fläche verteilt waren an kreisförmigen Plätzchen zwischen den Tischen Kakteen, Hyazinthen, Oleanderbüsche, Orangen- und Zitrusbäumchen, Fikussträucher, Bougainville und Hibiskusblüten zu sehen. Ich setzte mich auf einen der vielen einfachen Kaffeehausstühle und hörte dem Gesang der Vögel zu, deren zwitschernde Stimmen an den Glasdächern widerhallten. In der Mitte des Hofes plätscherte ein großer Steinbrunnen. Aus drei mächtigen aufgerissenen Löwenmäulern schossen Wasserstrahlen in das umliegende Becken. Ein Klavierspieler begann gelangweilt auf einem Flügel, der leicht erhöht auf einem kleinen Podest in einer Ecke aufgestellt war, balladenhafte Melodien zu spielen. Nach kurzer Zeit näherte sich eine Gestalt, etwas heruntergekommen gekleidet, in schlaksigem Gang und leicht gebückt meinem Tisch. Ich erkannte so etwas wie einen Kellner. Als dieser schließlich neben mir stand und unsere Blicke sich kreuzten, zuckte ich zusammen. Ich sah nicht in ein Gesicht, ich sah in eine Fratze. Die hageren, knochigen Wangen, die schwarzen, etwas wirr über die Stirn hängenden Haarsträhnen, der leicht verschobene Unterkiefer, die mächtigen Zahnlücken, die etwas zu groß geratene Nase, die dünnen Lippen, die sich mühsam zu einem leichten Grinsen verbogen, und der stechende, alles vernichtende Blick ließen in mir die Vorstellung aufsteigen, dass dieser Mann einmal einen Mord begangen haben musste.

Ich bestellte Kaffee, und obwohl ich in diesem Moment nur einen Kaffee bestellte, und obwohl ich der einzige morgendliche Gast in dem großen Kaffeehaus war, zog der Mann eilfertig ein kleines Papier aus der Tasche und machte sich mit langen knochigen Fingern umständlich Notizen. Dann verschwand er und balancierte bald darauf ein prächtiges silbernes Kaffeeservice heran. Mit breitem Grinsen stellte er es vor mir auf den Tisch und zog sich daraufhin wieder zurück in die Wirtschaftsräume. Nun saß ich allein in dem großen Gewächshaus, genoss Kaffee und Gebäck und lauschte den Melodien und Akkorden des Klaviers, die sich auf eigenartige Weise mit den lauten Vogelstimmen mischten. Ich gab mich meinen Gedanken hin und sah das Trostlose und Abgründige in den Augen des Kellners wie in einem Spiegel. Die Hilflosigkeit, Trauer und Verlassenheit, den Trotz, die Aggression, die Verzweiflung und Wut, die Schuldgefühle, die Lieblosigkeiten. Nach einer guten Stunde zahlte ich, ging durch das Lehmtor wieder hinaus auf die Gasse und schlenderte eine kleine Weile sinnend vor mich hin. Als ich um eine Ecke bog, standen die drei halbwüchsigen Araber wieder vor mir. Sie hielten die Hände in ihren Taschen, versperrten mir den Weg und sahen mich verächtlich an. Wieder machten sie erst in allerletzter Sekunde den Weg frei und ließen mich passieren. Ich beschleunigte meinen Gang, doch kaum war ich einige Meter weitergelaufen, hörte ich hinter mir schnelle Schritte. Plötzlich spürte ich eine Hand nach meiner äußeren Jackentasche greifen. Sie riss meine Digitalkamera heraus. Ich drehte mich um und sah in das hagere Gesicht eines Mannes. Ich war wie gelähmt, und konnte kaum glauben, was ich sah: Vor mir stand der Kellner. Die drei Halbstarken grinsten mich aus der Ferne an. Der Dieb drehte sich um, eilte mit schnellen Schritten die Gasse hinunter, zog seinen breitkrempigen Hut tief ins Gesicht und drehte sich ab und zu hastig um. Ich rannte ihm instinktiv hinterher, doch dann kamen mir Zweifel. Ich verlangsamte meinen Schritt und blieb stehen. Die Gasse war leer. Die Fensterläden der angrenzenden Häuserreihen waren geschlossen ... was war, wenn der Kellner wollte, dass ich ihm folgte? Was war, wenn er mich hinter einer Ecke in einen Hausflur zerrte? Was war, wenn er ein Messer zückte und mich verletzte, oder gar erstach? War der Fotoapparat tatsächlich so wichtig? Ich sah den Kellner in der Ferne als dunkle Gestalt in der gleißenden Sonne um eine Ecke biegen, drehte mich um und eilte mit einem mulmigen Gefühl im Bauch zurück.

Als ich das Hotel erreicht hatte, sah ich vor dem Eingang ein Taxi mit laufendem Motor stehen, das offensichtlich auf Kundschaft wartete. Ich stieg die Treppe zum oberen Stockwerk des Hotels hinauf und hörte plötzlich ein tumultartiges Stimmengewirr ... arabische Stimmen ... ich traute meinen Ohren kaum: Sie kamen aus meinem Zimmer. Schnell eilte ich den Flur entlang und sah, dass meine Hotelzimmertür offenstand. Vorsichtig trat ich ein und sah vier wild gestikulierende Männer, die auf Siegfried einredeten. Da standen sie, barfuß, mit Turbanen, dunklen Bärten und prächtigen Gewändern. Ich erkannte den kleinen Schuster, den hageren Flötenbauer, den dicken Hutmacher und den großgewachsenen Schneider wieder. Kaum hatte ich die Zimmertür geschlossen, stürzte Reinhold auf mich zu und schrie mich an:

„Wo bleibst du denn ... wir sind schon viel zu spät ... übersetze! Los, übersetze!"

Die vier Männer wollten das Geld für ihre Waren und fühlten sich von Reinhold betrogen. Er hatte ihnen offensichtlich zu wenig bezahlt. Ich versuchte verzweifelt, aber erfolglos, die Männer zu beruhigen. Sie redeten so wild und laut durcheinander, dass ich nicht verstehen konnte, was jeder im Einzelnen zu sagen hatte. Reinhold schrie mich an:

„Sag ihnen, dass ich nicht mehr bezahle! Keinen Cent mehr!"

Die Ware sei schlecht und mangelhaft an allen Ecken und Enden und sie sollten froh sein, dass sie für so minderwertiges Zeug überhaupt noch was bekämen! Ich wusste, dass Reinhold log, und übersetzte. Ein Schwall von schreienden Stimmen war die Antwort der vier arabischen Händler. Die Männer griffen mich am Arm, sahen mich mit glühenden Augen an und zerrten an meiner Jacke. Währenddessen schaffte Siegfried die Koffer nach draußen. Reinhold beobachtete eiskalt die immer lauter werdende Auseinandersetzung. Ich versuchte zu argumentieren und die Männer hinzuhalten. Als schließlich keine Taschen, Kisten und Koffer mehr im Zimmer waren, gab mir Reinhold ein Zeichen und wir stürzten fluchtartig, gefolgt von den vier Männern, die Hoteltreppe hinunter. Siegried saß schon im Taxi. Wir beeilten uns, durch die geöffnete Hintertür des Wagens ins Innere zu kommen. Da stürzte sich der dicke Hutmacher vor das Taxi, um den Wagen am Losfahren zu hindern. Reinhold schrie den Taxifahrer an:

„Go! Go!! To the Airport please! Airport!!"

Ich sah, beschämt bis auf die Knochen, den Händler vor der Kühlerhaube auf den Pflastersteinen liegen. Der Taxifahrer setzte zurück, erreichte im Rückwärtsgang den Hotelvorplatz, brauste los und ließ die wütend brüllenden und gestikulierenden Männer hinter sich zurück.

14. Kapitel

Als ich nach einer aufwühlenden Rückreise, auf der ich mich nach hitzigen Gesprächen und Auseinandersetzungen schließlich von Reinhold und Sigfried trennte, zu Hause ankam, lag ein Brief Malenes in meinem Briefkasten. Ich schaffte meine Koffer nach oben, und, ohne Jacke und Schuhe auszuziehen, setzte mich auf einen Stuhl ans Fenster, riss das Couvert auf und las:

Liebster Alexander!

Ich bin von einer abenteuerlichen Reise zurückgekehrt, heißt es in meinem Tagebuch, nachdem du dich von mir getrennt hattest. Und nun ist gut, und wir begegnen uns in Ruhe und halten unsere Hände. In der Stille reift meine Liebe zu Dir weiter, bricht die Wärme weiter auf in meinem Herzen für Dich ... wie viel Samenkörner hast Du mir tief eingepflanzt, die zu wachsen und keimen beginnen ... im Verborgenen, im Versteckten, im Dunkel ... ich bin erfüllt, trotz allem Schmerz so erfüllt, von unserer Innigkeit.

Liebster Alexander, wenn Du jetzt meinen Körper an Dich pressen würdest, könntest Du fühlen, dass ich voller Schmerz bin. Ich weiß nicht wohin mit so viel Schmerz. Er bricht aus Quellen, die ich nur vage zu ahnen vermag und überströmt meine Seele. Ich habe Angst. Er ist eine dunkle Macht und zwingt mich in die Knie. Gleichzeitig ist es aber genau dieser Schmerz, der mich lieben lässt ... aber ich ... vermag zurzeit mein Mosaik nicht zusammenzusetzen ... bin am Straucheln ... am Kämpfen ...

Ich fahre jetzt übers Wochenende zu einem Kunstkurs in den Schwalbenhof an die polnische Grenze. Besuche mich, wenn du magst.

In Liebe, Malene

Meine Verwirrung hätte nicht größer sein können. Ich blickte auf und sah zum Fenster hinaus. Draußen lag die Stadt im Licht eines späten Sommers, und die Stunden waren hell. Was war geschehen? Woher wieder diese plötzliche Wendung in Malenes Gemüt? Ich verstand nicht. Ich verstand nichts, und wollte auch nicht mehr verstehen. Eine Elster flog ins Geäst. Ein Postauto fuhr vorüber. In der Ferne hörte ich eine leiser werdende Polizeisirene. Ich steckte den Brief in die linke Schublade meines Schreibtischs, öffnete die Fenster, hängte meine Jacke an die Garderobe, stellte meine Schuhe in den Schuhschrank, packte meinen Koffer aus, legte mich auf die kleine Couch unter das Dachfenster, schaute in den Himmel und überließ mich den in mir wirbelnden Gedanken und Bildern … meine Zeit mit Malene … heiter und ernst … konfliktreich … schlicht … prosaisch … ein Kerzenschein … ein Buch … eine Musik … ein kleiner Tanz … eine Verstimmung … ein Missverständnis … eine Vorfreude … ein Nachtrauern … eine lachende Stunde … eine kleine Verschwiegenheit … ein sich aus dem Wege gehen … ein Wieder-Zueinanderfinden … ein fernes Winken … eine zu große Nähe … ein ungeduldiges Verzagen … ein Warten … ein Abwenden … ein Zuwenden … ein Anvertrauen … ein Enttäuschtwerden … ein Stück Weges zusammen … ein Auseinanderdriften … – wie stark musste mein Herz sein, um dies alles aushalten zu können? Sollte ich noch einmal den Kontakt zu ihr suchen? Sollte ich ihr noch einmal verzeihen? Ihr Brief klang vertraut und warm, und ich fühlte mich, wie schon so oft, zu oft, wieder zu ihr hingezogen. Aber konnte ich ihr vertrauen? Ich war müde, gedanklich müde, körperlich müde, und wollte den Abend nur noch dämmernd verbringen. In Marokko hatte ich kaum an sie gedacht, doch jetzt sah ich im Geist ihr wieder Rosen schenken, und war verwirrt von ihrer Verwirrung.

Am nächsten Tag stand ich an der Schwelle zum Schwalbenhof an der polnischen Grenze und trat durch ein kleines, hölzernes Gartentörchen ein. Auf einer blumenübersäten Wiese standen ein zweistöckiges Steinhaus und eine größere Scheune. Ein älterer Mann schnitt an einer alten Hecke herum. Der Kamin des Steinhauses ragte in den Himmel. Ich stampfte ein paarmal mit meinen Stiefeln auf die Wiese, um den Matsch an meinen Sohlen zu lösen. Plötzlich hörte ich aus einem der Scheunenfenster Malenes helles Gelächter. Mit klopfendem Herzen ging ich zur Holztür, öffnete sie und stieg langsam die leicht knarrende Stiege nach oben. Tangomusik drang an mein Ohr, wurde immer lauter, und als ich den riesigen Dachboden der Scheune betrat, beschallte die eindringliche Musik den ganzen Raum. Ein Bandoneon schrie seine schwermütigen Melodien aus einem Ghettoblaster heraus, und der wummernde Bass ließ den Holzboden erzittern. Ein paar große Eisenteile waren über den Boden verstreut. Ich erkannte Fragmente einer Autokarosserie. Und zu meiner Überraschung war der Raum in einem ordentlichen Zustand. Doch was ich dann sah, verschlug mir die Sprache. Vor dem leicht verschmutzten Fenster erkannte ich Malene. Sie war barfuß und hatte eine Bierflasche in der Hand. Ihre fülligen nackten Brüste hingen über die wenigen zerrissenen gelben Tuchfetzen, die sie sich um ihren Körper gewunden hatte. Halb wankte sie, halb tanzte sie zu den Tangoklängen quer durch den Raum und sang laut und falsch vor sich hin. Offensichtlich war sie betrunken. Auf einem Holztisch in der Mitte des Raums war eine verschmierte Palette mit schwarzer und blutroter Farbe aufgebaut. Daneben lagen einige rotverklebte Pinsel verschiedener Größe und, wild durcheinander geworfen, eine Menge schwarzer Kohlestifte. Auf dem Boden, um einen Baumstumpf herum, standen leere Bierflaschen. An einem der Querbalken hing ein riesiges, quadratisches Gemälde, etwa drei Meter hoch und ebenso breit. Mit Kohlestift waren drei große Embryos gezeichnet, in wirbelnder Bewegung über die gesamte weiße Fläche verteilt. Sie hingen an einer blutroten Nabelschnur. Die drei gespenstisch anmutenden Wesen drehten sich um ihre eigene Achse in verschiedene Richtungen und zerrten an der gemeinsamen Nabelschnur. Sie hatten noch kein Gesicht, und doch schienen sie zu grinsen. Am unteren Rand des Bildes starrten, ebenfalls mit Kohlestift gezeichnet, eine Reihe von Totenköpfen den Betrachter an. Ausgehend von der blutroten Nabelschnur waren rote Spritzer verschiedener Länge und Dichte über das ganze Bild verstreut. Ich sah auf das Bild, und dann auf Malene. Ich sah sie tanzen, hörte die laute Musik und betrachtete immer wieder das Bild. Ein Schauer lief mir über den Rücken. Ich war unangenehm berührt. Jetzt wusste ich: Diese Frau war krank. Warum, so fragte ich mich in diesem Moment wieder und wieder, hatte ich dies nicht früher bemerkt! Plötzlich erklärte sich mir ihr ganzes Verhalten, und mir fiel es wie Schuppen von den Augen: ihre Fluchten und Ausflüchte, die vielen plötzlichen unvorhersehbaren Wendungen in ihrem Gefühl zu mir. Die unruhigen Augen, die nicht enden wollenden Tränenbäche, ihr hysterisches Lachen. Die Pillen auf dem Frühstückstisch bei ihrem Vater. Der Unfall und ihr verqueres Verhältnis zu Hannah. Ihr liebeflüsterndes Telefongespräch kurz vor meiner Rückkehr aus den Bergen, und dann ihr Verhältnis zu dem mir unbekannten Mann. All die verrückten Briefe. Die schlaflosen Nächte. Die Nähe, die Wärme, die Leidenschaft, die Fröhlichkeit und Herzlichkeit, die so plötzlich, ohne erkennbare Ursache, umschlagen konnten in Distanz, Kälte, Herzlosigkeit, Verletzung, Hass, Unnahbarkeit, Zerstörung, Selbstzerstörung und Sarkasmus. Und doch liebte ich sie. Und doch überfiel mich die Erinnerung an unsere gemeinsamen Stunden immer wieder wie ein unaufhaltsamer Sturm. Jetzt sah ich, wie sie sich immer schneller im Kreis drehte und dann krachend zu Boden fiel. Die Bierflasche zersplitterte neben ihr, und eine braune Flüssigkeit sickerte zwischen die Bodenbretter. Plötzlich brach sie aus in helles, nicht enden wollendes Lachen. Sie hatte mich noch nicht bemerkt. Ich sah sie liegen, zögerte einen Moment und wollte zu ihr gehen. Doch plötzlich drehte ich mich um und beschloss im

Bruchteil einer Sekunde umzukehren. Ich musste diesen Ort verlassen. Ich musste Malene ein zweites Mal verlassen. Leise schlich ich die Treppe hinunter, stapfte wie benommen über die Blumenwiese, schloss das Gartentörchen hinter mir zu und ging zur Bushaltestelle. Vier Stunden später war ich wieder zu Hause.

In der folgenden Nacht fand ich wenig Schlaf. Aus beängstigenden Träumen schreckte ich auf und meinte plötzlich ein leises Knurren hinter dem Vorhang zu hören. Funkelnde Augen starrten mich an. Mit zitternder Hand machte ich Licht. Doch da war nichts. Und dann hörte ich wieder das dumpfe Geräusch von Schritten im Treppenhaus … patsch, patsch, die Treppe rauf, patsch, patsch, die Treppe wieder runter, suchend und nicht findend … keine Antworten auf all die Fragen, dachte ich … im Finsteren entstanden, im Finsteren zu beantworten, vielleicht, vergeblich klopfend an eine Tür, und erleichtert wieder patsch patsch die Treppe runter, mit großen Augen, die schon sagen, dass es keine Antwort gibt, niemals geben wird. In aller Resignation und Zerbrochenheit steckte auch das Gegenteil, dachte ich. In aller Trauer beim Abschied liegt auch die Freude, dass man sich endlich loshat. Die Angst war ein schweigender Nachtschwärmer … kräftezehrend, Zeit vergeudend, sinnlos umherirrend und zerstörend alle bangenden Seelen. Offen waren die Stunden, fortgespült wurde ich … meine Ziele, einmal fest ins Auge gefasst, schwanden in der Dunkelheit einer ängstlichen Nacht … und übrig blieb, wie ein durch Stürme entblätterter Zweig, das Tatsächliche, das wirklich Gelebte: das Wirrwarr aus Bangen und Hoffen, die liebenden Momente, die Klarheit vortäuschten und dann im Wirklichen sich verirrten, vom Tatsächlichen zurückgewiesen wie ein um Almosen Bettelnder, um sich plötzlich und völlig unerwartet in fremden, bisher unbetretenen Landschaften wiederzufinden. Wo war die Musik des Herzens, wo waren die Pfade der Sehnsucht, dachte ich, als das erste fahle Licht in mein Zimmer fiel und die Morgendämmerung ankündigte. Bei sich bleiben und stillen den immer neuen Hunger nach Erfüllung, und nähren die immer neuen Visionen ... Illusionen ... Abschied nehmen hieß sterben lernen ... und Malene, die ich für immer zu lieben glaubte, verschwand mehr und mehr am Horizont meiner Gefühle ... – ich schlief ein.

15. Kapitel

Als ich fünf Monate später, am Morgen des Silvesterabends, an meinem Schreibtisch saß, fiel mir eine Eintrittskarte ins Auge, die ich dort vor längerer Zeit abgelegt hatte. Auf dem beiliegenden Flyer war ein rauschendes Fest angekündigt. Paul, ein befreundeter Journalist, hatte mir die Karte geschenkt, da er selbst an diesem Tag verhindert war. Verkleidung war Pflicht, und das Fest sollte am heutigen Abend in einem wenige Stunden entfernten Schloss stattfinden. Ich war müde, und doch reizte mich die Aussicht auf Gesellschaft und gutes Essen. Auch waren einige überraschende Darbietungen angekündigt. Außerdem war mir das Schloss völlig unbekannt. Ich war neugierig. Eilig suchte ich einige Verkleidungsstücke zusammen: Stiefel aus Marrakesch, eine Harlekinmütze, eine Goldmaske aus früheren Tagen, und in den hinteren Fächern meines Kleiderschranks fand ich sogar noch ein silbern besticktes Wams und eine gelb-gestreifte Tiger-Strumpfhose. Nachdem ich den Nachmittag schlafend verbracht hatte, packte ich mein kleines Köfferchen, zog Mantel, Schuhe, Schal, Mütze und Handschuhe an und machte mich auf den Weg. Bald schon saß ich am Fenster eines Schnellzuges und sah schneebedeckte Felder, leicht ansteigende Hügel, vereiste Seen, ausgedehnte Kiefernwälder und wie ausgestorben liegende Dörfer an mir vorüberziehen. Ein Schleier lag über den Stunden und legte sich träge über das ganze verschneite Land. Die Dämmerung brach herein, der Tag schloss müde seine Wimpern. Straßenlichter spiegelten sich in den Fensterscheiben des Schnellzuges und kulminierten als Reflexe zu einer verwirrenden Bewegung von Lichtlinien. Nichts ist nie zu Ende, dachte ich. Unruhe ist das Fieber zum Ganzen hin. Ich verschmolz mit den Augenblicken, immer wieder, und doch schossen mir ab und zu Bilder von Malene durch den Kopf. Sie hatte vor langer Zeit eine Wunde in mir gerissen, und diese war nun fast geheilt.

Als ich eine Stunde später vor dem hellerleuchteten Schloss stand, flog ein großer Schwarm Krähen krächzend aus den mächtigen Kronen dreier Kastanien, die, leicht schneebedeckt, in einem großen Park vor dem etwas heruntergekommenen Hauptgebäude des Schlosses standen. Der Kiesweg, der auf das Schloss zuführte, war von mehreren Fackeln beleuchtet, und etwas abseits stand eine an Armen und Schultern beschädigte nackte Venusstatue. Am Ende einer sich in zwei Bögen rechts und links nach oben schwingenden Steintreppe begrüßten, auf nach vorne ragenden Marmorsockeln, zwei Löwenstatuen mit aufgerissenen Mäulern den Besucher. Zahlreiche Menschen stiegen bereits die Treppe hinauf und betraten plaudernd und lachend die Vorhalle, die sich hinter einer gläsernen Eingangstür befand. Ich reihte mich in die Menschenmenge ein, ging langsam die Treppe hinauf und betrat ebenfalls die Vorhalle. Leicht erhöht stand dort ein schwarzer Flügel vor dem, in dunkler Teufelsmaske, ein Pianist saß. Neben ihm stand, schlank, in knöchellangem, glänzend türkisblauem Kleid, mit roter Augenmaske vorm Gesicht und schillernden Pfauenfedern im Haar, eine Flötistin. Die beiden Musiker spielten argentinische Milonga. Die Musik wirkte einladend, und sollte die Besucher wohl von Anfang an in festliche Stimmung versetzen. Ich lauschte eine Weile den Klängen, während hinter mir immer mehr Besucher ins Innere des Schlosses strömten. Schließlich ging ich weiter und kam zu zwei weißgeschminkten, etwas zwielichtig wirkenden Herren, die mit Zylinder, Frack und weißen Handschuhen am Fuß einer kleinen Steintreppe, welche zu einem weiteren Vorraum führte, an einer Säule lehnten, und sich, immer in vollkommen synchroner Bewegung, synchronem Blick und gleichzeitig gesprochenen Sätzen, Zwillinge mimend, die Einladungskarten zeigen ließen. Das Theater hat also schon begonnen, dachte ich, und ich bin schon mittendrin. Als die beiden meine Eintrittskarte abrissen, gaben sie mir jeweils eine rote Karte in die Hand. Ich las auf der einen Karte: Schreiben Sie Ihre Wünsche auf diesen Garantieschein. Auf der zweiten Karte las ich: Und stecken Sie die Scheine auf den Reisighaufen im Zimmer zwölf rechts neben dem Hauptsaal. – Wünsche, dachte ich. Wünsche … habe ich Wünsche? Mir fällt nichts ein … eigentlich habe ich keine Wünsche … was wünsche ich mir denn … gibt es irgendetwas, was ich mir wünschen könnte? Ich steckte die Karten in meine Gesäßtasche, gab meinen Mantel an der Garderobe ab, nahm mein Köfferchen und ging auf die Suche nach einer Ecke, in der ich mich ungestört umziehen konnte.

Inzwischen hatte sich der große Saal mit Menschen gefüllt. Gelächter, Gemurmel, und sich unterhaltende Stimmen hallten wider an den Wänden und bildeten ein lautes Stimmengewirr. Zwei riesige Kronleuchter hingen von der Decke und tauchten den großen Saal in festliches Licht. Entlang der Wände standen rundum Tische mit weißen Tischtüchern und Gedecken, und in regelmäßigen Abständen waren dreiarmige Kerzenständer und jeweils eine rote Rose platziert. An der hinteren Seitenwand standen wohl zehn Meter lange Extratische, auf denen, noch mit Tüchern bedeckt, das Buffet aufgebaut war. An der Längsseite des Saales ließen große rechteckige Fenster, die fast bis auf die Erde reichten, den Blick frei in den von Fackeln beleuchteten Park. Ich bahnte mir langsam einen Weg durch die Menge und kam am anderen Ende des Saales hinter einer Seitentür zu einem weiteren Vorraum mit steinernem Boden, von dem eine Treppe steil nach oben führte. Der Aufgang war eng und schlecht beleuchtet. Ich ging hinauf, und als ich im dritten Stockwerk angelangt war, nahm ich noch eine weitere Treppe bis unters Dach des Schlosses. Plötzlich hörte ich durch eine halb geöffnete Tür laute Stimmen …

„… seit zwei Monaten warte ich auf mein Geld!", schrie jemand mit sich überschlagender Stimme.

„Nun reiß dich mal zusammen", antwortete polternd ein tiefer Bass.

„Und wie soll ich meine Miete bezahlen? Kannst du mir das mal verraten?", ging eine schrille Frauenstimme dazwischen.

„Und außerdem hast du mir einen Vorschuss versprochen", warf eine weitere Stimme ein.

„Für das Geld will ich auch Leistung sehen", antwortete die tiefe Stimme wieder.

„Für welches Geld?", piepste eine andere Stimme.

„Das ist ja die Höhe, das darf doch nicht wahr sein", schrie die erste Stimme zurück ... „Ich habe doch ..."

„Los, zieht euch an, schminkt euch, wir sind schon viel zu spät, in einer halben Stunde treten wir auf", unterbrach ihn die tiefe Stimme.

„Ohne Geld spiele ich nicht!!", brüllte die zweite Stimme.

„Spätestens dann, wenn die Leute bezahlt haben, bekommt ihr euer Geld. Außerdem habe ich einen neuen Auftritt für euch", versuchte der Bass zu beschwichtigen.

„Wenn, wenn, wenn ... das höre ich nun schon seit Monaten ...", schrie eine weitere Frauenstimme, und: „Kannst du mir mal den Reißverschluss aufmachen? Mann, nun stell dich doch nicht so dämlich an!"

Ich hörte jetzt viele Stimmen durcheinanderreden und konnte nur einige der Sätze verstehen ...

„Wo sind meine Schuhe! Meine Schuhe verdammt!"

„Hast du keine Augen im Kopf? Im Schuhkoffer natürlich!"

„Was tun bitteschön meine Schuhe in deinem Schuhkoffer?"

„Warum gibt es hier keine Spiegel? Wie soll ich mich denn schminken ohne Spiegel?"

„Es ist doch zum Kotzen! In was für eine Theaterscheißgurkentruppe bin ich denn hier geraten!"

„Das ist das letzte Mal, dass ich hier antanze! Beim Funk verdiene ich das doppelte, mit Schminktisch!!"

„Ich will eine Busenzulage ... eine Busenzulage! Hörst du? Das steht in jedem anständigen Vertrag!"

Ich öffnete langsam die Tür und sah ein wildes Durcheinander. Schauspieler, drei Frauen und vier Männer, bereiteten sich offensichtlich auf einen Auftritt vor. Alte, verrottete Koffer verschiedener Größen lagen geöffnet auf dem Boden der Dachkammer herum. An einem provisorisch aufgebauten Kleiderständer hingen prächtige Kostüme und Masken. Reifenröcke und lange Kleider in Rot, Türkis, tiefem glänzendem Blau und Olivgrün, Junkerhosen, breite Gürtel mit protzigen Metallschnallen, Goldjacken und Spitzenbänder, schwarze Boas, riesige Damenhüte, geschmückt mit Federn und Vogelnestern, gelbe Strumpfhosen, kniehohe braune Lederstiefel, Schwalbenschwänze, weiße Hemden, lilafarbene Krawatten, Ringelstrümpfe und mittelalterliche Lederhosen. Auf kleinen Holztischen lagen Degen und Schwerter, ein paar Äpfel, Bananen, ein abgebissenes Kuchenstück, Wasserflaschen und zwei aufgerissene Nusstüten. Am Dachfenster war ein Bügelbrett aufgebaut, an dem eine halbnackte Schauspielerin hektisch und mit großem Geschick ihre Bluse bügelte. Eine andere steckte sich ihr prächtiges, schwarzes, wallendes Haar mit Haarnadeln nach oben. Zwei Männer, ebenfalls nur halb angezogen, schmierten sich gegenseitig weiße Schminke ins Gesicht, ein dritter sprenkelte sich Arme und Beine mit Goldstaub voll, und der vierte, offensichtlich der Chef der Truppe, tigerte nervös im Raum hin und her. Eine dritte Schauspielerin stand etwas abseits. Sie hatte einen bodenlangen schwarzen Reifenrock mit weißen Plüschrändern an und war gerade dabei, sich eine Katzenmaske aufzusetzen. Dabei rutschten ihr die Spaghettiträger ihrer weißen Bluse über die Schultern und ich sah für einen Augenblick ihre schönen fülligen Brüste schemenhaft im Dunkeln schimmern. Die Gestalt kam mir plötzlich bekannt vor, konnte mich aber nicht wirklich erinnern, ob und wo ich sie schon einmal gesehen haben könnte. Da wendete sie plötzlich den Kopf und blickte mich durch die Schlitze ihrer Katzenmaske an. Ich sah ihr gerade in die Augen. Sie blickte weg, ich blickte weg, sie blickte mich wieder mit blitzenden Augen an, ich blickte sie ebenfalls wieder an und fühlte, was ich seit ewigen Zeiten nicht mehr gefühlt hatte: Ich wurde rot. Dann ging alles sehr schnell: Der Chef sah zur Tür, bemerkte mich, ging auf mich zu, fragte mich barsch, was ich hier zu suchen hätte, dies seien die Privaträume der Künstler, bedeutete mir mit einer herrischen, unmissverständlichen Geste zu gehen, knallte die Tür vor mir zu und schloss sie von innen ab. Ich ging ein Stockwerk nach unten, fand eine Nische, zog mich um, stülpte mir meine goldfarbene Maske über und gab das Köfferchen an der Garderobe im Kellergeschoss ab. Woher kannte ich diese Frau? Ihr Gesicht hatte ich nicht erkennen können, und doch war ich mir sicher, dass ich diese Frau kannte und ihre Gestalt schon einmal berührt hatte.

Im kleineren der beiden Hauptsäle war das Buffet inzwischen eröffnet. In einem großen, goldumrandeten Spiegel in einer der Nischen des Aufgangs betrachtete ich mich in meiner Verkleidung und war mir sicher, dass ich nicht mehr zu erkennen war. Die Goldmaske gab mir das Aussehen ewiger Jugend. Die ebenmäßigen Gesichtszüge, die der Maskenbildner geformt hatte, verliehen dem künstlichen Gesicht etwas von der toten Schönheit ägyptischer Statuen. Mehr oder weniger gelungen verkleidete Menschen saßen an langen Tischen und aßen, oder schaufelten sich an den Buffettischen ihre Teller voll, genossen Schampus, Wein, Bier, Säfte oder Wasser. Sie befanden sich meist in munterem Gespräch. Ich meinte, den Bürgermeister der Stadt zu erkennen, den ich von einem Bild aus der Zeitung her kannte. Die Damen waren bis zur Unkenntlichkeit geschminkt, und die Hüte, Boas, die prächtigen Gewänder und Stoffe, die in verschiedensten Edelsteinfarben glitzernden Ringe, die Ketten und bunten Röcke, die schillernden Blusen mit tief gewählten Ausschnitten, die Netzstrümpfe, der Blümchenschmuck, ja, die oft bis zur Perfektion durchgestalteten Verkleidungen legten nahe, dass die Gäste dieses Raumes einer höheren Schicht angehören mussten. Mein Blick wanderte über die langen Tische … und ich sah auf Gemüsesuppen mit Petersilie ... Soljankas ... Schweinebraten mit Rosmarin ... Lammbraten mit Backpflaumen und Mandeln ... kleine Kartoffeln ... Frischkäse mit allerlei Kräutern ... Rucolasalat ... Butterrosen ... Zimt-, Anis- und Kokoskuchen ... Sahnequarks mit Früchten ... Ölraukensalat ... gegrillte Riesengarnelen ... Kräutervinaigrette ... Krustentiere im Salatbett ... Chicoreesalat mit Orangenfilets ... Schinken ... Lachs ... Heilbutt ... Medaillons vom Seeteufel ... grüne Nudeln ... Hirschrücken mit Preiselbeeren ... Pistazienrisotto ... Wachteln ... Portweinfeigen in Limettenschaum ... tropische Früchte ... und Mousse au Chocolat. Plötzlich kamen die Zwillinge auf mich zu, blieben unmittelbar vor mir stehen, sahen mich mit stechenden Augen an und deuteten stumm, in synchroner Bewegung, auf ein über dem Eingangsportal angebrachtes Schild. Ich las: VIP-LOUNGE Es war also, wie ich vermutet hatte: Dieser Raum war für geladene Gäste aus Politik und Wirtschaft reserviert. – Ich ging zurück in den großen Saal. Dort hatte inzwischen – an der Brüstung des ersten Stockwerks stehend, hochthronend über den speisenden Gästen – ein weißgeschminkter Geiger zu spielen begonnen. Ohne dass irgendeiner der Anwesenden ihm Aufmerksamkeit geschenkt hätte, spielte der Musiker lustige jüdische Weisen. Ich war berührt vom Ton dieser Geige und ging langsam die Steintreppe hinauf in den ersten Stock. Dort blieb ich in einiger Entfernung an einer kleineren Säule stehen und lauschte den Melodien. Von der Balustrade aus, die in Höhe des ersten Stockes rund um den Hauptsaal führte, sah ich die prächtigen Kronleuchter in ihrer ganzen Größe. Ich blickte hinunter auf die schwatzende und essende Menge, hörte das Geklapper von Tellern und Besteck, das Klirren von Gläsern, die immer, wenn Gäste sich zuprosteten, aneinanderstießen. Plötzlich erreichte der Geruch von Zimt und Hyazinthen meine Nase. Ich drehte mich um und entdeckte in etwa zwanzig Metern Entfernung einen Lichtschein, der aus einer halb geöffneten Tür nach außen auf den Gang fiel. Ich rückte meine Goldmaske, die etwas verrutscht war, zurecht, ließ mich von meiner Neugierde an die Tür leiten, öffnete den Spalt etwas weiter und trat ein. Dämpfe schlugen mir entgegen. Die Gerüche wurden penetranter. Jetzt meinte ich auch Kokos und Minze zu riechen. Ich blieb stehen. Kaum hatten sich meine Augen an die diffusen Lichtverhältnisse gewöhnt, hörte ich Wassergeplätscher, lärmendes Vogelgezwitscher, Schreie von Papageien, Löwengebrüll und die Trompetengeräusche von Elefanten. Hier soll wohl ein Urwald imitiert werden, dachte ich spöttisch. Der Raum, in den ich dann trat, war völlig überheizt. Ich ging einige Schritte weiter und erkannte in der Mitte schemenhaft einige mit bunten Federn geschmückte künstliche Sträucher, und, ungeordnet über den Boden verteilt, Strohmatten, auf denen nackte Frauen und Männer lagen. Sie hatten die Augen geschlossen und atmeten tief und langsam aus und wieder ein. Schöne Gestalten lagen da, inmitten der Gerüche und Dämpfe, vollkommen entspannt, und ohne sich zu berühren murmelten sie unverständliche Worte vor sich hin. Ich begann zu schwitzen, ging langsam zwischen den Matten hindurch, umkreiste die Sträucher ein paarmal und ließ meine Augen über die nackten Körper streifen … innere Bilder und Assoziationen stiegen in mir auf, während ich langsam die Gerüche, Dämpfe und Düfte einatmete … Nacht, die heraufholt die Sprache aus Lapislazuli, Krokat , Klatschmohn und Kamille … der zärtliche Kuss auf einen sinnlichen Mund, der dich aufsucht in den Stunden von Abgrund, Sehnsucht und Erschöpfung … die nächtliche Hand, die nichts will als das Unerfüllte zu berühren, den Schleier aus Schlaf, Traum und Wollust über das mühsame Licht des Alltäglichen zu legen … das Licht eines Körpers … das Licht einer Hüfte … das Licht einer Brust … das Licht nackter Augen … das Licht verlangender Lippen … der Weg verlangender Hände … das irrlichternde Innere, das in langsamem Tempo den Kieselstein sucht … die Schuhe ziehen sich aus, die Kleider nässen sich, Knöpfe öffnen sich, Reißverschlüsse suchen stöhnend ihren Weg, bis sichtbar wird, was der Sehnsucht ganzer Inhalt, der Augen ganzes Glück ist, und keine Sprache hat außer jenen zärtlichen Zeichen, die hieroglyphisch eingebrannt auf jedes Liebenden Körper stehen ... – sinnend verließ ich den Raum und trat schwitzend hinaus auf den kühlenden Flur. Ich setzte für einen kurzen Moment meine Goldmaske ab und wischte mir den Schweiß aus dem Gesicht. Dann lehnte ich mich an die Steinwand und schloss die Augen. Meine Gedanken schweiften ab. Meine Fingerspitzen glitten ein kleines Stück die Säule entlang, an der ich stand. Dann ging ich den steinernen Gang langsam weiter zurück und legte dabei meine linke Hand immer wieder auf das Marmorgeländer der Balustrade. Plötzlich rempelte mich jemand von hinten an. Eine schwarze Gestalt ging mit schnellen Schritten an mir vorbei, drehte sich kurz um, und für den Bruchteil einer Sekunde sah ich wieder in diese dunklen, blitzenden Augen, die mich hinter einer Katzenmaske herausfordernd anblickten. Es war die Schauspielerin aus dem Dachgeschoss. Es waren die Augen, die ich zu kennen glaubte. Die Gestalt verschwand hinter einer Tür. Ich folgte ihr so schnell ich konnte, trat über die Schwelle, doch die Schauspielerin war verschwunden. Stattdessen fand ich mich inmitten schwarzer Stellwände wieder, die labyrinthisch in einem größeren Raum verteilt aufgebaut standen. Ich ging weiter und tastete mich durch die Dunkelheit an einer der hohen Wände entlang. Duft von Räucherstäbchen hing in der Luft. Plötzlich stand ich inmitten von sieben oder acht Menschen. Sie umringten eine Frau, die, behängt mit vielen langen, glitzernden Ketten, im Schneidersitz in der Mitte eines kleinen Raumes auf einem großen knallroten Kissen saß. Vier gelbe, etwa einen halben Meter hohe Kerzen waren an den vier Enden aufgestellt und spendeten ihr flackerndes Licht. Rechts und links der Szenerie prangten auf Holzstelen zwei große, bunte, ausgestopfte Papageien. Vor der wie in Trance vor sich hinstarrenden Frau standen dreizehn Riechfläschchen, aus denen nach Rosmarin duftendes Parfüm ausströmte und sich im Raum verteilte. Lange, fettige, teilweise zu kleinen Zöpfen geflochtene Strähnen hingen der Frau wirr ins Gesicht und über die Schulter. Sie hatte sich eine große Plastikrose ins Haar gesteckt. Und obwohl sie wahrscheinlich kaum mehr als vierzig Jahre alt war, zeichneten tiefe Furchen ihr Gesicht. Sie war zu früh gealtert und schielte leicht. Ihre Nase war auffällig groß. Sie trug ein festliches, türkisblau glitzerndes Gewand mit einer Kordel um die Hüfte. Der Stoff lag ungeordnet in Wellen und Falten auf dem roten Kissen und schien sie zu umspülen wie Meereswellen Felsen umspülen. Ihre Hände waren klein, und an den dicken Fingern prangten zwei große, dunkelrote Pseudoedelsteine. Gerade als ich etwas näher herangetreten war, begann sie mit dunkler, etwas gepresster Stimme zu sprechen, als fiele sie in Trance:

„Der Berg spricht zu mir. Der Berg spricht. Das Ur zu teilen ist das Urteil. Das Urteil bricht den Fels. Der Fels zerbricht. Die Kraft der Erde teilt das Ur. Des Menschen Seele ist ein Teil des Ur. Das Teil ist ein Geteiltes aus dem Ur. Des Menschen Teil-Sein ist sein Schicksal. Zerbrochen ist die Seele und will zurück zum Ur. Die Felsen bluten und die Seele schreit. Alle Bewegung will nur eins: zurück zum Ur. Zum Ganzen hin aus dem es kommt. Der Splitter will zum Stein. Der Stein will zum Fels. Der Fels will zum Berg. Der Berg will zur Erde hin aus der er kommt. Schau mir in die Augen du … auch deine Glut will hin zum Ganzen und lebt unerlöst. Unruhig wandelnd, und verwundet, als Teil des Ur. Gib mir deinen Körper nur. Er sehnt sich nach dem Ur. Will eins sein mit dem Ur. Verschmelzen mit dem Ur. Will zurück, und stille steh'n, erlöst von Denken, Sprechen, Tun, und Eins-Sein mit dem Ur. Ich bin dein Splitter, bin dein Stein, dein Fels, dein Berg und deine Erde."

Schweißperlen standen der greisenhaft wirkenden Frau auf der Stirn. Sie hielt inne, und sank in sich zusammen. Einige der Zuschauer lachten. Ein älterer Herr sagte laut: „Quatsch mit Soße" und drängelte sich Richtung Ausgang. Einige schienen amüsiert. Andere verunsichert. Plötzlich richtete die Frau sich wieder auf, warf ihre fettigen Haarsträhnen nach hinten, öffnete ihre Augen, atmete tief ein und begann, nach einer kurzen Pause, erneut:

„Der Berg spricht zu mir. Der Berg spricht. Das Ur zu teilen ist das Urteil. Das Urteil bricht den Fels. Der Fels zerbricht. Die Kraft der Erde teilt das Ur. Des Menschen Seele ist ein Teil ..."

Ich wendete mich ab, ging entlang der schwarzen Stellwand durch die Dunkelheit zurück zum Ausgang und hörte schließlich die knarzende Stimme der Frau nurmehr als fernes, unverständliches Echo. Als ich die Balustrade wieder erreicht hatte und mich dem seitlichen Treppenaufgang näherte, meinte ich, Rauch in meiner Nase zu spüren. Ich folgte dem heftiger werdenden Reiz, und tatsächlich, als ich am Ende der Treppe, die steil nach unten führte, in ein kleines Kellergewölbe trat, sah ich an dessen Rückwand ein offenes Kaminfeuer flackern. Die Treppenstufen fächerten sich in der Breite auf und bildeten so die Sitzreihen für die etwa fünfzig Zuschauer, die dort gebannt auf den kleinen Platz vor dem Kaminfeuer blickten. Seitlich des Feuers kauerte ein Schauspieler in Mönchsgewand. Er hatte sich in die typische braune Kutte der Franziskaner gehüllt, die an den Hüften mit einer dicken, hellen Seilkordel zusammengefasst war. Die Kapuze tief im Gesicht rezitierte er, begleitet von langsamen, tief hallenden einzelnen Trommelschlägen, die wohl den menschlichen Herzschlag imitieren sollten, eine Ballade. Ich kannte sie aus meiner Schulzeit: Nikolaus Lenaus Gedicht Der traurige Mönch. Ein hochaufgeschossener Trommler, ebenfalls in eine franziskanische Kutte gehüllt, hatte eine große Naturfelltrommel um die Hüfte hängen, schlug mit einem dicken Klöppel erbarmungslos, als müsse er das Jüngste Gericht eröffnen, auf das zitternde Fell und starrte dabei unentwegt in die Flammen des Kaminfeuers. Ich blieb einen Augenblick stehen und hörte gerade noch die letzten Sätze des berühmten Werks:

„... der Mönch verschwand, der Morgen graut/ der Wandrer zieht von hinnen/ und fürder spricht er keinen Laut/ den Tod nur muß er sinnen/ der Rappe rührt kein Futter an/ um Roß und Reiter ist's getan/ und als die Sonn' am Abend sinkt/ die Herzen bänger schlagen/

der Mönch aus jedem Strauche winkt/ und alle Blätter klagen/ die ganze Luft ist wund und weh – der Rappe schlendert in den See."

Kaum war das letzte Wort gesprochen und der letzte Trommelschlag verhallt, erhellten grelle Blitze den kleinen Raum und ein ohrenbetäubendes Donnerkrachen ließ die Zuschauer erschreckt zusammenzucken. Auch ich, der ich auf einer der obersten Treppenstufen stand, war zu Tode erschrocken, wenngleich mir sofort klar war, dass es sich hier um ein simuliertes Gewitter handelte, das durch die an der Seite stehenden großen Lautsprecher auf die Zuschauer niederging. Mit dem ersten Krachen hatten Mönch und Trommler ihre Arme nach oben gerissen und starrten bewegungslos an die Gewölbedecke. Dann war Stille. Langsam dämmerte ein Scheinwerfer auf und beleuchtete mehr und mehr den kleinen Bühnenraum. Allmählich und zögerlich applaudierten die Zuschauer den beiden Künstlern, die sich mit finsterer Miene vor dem flackernden Feuer artig verbeugten. Die Spannung hatte sich gelöst. Die Zuschauer gingen allein, zu zweit oder in kleinen Gruppen langsam die Steintreppe nach oben, nachdenklich, oder flüsternd, oder lachend hier und da. Ein kleines Männlein, das mit Skelettkostüm und Totenkopf sich die Treppe herauf mühte, rauchte, und wurde unwirsch von einer als Königin Elizabeth verkleideten Dame auf das strikte Rauchverbot im gesamten Schloss hingewiesen. Ich ließ mich mit der Menge nach oben treiben, und kaum war ich im großen Saal angelangt, stürzte eine hagere Gestalt mit zischendem Getöse in atemberaubendem Tempo von der Galerie die große Freitreppe herunter. Aha, die Schauspieltruppe bei der Arbeit, dachte ich. Die Gestalt hatte ein enganliegendes Feuersalamanderkostüm an und trug eine Stoffmütze auf dem Kopf, die züngelnde Flammen darstellen sollten. In ihren Händen hielt sie zwei lodernde Fackeln, und immer wieder kam ein Feuerstrahl aus ihrem Mund. Dann blieb sie plötzlich auf der Treppe stehen, überblickte die im Saal teils sitzenden, teils stehenden Menschen und, während sie wild und etwas dilettantisch mit ihren Fackeln in der Luft herumfuchtelte, schrie sie mehr als dass sie sprach:

„Die ganze Erde wird erbeben, die Vulkane werden öffnen ihren Schlund. Feuerspeiend wie die Drachenheere bei ihrem letzten Aufstand werden sie flammende Lavamassen schicken über Städte und Länder, über Berge und Täler, vernichten Wälder, Steppen, Savannen und Wüsten. Seen, Flüsse, Bäche, Tümpel und Meere werden zischend verdampfen und sich auflösen in Nichts, Nichts und nochmals Nichts ... elendiglich verenden werden alle Lebewesen dieser Erde, nach Luft ringend grausam ersticken in schwefligem Qualm, dahinsiechen im undurchdringlichen Rauch einer Feuerwand, die sich auch über die höchsten Gipfel der Gebirge wälzen, alle Gletscher zum Kochen bringen und dem Schmelzwasser keine Zeit mehr lassen wird, um zu Tal zu rauschen ... Tiere, Menschen und Pflanzen werden zu Asche und Staub zerfallen und nichts wird bleiben von dieser Welt als ein glühender Feuerball, der als einsam sich drehendes Irrlicht durch das All des Unendlichen rast ..."

Die Gestalt – inzwischen war mir an Stimme und Bewegung klar geworden, dass es sich um eine Frau handeln musste – hatte sich dermaßen in Rage geredet, dass die in ihren Händen kreuz und quer sich bewegenden Fackeln außer Kontrolle zu geraten schienen und drohten, den ganzen Saal zu entflammen. Noch während sie ihre immer wieder durch spitze Schreie unterbrochene Rede hielt, kam eine zweite Gestalt langsam die Treppe herunter: ein dickleibiger Mann in langem, bis zu den Knöcheln reichendem Gewand, an dessen unterem Ende ein Band mit tiefen Zacken angenäht war, durch die immer wieder zwei blaue Gummistiefel sichtbar wurden. Ein aufgeblasener Schlauch zierte seinen künstlich vergrößerten Bauch. Rechts und links trug er zwei Wassereimer. Immer wieder spuckte er durch seine wollüstigen Lippen um sich. Gemächlich betrat er die Szenerie. Auf dem Kopf trug er ein kunstvoll verschlungenes Gebilde aus Silberdraht und blauen Stoffen, die wohl die Wellen eines Meeres darstellen sollten, jedoch eher dem Abbild einer missglückten Geburtstagstorte glichen. Er hatte sich einen überlangen Bart ans Doppelkinn geklebt. Breitbeinig platzierte er sich neben die Feuerfrau, stellte die beiden Wassereimer rechts und links neben sich auf die Treppenstufen und rempelte seine Kollegin in die Seite. Mit seinem mächtigen, tiefen Sprachorgan raunzte er sie so laut an, dass das teils gelangweilte, teils neugierige Publikum ihn problemlos verstehen konnte:

„Was redest du da für schwachsinniges Zeug ... keine Ahnung hast du ... Feuer ... dass ich nicht lache ..." – und dann brach er in ein langes, lautes, herzerschütterndes Gelächter aus. Schließlich wendete er sich der Menge zu. Die Gäste hatten inzwischen längst ihre Tische und Sitze verlassen, waren aus allen Räumen zusammengeströmt und standen dichtgedrängt vor der Freitreppe im Saal, um den Darbietungen mehr oder weniger interessiert zu lauschen. Der dicke Schauspieler schob die Feuerfrau mit einer kräftigen Handbewegung beiseite und erhob seine mächtige Stimme:

„Durch Wasser wird diese Erde zugrunde gehen ... durch Wasser sage ich."

Dabei tauchte er seine beiden Hände in die Wassereimer und spritzte die Tropfen über die Köpfe der Menge, als wolle er sie segnen.

„Ein Wasserbeben wird der Anfang allen Untergangs sein. Hoch auftürmen werden sich die Wellen in der Mitte des Meeres. Ausströmen in alle Richtungen werden die Tsunamis ... höher und höher werden sich türmen die Wellen, und wenn sie das Land erreichen, werden sie in einer riesigen Walze niederreißen alle Städte, alle Wälder, brechen alle Dämme und sich ergießen in alle Täler. Jeder Bach, jeder See, jedes Rinnsal und jeder Fluss wird über die Ufer treten und ertränken alles was da kreucht und fleucht. Menschen und Tiere werden fliehen in die Berge, doch ein nicht endenwollender Regen wird einsetzen, und stärker werden von Tag zu Tag, und niederprasseln über Berg und Tal, und der Regen wird dauern bis die Meere den höchsten Berg begraben und den letzten

Vogel ertränkt haben. Höher als der höchste Berg wird das Wasser stehen. Und mit offenem Mund, den allerschrecklichsten Ausdruck des Entsetzens im Gesicht, wird der letzte Mensch in der Sekunde seines Ertrinkens erkennen, was er der Natur angetan ... und wie ein sich drehender Wasserball wird die Erde sinnlos torkelnd schweben durch das unendliche All."

Die Gäste wurden unruhig. Einer schrie von hinten, halb belustigt, halb ironisch:

„Aufhören ... aufhören!!"

Lautes Klatschen einiger anderer Gäste war die Antwort. Die meisten Leute waren in Feierlaune und hatten keine Lust, sich irgendwelche Untergangsszenarien vorsetzen zu lassen. Andere wiederum waren neugierig und ließen sich von den Fackeln, den merkwürdigen Kostümen und den Stimmen der Schauspieler in ihren Bann ziehen. Wieder andere hielten sich zurück, waren leicht verunsichert, schauten vorsichtig um sich, und wohnten den Darbietungen wohl mehr aus Höflichkeit dem Gastgeber gegenüber als aus wirklichem Interesse bei. Da trat plötzlich eine weitere Figur ins Scheinwerferlicht. Sie trug eine etwas verrutschte Perücke mit schneeweißen, langen Haaren und dreizehn, aus Pappmaché geformte, riesige, erregte Brüste. Ihren Kopf schmückte ein großer runder Strohhut mit Vögeln, Äpfeln, Orangen und Bananen. Sie plusterte sich vor den beiden anderen Gestalten auf und begann mit donnernder Stimme zu sprechen:

„Hört auf! Hört auf, sage ich! Hört auf mit eurem altmodischen Gelaber! Vulkane und Tsunamis sind längst Geschichte!! An vergifteter Nahrung wird der Mensch zugrunde gehen! Mit aufgeschwemmtem Bauch und krummen Füßen wird er sein letztes Riesenhuhn zersägen, sich verschlucken an seinem gepantschten Wein, elendig verrecken an den Pillen, die er sich selbst gebaut. Aus Ameisen mutierte Riesenkraken werden hungrig aus den Wäldern Europas steigen und herfallen über die Städte, die Menschen zerfetzen, zerfleischen und zerfressen. Monsterwesen, den menschlichen

Versuchslaboren entflohen, werden aufspüren alle Kinderwiegen und Kinderwägen, weil sie programmiert worden sind von besonders klugen Forschern auf junges, süßes Fleisch. Großspinnen mit Riesenaugen werden zu Tausenden herfallen des nachts über die Betten der schlafenden Spezies Mensch und in wahnwitziger Raserei stechend aus ihnen saugen alles Blut und alles Gehirn. Fleischfressende Cyberpflanzen, längst der Kontrolle menschlicher Züchtung entwachsen, werden mit überdimensionalen Stachelarmen sich über alles senken, was sich bewegt und gnadenlos verschlingen und verschlucken Tier und Mensch. Genmanipulierte Riesenechsen werden verwüstend durch die Lande ziehen und alle Tower und Türme zerschlagen, und auch das größte menschengemachte Bauwerk wird schließlich unter ihren ohrenbetäubenden Schreien und ihren wütenden, gierigen Pranken hilflos zerbrechen, und zerfallen zu Trümmern und Staub. Als kreiselndes Ruinenfeld wird die Erde am Ende ewiger Vergessenheit anheimgeben was je des Menschen Geschichte war und Schicksal."

Die Frau hielt inne und atmete schwer. Zwei ihrer Pappmaché-Brüste waren abgefallen und kullerten die letzten Treppenstufen hinunter. Niemand klatschte. Das Murmeln der Menge wurde lauter. Die Gäste unterhielten sich. Manche prosteten sich zu. Plötzlich wurden sämtliche Scheinwerferlichter und Kronleuchter des Saals ausgeschaltet. Für einen kurzen Moment war es vollkommen dunkel. Dann ging ein grellweißes Discolicht an, welches in schnellem, zuckendem Wechsel zwischen hell und dunkel die Szenerie und alles was sich bewegte in abgehackte Sequenzen zerteilte. Langsam verebbte das Gemurmel. Die Blicke der Leute richteten sich auf eine grell und in allen Farben blinkende roboterähnliche Gestalt, die in eckigen Bewegungen langsam durch das zuckende Discolicht die Treppe herunterkam. Wie ein Spielautomat in den schäbigen Spielcasinos der Vorstädte Chicagos gab die Figur piepsende, knarrende, schnarrende und scheppernde Maschinengeräusche von sich. Die Gestalt blieb stehen, hob den viereckigen Kasten mit zwei gelbblinkenden Bullaugen, der wohl den Kopf des Maschinenungeheuers darstellen sollte und begann, mit gleichförmiger, gequetschter und abgehackter Stimme, eine sprechende Maschine imitierend, zu der in der Dunkelheit stehenden Menge im Saal zu sprechen:

„Der Fortschritt hat uns den Tod gebracht. Das Ende wird schleichend und unsichtbar sein. Die atomaren Endlagerstätten werden sich öffnen und verstrahlen alles was lebt und gebiert. Der Mensch hat sein Gehirn gezüchtet und die Natur herausgefordert. Seine größte Erfindung wird sich lautlos gegen ihn kehren und ihn selbst vernichten, und nicht einmal das Skelett des Todes wird bleiben von seiner überragenden Intelligenz, seinem Glauben, seiner Zuversicht, seiner ganzen Müh und Plag. Wie die Töne der Bienen im Sommer wird das unhörbare Summen der todbringenden Strahlen zersetzen Zelle um Zelle. Dahinsiechend wird der Mensch sein Ende ersehnen. Bettelnd um ein bisschen Tod wird er erheben seine gelben Augen gen Himmel und flehen um Erlösung aus unendlicher Qual. Haut und Fleisch werden langsam verbrennen. Verkohlt schon an den äußeren Enden wird er seinen letzten seufzenden Laut von sich geben. Und es wird kein schöner sein. Als strahlender Planet wird das Erdenrund schließlich durch das Weltall kreisen und niemand wird sich jemals erinnern können, oder wissen was da gewesen …"

Während der ganzen Rede hatte er immer wieder seine in länglichen Kästen steckenden Arme in roboterhaftem Tanz durch die Luft bewegt. Das ständige Blinken der roten, blauen, grünen, gelben und violetten Lampen an Armen, Beinen, Brust, Rücken, Kopf und Händen, und das zuckende Discolicht standen in krassem Gegensatz zu seiner knarzenden gleichförmigen Stimme. Kaum war er zu Ende, löste sich eines der gelbblinkenden Bullaugen und fiel scheppernd zu Boden. Einige in der Menge lachten laut auf. Das rechte Auge des Schauspielers war nun hinter seinem Kopfkasten schemenhaft sichtbar und starrte hilflos in die Dunkelheit. Da begann seine gequetschte Maschinenstimme von neuem ihre Leier:

„Der Fortschritt hat uns den Tod gebracht. Das Ende wird schleichend und unsichtbar sein. Die atomaren Endlagerstätten werden sich öffnen und verstrahlen alles was lebt und gebiert. Der Mensch hat sein Gehirn gezüchtet …"

Plötzlich erlosch das zitternde Discolicht, während Kronleuchter und Bühnenscheinwerfer wieder aufflackerten. Die drei anderen Figuren – die hagere Gestalt im Feuersalamanderkostüm, der dicke Mann mit den Wassereimern und die Frau mit den dreizehn Brüsten – stürzten sich nun über den Roboter, rissen ihn zu Boden und schlugen wild auf ihn ein. Dieser redete jedoch unentwegt weiter …

„… der Mensch hat sein Gehirn gezüchtet und die Natur herausgefordert. Seine größte Erfindung wird sich lautlos gegen ihn kehren und ihn selbst vernichten …"

Die Ernährungsfrau – ihre restlichen Pappmaché-Brüste hatten sich längst von ihrem Körper gelöst und flogen in alle Richtungen – riss dem Roboter hektisch seinen Kasten vom Kopf. Der Wassermann trat ihm immer wieder gegen den Bauch und die Frau im Salamanderkostüm versuchte hektisch wie ein wildgewordener Panther die Rechtecke von den Armen und Beinen des Roboters zu zerren. Doch dieser redete unentwegt weiter:

„… und nicht einmal das Skelett des Todes wird bleiben von seiner überragenden Intelligenz, seinem Glauben, seiner Zuversicht, seiner ganzen Müh und Plag …"

Die Salamander-Frau zerrte inzwischen an den Haaren des Roboterschauspielers, der Wassermann ließ nicht ab, ihm in den Bauch zu treten, und die Salamander-Frau zog ihm schließlich die Hosen herunter. Dann verklangen, wie auf einer langsamer werdenden Schallplatte, immer tiefer werdend, die letzten Maschinensätze des Robotermenschen:

„Wie die Töne der Bienen … im Sommer wird das … unhörbare Summen … der todbringenden … Strahlen … zerset … zen … Ze … lle u … m Ze … ll … e."

Der Roboter war außer Gefecht gesetzt.

Nun aber fielen die übrigen drei Figuren übereinander her und schlugen aufeinander ein. Das Salamanderkostüm riss dem Wassermann den Hut vom Kopf und warf ihn ins Publikum. Der Wassermann seinerseits riss wutschnaubend das Salamanderkostüm vorne entzwei, sodass darunter ein schwarzer BH sichtbar wurde, und die Frau mit den dreizehn Brüsten, die teilweise zertreten am Boden lagen, schlug dem Wassermann fortwährend auf den Hintern. Die Wassereimer stürzten um, und auch Feuer- und Vogelhut segelten ins Publikum. Dieses hatte längst zu lachen und zu johlen begonnen und die ganze Keilerei mit aufmunterndem Pfeifen und Schreien begleitet. Schließlich setzte sich Begeisterung beim Publikum durch. Rhythmisches Klatschen setzte ein. Die Schauspieler ließen voneinander ab, nahmen sich brav an den Händen, traten vor und verbeugten sich mehrere Male unter dem jetzt tosenden Applaus der Menge. Doch kaum war der Applaus verebbt, begann über die in den vier Ecken des großen Saals aufgestellten Lautsprecher ein skurriler dissonanter Walzer zu spielen. Die Musik schien die Menge zum Tanz auffordern zu wollen. Und tatsächlich, das erste Paar betrat die Tanzfläche, hielt sich an Hüften und Händen und drehte sich im Kreis ... im Dreivierteltakt ... dann ein zweites, ein drittes, ein viertes Paar ... und im Nu hatte sich die Menge in ein sich drehendes, tanzendes wogendes Menschenmeer verwandelt. Der Walzer wurde immer lauter. Harfe, Becken, kleine Trommel und Pauken kamen zu den schrägen Geigentönen hinzu. Flötenmelodien, Trompetenstöße und die Akkorde wurden immer dissonanter und verrückter. Die Menge ließ sich mitreißen von der Musik und tanzte sich in einen Rausch. Ich war plötzlich umgeben von hin- und herwogenden Menschen, stolperte, und wurde immer wieder von tanzenden Paaren angerempelt. Plötzlich fühlte ich eine Hand in der meinen, eine andere an meiner linken Hüfte, und schon drehte auch ich mich in etwas zu großen Bewegungen tanzend im Dreivierteltakt durch die Menge. Als ich Körperschwung und Dreiviertelschritt einigermaßen unter Kontrolle hatte, sah ich in die Augen meiner mich so unvermutet mitreißenden Tanzpartnerin. Wieder waren es die Katzenaugen, die mich während des ganzen Abends schon mehrere Male angeblitzt hatten ... die Augen der Schauspielerin vom Dachgeschoss, die Augen der Frau, die mich, als ich an der Balustrade stand und dem Geigenspiel lauschte, kurz angesehen hatten, die dunklen Augen, die mich auch jetzt wieder hinter ihrer Katzenmaske verschmitzt fixierten. Bilder schossen mir durch den Kopf. Traumfetzen, unzusammenhängende Gedanken, während mir fast schwindelig wurde durch die schnellen Drehungen und das Tempo, das meine Tanzpartnerin vorlegte. Wir suchten unsere krumme Bahn durch die ausgelassen tanzende Menge. Plötzlich versagten mir die Ohren, und alle Laute klangen von einer Sekunde auf die andere wie in Watte gehüllt ... Die Dächer in Weiß, dachte ich, vermummt die eilenden Menschen ... .zu leben mit dem Augenblick, zu empfinden, dass die Zeit etwas Gütiges hat, schoss es mir durch den Kopf. – Der Walzer schien kein Ende zu nehmen. Ich hörte dumpfes Rufen, Lachen, Schreien ... Gedanken wirbelten in mir ... die aufgewühlten Seelen, die Kinder des Zorns ... – wieder wurde ich von einem der tanzenden Paare angerempelt und konnte nur mit Mühe einen Sturz verhindern. Der Walzer kam mit mächtigen Orchesterakkorden zum Finale, und ein Trompetenriff, verbunden mit lauten Pauken, Trommel- und Beckenschlägen beendete mit ohrenbetäubendem Lärm den schrägen und absurden Walzer. Ich war völlig außer Atem. Mir brummte der Kopf. Ich sah die Kronleuchter sich drehen und den ganzen Raum. Ich schloss die Augen, beugte mich nach vorn und versuchte mich zu beruhigen. Die Hände, die mich die ganze Zeit berührt hatten, fühlte ich nicht mehr. Für einige Sekunden öffnete sich mir ein dumpfer, dunkler innerer Raum. Ich richtete mich langsam auf, öffnete die Wimpern und wollte mich gerade bei meiner Tanzpartnerin bedanken, als diese blitzschnell sich wegdrehte und in der Menge verschwand. Völlig zwecklos ihr zu folgen oder sie gar zu suchen, dachte ich.

Einen merkwürdigen Spaß macht sie sich mit mir. Am besten sollte ich sie vergessen ...

Die Musik war verklungen. Die Menge stand wie benommen. Einzelne Paare fingen an zu reden – da richteten sich die Scheinwerfer auf eine kleine, leicht erhöhte, steinerne Terrasse, auf der eine Art archaischer Thron angebracht war. Dort trat jetzt langsam, mit gemächlichen Gesten, ein korpulenter Herr, ganz in Weiß gekleidet, mit weißem Frack, weißer Krawatte, weißem Kragen und weißen Handschuhen auf. Er trug einen silbergrauen Backenbart und brachte gravitätisch, mit einer schwerfälligen Handbewegung, die Menge zum Schweigen. Mehr und mehr drehten sich die Köpfe zu ihm hin und schauten hinauf zu Terrasse und Thron. Als die Menschen im Saal schließlich zur Ruhe gekommen waren, begann der dicke Mann mit sonorer und lauter Stimme seine Rede:

„Exzellenzen, verehrte Gäste, verehrte Anwesende, verehrte Hin- und Herreisende, verehrte Nichtverzeichnete, verehrte Überseefreunde dieses geweihten Hauses! Sie wissen es alle, und ich muss dies nicht weiter erklären: Hier, mitten unter Bäumen und Krähen, im Subsumat eines heranrauschenden Jahrhunderts, dessen dunkle Sterne im Erlöschen begriffen sind, hier, am Rande des Landes, das keine Grenze hat und doch aller Hirsche Heimat ist, kann ich nicht umhin, verehrend meine Stimme zu erheben und mich zu verbeugen vor der Königin der Nacht, die in Gestalt unserer Gastgeberin nun den steinernen Thron besteigen wird, um ihre Gäste zu segnen und sie zu entlassen in die Rätsel des kommenden Jahrtausends, an dessen Schwelle wir jetzt stehen."

In diesem Moment trat, von allen unbemerkt, eine große Frauengestalt mit prächtiger, goldener Maske, schwarzem, wallendem Rock, schwarzem Oberteil, das übersät war mit goldenen Knöpfen, und zwei riesigen, schillernden Pfauenfedern im hochgesteckten Haar neben den Redner und nahm mit einer würdevollen Geste

Platz auf dem steinernen Thron. Dann führte der korpulente Herr in Weiß seine hölzerne Rede fort:

„Exzellenzen, verehrte Gäste, verehrte Anwesende, verehrte Hin- und Herreisende, verehrte Nichtverzeichnete, verehrte Überseefreunde dieses geweihten Hauses! Wenn die Mitternacht vorüber ist, die Mohrrübengespenster sich in die Mauernischen verraspelt haben, wenn Fleuch und Kreuch ihren Flug anheben über die Seen des sich immer weiter ausbreitenden Wattenmoors, wenn Heere von Zinnsoldaten ihren Marsch beginnen über die römischen Landstraßen unserer reizenden Dorflandschaft, wenn Amor, der dieses Haus beschützen möge, auch den letzten Liebeswinkel in die Moossträucher gejagt hat, wenn die Heidemagd münzenzählend in die Felsgrüfte gestiegen ist, dann, ja dann scheint mir der Moment gekommen, an dem den Himmelsrichtungen gehuldigt werden und auch Ihnen mein untertänigster Dank abgestattet werden muss. Exzellenzen, verehrte Gäste, verehrte Anwesende, verehrte Hin- und Herreisende, verehrte Nichtverzeichnete, verehrte Überseefreunde dieses geweihten Hauses! Dies ist die Stunde, an dem den oszillierenden Röhrchen aller menschlichen Blutadern genüge getan und an dem jedem Oberstaatsanwalt seine Mittagssuppe gegönnt sein soll. Ja, ich glaube, ich gehe nicht zu weit, wenn ich sage, dass von diesem Ort, von dieser Stelle, verehrte Anwesende, Exzellenzen, Gäste, verehrte Hin- und Herreisende, verehrte Überseefreunde dieses geweihten Hauses, dass von diesem Ort, sage ich, hier und jetzt, eine Bedeutungswolke ausgeht, in der sich Schlummer und Schleier vernetzen über das ganze Land, dass von diesem Ort, zu dieser Stunde, sage ich, sich Frösche und Kröten zum Flug erheben, um in Adlernestern zu laichen, sich eine Brutmaschine ihr eigenes Urteil schreibt, und eine salbadernde Kreuzspinne anhebt, sich ihrer Existenz zu schämen. Ja, verehrte Anwesende, es ist so weit: Die Böden sind bereitet, der Schwippschwarm ist unterfüttert, das Eisen mörtelt sich aus, die Kanarienvögel vollführen ihren Salto Mortale, der greise Monarch übt sich im Mumiensalben, die Erdbeermaid löst ihre Bändel, schnürt ihren Schuh, dreht sich huldigend im Kreis ihrer Verwandten, und der Hinterzimmer-Apollo streckt seinen Wertesten gegen den Himmel dieses neuen Jahrtausends! In diesem Sinne, verehrte Gäste, Exzellenzen, Anwesende, verehrte Hin- und Herreisende, verehrte Überseefreunde dieses geweihten Hauses, in diesem Sinne bitte ich Sie nun, ihr Glas zu erheben und zu trinken auf das Wohl unserer Gastgeberin, der Königin, unserer Königin der Nacht! Auch ich erhebe nun mein Glas und rufe hinaus und hinüber, herein und nach droben ein dreifaches Prost! Prost! Prost!"

Die Rede des korpulenten Herrn, der seine Worte mit übertriebenen und ausladenden Gesten begleitet hatte, wurde immer wieder vom Gelächter einiger Gäste, die bereits leicht angetrunken waren, unterbrochen, und aus der Menge schallte nun wie aus einem ungeordnet sprechenden Chor ein lautes, dreifaches „Prost!!" zurück. Dann stiegen plötzlich die beiden Diener-Zwillinge mit Frack, Zylinder und weißen Handschuhen auf einen der Tische und schmetterten in synchroner Stimme wie eine Schallplatte, die einen Kratzer hat und deshalb eine bestimmte Sequenz immer wiederholt, den Satz über die Menge:

„Bitte folgen Sie uns. Bitte folgen Sie uns. Bitte folgen Sie uns …"

Die Zwillinge stiegen wieder vom Tisch, die Menge ordnete sich hinter den beiden Gestalten, setzte sich langsam in Bewegung und sammelte sich schließlich in einem größeren Saal, der rechts von der zentralen Halle abging, und verteilte sich langsam um einen riesigen, kunstvoll aufgebauten Reisighaufen herum. Dann brachten die Zwillinge mit großen synchronen Gesten die Menge zur Ruhe und machten ihre monotone Ansage:

„Stecken Sie nun Ihre roten Kärtchen mit Ihren Wünschen auf den Reisighaufen. Stecken Sie nun Ihre roten Kärtchen mit Ihren Wünschen auf den Reisighaufen. Stecken Sie nun Ihre roten Kärtchen mit Ihren Wünschen auf den Reisighaufen …"

Siedend heiß fielen mir meine roten Kärtchen ein, die ich beim Eintritt ins Schloss in meine Gesäßtasche gesteckt hatte. Sie waren noch unbeschriftet. Hastig zog ich sie hervor, fand den Stift, den ich immer bei mir trug und kritzelte, weil mir nichts Besseres einfiel, auf das eine Kärtchen: Schneeball im Winter, und auf das zweite Kärtchen: Ohne passendes Angebot. Kurze Zeit später war der Reisighaufen übersät von roten Kärtchen, die die Gäste unter lautem Gemurmel und Gerede auf die stachligen Spitzen der Reisig-Äste gesteckt hatten. Auch ich fand einen Weg durch die dicht um den Reisighaufen stehende Menge und steckte meine beiden Kärtchen auf einen der unteren Äste. Plötzlich ertönte eine laute Marschtrommel. Drei schmetternde Trompeten stimmten einen italienischen Trauermarsch an. Die Zwillinge nahmen den Reisighaufen zwischen sich, hoben ihn an, die Menge versammelte sich in einer endlosen Prozessionskette hinter dem Reisighaufen, und bald bewegte sich der ganze Zug unter Klatschen und Rufen zuerst in einer Art ausladenden Schlangenbewegung durch die Haupthalle, dann die große Treppe hinunter zum Ausgangstor und schließlich über die äußere Freitreppe hinunter durch den schneebedeckten nächtlichen Park. An einer größeren Feuerstelle etwa fünfzig Meter vom Schloss entfernt setzten die Zwillinge den Reisighaufen ab. Die Marschmusik endete unter lautem Gejohle in einem großen Tusch. Schließlich richteten sich die Augen der Menschen nach und nach auf den oberen Teil der mächtigen Schlossfassade. Dort war, auf einem winzigen Balkon, beleuchtet von einem Scheinwerfer, der Geiger erschienen und spielte in höchsten Tönen wieder seine herzergreifenden jüdischen Balladen. Gemurmel, Gelächter und Gerede verstummten, und auch ich lauschte gebannt den langsamen in die Kälte des Nachthimmels hinein gespielten Weisen. Sterntaler, dachte ich. Sterntaler … Und ich sah tatsächlich den von Sternen übersäten Himmel über dem Schloss. Wenn alles schläft – spönnen sich meine Gedanken weiter –, wenn die Welt ruht und versunken liegt, treffen sich unsere Wünsche auf dem Himmelsbogen der

Nacht ... und steigen auf ... am einen Ende ... am anderen Ende ... um sich am Zenit, in der dunkelsten Stunde, zärtlich zu begegnen ... für kurze Zeit nur, für einen kurzen Kuss ... denn schon beginnt wieder ein neuer Tag am Horizont ... und scheu wie die Rehe im Wald steigen unsere Wünsche wieder den Himmelsbogen hinunter ... am einen Ende ... und am anderen Ende ... und verkriechen sich scheu an der Nachtseite unserer Seele ... stumm bewahrt ... und gehütet, bis die nächste Dunkelheit hereinbricht, die Sterntaler wieder am Himmel stehen und unsere Wünsche sich wieder zu regen beginnen, und sich nacheinander sehnen ... sich leise aufmachen, den Nachtbogen zu erklimmen ... und zu hören tapps, tapps, die Schritte am anderen Ende des Bogens wie ein klopfendes Herz ...
– Die Geigenmelodie war zu Ende. Niemand wagte zu klatschen. Plötzlich fing der Reisighaufen an zu knistern. Die Zwillinge hatten, während die Menge durch die Musikeinlage abgelenkt war, den riesigen Reisighaufen angezündet. Im Nu fraß sich das Feuer nach oben, und in Sekundenschnelle verbrannten all die roten Kärtchen. Das Feuer loderte in mächtiger, unruhiger Flamme und verbreitete eine so große Hitze, dass die Gäste, die unmittelbar am Feuer standen, zurückweichen mussten. Der Schnee ringsum begann zu schmelzen. Dann zählte die Menge in lautem Schreien die Zahlen von zehn ab rückwärts ... neun ... acht ... sieben ... sechs ... fünf ... vier ... drei ... zwei ... eins ... null!!! Mitternacht. Das neue Jahrtausend hatte in dieser Sekunde begonnen. Sektkorken knallten, Menschen, die sich niemals gesehen hatten, lagen sich in den Armen und knutschten sich. Wünsche und Glückwünsche wurden ausgetauscht, und mitten in die frivole ausgelassene Stimmung tauchte ein monumentales Feuerwerk die Schlossanlagen in bunte, ständig sich wechselnde Lichtorgien ... eine überlaute, herzergreifende Musik erklang, und im Rhythmus von Bandoneon-Melodien schossen Raketen in den Nachthimmel, bewegten sich grelle Lichtpunkte in elegischem Tempo nach oben, ergoss sich roter Lichterregen ein ums andere Mal über das Schlossdach, irrten schwirrende

Geschosse durch die Bäume und bildeten für Sekunden ein sternenhelles Punktemeer über den Köpfen der Menge, quollen goldgelbe Lichterstrahlen wie plötzlich einsetzende Wasserfälle über die Schlossmauern, zeichneten sich weiße Schlangenlinien in den Himmel, suchten viele schnell sich schlängelnde Lichtfiguren ihren Weg nach oben, als wollte eine Spermienschar sich das Weltall erobern, bildeten grüne, schlanke Feuerstrahlen vom Boden aus eine Art Springbrunnen. Als die elegische Musik sich schließlich ihrem Höhepunkt näherte, explodierte auf den Balkonen eine solche Masse an Lichtkörpern, dass ich für einen kurzen Schreckensmoment dachte, das ganze Schloss hätte Feuer gefangen. Musik und Feuerwerk wollten kein Ende nehmen, und neue Leuchtkörper in immer neuen Farben und Formen verzauberten das Schloss und begrüßten unter den nicht enden wollenden verzückten Schreien der trinkenden, prostenden, und immer wieder nach oben schauenden Menge das neue Jahrtausend.

16. Kapitel

Der Zenit dieser Nacht war überschritten. Die ersten Gäste verließen das Fest. Automotoren sprangen an. Menschen verabschiedeten und umarmten sich, mitten im Schnee, in ausgelassener Stimmung, mit flotten Sprüchen, obszönen Anspielungen, oder einfach nur mit den besten Wünschen für das kommende Jahr. Die meisten aus der immer noch großen Menschenmenge jedoch begaben sich, meist plaudernd und lachend, wieder ins Innere des Schlosses. Im großen Rittersaal des zweiten Stockwerks spielte eine achtköpfige Tangokapelle auf: mit Kontrabass, Bandoneon, Klavier, Gitarre Querflöte, Gesang, Geige und Cello. Auch ich ging wieder hinein ins Schloss, denn draußen war es inzwischen bitterkalt geworden, und betrat nachdenklich den Saal. In meinen Knochen spürte ich Müdigkeit. Ich betrat die Tanzfläche. Die Szenerie schien mir unwirklich. Alles wirkte auf mich wie leicht vernebelt. Im schummrigen Licht begannen die ersten Paare zaghaft zu tanzen. Es wurden mehr und mehr, und schließlich war der Rittersaal gefüllt von ausgelassen sich drehenden, Tango tanzenden Menschen. Ich sah, wie in einem tiefen Traum, enganliegende Kleider, Sakkos, Boas, wehende oder mit prächtigen Kämmen sorgsam hinten gebundene oder mit bunten Nadeln hochgesteckte Haare, etwas in Unordnung geratene Hemden und Krawatten, Blicke, die etwas Unwirkliches zu sehen schienen und doch nur Folge leichten Angetrunkenseins waren. Bemalte Lippen, gerötete Wangen, lackierte Fingernägel, auf dem Holzboden klappernde Schuhe, Federn im Haar, Netzstrumpfhosen, schwarzlederne Gürtel, etwas zu hoch geschlitzte Röcke, gefärbte Perücken, Ausschnitte, die tiefen Tälern glichen … das rätselhafte Erotikon nachmitternächtlicher Stimmung hatte den Saal ergriffen und jagte, getragen von schrillen Akkorden, rauchigen Gesangsmelodien und aufpeitschenden Rhythmen durch die Seelen der halbberauschten Menschen. Ich ließ mich wie benommen über die Tanzfläche schubsen. Und plötzlich stand sie wieder vor mir:

die Schauspielerin. Sie trug keine Gesichtsmaske mehr, und ich erkannte sie sofort: Marie! Sie ergriff sanft meine beiden Hände, legte sie sich an die geschmeidigen Hüften und schaute mich dabei mit ihren strahlenden dunklen Augen an. Diese Augen! Maries Augen! Und schon begannen meine Hände sie zu führen, und wir tanzten durch die Menge, umfangen von den Melodien eines singenden Bandoneons. Und plötzlich war sie da, die Erinnerung an unsere erste Nacht ... die Ruhe, mit der sie meinen Gürtel geöffnet, die Gelassenheit, mit der sie ihr Hemdchen über den Kopf gezogen hatte ... die Zeit, die sie sich genommen hatte, um mich zu verführen ... ich mochte es gar nicht berühren, das Wort, und mochte nichts dazu sagen, als dass es eben gewesen war, in der Welt gewesen war, wie auch sie jetzt wieder in der Welt war. Und sich mitteilte mit ihren Augen, sodass ich teilen konnte, und Teil der Botschaft war aus ihrem Sein ... Blütengrüße und Akaziendüfte tauchten auf ... das allererste noch zaghafte Bild einer Linden-Allee ... Winterlinden, ausgestreute Blätter, Wegmarken und Düfte aus Traum und Wirklichkeit, der Allein-Weg, der plötzlich für Momente mündete in ein Wir, in der Mitte seiner inneren Spur, gesäumt von Weißdornhecken, Apfelblüten, Mandelbäumen und Lupinen ... der Weg, der in der Dämmerung noch sieht, und alle Nachtlampen grüßt als jahrhundertealte Vertraute. Duft von Moos, Gras und Wald. Und Lichter der Städte. Und fremde Sprachen. Und Straßen anderer Länder. Ich hatte in ihren Armen gelegen. Nächte mit ihr verbracht unter Mond und Sternen. Wir waren auf ungewisser Fahrt, schaukelnd auf einem Kuss in einen anderen Kosmos. Die Augen schließen. Schwindelerregende Welt. Ein Dorf im Schnee. Milch holen in der Kälte. Kristalle auf dem Fensterglas meiner Kindheit. Tränen-Prisma. In mir die tiefe Stimme eines sich noch entfaltenden Lebens. Mund, dem du trinkend ertrinkst. Eine zeichnende Hand, ein merkwürdiges Gelächter. In den Gassen die Hunde. Und Schritte in der Nacht. Ich spürte ihre tanzende Brust an der meinen, und die nachmitternächtliche Müdigkeit, die mich erfasst hatte, wich einer

Erlösung, einem Gefühl des Sich-fallen-Lassens in eine Wärme, die von ihrem Körper auf den meinen überströmte. Ich hielt Marie in meinen Armen. Die Musik war zu Ende. Sie nahm mich bei der Hand, schaute mich an und sagte wie beiläufig:
„Komm, lass uns nach draußen gehen."

Als wir uns kurze Zeit später so unvermittelt in dem weiten Schlosspark wiederfanden, lag der Geruch verbrannter und verglühter Feuerwerkskörper in der Luft. Klirrende Kälte hielt die Nacht im Griff. Wir gingen die lange Allee, die den Hauptweg säumte, hinunter. Der Widerschein gelblich-matt leuchtender Laternen rund um das Schloss und entlang des zentralen Schlosszugangs schien schwach auf die Schneeflächen. Ein auf dem Wege der Absichtslosigkeit Berührtes schaut uns an, dachte ich … beschämt ein wenig, und geht … dahin und dorthin … ungefolgt und von niemandem bemerkt, geht und spuckt Bilder in die sternenklare Nacht. Ich sah ab und zu hinüber zu Marie. Ein sich bewegender Schattenriss über dem Weiß. Der Bogen zu ihr war gespannt, der innere Raum gefüllt, die Hand gereicht, die Augen erkannt. Himmelsausschnitte waren sichtbar über den großen alten Bäumen der Allee. Sie waren sternenübersät. Wieder war ein Stück Milchstraße deutlich zu erkennen. Verdichtetes Licht durch Sternzusammenballungen … unendlich vielen … unendlich entfernten. Ein Streifen verschütteter Milch. Der Schnee knirschte unter unseren Füßen. Ab und zu rutschte ich auf dem vereisten Weg aus. Marie nahm wie selbstverständlich meine Hand. Als gäbe es nichts Einfacheres in dieser Sekunde. Teile von Sternbildern waren sichtbar … Löwe, Aronstab … Großer Wagen … Skorpion … der Himmel leuchtete hell und funkelnd … Sternenkarten weisen uns den Weg, dachte ich. Den inneren ahnen wir, und wissen, wann wir ihn verlassen. Wir blieben stehen. Ich nahm sie in meine Arme, spürte ihr volles Haar an meinen Wangen, schloss die Augen, spürte die Kälte um mich herum und gleichzeitig ihre Wärme. Eine wohltuende Müdigkeit hielt mich umfangen. Soviel ich weiß, bin ich gegründet im Schlaf, in der Kindheit, dachte ich ... soviel ich weiß, habe ich Sehnsucht nach der Sehnsucht ... soviel ich weiß, schenkt die Lebensuhr mit dem zärtlichen Zeiger der Zeit mir einzelne Stunden ... soviel ich weiß, ist mein Wegwasser klar und meine Herzkammer einsam verbunden ... soviel ich weiß, will Marie mir schenken ihr Haar, damit ich verstehe den Pfad, den sie ging ohne mich ... soviel ich weiß, ist ihre Berührung noch ohne Berührung, und ihr Vertrauen zu mir ohne Reue ... soviel ich weiß, stellt sie Kerzen auf, überwintert in Decken und hört ab und zu meine Stimme in ihre Nachtkammer wehen ... soviel ich weiß, bin ich jetzt bei ihr im Bogen der Zeit und helfe ihr in den Mantel ... ein Stern führt uns, das ist zu spüren, und Schweigen erhält uns alles Lebendige ... jetzt, wo ich gehe neben ihr, unter gütigen Sternen, dachte ich, öffnet sich mir die Welt, und will nicht gesprochen sein ... und wie denn das Tempo so langsam ist, der Blick zu ruhen beginnt, und Glück auftaucht wie ein scheues Reh, und wieder verschwindet, wie denn die Müdigkeit und das fahle Licht in seiner Allmählichkeit der Zeit Güte und Wärme gibt, wie denn der Sternenhimmel einfach da ist und dem Eigenen im Ungewissesten Gewissheit schenkt, schien es, als berühre Schlafes Bruder mich für einen Moment, und verschwände wortlos wieder in der klirrend kalten Nacht ... es ist eines Schlafenden Sein in mir, wie ein leiser Chorgesang in heimatlichen Wäldern, eine Wintermusik, die mein Ohr erreicht. Ich blickte auf. Marie löste sich langsam aus meiner Umarmung und schaute mir in die Augen. Sterne wieder. Ein Hund bellte in der Ferne. Ich sagte plötzlich zu Marie:

„Nächste Woche fahre ich nach Norwegen ... kommst du mit?"

Wohin hört das innere Ohr ... wem gibt sich meine Seele hin und wessen Haut (sind Kleider nicht die Haut einer Haut?) ... wer darf meinen Schlaf berühren, meine Kindheit liebkosen ... welcher Atem macht meine Sprache verstummen? Auf leisen Sohlen kam die Sehnsucht und öffnete mir die dunkelste Stunde. Lichtspur und Schneeschritt. Die Zeit stand still, und Schneevögel bevölkerten meine Seele. Ich schaute Marie lange in die Augen. Dann sagte sie, und ich sah in der Kälte den Hauch ihres Atems vor ihren Lippen:

„Ja."

17. Kapitel

In ganz Norwegen lag Schnee. Seit Tagen hatte es geschneit, und noch immer fielen weiße Flocken vom Himmel auf die Wälder. Der Zug hatte die Hochebene verlassen und fuhr in den kleinen Bahnhof von Oppdal ein. Vor Kurzem war die Dämmerung hereingebrochen. In den Häusern ringsum gingen vereinzelt Lichter an. Die Räder des Zuges quietschten. Ein Ruck noch, dann standen sie still. Die wenigen Gäste des Abteils nahmen ihre Koffer, Rucksäcke und Taschen, und gingen zum Ausgang des Waggons. Der Zug hatte die letzte Station der Bahnstrecke erreicht. Niemand schien in Eile zu sein. Als Marie und ich die Zugtür passierten, schlug uns kalter Wind entgegen, und dicke Schneeflocken nässten unsere Gesichter. Wir schulterten unsere Rucksäcke und stapften los, zuerst durch die kleine Bahnhofshalle, und dann wieder ins Freie. Die schneeglatten Straßen und Wege waren schlecht beleuchtet. Hütten, Holzhäuser und ein paar Steinhäuser waren zu erkennen. Wir folgten den wenigen Fußspuren, die, halb schon wieder verwischt vom leise fallenden Schnee, in Richtung der Häuser führten. Wie Wolfsaugen starrten die Lichter uns an. Bald schon hatten wir die letzten Hütten hinter uns gelassen. Die Schneeflocken, an den Straßenlaternen sichtbarer, fielen dichter und dichter. Marie und ich zogen unsere Kapuzen zu und hofften, bald die Jugendherberge zu erreichen. Der Schnee fühlte sich leicht an. Er knirschte kaum unter unseren Füßen, und der Wind wirbelte ihn immer wieder auf. Jetzt war es fast vollkommen dunkel. Keine Häuser mehr, keine Laternen. Nur schemenhaft die weißen Hügel, und in der Ferne ein Licht in der Landschaft: Das musste die Jugendherberge sein. – Ich war schon einmal hier gewesen. Vor fünf Jahren. Auf diesem Weg. In diesem Ort. Damals war es allerdings Tag, als mein Freund Wolf und ich in Oppdal angekommen waren. Jetzt, als ich mit Marie durch die Dunkelheit stapfte, überfielen mich die Bilder jener seltsamen Nacht, die ich damals hier verbracht hatte. – Marie blieb kurz stehen und wischte sich den Schnee aus dem Gesicht. Wir schauten uns an. Bald würden wir am Ziel sein. Wir waren den ganzen Tag unterwegs gewesen, waren müde und hatten wenig gesprochen. Der Zug war durch die winterliche Landschaft gefahren … unter wolkenverhangenem Himmel … an schroffen Felswänden vorbei … und über die jäh abfallende Uferlandschaft eines gewaltigen Fjordes. Immer wieder die wirbelnden Flocken vor den Zugfenstern, und das eintönig knirschende Geräusch der Räder des voraneilenden Zuges. Die Städte überwintern in innerer Emigration. Das Gesagte spricht sich bei Kerzenlicht, die Einladung gilt dem knisternden Ofen. Die Türen lachen gedämpft. Der letzte Gast greift im Schneewirbel mit Wollhandschuhen nach einer Straßenlaterne. Winterliches, weißes Tuch bedeckt die Lebenden und die Toten. Die Friedhöfe liegen begraben, und ruhen endlich in Frieden. Impuls und innere Regung führen ins Ungewisse, und gelassen legt die Schneespur den Pfad ins Kommende. Ins Niemand-hätte-gedacht, ins Keiner-hätte-erwartet. Ins Niemandsland, das sich öffnet im inneren Sammeln, und ahnt, und ordnet. Winterliches Reden ist eigentliches Denken. Es will nichts. Es rechnet nicht ab. Es ordnet nicht an. Es resümiert nicht. Es nimmt nichts zurück. Es schmiedet keine Pläne. Es spricht nicht aus Hoffnung. Es träumt nicht das Wagnis. Es verschweigt das Viele, und redet das Wenige, das Wahre. Die Morgende und Abende gehen wertvoll dahin, schreiten durch die weiße Pracht, und hinterlassen die Prägung offener Herzen. Im Winter begegnet sich nur was Bestand hat, und sich lieben kann in der Kälte. Von Worten flüsternd, die schlummern unterm Eis, und Zeichen geben, die keiner kennt. Botschaften sind es, die mit dem Schnee ihre Wirkung entfalten. Geheimnisse sind es, niemals gesagt und immer verstanden, geopfert zur ersten Stunde auf dem Altar von Schnee und Eis.

Mein Freund Wolf und ich hatten damals zwei Pferde gemietet. Wir waren durch den Schnee geritten. Die Pferde, den ganzen Tag im Stall, genossen ihre kurze Freiheit, wieherten, und trabten munter über die glatten Wege. Auch damals hatte es geschneit, war kalt, und die Handschuhe waren zu dünn. Meine Finger klammerten sich um die Zügel. Der Leib der Tiere dampfte, ihr Atem war sichtbar in der Kälte. Ab und zu schnaubten die Pferde heftig, oder schüttelten im Schneetreiben ihre Mähnen. Die Ränder der Wege waren kaum noch zu erkennen, so dicht fielen die Flocken. An einem Eisengitter, das quer über dem Weg angebracht war, scheuten die Pferde, stellten sich auf die Hinterbeine, warfen ihre Mähnen zurück und weigerten sich, weiterzutraben. Wir mussten umkehren. Der Pferdeverleiher hatte uns gewarnt. Ziemlich durchnässt kamen wir wieder zurück, zahlten die Miete und fuhren mit Wolfs Auto in die Herberge. Dort richteten wir uns häuslich ein, und kochten eine Suppe.

Marie und ich hatten jetzt dieselbe Jugendherberge erreicht, legten unsere Rucksäcke ab, schüttelten den Schnee von unseren Mänteln und traten ein. Wärme strömte uns entgegen. Bereits der kleine Vorraum roch nach Harz und Holz. Das Knistern eines Kachelofens drang hörbar aus einem der hinteren Räume. Ich klingelte an der kleinen silbernen Glocke auf der hölzernen Theke. Ein junges blondes Mädchen mit halblangem Haar kam. Sie war ausgesprochen freundlich und offen und fragte, woher wir kämen. Sie lachte. Wir wechselten ein paar Worte auf Englisch. Hütten gab es genug zu mieten um diese Jahreszeit. Das Mädchen nahm unsere Daten auf und gab Marie Schlüssel und Bettwäsche. Erleichtert darüber, dass wir eine Bleibe gefunden hatten, packte ich die beiden Rucksäcke. Wir gingen wieder hinaus ins Freie. Ein Holzsteg führte vom Haupthaus zu der kleinen Hütte, die wir gemietet hatten. Auf den Holzplanken des Weges lag ein wenig Schnee. Plötzlich rutschte ich aus, konnte mich gerade noch fangen und blieb einen kurzen

Moment stehen. Meine Finger fühlten den kalten Schnee auf dem hölzernen Geländer. Ja, ich erinnerte mich, hier war ich mit Wolf gewesen.

„Komm", sagte Marie und schaute mich lachend an.

Wir fanden die Tür mit der Nummer sieben. Endlich waren wir am Ziel. Ich steckte den Schlüssel ins Schlüsselloch. Das Loch war vereist. Der Schlüssel ließ sich nicht sofort drehen. Maria pustete ihren warmen Atem in die Öffnung. Kurze Zeit später drehte sie den Schlüssel um und öffnete die Tür. Wir kamen nicht in dieselbe Hütte, nicht in denselben Raum, doch war er jenem, den ich damals mit Wolf bewohnt hatte, sehr ähnlich. Ausgerüstet mit offenem Kamin, Stockbetten, einer bescheidenen Kochnische mit Töpfen, Herd, Spüle, Hängeregal, Geschirr, und ein wenig Besteck. Wolldecken lagen auf den Betten. Die Hütte roch nach Holz und nordischer Wärme. Wir setzten uns auf die einfachen Stühle und horchten in den Moment. Ich hörte mich atmen. Die tröstende Stille des Schnees, dachte ich. In der Ferne bellte ein Hund. Ich sah Marie lange an. Sie hatte Mantel und Stiefel ausgezogen. Ihr Gesicht war blass, die Lippen kaum gezeichnet. Ihr Blick war aufrichtig und ohne jede Anspannung. Wieder wurde ich erfasst von der Schönheit ihrer Augen, ihres Mundes. In mir brannte ein inneres Licht. Die Stunden standen still und mitteilungslos, wie ein unbeschriebenes Blatt, und gaben Raum. Mit traumhafter Sicherheit, mit der Sicherheit von Träumen, ging Marie durch diesen Raum. Ich fühlte mich geführt von Marie. Du bist mir eine fremde Schöne, dachte ich, und eine, die ich von weit her zu kennen scheine. Ein Winken am Kai. Das Hupen eines Busses, der im Wald verschwindet. Eine Träne am Fenster. Marie sagte:

„Ich werde uns einen Tee kochen", stand auf und ging zur Kochnische hinüber.

Ich hatte inzwischen den Mantel an den Garderobenhaken gehängt und die nassen Schuhe neben die Eingangstür gestellt, zog die Hauslatschen über, die neben der Tür für Gäste bereitlagen, setzte mich aufs Bett, und ließ meine Gedanken wieder in die Vergangenheit schweifen ... Wolf und ich hatten damals unsere Suppe zu essen begonnen und wechselten einige missmutige Worte. Der Tag war lang gewesen, das Abenteuer mit den Pferden nicht ganz so geglückt, wie Wolf sich das gewünscht hatte. Das Wetter war schlecht, die Dämmerung hereingebrochen. Plötzlich pochte jemand laut und heftig gegen die Hüttentür. Ich erschrak und schaute Wolf an. Hatten wir etwas vergessen? Pass? Unterschrift? Hatten wir die Hüttennummer verwechselt? War Wolfs Auto falsch geparkt? Oder waren Fremde unterwegs? Waren wir bedroht? Gab es Einbrecher und Diebe in dieser verlassenen Gegend? Wolf stand auf, drückte entschlossen die Klinke und öffnete mit einem Ruck. Ein frostiger Luftzug wehte durch die Tür ins Innere, und Schneeflocken wirbelten ins Zimmer herein. Vor mir krachte ein Körper der Länge nach auf die Bretter. Ich erschrak, sprang auf, und sah eine menschliche Gestalt vor mir liegen. Die langen, wirren Haare waren weiß vom Schnee, der kurze, rote Mantel durchnässt, Gesicht und Hände feucht. Vor mir lag – eine junge Frau. Wolf drückte die Tür wieder zu, riegelte sie ab, drehte sich um, sah mich an, lachte schallend und sagte laut:

„Guten Abend!"

Die Frau bewegte sich langsam und murmelte einige undeutliche Worte. Wolf beugte sich zu ihr hinunter und half ihr auf die Beine. Sie konnte kaum stehen und stierte mich an. Plötzlich war von draußen das Geräusch eines anspringenden Motors zu hören. Ein Auto heulte auf und fuhr davon.

Maries Stimme riss mich aus meinen Gedanken. Sie brachte Tee, Honig und Brot. Ich konnte noch nicht wahrhaben, dass ich wieder hier saß. Staunend sah ich Marie an. Wir wussten voneinander und ahnten den Moment. Ich trank Tee, doch ich war wie abwesend. Wolf und ich hatten der Frau damals auf den Stuhl geholfen und ihr den roten Mantel ausgezogen. Sie schwankte noch im Sitzen, und war offensichtlich betrunken. Ein Mädchen von zwanzig Jahren vielleicht. Sie brachte kein einziges zusammenhängendes Wort hervor, und grinste Wolf an. Sie sah ihn, und sah ihn nicht, zitterte, und fiel fast vom Stuhl. Ich stellte ihr einen Teller Kartoffelsuppe hin. Der Löffel fiel ihr aus der Hand. Sie lachte, und fand alles irgendwie komisch. Auch beim zweiten Anlauf konnte sie den Löffel nicht zum Mund zu führen und kippte sich stattdessen die heiße Suppe über Hals und Brust. Daraufhin führte Wolf ihr die Hand zum Mund. Die Suppe tat ihr offensichtlich gut. Die Situation schien sie keineswegs zu befremden. Sie verhielt sich wie unter Freunden und zeigte keinerlei Anzeichen von Misstrauen oder Furcht. Sie war hereingeschneit aus der Kälte und gekommen ohne Ankündigung. Ich empfand plötzlich das Ungereimte dieser Situation. Die betrunkene Frau verstand unsere Sprache nicht. Wir versuchten, Englisch mit ihr zu sprechen und fragten sie nach ihrem Namen. Ihre Antwort war ein Schwall Kartoffelsuppe, laszives Grinsen und unverständliches Gemurmel. An ihrer Physiognomie war abzulesen, dass sie uns verstanden haben musste. Nach einigen weiteren Versuchen erfuhren wir ihren Namen: Sie hieß Silvie.

Marie sah mich in Gedanken versunken, setzte sich neben mich, nahm mein Gesicht in beide Hände, sah mich an und küsste mich zärtlich auf den Mund. Ich war hier, bei ihr, und war doch nicht hier. Ich sah auf ihren Mund, und sah das Kaminfeuer von damals flackern. Ich sah ihre Augen, und sah Silvies stierenden Blick. Mein Kopf fiel auf Maries Brust. Sie legte ihren Arm um mich. Wir sind Höhlenkinder, dachte ich. Bauen uns unsere Nester, Schutz suchend vor den Verletzungen, den Verwirrungen unserer Seelen. Ich empfand die Kostbarkeit der Stunde. Ein Kuss an die Schläfe. Eine wärmende Hand. Das einfache Verlangen eines Lebens. Nicht allein sein. Nicht allein sein. Nicht allein sein.

Wolf und ich legten Silvie damals ins untere Bett. Ihre Kleider waren steif von Schnee und Kälte. Wie ein Sack fiel sie auf die Matratze. Wolf zog ihr die Schuhe aus, legte sie auf den Bauch und deckte sie zu, angezogen wie sie war. Sie schlief sofort ein und fing nach kurzer Zeit laut und knarzend an zu schnarchen. Wolf war inzwischen, ganz gegen seine Art, ziemlich nervös geworden. Er rauchte und trank Whisky aus der Flasche. Er roch nach Nikotin, Schweiß, Parfum und Alkohol. Seine Sätze wurden provozierend und zusehends aggressiv. Er widersprach, suchte Disput, Auseinandersetzung und Streit. Wolf war ein Spieler. Er brauchte Menschen, um zu spielen. Hinter jeder Freundlichkeit lauerte ein Hinterhalt. Wahrheit war ihm die vornehmste aller Lügen. Jede seiner Regungen war Methode, und jedes scheinbare Angebot ein Schachzug. Ich war ihm hoffnungslos unterlegen. Wir begannen zu lesen, während wenige Meter abseits Silvie weiter schnarchte. Er las mir ab und zu mit tiefer rauchiger Stimme eine Stelle vor, die ihm gefiel. Ich versuchte, mich zu konzentrieren, versuchte krampfhaft, aus einem Buch Passagen auf Karteikarten zu schreiben. Mein ganzer Körper war angespannt. Ich hörte Silvies tiefen Atemzug und ihr Schnarchen, das jetzt leichter wurde. Woher kam das Mädchen? Warum war sie hierhergekommen?, fragte ich mich immer wieder und zwang mich zu lesen. Wolf brummelte ab und zu vor sich hin. Der Aschenbecher quoll inzwischen über, und die Zigarettenstummel verbreiteten einen penetranten Gestank. Auch Wolf war inzwischen betrunken. Ich hatte gegen meine Müdigkeit angekämpft und ausgeharrt. Schließlich legte ich das Büchlein beiseite, wollte mich schlafen legen und fragte Wolf, in welchem Bett ich schlafen solle. Er sah mich mit glasigen Augen an, und plötzlich ging ein breites Grinsen über sein Gesicht. Er antwortete:

„Ich schlafe entweder im Bett über dem Mädchen. Oder im Bett neben dem Mädchen. Oder ..." – und er lachte mich schallend aus – „... im Bett bei dem Mädchen!" Dann zog er sich umständlich aus und legte sich, betrunken und nackt wie er war, zu Silvie unter die feucht gewordene Decke. Ich legte mich in das Bett gegenüber und war plötzlich hellwach. Erstaunt, betroffen und neugierig sah ich, wie Wolf sich mühte, dem schlafenden Mädchen die Kleider vom Leib zu ziehen. Die noch feuchte Jacke klebte an ihren Armen. Wolf löste die rote Schleife in Silvies Haar und knöpfte umständlich ihre Bluse auf. Ich lag wie gelähmt. Durfte dies sein, was da vor meinen Augen geschah? Sollte ich eingreifen? Was war das, was Wolf gerade im Zustand der Volltrunkenheit im Begriff war, dem Mädchen anzutun? Gebannt und in innerer Starre befangen sah ich zu, und meine Augen sogen gierig auf, was im Bett gegenüber im Halbdunkel vor sich ging. Ein leises, tiefes Grunzen begleitete jetzt Wolfs Handlungen. Seine Finger glitten unter Silvies Bluse, rissen ihren BH herunter und türmten ihre fülligen nackten Brüste über das Unterhemdchen. Dann beugte er sich über sie. Das Bett knarrte unter den beiden Körpern. Wolf berührte mit seiner kurzen dicken Zunge Silvies Brüste, leckte sie, saugte an ihnen, massierte sie heftig mit seinen Lippen und nahm sie schließlich ganz in seinen Mund. Der Geruch von Alkohol und Asche erfüllte den Raum. Silvie fing, noch schlafend, leise an zu stöhnen, und – ich traute meinen Augen kaum – legte ihre Arme langsam um Wolfs wuchtigen, nackten Körper. Wolf ließ nun ab von Silvies Brust, und in einer langen, umständlichen Prozedur gelang es ihm, Silvies Hose und schließlich ihr Höschen über ihre langen Beine zu streifen und aus dem Bett zu werfen. Nun begann er, sie zu befingern. Ich starrte halb angeekelt, halb lüstern auf Wolfs Hand, sah, wie er zärtlich und doch entschieden Silvies Scham streichelte, heftig zu massieren begann und mehr und mehr in Erregung zu versetzen wusste. Sie erwachte halb. Unwillkürlich spreizte sie leicht ihre Beine, entspannte sich zusehends, umfasste Wolfs Kopf mit beiden Händen, zog ihn zu sich herunter und küsste ihn auf den Mund. Unterhemdchen, BH und Bluse lagen auf dem Holzboden verstreut, und die Münder der beiden nun sich Liebenden ließen nicht mehr ab voneinander. Willig ließ sie zu, wie er ächzend in sie drang (das

Holzbett quietschte und knarrte und drohte niederzubrechen) und schließlich ihren schmächtigen Leib unter der Wucht seiner Erregung erzittern ließ. Ich hörte den heftigen Atem der beiden, und hörte mich selbst heftiger atmen. Schnell und ohne jede Kontrolle purzelten jetzt meine Gedanken durcheinander ... Der nächste Atemzug ist diese Nacht, dachte ich, ein Atemzug bis in die Morgendämmerung hinein ... ein Atemzug, der alles weiß und nichts behält ... ein Atemzug ohne Gedächtnis ... der nächste Atemzug ist dieser Blick ... ein Blick bis in den Schlaf hinein ... ein Blick, der alles weiß und nichts verrät ... ein Blick ohne Reue, ohne Rat ... der nächste Atemzug ist diese Hand ... eine Hand, die zärtlich in die Haare streicht ... eine Hand, die alles weiß, und alles kann ... eine Hand ohne Verstand, ohne Hast ... der nächste Atemzug ist dieser Mund ... ein Mund, der zart berührt, als ob er lächelte ... ein Mund ohne Scheu und ohne Scham ... ein Mund bis in den Schoß hinein ... der nächste Atemzug ist dieser Kuss ... ein Kuss, der alles weiß und nichts verrät ... ein Kuss ohne Gedächtnis ... – Wolf lag regungslos auf Silvies Leib. Nach einer Zeit, die mir ewig schien, wälzte er sich ächzend zur Seite und fiel wie ein schwerer Kloß auf den Rücken. Da sah ich Silvie liegen, im Halbdunkel. Nackt, schwitzend, und immer noch atmend. Ihre linke Hand lag entspannt auf ihrem Schenkel. Ihre Figur war schlank und schön. Für einen Moment hörte ich nur noch den ruhiger werdenden Atem von Silvie und Wolf. Der Mond schien zum Fenster herein. Es hatte aufgehört zu schneien. Plötzlich flüsterte Silvie:

„Water ... water ..."

Ich konnte mich jetzt aus meiner Starre lösen und setzte mich auf die Holzkante meines Bettes. Wie aus trümmerschwerem Traum erwacht, drehte Wolf seinen Kopf zu Silvie hin. Erst jetzt nahm er sie bewusst wahr. Unendlich langsam stand er auf, wankte zur Tür und ging, nackt wie er war, hinaus in den Schnee. Offensichtlich wollte er von irgendwoher Wasser holen. Plötzlich hörte ich von draußen ein lautes Krachen. Beunruhigt stand ich auf und eilte zur Tür. Da lag Wolf auf den Holzplanken des Stegs im Schnee und rührte sich nicht. Er war gestürzt. Ich rüttelte ihn, drehte ihn um, griff ihm unter die Arme, wuchtete ihn hoch, half ihm auf, begleitete ihn wieder nach drinnen, setzte ihn auf einen Stuhl und holte in der Küche Wasser. Als ich mich zu Silvie setzte, hatte sie sich inzwischen in eine der Decken gehüllt und saß halb aufgerichtet an der Rückwand ihres Bettes. Ich sah ihre schönen Brüste entspannt über die Decke hängen und reichte ihr das Wasserglas. Sie blickte mich ruhig an. Offensichtlich war sie nicht mehr betrunken und wusste nun, was sie tat. Sie nahm ihr Glas, trank, und sagte kein Wort. Ihr Blick war milde. Sie schien zufrieden mit ihrer Lage. Zufrieden mit ihrer Situation. Zufrieden mit dem Wasser. – Kurze Zeit später lagen Wolf und Silvie schlafend beieinander, und Wolf begann laut zu schnarchen. Ich war müde geworden. Noch einmal betrachtete ich die Gestalt der Schlafenden. Die ganze Szenerie hatte mich erregt. Und angeekelt. Meine Augenlider wurden schwer. Ich legte mich wieder ins Bett und überließ mich im Halbdämmer meinen Gedanken … Schmerz übermannte mich, wie ein nicht versiegender Brunnen. Verlassenheit. Stille, wie Stille, die von Tempelanlagen herüberweht … blind tappte ich herum und suchte im Innern nach Halt … tollpatschig … meine Seele verharrte im Bewegten … war verwundet … dämmerte vor sich hin … die Ankunft wessen, fragte ich mich … des Nicht-mehr-Reparablen? Einer neuen Verirrung? Gefangen im ziellosen Weiter … im Wandern ohne Trost … zwischen Baustellen, Häusern, Autos, zu Straßenenden hin … die Flucht in ein warmes Zimmer … ein Bett, in irgendein anderes Verlassensein … Traum spielen … Hoffnung spielen … Verzweiflung spielen … Melancholie spielen. Das Trockene, nüchterne, farblose Sein. Das Tor zum ewigen Vergessen … das Verschwinden jeglichen Gedächtnisses … die Mündung allen Seins in den kalten Kosmos … der Tote im Himalaya. – Mehr und mehr verloren sich meine Gedanken. Die Morgendämmerung brach an. Wolf hatte aufgehört zu schnarchen. Fahles Licht drang durch die Fenster der kleinen Hütte. Erschöpft schlief ich ein.

Marie riss mich jäh aus meinen Erinnerungen.
„Komm", sagte sie und wälzte mich mit einer heftigen Bewegung aufs Bett.
Ich war aufgewühlt von den Erinnerungen an die Bilder jener Nacht. Langsam löste sich mein angespannter Körper unter den zärtlichen Händen Maries und fand den Weg in die jetzige Stunde. Sie öffnete Bluse und BH, legte sie auf den einfachen Holzstuhl, der neben dem Bett stand, und streifte ihren nackten Busen wieder und wieder über mein Gesicht. Ich spürte die Zartheit ihrer Haut, die Erregung ihres Busens, und wusste, die Berührung würde mich erlösen. Erlösen aus der Bedrängung, der ich mich durch die Erinnerung an jenes Ereignis ausgesetzt sah. Dieses Ereignis, das ich so lange in mir getragen hatte, und welches mich die Anwesenheit Maries fast vollkommen hatte vergessen lassen. Marie presste ihre füllige Brust auf meinen Mund und ich öffnete meine Lippen. Ganz unten, in den Schrecknissen, Wirrnissen, Schmerzen, in der Leere und Öde und Einsamkeit eines verschlossenen, abgeschlossenen, verriegelten Herzens, einer Trauer, von der niemand weiß und wissen sollte, dort, in den tiefsten Kellern meiner Kinderseele, dort, wo er schlummerte, der Tote vom Himalaya, hatte sie hingefunden, dachte ich, hatte angeklopft und gehofft, dass ich öffnen würde. Marie küsste zart und schnell immer wieder meine Lippen, zog mir Hemd und Hose aus, streichelte meine Brust, und begann, meine Erregung mit ihrer Hand zu genießen ... Wie leise, ja, wie leise dreht sich das Rad ... wie stumm ist was dich bewegt ... wie unhörbar die Musik, die dich öffnet, dachte ich ... wie langsam der Rhythmus, der deinem Herzen eigen ist über die Jahre. Sturmvogel du, ich hab dich gesehen. Deine Honigaugen zumindest. Deinen Flug gegen die Winde. Wie du das Sonnenlicht trinkst, und dich tragen lässt über den Wassern. Sturmvogel du, werde nicht müde

zu fliegen in deinem Federkleid, denn das Glück, das dich trägt, ist still wie das Rad, und stumm, und unhörbar wie deiner Seele Musik ... – wild wirbelten Gedanken, Phantasien und Bildfetzen durch meinen Kopf. Längst waren wir in heftiger und innigster Umarmung, war Marie langsam über mich gestiegen. Sie hatte keinerlei Eile. Hielt inne, schaute mich an, und suchte immer wieder meinen Mund und meine Lippen in wilden Küssen. Die langsam gleitenden Bewegungen ihrer sich öffnenden Scham wurden heftiger und endeten schließlich in schauernder Erregung. Sie stieß einen heftigen langgezogenen Schrei aus und warf sich in einem Weinkrampf über meinen nackten Körper.

Lange nach Mitternacht wachte ich auf und sah, dass auch Marie wach lag. Sie hatte die Augen zur Decke gerichtet.
„Was ist los mit dir?", fragte sie mich mit leiser Stimme.
Ich nahm sie in meine Arme, küsste sie mehrere Male zärtlich aufs Haar und schwieg lange. Dann erzählte ich ihr die Geschichte, die an diesem Ort in mir so unausweichlich aufgestiegen war. Nachdem ich die Erzählung beendet hatte, fuhr ich fort:
„... und am nächsten Morgen saßen Wolf und Silvie beim Frühstück und waren wirklich vergnügt. Sie sprachen radebrechend Englisch, fuchtelten mit den Armen herum und deuteten an, dass sie wohl etwas betrunken gewesen waren letzte Nacht. Silvie sagte, dass sie einer Reisegruppe angehöre, die in Oppdal Unterkunft gefunden hatte, dass sie, nachdem sie mit der Gruppe in fröhlicher Runde getrunken hatte, am Abend einen Ausflug mit ihrem Freund gemacht und sich mit ihm vor der Herberge heillos zerstritten hätte. Sie wäre, so sagte sie, aus dem Auto gestiegen, und, betrunken wie sie war, zur nächsten Hütte gelaufen, in der Licht gebrannt hätte. Während Silvie uns dies erzählte, hätte Wolf immer wieder laut aufgelacht. Ich aber hatte geschwiegen, mich ausgeschlossen gefühlt und mich an dem Gespräch der beiden nicht beteiligen können. Ja, Marie," fuhr ich fort, „ich sehe immer noch Wolfs schadenfrohe

Blicke, die er mir immer wieder zuwarf. Schließlich haben wir unsere Sachen gepackt, unsere Koffer und Taschen genommen und waren hinaus in die kalte Morgenluft getreten. Frisch gefallener Schnee hatte die Wälder und Wege bedeckt. Wieder kläffte der Hund, der offensichtlich zu dem Gehöft gehörte. Wir waren mit unserem Gepäck den Holzsteg vor den Hütten entlanggegangen, hatten die Schlüssel zurückgegeben und die Übernachtung bezahlt. Wolf hatte die Autoscheiben von einer Eiskruste befreit, und dann waren wir mit Silvie nach Oppdal zu ihrer Gruppe zurückgefahren. Ach, Marie," beendete ich meine Erzählung und suchte Maries Augen in der Dunkelheit … „das ist jetzt fünf Jahre her."

Marie schmiegte sich noch enger an mich, legte ihre Arme fest um meinen nackten Körper, und kurze Zeit später schliefen wir eng umschlungen ein.

Der Morgen war frisch. Das Thermometer war weiter gefallen. Die letzten Schneewolken zogen am Himmel vorüber. Das Licht war schon hell, und ein Schimmer in der Ferne kündigte die heraufkommende Sonne an. Marie und ich schulterten unsere Rucksäcke, zahlten die Unterkunft und machten uns auf den Weg. Unsere Schuhe markierten eine deutlich sichtbare Spur im Schnee. Ein leichter Wind kam auf, und am Rand einer asphaltierten Straße, die in die Wälder führte, formten sich kleine Schneewehen. Umgeben von verschneiten Hügeln stapften wir stumm nebeneinander her Richtung Bahnhof, um unsere Rückreise anzutreten.

18. Kapitel

Aus dem Autoradio plärrte Popmusik. Ich fuhr mit einem kleinen Transporter nach Süden. Sommerwolken und Wolkenschatten huschten über die reifen Kornfelder, die der Sommerwind immer wieder in ein sanftes Meer aus gelben Wogen verwandelte. Ausgedehnte Wiesen, größere Waldabschnitte, hügeliges Land, umzäunte Kuhherden und Pferdekoppeln, und die roten Dächer von Einfamilienhäusern in beiderseits der Fahrbahn immer wieder auftauchenden Dörfern waren typisch für diesen Landschaftsstrich. In dieser Gegend war ich großgeworden, und doch war hier keine Heimat für mich. Ein Gefühl unüberbrückbarer Fremde überfiel mich, wenn ich an die Straßen und Häuser dachte, in denen ich aufgewachsen war. Starke Bilder stiegen in mir auf aus einer Zeit, die längst verloren war, und die wiederzufinden ich nicht hoffen konnte.

Ein halbes Jahr nach unserem Abenteuer in Norwegen hatte sich Marie wieder ihrer Theatertruppe angeschlossen. Ich wiederum hatte für mich beschlossen, nach Wien weiter zu ziehen und dort mein Glück zu versuchen. Die Trennung fiel uns nicht schwer, wussten wir doch beide von Anfang an, dass wir nicht würden zusammenbleiben wollen, und können. Zu unterschiedlich waren unsere Charaktere, unsere Ansprüche, unsere Erwartungen, unsere Wege.

Das Lenkrad war durch die mittägliche Sonne inzwischen heiß geworden, und meine sommerlich gestimmte Seele wanderte, getragen vom eintönigen Motorengeräusch und der plärrenden Musik, in die Tage meiner Kindheit. Ich spürte den warmen Stein auf der Terrassenmauer meines elterlichen Hauses, auf der ich wartend saß, wartend, dass das Mädchen, das zwölf Häuser weiter in der Nachbarschaft wohnte, vorbeikäme, wie sie jeden Tag nach der Schule hier vorbeigekommen war ... meine Kinderseele roch das Gras am Abhang, der hinter dem kleinen Sträßchen vor unserem Haus lag und hinunterführte ins Tal, das Gras, auf dem ich lag, und mich wälzte, und Halme pflückte, und auf dem mein älterer Bruder und ich mit unseren Freunden nach der Schule kämpften und tollten und balgten, und über das wir um die Wette hinunterrutschten auf abgerissenen Umzugskartons ... ich griff in das warme Stroh in der großen Holzscheune einer Farm, die nicht weit von uns im Tal lag und den Eltern eines Kindes gehörte, das mit mir zur Schule ging ... das Stroh, das pikste auf der Haut, wenn wir vom Scheunenboden heruntersprangen ... in dem wir uns versteckten und bedeckt von Halmen wie kleine Hunde weiterstreunten in die angrenzenden Wälder ... ich erinnerte mich an die trägen, in der Hitze flirrenden Sonntagsstunden, die kleinen Sommerhüte der Schulmädchen aus meiner Nachbarschaft ... – meine Augen wollten sich schließen und mussten doch wach sein, offen auf die Fahrbahn sich richten, und den Rückspiegel, den Seitenspiegel ständig im Blick haben ... sehnsuchtsvolle Bilder strömten mir aus einer inneren Welt, die mich so lange nicht mehr aufgesucht hatten. Ich empfand mehr als dass ich dachte, wie ich hinausschweifte damals, mir Abenteuer ausmalte auf gefährlichen Schiffen, ich über unbekannte Meere zog, ich in Ländern mit Stränden, Palmen und Hütten landete, und bei Eingeborenen wohnte ... ich phantasierte damals, wie ich Schätze suchte, und fand, an verborgenen Plätzen, und nach Hause brachte in hölzernen Seemannskisten ... auf meinen kleinen Ausflügen sah ich die ersten Käfer krabbeln, zertrat die ersten Ameisen, die in der Spur einer Ameisenstraße emsig Kiefernnadeln schleppten, und ich dachte daran, wie ich den ersten Kuckucksruf hörte, als ich an der Hand meiner Großmutter durch die Wälder spazierte ... ich sprang ins kalte Wasser eines Baches unter schattigen Bäumen, deren Namen ich nicht kannte, und kühlte meinen vom Laufen verschwitzten Körper ... ich tauchte das erste Mal den Kopf unter Wasser, öffnete das erste Mal die Augen und sah verschwommen die Steine, den Sand, die Schlieren, die Wassergräser ... plötzlich schmeckte ich den Kuchen wieder, den ich an einer meiner Kindergeburtstage bekommen hatte ... empfand wieder die paradiesischen Momente, wenn die Sabber-Zuckermasse den Hals hinunterlief und sich Richtung Magen arbeitete ... mein erstes Rendezvous tauchte in mir auf ... es war Spätsommer ... Winde waren gekommen, hatten sich verfangen in den großen, alten Bäumen eines Parks ... Wolken und Licht waren über die sommerlichen Gräser gezogen, reflektierend, sich spiegelnd im See, spielend mit den kleinen lustigen Wellen ... warum plötzlich diese Ruhe im Herzen, diese Stille unter offenen Himmel ... warum diese Stunde, die nichts wollte als Trost, Ruhe, Zärtlichkeit ... warum diese Zeit hinter der Zeit, die Bewegung des Gemüts ohne die Forderungen des Tages ... ein Vogelflug ohne Absicht und Ziel, warum plötzlich das Rauschen in den Kronen der großen Kastanien ... warum die Schritte, die langsamer gingen, warum die verharrende Seele, die betrachtend stehenbleiben wollte, und wusste, obwohl nichts gesagt war, und das Gegenüber erkannte, obwohl sie nichts kannte als die Geste, den Schritt, das unbekannte Lächeln ... die Vögel waren wieder da, und sie schwatzten in den Abend hinein, das Licht wurde schwächer, Silhouetten nahmen für kurze Zeit Gestalt an und täuschten Gewissheit vor, um bald wieder in der Dunkelheit zu verschwinden ... wir waren, unsicher voreinander, in die Dämmerung gegangen, am Wasser ... in ein Café ... Boote, Lichter, Musik, die letzten Gäste waren gegangen, ein Gespräch blieb zurück, Kerzen, Stille ... sie hatte den ersten Kuss gewagt, den ersten zarten Kuss, und ich wusste um den Moment, der nun Musik in mir war, und mich von nun an über die Stunden tragen würde.

19. Kapitel

Heftiges Donnerkrachen ließ mich aus meinem Bett hochschrecken. Ein Blitz hatte in unmittelbarer Nähe eingeschlagen. Der tiefe Traum, der mich im Schlaf gepackt hielt, war jäh unterbrochen. Ich war wie benommen, rieb mir den mittäglichen Schlaf aus den Augen und tastete nach der Bettkante. Mein Herz pochte heftig. Ein Angstgefühl lauerte in meiner Magengrube. Ich hörte heftigen Gewitterregen gegen die Scheiben meiner kleinen Wohnung prasseln und blickte nach draußen. Die Sicht war verwässert. Durch Rinnsale, die die Fensterscheiben entlang nach unten rannen, verwandelte sich die Glasfläche in ein fließendes Gemälde aus hellen und dunklen Flecken. Plötzlich hörte ich von Ferne mehrmals lautes Klirren. Ich hielt den Atem an. Im nächsten Moment sah ich einen grellen Blitz zucken, und eine Sekunde später krachte ein weiterer Donnerschlag und hallte wider in den angrenzenden Häuserschluchten der Stadt. Für einen Augenblick klang das explodierende Geräusch als leises Summen in meinen Ohren nach.

„Hilfe! Hilfe!", schrie plötzlich jemand vom Hof her, der tief unten am Fuß des Turms lag.

Eine Wendeltreppe schlängelte sich im Inneren des Turms in engen Windungen von meiner Wohnung im 4. Stock nach unten. Hastig sprang ich aus dem Bett, zog mich an, trat vor die Tür, eilte die Treppen hinunter und stürzte hinaus in den Hof. Der Regen prasselte auf mich ein und durchnässte mich sofort. Unter der weit offenstehenden Tür der Parterrewohnung fuchtelte die Frau des Hausmeisters wild mit den Armen und schrie um Hilfe. Im nächsten Moment hörte ich schnelle Schritte und heftiges Gepolter von der Haustür her. Kurze Zeit später stürmten drei Polizisten über den Hof zu uns. Der jüngste von ihnen hatte ein Gewehr geschultert. Mehrere heftige Blitze und ein weiteres Donnerkrachen ließen mich wieder zusammenzucken. Die Polizisten stürmten an uns vorbei in die Wohnung und kamen kurze Zeit später wieder heraus. Offensichtlich hatten Einbrecher das Gewitter genutzt, um die Scheiben der Hausmeisterwohnung einzuschlagen und waren im Schutz von Regen und Donnerschlägen unerkannt entkommen. Sie waren, wie sich bald herausstellte, mit einer größeren Summe Geldes entflohen. Einer der Polizisten sprach mit der Frau des Hausmeisters, die weinend und in gebrochenem Deutsch berichtete, wie ihr Mann aus dem Haus gegangen war, kurze Zeit später zwei maskierte Einbrecher die Scheiben des Schlafzimmers eingeschlagen hätten, durchs Fenster hereingekommen seien, einer der beiden sie mit einer Waffe bedroht und sie unter Todesangst den beiden gezeigt hätte, wo die große Summe Geldes, die sie kurze Zeit vorher von der Bank abgehoben hätten, versteckt lag. Ich hatte inzwischen im Eingang der Hausmeisterwohnung Schutz vor dem Regen gesucht und berichtete den Polizisten, dass ich während des Gewitters Scheibenklirren gehört hätte. Sie nahmen alles Gesagte zu Protokoll. Danach entließen sie mich wieder und ich konnte gehen. Nachdenklich stieg ich die Wendeltreppe hinauf in meine Wohnung. Gerade noch in einem tiefen Traum befangen, dann das Gewitter, das Scheibenklirren, die Hilferufe, der Regen, die wildfuchtelnde weinende Frau, die Polizisten ... und dies alles innerhalb weniger Minuten. Ich wechselte meine nassen Kleider, entschloss mich, einen kleinen Spaziergang zu machen, griff meinen Regenschirm, stieg die Wendeltreppe wieder hinunter und trat hinaus auf die Gasse. Ein Schnürlregen hatte inzwischen eingesetzt, und Tropfen prasselten in eintönigem Rauschen auf meinen Schirm. Die Gasse führte leicht bergauf. Matt schimmernde Pflastersteine spiegelten diffuse Lichtpunkte wider, die aus Autoscheinwerfern, Straßenlaternen und den Fenstern hoher Gründerzeithäuser auf die Steine fielen. Die Stadt lag in träges Dunkel gehüllt. Nur wenige Menschen waren unterwegs. Sie eilten mit nassen Schuhen, verhüllt in Regenkleidung, oder hastig gehend unter schwarzen Schirmen die Gasse hinauf oder herunter. Einige verschwanden in großen, steinernen Hauseingängen. Manche wechselten die Straßenseite. Dabei hüpften sie in kleinen Sprüngen über die Rinnsale, die sich inzwischen an den Bordsteinen gebildet hatten und die Gasse hinunterliefen. Hier war ich nun, unterwegs in einem alten Viertel der Stadt Wien, und ging durch die Häuserschluchten. Ich konnte mir selbst keinen Grund nennen, warum ich hier war, warum ich diese Straße entlang ging, warum ich an diesem Ort mitten im Regen Wege ging, die ich noch niemals gegangen war.

Ich hatte eine kleine Wohnung in einem Hinterhof gefunden. Seit wenigen Tagen erst wohnte ich hier und hatte mich notdürftig eingerichtet. Durch eine Zeitungsanzeige hatte ich Kontakt zu einem kleinen Familienbetrieb, der in der Innenstadt Hüte herstellte, aufgenommen. Übermorgen schon sollte ich, mit zehn Minuten Frühstücks- und dreißig Minuten Mittagspause zu sehr geringem Lohn dort anfangen. Keine gute Aussicht für mich, aber eine Aussicht. Ziellos bog ich um eine Ecke, folgte einer alten Frau, die, ganz in Schwarz gekleidet, einen kleinen Hund an der Leine führte, der, schlecht gelaunt, so schien es, durch den Regen watschelte, bis sein Frauchen in einem der mächtigen Gründerzeithäuser verschwand. Ich war da, in einem Anfang, hatte neuen Boden unter den Füßen, empfand das Wagnis, und die Angst, horchte für einen Augenblick hinein in meinen eigenen Herzschlag. In das All, in die Weltzeit. Mein Fleisch schien zu schwinden, und mir war, als bestünde ich nur noch aus Knochen und einem zitternden Herzen. Würde ich hier, in dieser Stadt, Fuß fassen können? Das vor langer Zeit noch an anderem Ort sicher Gelebte verwandelte sich in Bilder einer blasser werdenden Erinnerung, die in einem schwarzen Krater zu versinken drohten. Mir kam plötzlich Eleonora in den Sinn, der Brand im Theater, Bruno, das Gartenhaus, der viele Schnee und Brunos mondsüchtige Freundin. Sehnsucht nach dem, was ich einmal verlassen hatte, überkam mich, und der Wert der vergangenen Zeit stieg durch die unwiderrufliche Grenze, die ich durch meinen Weggang diesem Erleben an jenem bestimmten Ort gezogen hatte.

Gefühlsperlen bildeten sich am Rand meines Herzens. Verlangen nach dem, was ich geglaubt hatte, verlassen zu müssen. Und diese Empfindung, das wusste ich, konnte nur sein und lebendig werden und mich ergreifen, weil nicht mehr war, was ich mit dem Ort, den ich verlassen hatte, verband. Aber jetzt war ich hier. Und ging andere Wege. Durch Pfützen. Und hörte den Regen. Und war in einer anderen Stadt. Und bog um andere Ecken. Plötzlich stand ich vor einem Kaffeehaus. Ich klappte meinen Regenschirm zu, trat durch eine gläserne, mit altem, poliertem Holz eingefasste Drehtür ein und hängte meinen Mantel an die Garderobe, die sich direkt neben dem Eingang befand. Undeutlicher Lärm von redenden Menschen umgab mich jetzt. Drei geschäftige Kellner in Kellnermontur balancierten ihre Tabletts zwischen alten Tischen, nahmen Bestellungen auf, brachten Kaffee oder Essen an die Tische, tippten Rechnungen in ihre kleinen Maschinen, nahmen dankend Trinkgeld entgegen oder verabschiedeten sich mit ein paar witzigen Bemerkungen von im Aufbruch befindlichen Gästen. An der Garderobe hingen Zeitungen an Stangen, und ich sah an den Tischen Köpfe hinter aufgeschlagenen Journalen verschwinden. Im hinteren Teil des Kaffeehauses, der durch eine lange, zweistufige, leicht gebogene Treppe vom übrigen Raum getrennt war, saßen meist ältere Männer. Sie trugen dunkle, etwas heruntergekommene Anzüge, beugten sich über viereckige Tische und spielten Schach oder Mühle. Ein Geruch, wie ich ihn aus den Räumen meiner Großmutter kannte, lag in der Luft. Durch den Regen draußen hindurch strahlten die alten Straßenlaternen ein wenig Licht ins Innere. Die vier mächtigen Kronleuchter, die gleichmäßig verteilt von der Stuckdecke hingen, waren eingeschaltet. Das Kaffeehaus füllte sich mehr und mehr. Ich konnte keinen freien Tisch mehr entdecken. Langsam und zögernd ging ich weiter ins Innere des Raumes und blieb schließlich an einem Tisch stehen, an dem ein etwa fünfundvierzigjähriger Herr mit schwarzem, leicht angegrautem Vollbart saß und Kaffee trank.

„Darf ich mich zu Ihnen setzen, mein Herr?", fragte ich höflich und leise.

„Aber bitte sehr, setzen Sie sich nur", antwortete er mir mit ungewöhnlich klarer und lauter Stimme.

Dabei sah er mich mit seinen dunklen, funkelnden und wachen Augen an. Sein Gesicht war von Augenringen und Falten gezeichnet. Er war, so mutmaßte ich, jünger als er aussah. Ich vertiefte mich in die Speisekarte und arbeitete mich langsam durch die vielen verschiedenen Kaffeesorten, die dort aufgelistet und angeboten waren. Der Herr schien meine Verunsicherung zu bemerken und sagte in leicht fürsorglichem Ton:

„Nehmen Sie doch den Einspänner, der ist wirklich gut, den kann ich Ihnen empfehlen, ganz hervorragend, die Leute kommen oft von anderen Bezirken hierher, nur um den Einspänner von hier zu trinken …"

Der Mann hatte längst bemerkt, dass ich kein Österreicher war.

„Ja, da kennt sich ja keiner aus, bei so vielen Kaffeesorten … meinen Sie wirklich, ich sollte es versuchen mit Ihrem Einspänner?", antwortete ich.

„Also bitte, der Einspänner gehört nicht mir, ich habe ihn nur empfohlen …", warf er ein und brach dabei in ein so polterndes Gelächter aus, dass einige der in der Nähe sitzenden Gäste halb irritiert halb, belustigt herüberschauten. Sein Gelächter wollte nicht enden, obwohl ich selbst das Ganze nicht besonders witzig fand. Als er sich schließlich beruhigt hatte, sah ich ihm in sein immer noch heiteres Gesicht und fragte ihn direkt:

„Sind sie Schauspieler?"

„Ja, das haben Sie aber schnell erraten!", gab er sofort zurück.

„War nicht besonders schwer …", erwiderte ich mit leicht ironischem Unterton. „Was spielen Sie denn gerade?"

„Fragen Sie mich nicht … fragen Sie mich nicht! Es ist furchtbar!", polterte er plötzlich los, und sein Gesichtsausdruck änderte sich schlagartig.

Zornesfalten bildeten sich auf seiner großen Stirn, sein Blick wurde stechend, die Gesichtshaut rötete sich leicht, und sich selbst in Rage redend fuhr er fort:

„Nichts funktioniert hier, nichts, aber auch gar nichts! Der Regisseur versteht nichts vom Theater, die Kollegen haben keine Lust, die Proben gingen nicht voran, ich saß die halbe Zeit nur dumm herum, und jetzt muss ich Abend für Abend diesen Schwachsinn spielen ... ich meine, das Stück ist ja gut, ja sogar hervorragend, nicht dass Sie mich falsch verstehen, aber die Inszenierung! Es ist zum Kotzen, und ich bin froh, wenn dieser Spuk endlich vorbei und dieser Kelch an mir vorübergezogen ist!"

„Was ist es denn für ein Stück?", warf ich schnell ein.

„Die Dreigroschenoper von Brecht", gab er zur Antwort.

„Aha", sagte ich.

„Furchtbar, sage ich Ihnen", fuhr er fort. „Furchtbar!! Ich halte diesen Dilettantismus nicht mehr länger aus! Das ist mein letztes Stück! Ich schwör's, und Sie sind mein Zeuge! Ich werde den Beruf wechseln! Ich werde nie wieder Theater spielen!! Ich werde einen Weinberg bei Mödling kaufen! Seit siebenundzwanzig Jahren mache ich das jetzt schon mit, und immer wieder derselbe Mist! Desorganisation, miese Proben, schlechte Regisseure, Missgunst, Mobbing, Korruption, Konkurrenz, Stress ohne Ende – das einzige, was stimmt ist die Bezahlung – Schmerzensgeld ist das, Schmerzensgeld sage ich Ihnen, nichts als Schmerzensgeld!!"

„Ist es denn wirklich so schlimm?", warf ich kurz dazwischen.

„Ach, Sie haben doch keine Ahnung! Keine Ahnung haben Sie! Ich seh' es doch schon wieder voraus! Immer dasselbe! Da sitzen die Herren Staatssekretäre und Sesselfurzer, die Industrieheinis und Wasserwerkvorständler und applaudieren begeistert, und mit frenetischen Bravo-Rufen bei dem berühmten Satz: ‚... was ist der Überfall auf eine Bank gegen die Gründung einer Bank!' Verstehen Sie, und nach der Vorstellung nehmen die Gattinnen ihre Pelzmäntel und loben die Inszenierung über den grünen Klee, und wie gut der Schetzling wieder gespielt hat! Das ist es, was mich so ankotzt! Diese abgrundtiefe Verlogenheit dieses ganzen Alibibetriebes! Dieses ganze verdammte geheuchelte Huren-Theater!!"

Sprach's, und sah mir dabei direkt in die Augen.

„Haben Sie denn noch nie ein Stück gespielt, das Ihnen Spaß gemacht hat?", fragte ich ihn leise.

Er starrte auf seinen Kaffee, und sah mich wieder an. Sein Atem beruhigte sich etwas. Eine lange Pause entstand. Dann begannen seine Augen zu leuchten ...

„Doch, doch, natürlich. Natürlich hab ich das!"

„Erzählen Sie doch, wenn es Ihnen nichts ausmacht ...", ermunterte ich ihn.

Ein breites Grinsen ging über sein Gesicht. Er strich sich kurz über seinen Bart.

„Nun ja", sagte er, und kurze Zeit später begann er leise zu sprechen. Er wirkte nachdenklich, und war in sich versunken, als wolle er die Bilder vergangener Zeiten in sich heraufbeschwören:

„Ich war grade mal zwanzig, eben aus dem Gefängnis entlassen." – und er sagte dies so, als müsste jeder wissen, dass er im Gefängnis gesessen hatte. „Wir hatten eine wilde Truppe beisammen, angehende Schauspieler, und solche, die sich dafür hielten ..."

Hastig nahm er einen Schluck Kaffee, setzte seine Tasse wieder ab und fuhr fort:

„Der Scheich von Saudi-Arabien war damals in der Stadt. Und wenn der Scheich von Saudi-Arabien in die Stadt kommt, das müssen Sie wissen, dann kommt nicht nur der Scheich von Saudi-Arabien in die Stadt!"

Und wieder lachte er aus voller Kehle, und es war ein tiefes Lachen, das aus den dunkelsten Bauchregionen eines Vollblutschauspielers, für den ich ihn inzwischen halten musste, hervorbrach. Als er sich wieder beruhigt hatte, erzählte er weiter:

„Da waren die Brüder des Scheichs, ihre vielen Frauen und Kinder, die Minister und Staatssekretäre mit ihren Familien, die Onkels, die Tanten, die Cousins mit ihren Kindern, Freunde, Bekannte, Ölscheichs und Wirtschaftsleute und ihre weitverzweigten Familien – kurzum, Wien war voll von Turban tragenden, in weißen wehenden Gewändern geschäftig einhergehenden Männern und burkabewaffneten Frauengrüppchen, die die teuersten Boutiquen in der Kärtner Straße leerkauften."

– „Was wünschen der Herr", fragte mich plötzlich eine hohe Stimme von der Seite. Der korpulenteste der Kellner war schnaubend und schwitzend, eine fettige Haarsträhne über der Stirn, an unseren Tisch getreten und hielt seine kleine Maschine in der Hand.

„Einen Einspänner bitte, und ein Glas Wasser", sagte ich leise und schaute ihm dabei in seine müden, glasigen Augen.

„Aber bittschön, Wasser, Wasser, Wasser is' bei uns immer dabei, das müssen's nicht extra bestellen!!", sagte er unwirsch und schlechtgelaunt, tippte die Bestellung umständlich in seinen Apparat und machte auf dem Absatz kehrt.

„Nehmen Sie ihm das nicht übel", warf mein Gesprächspartner ein. „Die sind hier alle so!"

Und dabei schaute er mir verschmitzt in die Augen. Dann lehnte er sich langsam zurück und setzte seine Erzählung fort:

„Unsere wilde Truppe saß also beim Bier und dachte sich: Das ist unsere Stunde! Wir besorgten uns weiße Turbane und weiße Kaftane, klebten uns dunkle Bärte an die Oberlippen und unters Kinn, färbten unsere Haut dunkel, besorgten uns ein paar billige Ringe und entsprechende Schuhe und übten uns in arabischen Gurgellauten. Der erste Versuchsballon war das Hotel Sacher. Wir betraten die heiligen Gemächer des Hotels als Pulk, vornehm aber entschieden, wurden tatsächlich sofort an den besten Tisch gebeten und mit ausgesuchter Höflichkeit bedient. Natürlich war uns allen etwas mulmig zumute. Helden waren wir nicht! Wir gestikulierten heftig, immer wieder auf die Speisekarte zeigend, bestellten in Englisch mit starkem arabischem Akzent, oder das, was wir dafür hielten, aßen und tranken ausgiebigst, unterhielten uns lebhaft in scheinarabischer Sprache, und als der Kellner die Rechnung brachte, machten wir ihm in sehr gebrochenem Deutsch, jedoch unmissverständlich klar, dass dieselbe an unseren Herrn Vater, den Scheich von Saudi-Arabien, zu gehen habe. Wir nannten ihm die Adresse des Konsulats von Saudi-Arabien, standen auf, eilten geschäftig und zügig Richtung Ausgang und trabten lachend, uns gegenseitig mit arabisch klingenden Phantasiesätzen anheizend zur nächsten Adresse. Auf diese Weise fraßen und tranken wir uns vier Tage lang durch die teuersten Restaurants von Wien! Und nie hat uns jemals jemand belangt oder entlarvt! Nie! Währenddessen nicht! Danach nicht, und bis heute nicht! Das ist Theater, wissen Sie, so geht Theater! Aber damit ist's endgültig vorbei! Heute gibt's ja nichts als nette Geschichtchen für ein braves, zahlendes, verehrtes Publikum!!"

Ich war hellwach. Die kleine Geschichte hatte mich begeistert, und der bärtige Schauspieler, der kein Unbekannter zu sein schien, zog mich mehr und mehr in seinen Bann. Der Abend war inzwischen weit fortgeschritten, und das ohnehin schon gut gefüllte Kaffeehaus wurde noch voller. Mein Blick blieb an der Drehtür hängen, durch die zwei Gestalten, die schwarze Koffer bei sich trugen, eintraten. Sie gingen in den hinteren Teil des Kaffeehauses und packten dort, lustig plaudernd in einer Sprache, die ich nicht verstand, ihre Koffer aus. Zwei Musiker waren es. Der eine hielt plötzlich eine Geige in der Hand, der andere spielte ein paar wenige Töne auf einem Akkordeon.

„Es ging aber nicht immer so gut aus, müssen Sie wissen", fuhr mein bärtiger Gesprächspartner fort, und sein Gesichtsausdruck wurde wieder düsterer, behielt aber seinen schelmischen Glanz.

„Wir erlebten auch eine schlimme Geschichte, eine sehr schlimme Geschichte!"

Und während er dies sagte, hob er mit großer Geste seine Hand, als wolle er etwas von sich abwehren.

„Wir hätten uns damals fast um Kopf und Kragen gespielt!"

„Sie machen mich neugierig, erzählen Sie!", warf ich schnell ein.

Langsam strich er sich über seinen Bart, starrte nach einer kurzen Pause wieder auf seine Kaffeetasse und versank leise redend in seinen Erinnerungen:

„Als unsere Gruppe durch andere etwas zivilisiertere Aktionen bekannter geworden war, erhielten wir ein Angebot von einer Kirchengemeinde aus der Schweiz. Sie fragten an, ob wir bereit wären, mit einer Veranstaltung zugunsten von Brot für die Welt einen künstlerischen Beitrag gegen den Hunger in der Welt zu leisten. Wir sagten sofort zu unter der Bedingung, dass wir eine kleine Aufwandsentschädigung als Vorschuss bekommen würden. Eine Woche später hatten wir einen Scheck über einhundertfünfzig Schilling in der Hand. Kurz bevor es so weit war, kauften wir Lebensmittel ein, was das Zeug hielt: Hähnchenschlegel, Bratwürste, Eisbein, Bier, Wein, Champagner, Berge von Ananas, Tomaten, Paprika, Bananen und vieles mehr. Dann machten wir uns mit einem geliehenen Kleintransporter auf in die Schweiz. Nach etwa acht Stunden vergnüglicher Fahrt kamen wir in ein idyllisches Dorf am Fuß der Glarner Alpen. Wir waren sehr gut gekleidet, in weißen Hemden, Anzügen, Krawatten, und als wir eine Stunde vor Beginn der Veranstaltung, die in einem kleinen Gemeindesaal mit Bühne und dunkelrotem Vorhang stattfand, ankamen, baten wir die sehr zuvorkommende Leiterin der Veranstaltung, uns ohne jegliche Störung vorbereiten zu dürfen. Der Vorhang sollte geschlossen bleiben."

Der Kellner trat wieder an unseren Tisch. Schnell, und mit Bewegungen, die durch jahrzehntelange Wiederholung zu perfekter Routine erstarrt waren, setzte er den Einspänner, den ich bestellt hatte, und ein Glas Wasser vor mich hin. Dabei ertönte in dem Moment, als der kleine Löffel beim Aufsetzen der Kaffeetasse auf den Tisch gegen die Wand der Porzellantasse schlug, ein kurzes Klirren. Dann fuhr der Schauspieler in seiner Geschichte fort.

„Wir installierten also bei geschlossenem Vorhang auf der Bühne einen langen Tisch, deckten ein blütenweißes Tischtuch aus Stoff drüber und bauten die gesamten Essensberge auf ... die Hähnchenschlegel, die Bratwürste, das Eisbein, die Bierflaschen, den Wein, den Champagner, die Berge von Ananas, Tomaten, Paprika, Bananen, und alles andere auch. Dann setzten wir uns zu sechst um den Tisch. Draußen im Saal hörten wir bereits Stühlerücken und immer mehr Stimmen. Viele Menschen waren aus den ganzen umliegenden Dörfern gekommen, und der kleine Saal war schließlich mit etwa hundertzwanzig Leuten gut gefüllt. Als alle ihren Platz gefunden hatten und gespannte Ruhe einkehrte, gaben wir der Veranstalterin ein Zeichen. Sie stellte sich vor den Vorhang, begrüßte die Besucher in ausgesuchter Höflichkeit, stellte unsere Gruppe in warmherzigen Worten vor, betonte, dass wir, die Künstler, komplett auf unsere Gage zugunsten von Brot für die Welt verzichten würden, und dass der Erlös der Veranstaltung dieses Mal für ein Projekt gegen den Hunger in der von einer schrecklichen Dürreperiode heimgesuchten Provinz Kayan in der Republik Myanmar gespendet würde. Weitere Spenden wären sehr willkommen und könnten am Ende der Veranstaltung in die von einigen Helferinnen der Kirchengemeinde am Ausgang bereitgehaltenen Körbchen gegeben werden. Dann öffnete sich langsam der Vorhang und wir begannen hemmungslos und ohne jede Vorwarnung zu saufen und zu fressen, rissen vulgäre Witze, unterhielten uns laut und ungeniert und heizten uns mit schallendem Gelächter gegenseitig immer weiter an. Sie können sich vorstellen, dass das nicht lange gut ging. Nach einem kurzen Moment der Sprachlosigkeit steigerte sich die Unruhe im Saal mehr und mehr ... Rufe wurden laut ... ‚Unverschämtheit!!', ‚Sofort aufhören!', ‚Holt die Polizei!!', ‚Solche wie euch sollte man aufhängen!!' Bleich und fassungslos stürzte die Veranstalterin auf uns zu und flehte uns an, das Stück sofort zu beenden. Der Pastor kam hinzu, baute sich vor uns auf und brüllte uns an: ‚Verlassen Sie in Gottes Namen sofort die Bühne!!' Doch, einmal in Fahrt, ließen wir uns nicht aus der Ruhe bringen. Wir unterhielten uns noch lauter und fraßen und soffen weiter ... hier ein

Bier, da ein Glas Champagner … Charlie, unser Anführer, kotzte in einen bereitgestellten Eimer und wir begleiteten ihn mit frenetischen HOHOHO-Rufen. Merkwürdig fand ich, dass niemand auf die Idee kam, den Vorhang zu schließen! Eilig wurde die Kantonspolizei gerufen. Die Beamten verhafteten uns, und wie in einem Spießrutenlaufen mussten wir uns, in freundlicher Begleitung der Kantonspolizei, an den erhobenen Fäusten der aufgebrachten Besucher unseren Weg bahnen. Wir wurden abgeführt und mit Blaulicht in das Gefängnis einer nahegelegenen Kleinstadt gefahren. Dort verbrachten wir die Nacht in einer Zelle. Am nächsten Morgen wurden wir dem Haftrichter vorgeführt und zu einer Geldstrafe und lebenslangem Einreiseverbot verurteilt. Kurze Zeit später durften wir unsere Sachen packen, und unser Kleintransporter wurde unter Polizeieskorte zur Landesgrenze begleitet."

Mein Gesprächspartner schwieg. Eine längere Pause entstand. Ich wusste nichts zu sagen, und war beeindruckt von seiner Erzählung. Ab und zu hörte ich einzelne Töne und Akkorde von den Musikern, die sich auf ihren kleinen Auftritt vorbereiteten. Bilder von Tauben, die in Hinterhöfen gurrten, kamen mir plötzlich in den Sinn. Morgende. Tauben, Mitbewohner der inneren Steinwüsten. Mein Gegenüber trank hastig seinen letzten Schluck Kaffee, schaute mich an und fragte unvermittelt:

„Sie sind noch nicht lange hier in Wien?"

„Nein", antwortete ich leise. „Ich wohne erst seit ein paar Tagen hier, in der Blindengasse."

„Ach, in der Blindengasse! Das ist ja gleich hier um die Ecke … sagen Sie, suchen Sie vielleicht Arbeit? Also wenn Sie Arbeit suchen, in der Dreigroschenoper sind glaube ich ein paar Komparsen ausgefallen. Die zahlen gut hier am Theater!"

„Ach wirklich? Ich hab das schon mal gemacht, in einem kleineren Theater …"

„Na umso besser! Sie werden sehen, die nehmen Sie mit Handkuss! Ich geb' Ihnen mal die Nummer vom Komparsenchef,

Wächtermann heißt er, rufen Sie da einfach mal an, Sie können sich auf mich berufen, ich heiße Uwe, Uwe Schetzling."

Er gab mir seine starke Hand, ich schaute ihm in die Augen und sagte:

„Freut mich sehr! Ich heiße Alexander."

Er schrieb mir Nummer und Namen auf eine Serviette und schob sie mir über den Tisch. Dann winkte er dem Kellner, zahlte die Rechnung, stand auf, gab mir noch einmal einen kräftigen Händedruck und verabschiedete sich mit den Worten:

„Jetzt müssen's aber Ihren Einspänner trinken, der ist ja längst kalt!"

Dann drehte er sich um, schob ungeduldig und mit der Wucht seines ganzen Körpers die Drehtür an und verschwand.

Ich blieb zurück, schloss für einen kurzen Moment die Augen, und hörte die gedämpften, die murmelnden Stimmen der Menschen im Kaffeehaus. Die beiden Musiker begannen zu spielen. Bald erfüllte eine liebliche Melodie, die Melodie eines Musette-Walzers den Raum. Dazwischen hörte ich immer wieder Geschirrklappern, Löffelklingen. Ich öffnete die Augen. Plötzliches Donnerkrachen von draußen ließ einige Gäste zusammenzucken. Das Licht der mächtigen Kronleuchter flackerte. Kellner hetzten hektisch hin und her. Kein einziges Mal hatte Herr Schetzling nach mir gefragt, oder sich nach mir erkundigt … Ein großer Schauspieler, dachte ich. – Die Zeit ist aufgewühlt und wälzt sich um, schoss es mir durch den Kopf … die Minuten meines Daseins zerrannen mitten im pochenden Herzen dieser Stadt, die den Winden widerstand und dem Regen … ich geriet in einen Trance-Zustand, verharrte in tiefster Empfindung, taumelte vor Glück, meinte, für den Bruchteil einer Sekunde die Welt, das Schicksal in einem kurzen Lichtstrahl unbewussten Begreifens zu durchdringen. Ein metaphysischer Moment, in dem das Ich sich nahezu auflöst und einer Mischung aus kompromisslosem Ahnen und widerstandsloser Gewissheit, einem plötzlichen, außerhalb jeder Verstandeskontrolle liegenden tief-emotionalen

Seins-Verstehen anheim gibt, um kurze Zeit später wieder aus gefühlter Todesnähe aufzutauchen und zurückzufinden in die sichergeglaubte Wirklichkeit, hatte mich ergriffen. Ich war entschlossen, im Theater anzurufen und mich um den Job als Komparse am Burgtheater Wien zu bewerben, in der Hoffnung, dort Uwe Schetzling wieder zu begegnen.

20. Kapitel

Am nächsten Tag rief ich bei der Nummer an, die mir Uwe Schetzling im Kaffeehaus auf eine Serviette geschrieben hatte. Das einen Tag später stattfindende Vorstellungsgespräch in einem der hinteren Trakte des mächtigen Burgtheaters mit dem Chef der Komparsen, Herrn Wächtermann, war ein erster Erfolg. Als ich mich bei dem älteren, leicht gehbehinderten Mann auf Uwe Schetzling berief, huschte ein bittersüßes Lächeln über sein vom Alkohol aufgeschwemmtes Gesicht. Ich hatte einen großen Namen genannt. Meine Körpermaße wurden aufgenommen und die vertraglichen Formalitäten zwei Stockwerke tiefer geregelt. Ich sollte mich bereithalten für meinen ersten Einsatz, der mir telefonisch übermittelt werden würde. Am Nachmittag noch sagte ich meine Anstellung, die ich am nächsten Tag im Hutgeschäft hätte antreten sollen, ab, und schon kurze Zeit später kam ein Anruf aus dem Theater: Am morgigen Abend schon sollte ich in der nächsten Vorstellung der Dreigroschenoper die Rolle eines Komparsen, der erkrankt war, wie es hieß, übernehmen und eine Stunde vorher in meine Aufgaben eingewiesen werden.

Mit klopfendem Herzen betrat ich am Abend des nächsten Tages den mächtigen klassizistischen Theaterbau durch einen Hintereingang und ging, wie mir am Telefon beschrieben worden war, die Treppen hinunter in die Katakomben. Ich erreichte einen langen Gang. An der Decke waren große Heizungsrohre angebracht, die den riesigen Bau mit Wärme versorgten. Der Gang war nur spärlich beleuchtet. Von Ferne hörte ich dumpfes Stimmengewirr. Kurze Zeit später öffnete ich die Tür zu einem größeren Umkleideraum. Die Vorstellung sollte in einer Stunde beginnen.

„Eine Busenzulage! Ich möchte eine Busenzulage haben! Eine Busenzulage!!", schallte mir eine schrille Frauenstimme entgegen.

Der Raum war gefüllt mit etwa vierzig Komparsen, die mehr oder weniger nervös dabei waren, sich anzukleiden und zu schminken.

„Eine Unverschämtheit ist das! Die Busenzulage haben's mir gestrichen! Jede, die auf der Bühne ihren Busen zeigen muss, bekommt hier eine Busenzulage! Das war schon bei meiner Mutter so! Das steht sogar in meinem Vertrag! Und der ist unterschrieben! Unterschrieben vom Chef!!"

„Halt endlich Deine Fresse!! Du nervst!", brüllte ein kräftiger, gut gebauter Mann mit schulterlangem Haar der aufgebrachten Frau entgegen.

„So viel gibt's da eh nicht zu sehen", stichelte ein kleiner, etwas untersetzter jüngerer Komparse, der gerade dabei war, sich eine Augenklappe vor sein rechtes Auge zu spannen. Die Frau, eine etwas korpulente Erscheinung mittleren Alters mit goldblondem Haar, zog sich gerade ihr Bettlerkostüm an. Mit zwei, drei temperamentvollen Bewegungen schnappte sie sich den jüngeren Mann und klatschte ihm rechts und links eine ins Gesicht.

„Heh, heh, heh!! Aufhören!", brüllte ein anderer Komparse, fuhr dazwischen und brachte die Beiden wieder auseinander. Die Luft war duftgeschwängert. Eine Mischung aus Schweiß und Parfum drang in meine Nase. Offensichtlich gab es keine getrennten Umkleideräume für Männer und Frauen. Die Vorstellung sollte in weniger als einer Stunde beginnen, und ich hatte noch keine Ahnung, was ich zu tun hatte. Meine Nervosität stieg von Minute zu Minute. Ich blieb an der Tür stehen und versuchte herauszufinden, wer mich denn in meine Rolle einweisen könnte. Da wurde ich Zeuge eines weiteren Streits zwischen den Komparsen, der diesmal zu eskalieren drohte.

„Der Mann ist wirklich geflogen!! Der Zauberer ... Don Juan Mata hieß er ... mindestens achthundert Meter weit! Mindestens!!", ereiferte sich ein greisenhaft aussehender Mann, hager, mit ausgemergeltem Gesicht, stechenden Augen, langer Adlernase, und einem spitz zulaufenden Brustbein. Seine Lungen schienen zu zerfallen.

„Geflogen ist er! Wenn ich es dir sag!!"

„Also bitte, wie soll denn das gehen! Kannst du mir das vielleicht mal vormachen? Der hat Blüten gefressen und ist dann geflogen?? Im Vollrausch vielleicht! Der war einfach hackezu, das ist alles … im Delirium ist der geflogen, so wie du!!", giftete ein anderer zurück.

„Das wundert mich nicht, dass das in euer verfaultes Spatzenhirn nicht reingeht! Ihr habt doch keine Ahnung vom Volk der Tolteken …!!", wehrte sich der ältere Mann mit heiserer Stimme.

„Was? Hab ich richtig gehört? Verfaultes Spatzenhirn? Wenn ich nicht wüsste, dass du bald ins Grab springst und die Fliege machst, könnt ich mich jetzt glatt vergessen!!", erwiderte ein kräftig gebauter Komparse, der bereits umgezogen war und in seiner Rolle als gebrechlicher Bettler mit seinen Krücken vor der Nase des Greises herumfuchtelte. Dieser brüllte ihm ins Gesicht:

„Der kann mit Pflanzen reden, der frisst Blüten und kann fliegen!!"

„Na, hast du heut Früh schon mit deinem Kaktus geredet? Und, was hat er gesagt? Geh weg, lass mich in Ruh, hat er gesagt!!", stichelte der kleine Untersetzte. Und mit hoher Fistelstimme wiederholte er, immer weiter stichelnd und dabei den sprechenden Kaktus imitierend: „Nägel im Schuh, lass mich in Ruh! Nägel im Schuh, lass mich in Ruh!"

Der Kopf des Alten rötete sich vor Zorn. Er packte den kleinen Komparsen am Kragen und brüllte ihm mit sich überschlagender Stimme ins Gesicht:

„Bewusstseinserweiterung! Bewusstseinserweiterung!! Bewusstseinserweiterung!!! Du selbst bist nichts in diesem Kosmos … nichts, gar nichts bist du!!"

„Aber du noch viel weniger … weniger als nichts!!", hörte ich die Stimme eines anderen Komparsen aus einer der hinteren Ecken des Raumes dazwischenbrüllen.

„Du … du … du hast die Intelligenz eines Toastbrots und den Horizont einer Amöbe auf Fronturlaub!", brüllte der Alte zurück.

Er war außer sich. „Träume, Visionen, Halluzinationen, Fieber, Erschöpfung, Drogen, unbekannte Welten, hörst du, du Zwerg ... die sieben Pforten des Träumens! Der Zauberer ist geflogen!! Geflogen von A nach B!!"

„Ja, ja ... und im Graben wieder aufgewacht vor der nächsten Kneipe", spottete der Untersetzte giftig zurück. Der Alte schäumte abermals vor Wut, packte den Kleinen jetzt mit seinen langen Fingern an den Schultern und schüttelte ihn durch. In diesem Moment öffnete sich die Tür und Herr Wächtermann humpelte in den Raum.

„Ruhe!", brüllte er mit donnernder Stimme. „Fertigmachen! In fünf Minuten will ich alle an ihren Plätzen sehen! In zwanzig Minuten beginnt die Vorstellung!"

Schlagartig war Ruhe im Raum. Die Komparsen waren verstummt, legten letzte Hand an ihre Kostüme und suchten eilig ihre Requisiten zusammen. In diesem Moment bemerkte mich der Komparsenchef, sah mich an und sagte in leicht entschuldigendem Ton:

„Ach, Herr Alexander, Sie spielen heute einen englischen Polizisten, einen Bobby, mit Helm. Hier ist ihr Spind, zieh'n Sie sich um und halten Sie sich an Herrn Suarez, der wird Ihnen alles Weitere erklären ... beeilen Sie sich bitte!"

Sprach's, ging hinkend zurück in den Gang und ließ die schwere Eisentür hinter sich zufallen. Mein Herz schlug bis zum Hals. In einer Viertelstunde sollte die Vorstellung beginnen, und ich wusste immer noch nicht, was meine Aufgaben waren. Ich kannte das Stück nicht, und ich hatte keine Ahnung, wie ich die nächsten zwei Stunden überstehen sollte. Eilig zerrte ich die englische Polizeiuniform aus dem Spind, befestigte den Hosengürtel, verhedderte mich an den Goldknöpfen der Jacke, zog die schwarzen Stiefel an, setzte den Helm auf und schlüpfte mit der rechten Hand in die Schleife des schwarzen Schlagstocks, der an der Innenseite der Spindtür hing. Wenigstens die Uniform passt, dachte ich. Einige der Komparsen hatten den Raum bereits verlassen und waren auf dem Weg zu ihren Positionen. Still und leise hatte sich inzwischen Herr Suarez neben mich gestellt: ein älterer Herr indianischer Abstammung, klein und etwas dicklich. Er stammte aus Bolivien, wie ich später erfahren sollte, und trug die gleiche Uniform wie ich. Wir waren also ein Polizistenpaar. Er klein und korpulent, ich groß und schlank. Herr Suarez sah mich mit großen, gütigen Augen von unten herauf an.

„Was soll ich denn jetzt tun?", fragte ich ihn mit zitternder Stimme. Doch Herr Suarez antwortete nicht. Offensichtlich sprach er kein Deutsch. Er bedeutete mir mit einer Handbewegung, ich solle ihm folgen, öffnete die Eisentür, trat hinaus in den düsteren Gang und eilte in die entgegengesetzte Richtung, aus der ich gekommen war. Ich folgte ihm so schnell ich konnte, den Knüppel in der Hand. Herr Suarez hatte inzwischen eine winzig kleine Taschenlampe hervorgezogen und in dem schmalen Lichtstrahl, der vor ihm her tanzte, konnte ich Heizungsrohre, Eisentüren und Betonwände erkennen. Auch meinte ich für einen kurzen Moment eine Ratte vorbeihuschen zu sehen. Wir gingen durch eine weitere Tür, eine kleine Treppe hinauf, passierten noch eine Tür, bogen um eine Ecke, und eilten eine weitere längere Treppe hinauf. Dann blieb Herr Suarez vor einer großen Eisentür stehen, über der eine grüne Leuchtschrift blinkte mit der Aufschrift: RUHE BITTE! Er blickte mich an und legte den Zeigefinger seiner linken Hand auf den Mund. Absolute Stille sollte das heißen, soviel war mir klar. Wir mussten jetzt in unmittelbarer Nähe der Bühne sein. Herr Suarez öffnete leise die schwere Tür und betrat einen großen, dunklen Raum. Wir befanden uns jetzt tatsächlich direkt unter der großen Hauptbühne. Holzgeruch. Ich tastete mich langsam voran und folgte Herrn Suarez so gut ich konnte. Er stieg eine kleine hölzerne Treppe, die zu einer Luke führte, nach oben und verharrte regungslos direkt unter der Bühnenfläche, sodass sein Kopf fast die Luke berührte. Hier standen wir nun, mit Uniform, Helm und Knüppel, in kompletter Dunkelheit. Ich wusste nicht, was geschehen würde, fühlte mich schutzlos vor meiner inneren Unruhe, meiner Angst vor dem Kommenden, fühlte mich schutzlos vor dem Neuen … und wollte es doch … alles ist Ende, alles ist Anfang ... zu erkennen, zu erfühlen, zu erahnen, was wirklich ist, und dies auszuhalten, dachte ich. Mich fröstelte. Ich ging auf brüchigem Eis, und empfand die Zersetzung, die Auflösung meiner inneren Ordnung. Der goldene Strom der Authentizität hing erstarrt als Klumpen an meinem gespaltenen Herzen. Mit zitternder Hand umklammerte ich den Polizeiknüppel. Ich war aufs Äußerste gespannt. Wie ein Mantra wiederholte ich mir, um leise aufkommende Panikattacken niederzuhalten, den Satz:

„Mein Herz ist stark, meine Seele ist aus Abgründen gemacht."

Plötzlich hörte ich ... wie von Ferne ... wie in Watte gehüllt ... aufbrandenden Applaus: Die Vorstellung hatte begonnen. Herr Suarez hing direkt vor mir auf der steilen kleinen Treppe und lauschte angestrengt. Ich hörte Trampeln ... und noch ein Trampeln ... zwei Menschen gingen hin und her, kreuz und quer über die Bühne. Ferne Stimmen, aber ich verstand kein Wort. Dann immer mehr Schuhe, die über den Bühnenboden trampelten. Ich verharrte regungslos, und Minute um Minute verging. Der Moment vor der Katastrophe, dachte ich. Die Ruhe vor dem Sturm. Ich meinte ein Klirren zu hören, als ob Geschirr zu Boden fiele. Dann ein Kratzen, Scharren, ein heftiges Poltern, als ob Möbel aufgestellt oder verrückt würden. Herr Suarez machte seine kleine Taschenlampe an, und aus der Dunkelheit tauchte sein vergnügtes Gesicht vor mir auf. Er sah mich an, zeigte mit seiner Hand nach oben und flüsterte:

„Hochzeit!"

Aha, ein bisschen Deutsch konnte er also doch! Auf der Bühne war offensichtlich eine Hochzeit im Gange. Ich hörte Musik ... ganz von Ferne ... ja, da sang jemand ... eine Frauenstimme ... und dann, wie fernes Wasserrauschen, tosender Applaus. Wann waren wir dran? Wann ging es los? Herr Suarez blieb vollkommen ruhig und machte keinerlei Anstalten, irgendetwas zu unternehmen. Ich nahm mir vor, wenn es so weit war, einfach alles zu machen, was Herr Suarez machte, egal was passieren würde. Die Zeit verging. Immer wieder Trampeln, Stimmen, Musik. Meine Anspannung ließ langsam nach. Und doch war ich voller Angst. Warum bin ich nicht ins Hutgeschäft gegangen! Warum hatte ich das Angebot von Schetzling angenommen! Jetzt gab es kein Zurück mehr, hier, in der Dunkelheit, unter der Bühne eines der größten Theater des deutschsprachigen Raums, musste ich ausharren und der kommenden Katastrophe ins Auge sehen. Ich fühlte mich wie in den Minuten vor einer Operation, den bangen Minuten, bevor der Anästhesist eine Flüssigkeit in die Kanüle spritzen und ich das Bewusstsein verlieren würde. Plötzlich knipste Herr Suarez seine Taschenlampe an, sah mit durchdringendem Blick zu mir herunter, knipste die Lampe wieder aus, stemmte mit beiden Händen die Luke nach oben, hängte sie ein und stieg hinaus auf die Bühne. Ich folgte ihm so dicht ich konnte, bekam einen Stoß seines Stiefels ins Gesicht, und richtete mich auf. Jetzt stand ich auf der Bühne. Das grelle Scheinwerferlicht nahm mir zunächst jede Sicht. Mein Helm war leicht verrutscht. Ich hörte Schreie, Rufe, Tumult. Herr Suarez hob seinen Knüppel, ich hob meinen Knüppel. Dann sah ich ein Häuflein Demonstranten mit buntbemalten Transparenten über die Bühne auf mich zukommen. Herr Suarez rannte ihnen in kleinen schnellen Schritten entgegen und schlug auf sie ein. Ich rannte hinterher und schlug ebenfalls auf die Demonstranten ein … rechts, links, oben, unten, auf Beine, Schultern, Bauch, Arme … die Demonstranten wichen zurück, obwohl sie im Grunde uns beiden armseligen Polizeimännern an Zahl und Körperkraft weit überlegen waren. Herr Suarez schlug und schlug immer weiter auf die Rücken der Fliehenden. Und auch ich schlug auf jeden Rücken ein, der mir in die Quere kam. Endlich waren wir hinter der Bühne. Ich rückte aufgeregt meinen Helm zurecht, die Demonstranten verschwanden seitwärts und wechselten schnell zur anderen Seite der Bühne. Gerade wollte ich einen Moment durchschnaufen, da sah mich Herr Suarez wieder mit stechendem Blick an und zeigte auf die andere Seite der Bühne. Und schon brachen dort die Demonstranten mit lautem Geschrei, mit Rufen und halbverständlichen Sätzen wie: „Nieder mit dem

König! Nieder mit dem König!" hinter dem Vorhang heraus auf die Hauptbühne. Herr Suarez rannte, ich rannte. Und das Schauspiel wiederholte sich: Herr Suarez schlug. Ich schlug. Wieder wichen die Demonstranten zurück und flohen ungeordnet in die seitlichen Bereiche der Hauptbühne. Schweißgebadet hatte ich kurze Zeit später den schützenden Raum hinter der Bühne erreicht. Da zischte mich einer der Demonstranten aggressiv von der Seite an:

„Bist deppert! So zu zuschlog'n!! Dös zahl i dir heim, dös sag i dir, dös zahl i dir heim!!"

Ups, dachte ich, hab es wohl etwas übertrieben. Einige der umstehenden Komparsen sahen ihn an, legten eindringlich ihre Finger auf ihre Münder und bedeuteten ihm zu schweigen. Herr Suarez blieb hinter dem mächtigen schwarzen Theatervorhang stehen, die restliche Komparsen-Truppe ging eilig eine kurze Metalltreppe hinunter und verschwand hinter einer Tür an der Rückwand des Theaterraums. Herr Suarez wirkte vollkommen entspannt. Mir floss der Schweiß in Strömen über die Stirn ins Gesicht. Fieberhaft versuchte ich zu ergründen, was als nächstes passieren würde. Doch Herr Suarez stand in der Dunkelheit hinter dem Vorhang und regte sich nicht. Auf der Bühne Lärm ... Sätze ... Geschrei ... Auftritte ... Abgänge. Ich lauschte, und konnte jetzt einen kurzen Dialog verstehen ...

„Heut kommt er nicht."

„So?"

„Ich glaube, er kommt überhaupt nicht mehr."

„Das wär aber schade."

„So? Wie ich ihn kenne, ist er schon über die Stadtgrenze. Diesmal heißt es: abhauen!"

Plötzlich bemerkte ich ein kleines Loch im schwarzen Vorhang, ein Guckloch. Von Herrn Suarez kamen keinerlei Zeichen, so führte ich mein Auge langsam und lautlos direkt an das helle Loch und lugte hinaus. Schetzling! Da war Schetzling!! Genau in diesem Moment trat er auf die Bühne! Elegant gekleidet, mit Zylinder, schwarzem, schmalem Stock, weißem Anzug und weißen Glacéhandschuhen, imposantem Bart und glutvollen Augen. Er hatte einen Aktenordner unterm Arm, nahm seinen Zylinder ab, hängte ihn an die seitliche Bühnenwand, setzte sich gelassen auf den großen Plüschsessel, der mitten auf der Bühne stand und war sofort umringt von Prostituierten. Bunt und mehr oder weniger obszön gekleidet sprangen sie um ihn herum, setzten sich aufreizend auf die Armlehne des Sessels, küssten ihn oder massierten ihm die Schultern. Vom Bühnenlicht geblendet sah ich nur schemenhaft den gewaltigen Zuschauerraum des Theaters, das Parkett, die vielen Ränge, die Logen, die vergoldeten Brüstungen, die im Dunkel des hohen Raums matt glänzten. Das Haus war voll, und das Publikum lauschte andächtig dem Theaterspiel auf der Bühne. Ich konnte keine Gesichter erkennen, aber von der gebannten Zuschauermenge ging eine Energie aus, die den gesamten feierlichen Saal erfüllte und sogar mich, der ich lediglich ein unfreiwilliger Beobachter der Szenerie war, ergriff. Das Ganze hatte den Anschein eines traditionsreichen bürgerlichen Rituals mit zahlreichen ungeschriebenen Gesetzen, und wirkte wie eine Art weltlicher Gottesdienst: Das Stück war die Predigt, der Applaus wirkte wie die Chöre und Gesänge einer andächtigen Gemeinde ...

„Meinen Kaffee!!", brüllte Setzling in die Zuschauermenge.

„Meinen Kaffee!", äffte eine der Huren ihn nach.

„Wieso bist du nicht in Highgate?", fragte ihn ängstlich ein Freier, der jetzt aus dem Dunkel ins Licht trat und sich neben den Sessel stellte. Schetzling sah ihm voller Verachtung direkt ins Gesicht und antwortete mit donnernder Stimme:

„Heute ist mein Donnerstag. Ich kann mich doch von meinen Gewohnheiten nicht durch solche Lappalien abhalten lassen." Er warf den Ordner mit lautem Krachen zu Boden. „Außerdem regnet es", sagte er dann zu einer schwarzhaarigen Hure, die sich vor ihm aufgebaut hatte, packte sie an ihrer nackten Hüfte und zog sie gewaltsam zu sich auf den Schoss. Eine Rothaarige nahm den Ordner vom Boden, schlug ihn auf und las:

„Im Namen des Königs wird gegen den Captain Macheath Anklage erhoben wegen dreifachem ..."

In diesem Augenblick spürte ich, wie mich eine Hand am Arm griff und mich vom Guckloch wegzog. Es war Herr Suarez. Er zerrte mich durchs Dunkel die Metalltreppe hinunter hinter die Bühne, öffnete leise die hintere Bühnentür und lief einen kurzen Flur entlang. Wir landeten in einem kleinen Aufenthaltsraum. Dort an der hinteren Wand war ein Monitor aufgestellt, auf dem jeder das Geschehen auf der Bühne verfolgen konnte. In dem Raum saßen drei weitere Komparsen, die stumm auf ihren nächsten Auftritt warteten. Ich erkannte den alten hageren Greis mit der spitzen Brust im Bettlerkostüm, der seine Krücken in die Ecke gestellt hatte, den kleinen untersetzten Giftzwerg und den kräftigen Mann mit den längeren Haaren. Alle hatten sich Ruß ins Gesicht geschmiert und gingen in Lumpen. Herr Suarez schnappte sich den kräftigen Mann und bedrängte ihn mit aufgeregten Gesten, die ich nicht verstand. Plötzlich wendete sich der Mann zu mir und sagte:

„Du musst den Verschluss des Gitters lösen, wenn der Schetzling im Käfig ist, damit die Falltür herunterfällt."

Ich verstand nicht. Gerade wollte ich nachfragen, da tönte es schnarrend durch die Lautsprecher:

„Die Bobbies bitte auf die Bühne. Die Bobbies bitte auf die Bühne."

Herr Suarez zog mich weg, eilte mit mir zur Tür hinaus, öffnete leise die hintere Bühnentür, betrat den hinteren Bühnenbereich, ging schnell und lautlos die Metalltreppe nach oben und wartete an der Seite. Ich stellte mich neben ihn und blickte auf die hellerleuchtete Bühne. Ein gewaltiger, den gesamten Bühnenraum umfassender und bis hinauf zum Schnürboden reichender, runder Gitterkäfig war dort zu sehen. Den Zugang zu diesem Käfig bildete ein mannshoher Bogengang, ebenfalls aus Gittern gebaut, wie ich ihn einmal im Zirkus bei der Löwendressur gesehen hatte. Dann ging alles sehr schnell. Schetzling stand, für das Publikum noch unsichtbar, am Beginn des Bogengangs. Herr Suarez zog seinen Knüppel. Ich zog meinen Knüppel. Herr Suarez stellte sich hinter Schetzling. Ich stellte mich hinter Schetzling, der mich jetzt erkannte und mir einen kurzen aufmunternden Blick zuwarf. Der kleine Herr Suarez schob den großen, kräftigen Schetzling in den Löwengang, schlug mit seinem Polizeiknüppel auf ihn ein, und ich tat es ihm nach. Wir schoben, schubsten und schlugen bis wir Schetzling, der hinten mit Handschellen gefesselt war, an der Stelle hatten, an der der Löwengang in den großen Käfig mündete. Ein letzter kräftiger Stoß, und wir hatten Schetzling im Käfig! Dann nahm die Katastrophe ihren Lauf. Herr Suarez stieg behände auf eine der unteren Gitterleisten, sah mich von der Seite an und machte eine energische Kopfbewegung, während er oberhalb des Bogengangs geschickt einen Mechanismus löste. Aha, dachte ich, und schaute nach oben. Dort war eine Falltür angebracht, und ich sollte offensichtlich den Mechanismus auf meiner Seite auslösen, damit die Falltür hinter Schetzling nach unten krachen konnte, sein Rückweg versperrt und er damit gefangen war. Angstschweiß trat mir auf die Stirn. Hektisch und verzweifelt fummelte ich an dem Mechanismus herum. Ich hatte keine Ahnung, wie er auszulösen war. Erste Lacher im Publikum. Ich lief rot an. Das ganze Stück stockte. Die Zeit verging. Ich versuchte dies und versuchte das. Doch der Mechanismus der Falltür wollte sich nicht lösen lassen. Weitere Lacher im Publikum. Dann drehte sich Schetzling plötzlich um, löste sich selbst seine Handschellen, kam auf mich zu, bedachte mich, für das Publikum unsichtbar, mit einem breiten Grinsen und löste den Mechanismus selbst aus. Die Falltür rauschte wie ein Fallbeil mit lautem Krachen zu Boden. Schetzling legte sich die Handschellen wieder an und ging auf seine Ausgangsposition zurück. Jetzt lachte das ganze Haus. Die Menschen im Parkett, in den Logen, auf den Rängen, den Stehplätzen, alles lachte. Ich meinte im Boden zu versinken vor Scham. Spätestens jetzt bist du gescheitert, dachte ich. Herr Suarez bedachte mich mit einem mitleidigen Blick und ging tapfer den Löwengang wieder zurück. Ich folgte ihm bis hinter den rückwärtigen Vorhang, die Treppe hinunter, die Tür hinaus, den Gang entlang bis in den Warteraum. Dort wurde ich sofort von einigen dort herumlungernden Komparsen, die das Ganze über den Monitor mitverfolgt haben mussten, spöttisch empfangen:

„Na gratuliere! Lacher gleich beim ersten Mal!"

Ich schwieg und setzte mich neben Herrn Suarez auf eine harte Holzbank. Der Monitor schnarrte und lief, doch ich war wie abwesend. Wüste stieg in mir auf, Leere. Mein Atem ging schwer. Weglaufen ging nicht, und mir blieb nichts anderes übrig als auszuharren auf diesem Platz. Sicher hatte sich meine Anstellung am Theater mit diesem Auftritt erledigt. Wäre ja auch zu schön gewesen. Da nützte jetzt auch kein Schetzling mehr. Ich sehnte mich nach einer tröstenden Hand, nach Zuspruch, ja, nach einer Umarmung ... aber da war nur diese trostlose Leere, diese angsterfüllte Leere ... ich war allein und konnte nirgendwo hin. Zerbrochen lag, was nie wieder ganz werden konnte. Als wäre eine wertvolle Porzellantasse zersprungen. Ein Reifen zerplatzt. Als wäre mein schönstes Hemd dreckbeschmiert. Als wäre ich in meiner wichtigsten Prüfung durchgefallen. Die Zeit wollte und wollte nicht verrinnen. Ein Rad war im Schlamm steckengeblieben. Das Pendel eines allmächtigen Uhrwerks stand plötzlich still. Sand im Getriebe. Dabei war mir jetzt nichts dringlicher, als dass diese verdammte Zeit verging. Doch je mehr ich dies wollte, desto langsamer kamen die Sekunden voran. Das Elend hier sollte endlich ein Ende nehmen. Aber das Elend nahm kein Ende. Ich war ein neues Mitglied in dieser merkwürdigen Gemeinschaft aus Komparsen, die das Leben hier angeschwemmt hatte, und fühlte mich ausgestoßen, hämisch beäugt, und abgestempelt als Versager. Einzig Herr Suarez schien zu mir zu halten. Er saß geduldig neben mir, schaute mich mit seinen dunklen, lebendigen Indioaugen an und bedeutete mir mit einem kurzen Nicken des Kopfes, dass alles gut werden würde. Eine kleine Geste, ein Tropfen Wasser, eine Hoffnung, die keine sein konnte. Immer wieder gingen Komparsen nach draußen, oder kamen von ihren Auftritten herein in den Warteraum. Ich verharrte still, hielt mich an Herrn Suarez und wollte das hier jetzt einfach nur zu Ende bringen. Irgendwann saßen wir allein im Warteraum. Alle Komparsen waren Richtung Bühne gegangen. Ich fühlte die harte Holzbank unter mir, starrte auf den Boden, und wartete. Ich hatte keine Kontrolle mehr über das, was mit mir geschah. Plötzlich zuckte ich zusammen: Aus den Lautsprechern schnarrte wieder diese unangenehme Stimme:

„Alle Bobbies bitte auf die Bühne! Alle Bobbies bitte auf die Bühne!"

Herr Suarez setzte seinen Helm auf. Ich setzte meinen Helm auf. Herr Suarez eilte nach draußen. Ich eilte nach draußen. Wenige Minuten später standen wir wieder auf der Bühne. Da sah ich sie alle: die ganzen Komparsen, als Bettler verkleidet, in Lumpen und Fetzen, mit rußbeschmierten Gesichtern, auf Krücken, mit amputierten Beinen, Augenklappen und wilden Bärten. Ich sah die Blonde in Sackleinen gehüllt, mit wirren Haaren und nacktem Busen ... einige hatten Zahnlücken, andere hielten zerbeulte Hüte in der Hand ... sie mimten Lahme, sie mimten Blinde, sie mimten ausgestoßene und verwahrloste Kreaturen, sie bettelten, und murmelten, und schrien manchmal unverständliche Worte ins Publikum. An der Rampe, in der Mitte der Bühne, war ein Galgen aufgebaut. Auf der linken Seite der Bühne, für das Publikum noch unsichtbar, neben Herrn Suarez, stand eine kleine Holztreppe mit drei Stufen bereit. Herr Suarez sah mich an und deutete mit dem Finger auf diese Treppe. Ich verstand sofort. Wir sollten die Treppe auf die Bühne tragen. Herr Suarez packte die Treppe rechts, ich packte die Treppe links, und so trabten wir in Richtung Galgen. Mein Helm wollte herunterfallen, er war doch etwas zu groß geraten, und so versuchte ich krampfhaft meinen Kopf senkrecht zu halten. Endlich hatten wir den Galgen erreicht. Oben an der Treppe, die wir trugen, bemerkte ich rechts und links zwei Stifte ... Die müssen wohl in die Löcher am Fuß des Galgens eingehängt werden, dachte ich. Herr Suarez hängte den Stift auf seiner Seite ein, und auch ich hatte es nach dreimal kurzem Ruckeln geschafft: Die Treppe saß, der Weg zum Galgen war frei. Wir marschierten aufrecht nebeneinander wie Zwillinge zurück auf unsere Position. Dann erschien Schetzling. Er wurde feierlich nach vorn zum Galgen geführt und hielt mit donnernder Stimme seinen Monolog. Und tatsächlich, wie er mir im Kaffeehaus vorausgesagt hatte, bei den Sätzen: „… was ist ein Dietrich gegen eine Aktie? Was ist ein Einbruch in eine Bank gegen die Gründung einer Bank?" brandete Applaus auf … das ganze Theater klatschte und klatschte und der Applaus wollte kein Ende nehmen … das Parkett, die Ränge, die Logen, die Stehplätze … Applaus wogte durch die Reihen, und hier und da hörte ich einige „Bravo"-Rufe aus dem Parkett auf die Bühne schallen. Was mag jetzt in Schetzling vorgehen, dachte ich. Welch innere Verachtung für seinen Beruf musste jetzt in ihm Raum greifen. Er endete seinen Monolog mit dem Satz: „… das Zusammentreffen einiger unglücklicher Umstände hat mich zu Fall gebracht. Gut – ich falle." Mit diesen Worten ging er langsam die drei Stufen zum Galgen hinauf. Da ertönte ein Trompetensignal, und direkt neben mir betrat ein Pferd die Bühne. Ein riesiger Schimmel. Er blickte gelangweilt und leicht belämmert ins Publikum. Auf ihm saß der Polizeikommandant, ordenüberhängt. Herr Suarez sah mich scharf an und salutierte vor dem Kommandanten. Zu spät. Auch ich hätte salutieren müssen … sollte ich jetzt noch salutieren? Oder sollte ich einfach stehen bleiben und mich nicht mehr vom Fleck rühren? Ich entschloss mich zu salutieren. Ich salutierte. Wieder Lacher im Publikum. Ich blieb wie erstarrt stehen. Der Polizeikommandant verlas die Begnadigung Schetzlings. Dann bildeten die Bettler einen langen Zug, setzten sich in kleinen Schritten Richtung Bühnenrampe in Bewegung und sangen in lauten und schrägen Tönen einen mächtigen Choral. Der ganze elende Zug wirkte wie eine abgeranzte Kirchengemeinde, oder ein Gefangenenchor. Herr Suarez schloss sich der Menge an und sang.

Ich war schweißdurchnässt. Weder Text noch Melodie des Liedes waren mir bekannt. Ich lief wie leblos neben Herrn Suarez her, öffnete tonlos meinen Mund, und schloss ihn wieder. Öffnete. Und schloss. Die Komparsen zogen im Halbkreis über die Bühne, und dann verschwand der ganze lange Zug langsam hinterm Vorhang. Das Stück war zu Ende. Donnernder Applaus. Verbeugungen der Schauspieler. Einzeln. In kleinen Gruppen. Und auch wir mussten noch einmal zur Verbeugung auf die Bühne. Ich fühlte mich schlecht, deplatziert, gescheitert. Und doch war mir etwas leichter ums Herz. Alles war vorüber. Das Leben konnte neu beginnen. Ich ging geknickt im hektischen Gewusel der Bettlermenge Richtung Umkleideraum und fühlte mich selbst wie ein Delinquent auf dem Weg zum Galgen. Im Umkleideraum empfing mich eine ausgelassene, überquellende Stimmung. Die Komparsen lachten, redeten, machten Kommentare. Witze wurden gerissen, die ganze Anspannung hatte sich gelöst. Jeder zog sich um so schnell er konnte und hängte sein Kostüm mehr oder weniger ordentlich in den Spind. Und alle wollten so schnell wie möglich nach draußen, nach Hause, zu ihren Freunden oder Freundinnen, zu ihren Familien, oder in das nächtliche Wien in eine der zahlreichen Kneipen. Plötzlich öffnete sich die Tür und Herr Wächtermann stand vor mir. Er stützte sich auf seinen Stock und sah mich an. Ich sah zu Boden und erwartete meinen Rausschmiss, meine fristlose Kündigung, meine sofortige Entlassung. Dies wollte ich noch hinter mich bringen, dies eine noch, und dann diesen Ort nie wieder betreten. Gerade wollte ich die Entschuldigung, die ich mir in aller Eile zurechtgelegt hatte, hervorbringen, da klopfte er mir anerkennend auf die Schulter und sprach mit lauter, gütiger Stimme:

„Gut haben Sie's gemacht, sehr gut, Herr Alexander! Kommen Sie morgen wieder! Selber Ort, selbe Zeit! Ihr Honorar können Sie am Ende der Woche im Büro abholen."

Sprach's, drehte sich um, ging hinaus und schloss die Tür hinter sich. Was war das jetzt? Ich setzte mich auf eine der Bänke und atmete tief durch. Wie konnte das sein! Hatte er nicht bemerkt, wie ich Fehler um Fehler auf der Bühne gemacht hatte? Zu stark geprügelt. Den Mechanismus der Falltür nicht ausgelöst. Nicht salutiert. Das Lied nicht mitgesungen. Und sicher auch sonst keine gute Figur gemacht. Inmitten des Geredes und Gelächters, inmitten der ausgelassenen Stimmung im Raum fasste ich mir ein Herz und fragte den neben mir stehenden Komparsen, der gerade dabei war, seinen Holzfuß abzunehmen:

„Sag mal, wie kann das sein, dass der Chef mich wieder haben will morgen, ich hab doch alles falsch gemacht was man falsch machen kann!!"

Völlig entgeistert schaute er mich an und antwortete:

„Ja bist denn völlig deppert?! Meinst du der schaut sich die Vorstellung an? Der sitzt in der Kantine und sauft!!"

Von da an stellte ich keine weiteren Fragen mehr, zog mich um, verabschiedete mich von Herrn Suarez, der mir ebenfalls anerkennend aber stumm auf die Schulter klopfte, verließ das ehrwürdige Theater und trat hinaus in die kühle Nachtluft.

„Ich zeige dir den Wolf und du fragst mich wo die Spuren sind" … Diese Worte gingen mir durch den Kopf. Der Gang durch die Nacht tat mir gut. Das eben Erlebte hatte mich angestrengt, und doch war ich durch diese plötzliche Wendung wach, und auch erleichtert. Mit langsamen Schritten durchquerte ich den kleinen Park vor dem Theater, den Rosengarten, und machte mich auf in Richtung Josefstädterstraße. Die Stunden standen still und mitteilungslos, wie ein unbeschriebenes Blatt. Ich wurde getragen von der Welle eines unerwarteten und, wie ich der festen Überzeugung war, unverdienten Erfolges, und dachte an die Tannenwälder oben auf den Hügeln, die den nächtlichen Stürmen ausgesetzt waren. Der Himmel wollte nicht mehr aufreißen. Regentropfen, dick und schwer, klatschten auf meinen Schirm. Ich hatte Mühe, ihn gegen die böigen Winde in Stellung zu halten. Es geht Richtung Winter, dachte ich. Die Sätze werden kürzer, die Gesichter mürrischer. Antworten bleiben aus. Das Tageslicht tummelt sich mehr und mehr auf der anderen Seite der Erde. Gedanken stellten sich ein, und wollten sich nicht abweisen lassen ... die in die Jahre und Jahrhunderte gehende Mühsal menschlicher Arbeit ... die Anstrengung. Mit der Penetranz eines schlagenden Uhrwerks treibt der Mensch eine Suche voran, in deren Verlauf er sich gebärdet, als stünde er kurz vor einer Offenbarung, die alles Erlittene entlohnte. Doch da ist keine Offenbarung. Die nahegeglaubten Ziele rücken in immer weitere Ferne, und interessieren schließlich niemanden mehr. Sie wollen nichts wissen von heftiger Erregung und menschlicher Illusion. Alle Hoffnungen zerschlagen sich, und Ewigkeit auf Erden gibt es weder für Ideen noch für das einzelne Schicksal. Ruinen bleiben zurück, blutige Guillotinen, verlassene Schlachtfelder, ungepflegte Gräber. Die Zeit selbst ist nichts als eine Erfindung des Menschen, dachte ich ... eine Uhr ohne Zeiger, ein Handwerkszeug gegen die Angst. Momente formen sich, und zerrinnen wieder, und festzuhalten für einen Augenblick, was einer Sehnsucht entspringt, was von Licht und Blitz getroffen die Zeit für eine Sekunde vergessen macht, ist das Äußerste. Der Wind pfiff durch die nächtlich beleuchtete Straßenschlucht und machte seine eigene Musik. Wie eine flüchtende Qualle fegte eine weiße Plastiktüte über das Straßenpflaster. Blaue Leuchtreklame spiegelte sich im neben mir auftauchenden Schaufenster eines Herrenausstatters. Ampeln. Eine Straßenbahn fuhr an mir vorbei und klingelte. Kleine kurze Blitze an den Oberleitungen machten fitzende Geräusche. Ein Taxistand. Vor den Taxis rauchende Taxifahrer, die sich unterhielten und auf Fahrgäste warteten. Wetterleuchten plötzlich, von Ferne. Blitze ohne Donner, sich entfernende Gefahr. Gewitter, das sich in die Berge verzog. Unverhofft überfiel mich die Erinnerung an einen alten Mann, der als Sechzehnjähriger in den Trümmern des Zweiten Weltkriegs gestanden und mir in hohem Alter eine Geschichte erzählt hatte ... die Geschichte vom Blitz:

„In jener Nacht," – so sagte er mir damals – „als die Bombe auf dem Bahnhof von Nienburg explodierte, ging mir ein Licht auf; wenig später – es herrschte bereits Waffenstillstand – hörte ich in der Marienkirche einen einzelnen Geigenton. Da öffnete sich mir – auf der Schwelle zwischen Krieg und Frieden – mein Ohr ... der Raum war verschwunden: nur Licht, nur Ton! Noch immer sehe ich den Blitz ... noch immer höre ich den Ton. Energie, die mein Leben durchdringt. Seit Nienburg höre ich anders. Und sehe anders."

Kurze Zeit, nachdem er mir diese Geschichte erzählt hatte, war der Mann tot. Lungenkrebs. Das ferne Wetterleuchten hatte, wie der Widerschein einer versunkenen Welt, diese Erinnerung in mir wachgerufen, und das schlummernde Vermächtnis des alten Mannes mir ins Gedächtnis zurückgeholt. Ich war ihm dankbar in diesem Moment. – Meine euphorische Stimmung ließ allmählich nach und wich einer in mir sich ausbreitenden Erschöpfung. Ich bog in die Blindengasse ein, klappte meinen Schirm zu, öffnete die Eingangstür zu meinem Haus, ging über den Hinterhof, stieg die Wendeltreppe nach oben und war froh, wieder zu Hause zu sein.

21. Kapitel

Ich hatte den Sattel erreicht. Bis zu meiner Verabredung an der Strudelhofstiege würden noch zweieinhalb Stunden vergehen. Der geteerte Fußweg vom Kahlenberg herunter war nass, und an manchen Stellen war das Wasser bereits gefroren. Ich musste vorsichtig gehen, um nicht auszurutschen, oder zu fallen. Leichter Schneeregen hatte eingesetzt. Ab und zu pfiff eine Windbö über die bewaldeten Höhen oder über die Wiesen. Schneeflocken tanzten über den Gräsern, blieben auf den Holzpfählen liegen, die die in leichten Wellen talwärts angelegten Weinberge markierten, oder schmolzen vor mir auf dem Asphalt. Hier und da brachen die Schneewolken auf, und die Sonne ließ ihr helles Licht wie aus Scheinwerfern über das Land gleiten. Sonnenflecken huschten über die Hügel. Unter mir, in der Ferne, lag Wien. Eine Steinwüste. In verschiedenen Grautönen zog sich das Häusermeer über die Ebene, und wie der Mittelbauch einer träge dahinkriechenden Mambo trennte der mächtige Fluss, die Donau, mit einem Doppelbogen die östlichen Außenbezirke von der Innenstadt. An verschiedenen Stellen des Flusses blitzten immer wieder Lichtflecken auf, in denen das langsam fließende Wasser Sonnenlicht reflektierte und dem Fluss ein tausendfaches Glitzern entlockte, als wolle er für einen kurzen Moment seine versunkenen Schätze preisgeben. Direkt neben mir standen einzelne blattlose Platanengruppen wie Totengerippe gegen den Himmel. Drei ältere Damen in teuren Pelzmänteln, einen Dackel an der Leine führend, kamen mir plaudernd entgegen und verschwanden um eine Ecke. Die Zeit ist aufgewühlt und wälzt sich um, dachte ich, erreichte drei Zypressen, passierte einen kleinen Friedhof, ging langsam schlendernd eine kleine asphaltierte Plattform nach vorn und schaute hinunter. Neben mir, auf einem gefrorenen Acker, flog ein Schwarm Krähen krächzend auf. Da war mir plötzlich, als hörte ich Gesang … ja … ganz von Ferne erhob sich eine leise Arie aus den Bauten des inneren Bezirks, die nur schemenhaft, wie winzige

Schattenrisse, hinter einem Vorhang aus leicht fallendem Schnee zu erkennen waren … Töne … Töne einer Frauenstimme, die in leichter Melancholie, dunkel im Timbre, zögernd, balladenhaft in der Phrasierung ihre Melodie sich suchte. Als würde eine eben verstorbene Sängerin zurückkehren an ihren Sehnsuchtsort, zurückkehren auf die große Opernbühne, um, kaum hörbar, in ihrem Atem den Mond noch einmal aufgehen zu lassen und der Stadt für Augenblicke ihre Stimme zu verleihen. Die Töne kletterten in große Höhen, leicht, scheinbar mühelos, verweilten lange auf einzelnen Intervallstufen, und stiegen dann langsam gelassen wieder herunter in tiefere Regionen. Dort erst begann die Stimme richtig zu singen, formte Worte, die ich nicht verstand, verlor sich in dichter werdenden Klängen und ließ in ihren tiefsten Tiefen die morbide Seele einer durch viele Jahrhunderte zur Mumie gewordenen Stadt wiederauferstehen. Der Gesang, den ich zu hören glaubte, war das Herz Wiens, und nie habe ich es deutlicher schlagen hören als in diesem Moment. Die Musik verstummte. Eine Chimäre. Ein Nicht-Gewesenes. Und doch hatte ich sie gehört, die Stimme. Und konnte sie nicht mehr vergessen. Langsam schaute ich hinauf in den Himmel. Der Schneefall war dichter geworden und kein Tal war mehr zu sehen und keine Stadt. Wenige Schneeflocken bedeckten mein Gesicht und schmolzen auf meiner Haut. Ich ging durch das Schneegestöber hindurch und war umgeben von Flocken, die unberechenbar in ihrer Bahn durch die Luft wirbelten, und von denen jede einzelne ihren eigenen Weg sich suchte. Alle fielen letztlich zur Erde herab, blieben für kurze Zeit dort liegen oder verwandelten sich auf dem asphaltierten Weg sofort in Wasser. Wie eingehüllt in einen weißen Kokon, verborgen vor aller Welt, entschwand ich, mich fühlend, aller Wirklichkeit. Plötzlich hörte ich in mir das Rattern eines Zuges, und ich sah Gleise. Eisenbahngleise … viele, viele Eisenbahngleise, die parallel zuerst, und dann sich mehr und mehr in verschiedene Richtungen biegend, aus einem Bahnhof hinausführten. Der Hauptbahnhof von Hamburg. Eine Erinnerung hatte mich ergriffen

… ich sah mich aufwachen, nachts, und aufstehen vom harten Boden eines Zugwaggons auf dem ich, eingehüllt in eine graue Decke, geschlafen hatte. Ich mochte vielleicht sechs Jahre alt gewesen sein. Am Boden lagen noch drei andere Jungs und schliefen tief und fest. Ihre Atemgeräusche vermischten sich mit dem Rattern des Zuges, mit dem Zischen und Knarzen, dem Quietschen und Pfeifen. Ich stellte mich ans Zugfenster und schaute in die trübe Nacht … Lichter spiegelten sich auf den Linien aus Eisen. Lichtpunkte tanzten, kleine lustige Blitze tauchten auf wie Kobolde und verschwanden wieder im Dunkel. Ich sah die Gleise, die vielen Gleise. Noch nie in meinem Leben hatte ich so viele Gleise gesehen … Wohin die wohl alle führen?, dachte ich … irgendwohin … in alle Richtungen. Der Zug folgte einer langgezogenen Kurve und entfernte sich mehr und mehr von den anderen Gleisen. Schemenhaft sah ich die Lok vorne und die vielen Waggons. Ich hatte mich wieder auf den harten Boden zwischen die anderen Jungs gelegt, die Decke über mich gezogen und die Augen geschlossen. An meinem ganzen Körper spürte ich das Zittern des fahrenden Zuges. Wir fuhren auf die Insel Sylt, und ich sollte für sechs Wochen in ein Kinderheim, das wusste ich. Weg von zu Hause. Weg von Vater und Mutter. Weg. Mit fremden Kindern. In eine weit entfernte fremde Welt. Ich war allein unter Menschen. Und ich sollte tapfer sein, so hatte man mir gesagt. Ich erinnerte mich an einen großen, lichtdurchfluteten Speisesaal. Morgensonne. Wir mussten uns anstellen für einen Teller Milchsuppe. Oder zwei. Oder drei. Hellgrauer Linoleumboden. Lange Tischreihen. Einfache Kinderstühle aus hellem Holz. Und das morgendliche Lied, aus über hundert Kinderkehlen geschmettert …

„Im Frühtau zu Berge wir ziehn, fallera …" – Wo sind hier die Berge?, dachte ich damals … – und die Kinder sangen … „Es grünen alle Wälder, alle Höh'n, fallera." Wo sind denn hier die Wälder, die Höh'n?, dachte ich, fallera, und versuchte mitzusingen. „Wir wandern ohne Sorgen, singend in den Morgen, noch ehe im Tale die Hähne krähn." Und Hähne hab ich hier auch noch keine gesehen. Aber vielleicht meinen sie die Wasserhähne, schoss es mir damals durch den Kopf. Und ich sang: „Wir sind hinaus gegangen, den Sonnenschein zu fangen: kommt mit und versucht es doch auch selbst einmal."

Ja, Sonnenschein, Sonnenschein hatte es hier viel ... so viel Sonnenschein hatte ich noch nie gesehen ... das Licht war heller als zu Hause, und schien auf den Sand draußen, die Dünen, das Sandgras ... und in den Speisesaal herein, der an Vorder- und Hinterfront riesige Glasfenster hatte und erfüllt war von dem Geruch, der aus über hundert Tellern Milchsuppe strömte. Geschirrklappern, Löffelklingen, Kinderstimmen ... und die Stimmen der Erzieherinnen. Gleich um die Ecke musste das Meer sein ... das Meer, viel Wasser, vielleicht wie ein großer See ... ich erinnerte mich an die Kinder, die über den Sand durch einen Hohlweg durch die Dünen zum Meer rannten, Erzieherinnen, die schrien und kaum hinterherkamen ... eine mit halblangen, blonden Haaren ... das Meer, tosend unter den Winden, die Gischt, die Schaumkronen, die Zeichnungen, die die zurückflutenden Wellen auf dem Sand hinterließen, das Gefühl, das erste Mal barfuß über aufgewirbelten Sand zu laufen, wie schwer das ging, wie Sand sich an Fußsohlen anfühlte ... ich lief mit nackten Beinen, und der Sturm fegte die trockenen Sandkörner an meine Waden, und das schmerzte und tat weh und war kaum auszuhalten, und ich dachte Wann ist das hier endlich vorbei? ... ich erinnerte mich an den mir verhassten Geruch von Lebertran, den ich täglich zu mir nehmen musste, damit ich dicker würde ... Lebertran, aus Tuben gequetscht ... und ich erinnerte mich an einen Tag in den Dünen mit den anderen Kindern, mit einem Jungen, der so dick war, dass wir ihn zu sechst auf die hohe Düne schieben mussten, damit er von oben herunterrutschen konnte ... ich erinnerte mich daran, wie ich in der stillen, schmerzerfüllten Mittagsstunde lag ... in der Zeit des Mittagsschlafs, die mich nicht schlafen ließ, ich erinnerte mich an die Tränen, die ich zu verbergen suchte, das Schluchzen in die weißen Kissen, das Heimweh, das mich wie eine übermächtige

Welle überfiel, an die Zeit, deren Länge ich nicht kannte, deren Ende mir unendlich schien, und deren Bogen sich anfühlte wie eine immerwährende Wunde ... – wo waren Vater und Mutter ... wo waren die Brüder, die Tanten, wo waren Oma und Opa ... meine Gedanken verkrampften sich und wollten sie erreichen, aber sie waren weg, zu weit weg ... ein Meer lag dazwischen ... Berge und Hügel und Wälder und Städte ... ich hatte es ja gesehen, auf der Zugfahrt, auf der langen Zugfahrt, die sogar noch über eine ganze Nacht hinweg angedauert hatte ... ich lag und weinte in die Kissen ... und schluchzte ... da kam die Kinderschwester mit den halblangen blonden Haaren, strich mir über den Kopf und sagte, ich solle jetzt schlafen ... da erfasste mich ein plötzlicher Wärmestrom, und wie ein Ertrinkender, der nach seinem allerletzten Strohhalm greift, fasste meine Kinderhand nach dem weißen Kittel, der mich berührt hatte ... ich fühlte Anwesenheit ... ich fühlte einen Arm ... ich fühlte Rettung ... ich fühlte. Die Tränen trockneten. Meine Augen schlossen sich. Ich hörte von Ferne das Rauschen der Wellen hinter den Dünen. Und schlief ein. Ich erinnerte mich an die Tage danach, die sonnenwarmen Stunden am Watt, ich erinnerte mich an den Geruch von Harz und Kiefernnadeln, und die tröstende Empfindung, die ich später so oft mit Liebe verwechseln sollte, die tröstende Empfindung, dass sie da war, die Kinderschwester, und ich in ihrer Nähe sein durfte ... – Ich schreckte auf aus meinen Gedanken und verscheuchte die inneren Bilder. Der dichte Vorhang aus wirbelnden Schneeflocken lichtete sich langsam. Wolkenfetzen zogen schnell und unruhig über die Hügel und formten immer wieder neue bizarre Gebilde ... Masken und Grimassen grinsten für Sekunden vom Himmel herunter und lösten sich wieder auf ... ein Wolf mit weit aufgerissenem Maul ... der Rüssel eines Elefanten ... ein davoneilendes Phantasiegebilde mit langen Ohren, das meinen Träumen hätte entsprungen sein können ... Wind fegte durch die Eichen, die den Weg hinunter in die Stadt säumten. Ein paar letzte Flocken wirbelten durch die Luft. Im Tal war die Stadt wieder sichtbar. Ein Abendschimmer lag über der Steinwüste. Das Riesenrad im Prater und die modernen Hochhäuser des UNO-Viertels ragten gegen einen leicht geröteten Himmel. Langgezogene, sich sanft schlängelnde Lichterketten zeigten den Verlauf der Hauptstraßen an. Plötzlich hörte mein inneres Ohr einen mächtigen Chor, hörte Orgelmusik, hörte schräge Akkorde, als spielte ein wild gewordener Organist alle Noten rückwärts, als hätte der Chor in einem Anfall von Wahnsinn die Kontrolle verloren über alle Harmonie und Melodie. Ich ging etwas schneller. Der Asphaltweg glänzte nass. Die Stadt im Tal hatte sich inzwischen in ein Lichtermeer verwandelt. Ich wollte rasch am Bach entlang hinunter zur nahgelegenen Bushaltestelle, um pünktlich zu meiner Verabredung zu kommen.

22. Kapitel

Kurze Zeit später hatte ich das obere Ende der Strudelhofstiege erreicht. Mich fröstelte. Fahles Licht von alten, kunstvoll gearbeiteten, schmiedeeisernen Straßenlaternen beleuchtete den in einem asymmetrischen Zick-Zack nach unten führenden Weg, der sich am Fuß der Anlage symmetrisch in zwei leicht gebogene Treppen teilte, die wiederum einen kleinen Brunnen umschlossen. Regen- und Schneefall hatten aufgehört. Die Nacht war hereingebrochen. Am Himmel blitzten einzelne Sterne auf. Ich verharrte einen Moment, und meine Augen glitten über den weiß-leuchtenden Stein der Geländer und Treppen. Ein Theaterplatz im Freien, dachte ich. Eine beleuchtete Kulisse. Da bemerkte ich unten vor dem Brunnen eine Gestalt. In einen alten Mantel gehüllt, die Kapuze über den Kopf gezogen, vermutete ich im ersten Moment einen Jugendlichen aus der Sprayer-Szene, der aussah wie ein Mönch. Die Gestalt ging unter einer der Straßenlaternen langsam hin und her, und die Art, wie sie sich bewegte, der bedächtige Schritt, die Wellen, die durch den Körper liefen, ließen keinen Zweifel: Die Gestalt war eine Frau. Langsam ging ich den Weg schräg hinunter, passierte die Spitzkehre, ging eine kleine Seitentreppe nach unten, sah, dass auf der Ebene, auf der sich die beiden unteren Treppenbögen trafen, ein weiterer Brunnen angebracht war, bemerkte in der Mitte einen Fischkopf, aus dem Wasser floss, und schlenderte schließlich langsam den rechten Treppenbogen nach unten bis zum Fuß der Anlage. Ich sollte meine Kusine hier treffen. Ich hatte sie das letzte Mal gesehen, als sie im Alter von fünf Jahren auf einem Roller die Straße vor unserem Haus hinunterfegte, stürzte und mein Bruder und ich sie unter ihrem fürchterlichen Geschrei wieder nach Hause holten. Nun hatte sie mich am Morgen angerufen, mir erzählt, dass sie vor Kurzem nach Wien gezogen sei und sie mich dringend sprechen müsse. Ihre Stimme hatte verstört geklungen am Telefon. Sie wollte mir aber nicht sagen, um was es ging. Sie hatte mir lediglich die Strudelhofstiege als Treffpunkt vorgeschlagen. Da war sie nun, und ging langsam auf und ab, erwachsen geworden inzwischen, vielleicht zweiundzwanzig Jahre alt. Sie schien unruhig. Ich fragte mich, was sie zu diesem Treffen veranlasst hatte, und warum sie ausgerechnet mich treffen wollte, der ich doch seit Jahren keinerlei Kontakt mehr zu ihr gehabt hatte. Die Gestalt kam auf mich zu, blieb in einigem Abstand stehen, schaute auf, und schaute mich an. Ich blickte in ein bleiches, junges, gealtertes Gesicht. Zwei schöne blaue Augen waren verweint, die Tränen getrocknet. Ihr Blick war ruhig, und schweigend, und ließ nicht ab von mir. Aus der dunklen Kapuze fiel ihr Haar etwas wirr und ungeordnet über Stirn und Wangen. Ich wagte nichts zu sagen. Offensichtlich hatte sie mich erkannt. Doch keine Hand rührte sich. Kein Wort fiel. Ich ahnte, etwas Schreckliches musste geschehen sein. Das fahle Licht fiel von der Laterne, unter der wir standen, auf den Boden. Eine Straßenbahn klingelte von Ferne. Ein Auto hupte. Eilige Schritte hallten aus einer Gasse. Ich empfand die Nacht, die aus ihren Augen schien, und eine nicht enden wollende Trauerwelle schwappte für Sekunden aus diesen Augen zu mir herüber.

„Hallo Sabine", sprach ich sie schließlich zögernd an.

Ich war unsicher. Sie antwortete nicht, und schaute mir unentwegt weiter fest in die Augen. Sekunden verrannen … in welchem Boot saß sie, welche Welle hatte sie erfasst und fortgespült … losgemacht vom Ufer. Treibend ohne Ziel, rudernd inmitten eines Meers aus Angst, so stand sie vor mir … keine Sehnsucht führte mehr zu keinem Hafen, kein Weg führte mehr in die Häuser zurück … Goldregen im nächtlichen Seelenwasser, wie phosphoreszierende Feuerpunkte, deuteten noch einen Hauch von Gewissheit an, wiesen ihr als zarte Lichtspur den Weg wie das Lächeln einer vergangenen Zeit … – welche Verwerfung, welcher Irrtum hatte sie in diesen Zustand versetzt? Ihre Augen, die mich immer noch anblickten, waren wie das Tor zu einem inneren Abgrund. Plötzlich hörte ich Wasserplätschern vom Brunnen her. Zögernd nahm ich ihre kalte

Hand, sagte: „Komm", und zog sie in Richtung des Treppenbogens. Sie folgte mir langsam. Sie ging wie in Trance. Ich ließ ihre Hand los. Wir stiegen die erste gebogene Treppe nach oben und blieben vor dem zweiten Brunnen stehen. Ich drehte mich zu ihr um und sah sie an, wollte sie trösten, und wusste nicht wie. Engel sammeln in Krügen das Blut Gottes. Mein Mund blieb stumm. Da sagte sie plötzlich:

„Danke, dass du gekommen bist."

Ich antwortete nicht, hob langsam meine rechte Hand und berührte zärtlich ihren linken Arm. Dann sah ich plötzlich den schwarzen Fischkopf, aus dessen Mund ein Wasserstrahl in kleinem Bogen in das Brunnenbecken fiel. Die Augen des Fisches starrten ins Bodenlose, sein Maul war weit geöffnet, als hätte er im Augenblick des Sterbens ein Wunder gesehen. Ich nahm mir ein Herz und fragte Sabine:

„Wie geht es dir?"

Kaum war die Frage verklungen, schien sie mir peinlich, war es doch offensichtlich, wie es ihr ging. Sabine schwieg, und starrte nun ihrerseits auf den Fischkopf. Nach einer Weile drehte sie den Kopf wieder langsam zu mir und flüsterte, sodass ihre Stimme sich mit dem Wasserplätschern vermischte:

„Ich möchte dir die Geschichte von meinem Bruder erzählen."

Ich kannte ihren Bruder nicht, wusste wenig von ihrer Familie. Ein-, zweimal war ich ihren Eltern als Kind begegnet, konnte mich aber weder an Gesichter noch an Ereignisse wirklich erinnern. Und ich wusste nicht, ob mich die Geschichte von ihrem Bruder wirklich interessierte. In diesem Augenblick bellte ein Hund und störte unsere stille Begegnung. Ein Mann, einen Bernhardiner an der Leine führend, kam polternd die Stiege herunter, den Weg zuerst, und dann die Treppen. Ohne zu grüßen ging er an uns vorbei den letzten Treppenbogen hinunter auf die Straße. Dann verschwand er langsam vor der Silhouette des Palais Liechtenstein, und das

Hundebellen klang nur noch leise wie von Ferne. Schließlich waren wir wieder allein. Ich nahm das Gespräch wieder auf und sagte:

„Erzähl ... erzähl von deinem Bruder ... was ist mit deinem Bruder?"

Sie richtete ihren Blick wieder auf das geöffnete Fischmaul und begann mit monotoner Stimme zu sprechen:

„Ich hatte Anfang des Jahres Geburtstag und mein Bruder überreichte mir ein verschnürtes Päckchen. Er bat mich inständig, und ich musste darauf schwören, dass ich das Päckchen erst nach seinem Abitur, das knapp ein halbes Jahr später über die Bühne gehen sollte, öffnen dürfe."

In diesem Moment quollen Tränen aus ihren Augen, Tränen, die ich nicht verstand. Als sie sich wieder beruhigt hatte, fuhr sie fort.

„Ich habe das Päckchen nicht geöffnet, verstehst du, ich habe das Päckchen nicht geöffnet!"

Ich verstand nicht, hatte aber nicht den Mut, nachzufragen und schwieg. Sie erzählte weiter, mit ihrer leisen, monotonen Stimme:

„Die Monate vergingen, der Frühling kam, mein Bruder bereitete sich gewissenhaft auf sein Abitur vor. Er war ein guter Schüler. Ein fleißiger Schüler. Ein vorbildlicher Schüler."

Sie unterbrach ihre Erzählung wieder, holte ein Taschentuch aus ihrem Mantel und trocknete ihre Tränen. Dann sprach sie weiter, die Augen starr auf den Fisch gerichtet.

„Etwa drei Wochen vor seinem Abitur brachte er ohne jeden ersichtlichen Grund einen Strauß mit fünfzig roten Rosen mit nach Hause und stellte ihn auf den Schreibtisch meiner Mutter. Ich und meine Schwester machten uns lustig über ihn. Niemand schöpfte Verdacht. Mein Vater nicht. Meine Mutter nicht. Mein jüngerer Bruder nicht. Und ich hatte das Päckchen längst vergessen. Meine Mutter kam von der Arbeit nach Hause, bedankte sich voller Freude für die Rosen und nahm meinen Bruder in den Arm."

Wieder quollen Tränen aus ihren Augen. Mir war kalt. Leichter Nebel hatte sich über die Treppen gelegt. Sabines Stimme wurde noch leiser, als sie fortfuhr:

„Dann kam der Tag des Abiturs. Mein Bruder kam zurück und niemand war zu Hause. Wir wollten am Nachmittag mit ihm feiern. Ich fand ihn auf dem Dachboden. Seine Schuhe hatte er geputzt und fein säuberlich neben einen Hocker gestellt. Er hatte sich erhängt."

Sabine schwieg. Mir war, als hätte der Blitz direkt neben mir eingeschlagen ... als würde ein ohrenbetäubender Donnerschlag mich betäuben. Die Erde wankte unter mir. Ich stürzte ins Bodenlose. Doch die Nacht war still, und nirgends war Gewitter. Sabine starrte auf den Fisch. Sein Maul blieb weit geöffnet, und wollte sich nicht schließen. Plötzlich verstand ich alles, und verstand nichts. Ich konnte nicht sprechen, zu heftig war das Ereignis hereingebrochen, zu plötzlich, zu gewaltsam war das Erleben Sabines in diesem Augenblick zu meinem eigenen geworden, zu groß war der Raum, den diese Mitteilung in mir eingenommen und alles andere beiseitegeschoben hatte. Wir verharrten in minutenlanger Starre. Dann sah ich sie an, ging einen Schritt auf sie zu, nahm sie in den Arm, drückte sie leicht an mich und spürte ihren schlanken und doch mächtigen Körper an den meinen geschmiegt. Wir standen regungslos. Ich schloss die Augen, und blickte ins Auge eines Hurrikans. Eine Welle erfasste mich. Eine Sturmbö trieb mich hinaus. Ich blickte in die Tiefe eines Brunnens, dessen Ränder ausgefranst waren. Die Wälder schrien auf. Plötzlich hörte ich Glocken läuten. Von weit her läuteten verschiedene Glocken und schlugen die Stunde. Ich versuchte die Schläge zu zählen. Jeder einzelne brachte die Schreckensbilder zum Schweigen und führte mich zurück an den Ort, an dem ich war. Strudelhofstiege. Fischbrunnen. Es waren neun Schläge. Langsam löste ich die Umarmung und trat einen kleinen Schritt zurück. Sabine blickte mich an. Sie wirkte entspannter. Die Umarmung hatte ihr gut getan. Und mit ruhiger Stimme sagte sie:

„Ich rief die Rettung. Die Polizei kam. Meine Eltern standen unter Schock. Ich erinnerte mich siedend heiß an das Geschenk, verkroch mich in mein Zimmer und schnürte mit zitternden Händen das Päckchen auf. Zum Vorschein kam ein kleiner Pappkarton. Darin eine vertrocknete Rose, die Briefe, die ich ihm geschrieben hatte, ein Gedicht, und ein Abschiedsbrief."

Sabine atmete jetzt ruhig. Sie schien erleichtert, nahm langsam meine Hand in die ihre und fuhr fort:

„Die Beerdigung war furchtbar. Mein Vater kam zu spät und hatte den Totenschein vergessen. Niemand fand die richtigen Worte. Keiner verstand, was geschehen war. Auch ich nicht. Der Totengräber war betrunken. Es wurde getuschelt und spekuliert über den Zustand unserer Familie. Zu Hause zerstritten sich meine Eltern. Mein Vater schrie. Mein jüngerer Bruder schloss sich in sein Zimmer ein. Meine ältere Schwester versuchte zu schlichten. Ich war dem allem nicht mehr gewachsen und zog zu einer Freundin. Eine Woche später beschloss ich, die Familie zu verlassen und in Wien zu studieren."

Froh, dass es Sabine etwas besser ging, wollte ich diese etwas gelöstere Stimmung zwischen uns nicht zerstören und schwieg. Sabine streifte ihre Kapuze ab. Ihr halblanges Haar fiel ihr über die Schultern. Sie schaute mir lange in die Augen. Dann sagte sie leise:

„Danke. Ich muss jetzt gehen. Ich möchte jetzt allein sein. Nimm das bitte, und bewahre es gut auf."

Sie griff in ihre Manteltasche, gab mir einen Briefumschlag, umarmte mich nochmals kurz und stieg langsam die Treppe nach oben. Bedächtig, ohne sich umzusehen, ging sie den Zick-Zack-Weg hinauf, streifte sich die Kapuze über den Kopf, nahm, jetzt nur noch ein dunkler Schatten, die letzten kleinen Treppen, schlenderte den obersten Weg entlang und verschwand in der Dunkelheit. Ich hielt den Brief in der Hand. Auch ich war jetzt ruhiger geworden. Die Glockenschläge klangen nach in meinem Kopf. Ich versuchte zu ordnen, was ich erlebt und gehört hatte, verstehen konnte ich es

nicht. Langsam stieg ich im schummrigen Licht der Laternen die
Treppenstufen nach unten, blieb vor dem zweiten Brunnen stehen,
öffnete den Briefumschlag, nahm einen Zettel heraus und las:

Lieber Alexander,

*ich gebe dir das Gedicht, das mein Bruder mir hinterlassen hat
und bitte dich, es aufzubewahren.*

Sabine.

Und auf einem weiteren Zettel stand, handgeschrieben, mit Tinte,
in makelloser Schrift:

Verloren in der Wüste
Gestohlenes Geld
gestorbene Tode
die Kugel die fällt
ein Wassereimer

die Träne die weint
die Erinnerung ausklingende
verstummte, vergessen
Wagen des Weges getragen
vom Asphalt

23. Kapitel

Als ich zu Hause in meinem Bett lag, konnte ich nicht einschlafen. Das Bild vom erhängten Bruder Sabines wollte mir nicht aus dem Kopf. Auch das Gedicht hatte mich aufgewühlt. Ein Achtzehnjähriger hatte ein halbes Jahr im Voraus seinen Selbstmord durch Erhängen minutiös geplant und seiner Schwester ein Päckchen überreicht mit der Bitte, es nicht zu öffnen. Das Päckchen enthielt die Korrespondenz mit seiner geliebten Schwester, dieses Gedicht und einen Abschiedsbrief. Niemand hatte Verdacht geschöpft. Niemand hatte ihm in die Augen gesehen. Niemand ihn an der Hand genommen. Und niemand hatte das Schreckliche verhindern können. Aus welch innerer Wirrnis, aus welchem Abgrund heraus musste eine solche Tat, ein solcher Entschluss sich Bahn gebrochen haben. Ich wusste es nicht. Ich konnte es nicht wissen. Sabines Bruder war tot. Sabines Bruder ist begraben worden. Eine große Begabung hatte ein frühes, unnötiges Ende gefunden. Vielleicht sollte ich jetzt Musik hören, dachte ich, stand auf und legte Klaviersonaten von Schubert auf. Dann kroch ich ins Bett zurück, lauschte den Tönen und schaute durch das große Fenster hinaus in die Nacht. Über den Dächern der gegenüberliegenden, kahlen Häuserwand sah ich zwei Sterne blinken. Die Winde hatten sich gelegt, und die Nacht war ruhig geworden. Schwermütige Akkordfolgen und Melodien erfüllten den Raum, doch sie beruhigten mich eher als dass sie mich in Melancholie versetzten. Ich hörte in der Musik eine Seelenquelle sprudeln. Da suchte jemand Erlösung, und fand Musik. Da ging jemand allein, auf Tönen, suchte sich selbst, in Akkorden, suchte seinen eigenen Raum, unerreichbar für andere, mit stotternder Sprache, und blühender Fantasie. Der immer weiter sich wandelnde Strom eines Gestimmt-Seins mit sich, als den ich Schuberts Klaviersonaten in diesem Moment empfand, erreichte mich, und lenkte die schrecklichen inneren Bilder in ruhigere Bahnen. Plötzlich klingelte mein Handy. Ich hatte vergessen, es auszuschalten. Wer mochte das sein, zu so später Stunde? Ich griff nach dem Gerät. Die Uhr zeigte zwanzig Minuten vor Mitternacht. Sollte ich abnehmen? Ich konnte die Nummer nicht identifizieren und hob ab.

„Hallo?", sagte ich leise ins Telefon.

Ich bekam keine Antwort. Am anderen Ende atmete jemand heftig und unregelmäßig. Ich war neugierig, und fragte, jetzt etwas lauter: „Hallo, wer ist denn da?"

Ich lauschte dem Atem, und nach einer längeren Pause hörte ich eine Stimme sagen:

„Hallo Alexander ... ich bin's, Sabine."

Wieder diese leise Stimme, die mich jetzt, nach all dem, was geschehen war, berührte.

„Hallo Sabine, wie geht es dir?", antwortete ich leise, aber bestimmt.

„Alexander ... kannst du ... kommen, ich möchte ... nicht ... allein sein ... heut Nacht ..."

Ihre Stimme klang zögernd, unsicher, stolpernd, stotternd, unkoordiniert. Ich schwieg, und dachte, vielleicht ist sie betrunken. Ich war bereits im Bett und dabei, einzuschlafen. Wollte ich jetzt noch einmal hinaus in die Kälte? Andererseits hatte sie mir ihre zerrüttete Seele anvertraut und war sicher noch in einem Schockzustand. Sie war mir begegnet, und ich wollte sie jetzt nicht allein lassen.

„Wo bist du denn jetzt?", fragte ich sie.

Etwas Mut fassend antwortete sie:

„Im Café Hummel ... ganz in deiner Nähe."

Dies war günstig, ich hatte also nicht weit zu gehen. Das Café Hummel lag zwei Ecken von meiner Wohnung entfernt.

„Ich bin in zehn Minuten bei dir", antwortete ich ihr.

„Danke ... danke Alexander ... bis gleich", sagte sie.

Ihre Stimme klang zaghaft, aber etwas erleichtert. Sie legte auf. Ich schob mein Handy beiseite. Ich hatte Angst vor der Begegnung. War es richtig, was ich tat? Konnte ich ihr wirklich helfen? War ich nicht überfordert mit der Situation? Ich stand auf, schaltete die

Schubert-Musik ab, zog mich an und stürmte hinaus in die Nacht. Einige Prostituierte standen in Hauseingängen. Eines der kaum 18-jährigen Mädchen versuchte mit lasziven Blicken und berstenden Brüsten mich in einen Flur zu locken. Mit schnellen Schritten wich ich auf die Straßenbahnschienen aus, eilte um eine Ecke und kam nach kurzer Zeit zum Café Hummel. Dort erwartete mich Sabine schon vor dem Eingang. Sie begrüßte mich, und wirkte abwesend. Ich hatte es geahnt: Sie roch nach Alkohol, sie war angetrunken. Ich schaute ihr in die Augen. Ein Zyklop. Bodenlos. Kräftig. Unberechenbar. Ich war jetzt bei ihr und spürte, dass sie mich brauchte.

Kurze Zeit später saßen wir auf der Rückbank eines Taxis und fuhren durch die Stadt. Sie schwieg und stierte zum Fenster hinaus. Ich war müde. Meine rechte Hand lag auf den kühlen Ledersesseln des Rücksitzes und berührte Sabines Mantel. Auch ich schwieg, und sah die vielen vorbeihuschenden Lichter. Autoscheinwerfer. Straßenlaternen. Flimmernde Reklameschilder. Ampeln. Erleuchtete Fenster. Sich bewegende Lichtspiegelungen in Glasfassaden. Ich hörte das gedämpfte Geräusch des surrenden Taximotors. Wir fuhren langsam wie in einer gefederten Kutsche durch die Nacht. Einzelne Autos kamen uns entgegen, blendeten ab. Wir überquerten den Donaukanal. Lichterglitzern auf dem ruhig fließenden Wasser. Die Erzählung Sabines an der Strudelhofstiege hatte mein Inneres erschöpft. Ich empfand Leere in mir. Sprachlosigkeit. Alle Bilder hatten sich verflüchtigt. Ich war noch vorhanden, aber nicht mehr wirklich da. Fleisch und Knochen. Und ein schlagendes Herz. Die Kraft, Worte zu finden war erlahmt. Alle Musik war zum Stillstand gekommen. Einzig die Tatsache, dass Sabine neben mir saß, gab mir einen gewissen Halt, und machte einen gewissen Sinn. Wir fuhren um Kurven, überquerten Kreuzungen. Das Taxameter tickte. Was die Sprache sonst schüchtern versuchte zu sagen war verstummt, sammelte sich, und trug. Plötzlich spürte ich Sabines

Blick. Sie schaute zu mir herüber. Ich wendete den Kopf vom Fenster und sah sie an. Halbschatten. Lichtpunkte huschten durch das Taxi-Innere. Ich sah ihre Augen. Ihr Blick war ruhig. Ein glasiger Glanz lag auf ihren Pupillen. Sie sah mich an wie durch einen Schleier und sagte nichts. Sanft legte ich meine Hand in die ihre und spürte die Kälte ihrer Finger. Sie verzog leicht den Mund. Die Andeutung eines Lächelns huschte über ihr Gesicht. Dann legte sie langsam ihren Kopf in meinen Schoss und schloss die Augen. Ihr Haar fiel wirr über meine Schenkel. Sich vergraben mit entgleistem Gefühl. Honigmohn für ihre Seelennarben. Eine Brücke, auf der sie balancieren konnte über Abgrund und Schuld. Stumm geht die Stunde, und will bedacht sein, wortlos berührt, in der Traumzeit, mit eigener Schwingung, die den Gleichklang sucht. Ich fand immer noch keine Worte, aber was geschah war gut, und ich fühlte ihr Herz schlagen. Das Taxi hielt. Wir waren in einem der Randbezirke Wiens gelandet. Ich bezahlte den Fahrer. Sabine stieg umständlich aus dem Wagen. Ich hakte sie unter und ging mit ihr langsam durch einen kleinen Vorgarten zur Haustür eines schlichten Sozialwohnungsbaus. Sie kramte ihren Haustürschlüssel aus der Manteltasche, schloss auf und ließ mich eintreten. Als wir schließlich in ihrer kleinen Wohnung waren, fiel kein Wort. Unausgepackte Kisten standen im Flur. Das Zimmer, in das sie mich führte, war ein hastig eingerichtetes Provisorium. Ein Resopal-Tisch, zwei Plastikstühle, ein Schrank, an dessen Schlüssel ein dunkelblauer BH hing. Neben dem Eingang zur Küche stand ein großer Koffer. Die Wände waren kahl, nur ein großes Plakat mit der Skyline von Manhattan hing an der rechten Seitenwand. Auf dem Fensterbrett bemerkte ich eine kleine, hellgrüne Plastikschildkröte, die mit dem Kopf wackelte. Offenbar war die Bewegung ihres Kopfes durch die Erschütterung, die unsere Schritte auf dem Boden verursacht hatten, ausgelöst worden. Ich setzte mich auf einen der Stühle. Sabine verschwand in der Küche und kam kurze Zeit später mit zwei Tassen aus Ton zurück. Sie hatte Pfefferminztee gemacht und setzte sich mir gegenüber. In den beiden Tassen schwammen frischduftende Blätter. Die Wohnung war angenehm warm. Ich war eingetreten in einen anderen Raum, und der imaginäre Schlüssel fühlte sich an wie ein Lächeln, das Lächeln einer Hand. Ich sah einen alten Geigenkasten auf dem Boden liegen. Er war geöffnet, und mein Blick fiel auf den roten Samt, mit dem der Kasten innen ausgeschlagen war. Der Kasten war leer. Ich hatte einmal Geige gespielt, vor vielen Jahren. Mein Vater hatte mich zum Geigenunterricht geschickt, als ich acht Jahre alt war. Oft waren die Musikstunden eine Qual. Aber dann ging es doch, und es machte mir immer mehr Spaß. Ich erinnerte mich an die alten Räume meines Lehrers, den großen schwarzen Flügel, der mitten im Raum stand, und die warme wohlklingende Geige des Pädagogen. Später hatte ich im Schulorchester gespielt und sogar in einer vierköpfigen Band, die wir als Schüler gegründet hatten, ein bisschen Improvisieren gelernt. Auf den Tönen gehen der innersten Schicht. Nicht den Lärm aufsuchen. Der Raum dehnte sich, ich fühlte mich wie in einem Traum ... wie viel Zeit, wie viel Jahre lagen hinter mir ... was erinnerte sich noch ... was wurzelte in mir und blieb ... – Wir tranken schweigend den heißen Tee. Ich hörte Sabines Lippen schlürfen. Sie schaute zum Fenster hinaus in die Dunkelheit. Ich fragte sie:

„Spielst du Geige?"

Und sie antwortete mir leise:

„Ja, ein bisschen. Aber die Geige ist in der Reparatur. Ein Wirbel ist gebrochen."

„Ich spiele auch Geige", sagte ich dann.

„Was? Du spielst Geige?", antwortete sie verwundert.

Eine lange Pause entstand. Ich mochte nichts mehr sagen. Es gab nichts mehr zu sagen. Sabine drehte den Kopf zu mir, sah mir in die Augen und sagte langsam:

„Warum habe ich ... das Päckchen nicht geöffnet ... warum habe ich das Päckchen ... nicht geöffnet ... ich musste weg von zu Hause ... das verstehst du doch? Ich bin geflohen ... und jetzt bin ich hier."

Ihre Trunkenheit hatte nachgelassen. Sie tastete nach einem Haltepunkt. Ihr Oberkörper wankte leicht. Was sollte ich ihr sagen. Ich konnte ihr nur beistehen durch mein Dasein. Langsam stand ich auf, stellte mich hinter sie und legte meine beiden Hände auf ihre Schultern. Von Ferne hörte ich wieder eine Glocke schlagen: einmal. Mitternacht war längst vorüber. Ich strich ihr übers Haar. Sie saß vor mir als eine, die sich irrlichternd durchsucht, und weder Weg noch Ausgang wusste. Sie drehte ihren Kopf leicht nach hinten und sah mich an. Purpurn lauerte ein Drache im Abgrund ihres jugendlichen Blicks. Ich schlug die Augen nieder, und spürte die Wärme ihrer Schultern an meinen Händen. Meine Lider schlossen sich. Stille legte sich um uns. Plötzlich, kaum wahrnehmbar erst und dann immer deutlicher, stieg in mir eine jener langsamen Sätze aus den Fugen von Johann Sebastian Bach auf, deren Tonfolge für mich der Inbegriff allen Trostes war. Schmerz und Erlösung. Wagnis und Geborgenheit. Der einsame Weg nach unwiderruflichem Verlust. Und die haltende Hand. Ich sah in mir das Bild eines nackten Engels, halb Frau, halb Mann, sah die unbeschreibliche Schönheit aus männlicher und weiblicher Jugend, einen Körper, dessen Zartheit meine Gedanken berührte und alle Erkenntnis zu verwandeln schien in die eine schweigende, niemals zu benennende … also still … nichts ließ sich erweisen, nichts war bewiesen … Träume sprechen eine vertrautere, verstörendere Sprache … haben wir nicht ein Organ dafür, wo sie wahr reden, und wo sie nur plappern, gibt es nicht die sichere Ahnung von Träumen … – den Schleier nicht heben … den Schleier nicht heben … „come back from the death…I will tell you all…I will tell you all…" Ich errötete vor diesem inneren Bild, beugte meinen Kopf neben das wirre Haar Sabines und verharrte, ihre Wange berührend, regungslos neben ihr. Sie roch immer noch leicht nach Alkohol. Der König darf nur Opfer bringen, wenn er Frauenkleider anlegt, so sagte die Sage … auch ich … zur Hälfte – eine Frau? Berühre die Zweige … singe ein Lied … dreh dich im Kreis … betrachte die aufbrechenden Knospen in deinen Augen

… eile ein paar Ewigkeitsminuten durch die Nacht und danke dem Mond … verlasse für einen Moment das männliche Sein … nimm deine Hände und berühre die Rinde einer Akazie, die dich einlädt zu enteilen der enteilenden Zeit … Innenlandschaft und Kompass … berühre ihn zart, den nackten Engel, der an einer Wolke lehnt, gelassen neigend sein Haupt, und zeigend das lächelnde Antlitz seiner halb entkleideten Brust … was hat die Robinie von der Erde gelernt, dass sie jetzt mit dem Himmel plaudert. Meine Hände auf Sabines Schultern brachten den Frühling zurück ins sterbende Land … ich berührte sie und empfand meine Gestalt, und mein Wesen … und wusste in dieser Sekunde, dass ich ein Ganzes nur war, und mich fühlen durfte … als Mann und als Frau … ich empfand das Weibliche in meinem Wesen, und das Männliche an meinem Körper, und das Weibliche an meinem Körper, und das Männliche in meinem Wesen … Windbraut und Sturmhaar … Sternschnuppen verglühten. Sabines Blick öffnete sich dem Gesang der Nacht mit dem Wissen, das alles weiß, und dem Fühlen, das alles fühlt. Ich legte meine Arme langsam um ihre Hüften. Die Kraft ihrer Brüste erreichte mich wie der Rhythmus eines afrikanischen Liedes. Da saß sie vor mir, ein flügellahmer Vogel, eine zerbrochene Prinzessin, die sich unverschuldet verirrt hatte, bei Nacht, in einem Wald voller Schuld. Plötzlich öffnete sich ihr Mund, und sie flüsterte:

„Komm."

Umständlich, aber bestimmt, stand sie auf, nahm mich an der Hand und führte mich in ein anderes Zimmer. Dort, auf einem schlichten Bett, sanken wir zueinander und liebten uns, wie nur Frauen sich lieben können.

Der Morgen war grau und kalt. Ich lag in Sabines Armen, schloss die Augen, war glücklich, und sah einen Feldweg, seine Wiesenbegrenzung, seine blühenden Ränder, seine Steine und Gräser, seine Einladung zu Schlendern und gemächlichem Gehen, und hörte seine Musik. Die Zeit war befreit, mein Körper gelöst. Sabine hielt mich nackt umschlungen und schlief. Das Fenster des Zimmers hatte sich leicht beschlagen. Undeutlich sah ich die graue Wand des gegenüberliegenden Baus und eine Dachrinne. Zwei Verirrte hatten sich zueinander geflüchtet, die Berührung gewagt und sich geborgen gefühlt für eine Nacht ... Liebe ... das Wort „Liebe" ist tot, dachte ich ... ein Begriff aus Beton, gemacht aus Angst, Hilflosigkeit, Schutzsuche und Sehnsucht ... ein hart gewordenes Gemisch, mit dem elende Häuser gebaut wurden ... Beziehungshäuser ... Angsthäuser ... die Momente der Begegnung, sie verfliegen, sind verschieden jedes Mal, und anders, mit anderen, und tragen den Hauch des Einmaligen, nicht Wiederholbaren in sich ... eignen sich nicht für Architektur, Häuserbau, und Zimmer ohne Wagnis ... Liebe ... keine Liebe ... viel Liebe ... ein bisschen Liebe ... Schwesternliebe ... Kinderliebe ... Affenliebe ... große Liebe ... kleine Liebe ... ewige Liebe ... was war das, und wie und durch was waren sie zu unterscheiden ... – Ich konnte nicht beschreiben, was geschehen war. Ich hatte Sabine geliebt, als Frau, und hatte mich entdeckt, und entdecken lassen, als Frau, und war als Mann wieder aufgewacht, in einem kahlen, fremden Zimmer, irgendwo in einem der ärmlichen Vorstädte Wiens. Dies konnte so sein, dies durfte so sein, das wusste ich. Innerlich hatte ich gewagt, nicht äußerlich. Ich war meiner Seele gefolgt, nicht meinen Gedanken. Ich hatte der weiblichen Empfindung in mir Raum gegeben, und die Geste gefunden, in der Gelassenheit, und den Zeitpunkt ergriffen. Da war kein Platz für Verstand und Gewalt. Das überkommene Ritual des Liebens zwischen Mann und Frau hatte keinen Platz in dieser Landschaft, die ich mit Sabine betreten hatte. Zärtlichkeit und Ertasten, zögerndes Erregen und öffnender Atem in dieser unerwarteten Begegnung waren von anderer Art. Die Zeit war ohne Begriff. Eine wilde Dünenrose, sonst nichts. Erinnerung hatte sich geprägt in dieser Nacht, warm und leicht, in konkreten Bildern von Körpern, die sich zögernd gesucht hatten. Und sie trug von nun an ein berauschendes Geheimnis, das die kommenden Stunden füllte, und wiederkehren würde in wiederkehrenden Träumen. Sabine erwachte. Langsam richtete sie sich auf, und ihr Busen streifte zärtlich über mein Gesicht. Ihre Lider waren verklebt und sie blickte verschlafen. Sie hatte wohl geträumt, und ihre Augen robbten sich träge über die Grenze zum Wachsein. Licht. Sie schaute zum Fenster hin und blinzelte. Ein Moment des Glücks, ein Schauer im Dasein, eine Sekunde des Angekommenseins nach all dem Leid ... ein Gewahrwerden der eigenen Gestalt. Ich strich ihr über die Wange und sagte:

„Guten Morgen."

Sie antwortete nicht. Ich ahnte, sie kämpfte ... kämpfte an gegen die wiederkehrende Leere, die innere Ödnis, die Wüste ohne Horizont, die Trockenheit und Träge, die Müdigkeit, die Schwere, die Resignation. Sie waren ja nicht verschwunden, waren ja nur betäubt für eine Nacht. Und sie kamen wieder wie die Krähen im Winter. Das innere Haus stand leer und verlassen, die Fenster waren durchstoßen, das Dach lag zertrümmert, die Seele stand schutzlos und erwartete bang jeden neuen Tag. Vielleicht wollte sie bei ihrem Bruder sein, dachte ich. Vielleicht wollte sie ihm folgen. Plötzlich stand sie auf, verließ das Bett, holte ein Glas Wasser, setzte sich neben mich, legte ihre Hand zart auf meine nackte Hüfte und trank das Glas auf einen Zug leer. Sie schwieg lange, und auch ich wagte nichts zu sagen. Draußen regnete es wieder. Einzelne Tropfen flossen die Fensterscheibe herunter, bildeten Rinnsale und verwischten die Sicht nach draußen. Unsere Begegnung hatte sich erschöpft. Die Freude unserer Haut, unserer Lippen, die Berührung unserer Hände, sie war vorbei. Das Tageslicht schien trübe auf Bett, Decke, Boden, Schrank und Wand. Ich sah Spinnweben, beschädigte Stellen am Türrahmen, Schmutz auf dem Fenstersims. Sabine strich mir sanft über die Brustspitzen, sah mich an und sagte liebevoll:

„Du musst jetzt gehen ..."

In ihren Augen flackerte noch einmal die Lust einer Liebenden auf und das Zeichen, dass die Stunde der Liebe vorüber war. Ich fragte nicht nach, antwortete nicht, wollte nichts wissen. Ihr Wort hatte den Moment erfasst. Sie hatte den Mut gehabt zu sagen, was zu sagen war, und die Empfindung zwischen uns war dadurch bewahrt. Sie hatte instinktiv erkannt, dass diese nur im Getrenntsein sich erhalten und weiterleben konnte. Der weitergeht, behält die Liebe. Sie wollte, sie musste jetzt allein sein, und sie konnte unterscheiden zwischen dem tröstenden Rausch in der Nacht und dem bitteren Geschmack des anbrechenden Tages, der von ihr abverlangte, den unwiderruflichen Verlust, den Tod ihres Bruders, und die Schuld, die sie mit diesem Tod verband allein, in der Tiefe ihrer Seele allein zu bewältigen. Auf unbestimmte Zeit. Ich stand auf, zog mich an, ging noch einmal langsam auf Sabine zu, sah ihr in die Augen und drückte ihren nackten Körper minutenlang an mich. Schließlich küsste sie mich sanft auf den Mund und sagte, wie nebenbei:

„Vergiss mich nicht so schnell!"

Ich löste langsam die Umklammerung, sah ihre schöne nackte Gestalt vor mir, ging verstört durch das Zimmer über die Schwelle in den Hausflur, drehte mich auf der Treppe noch einmal um, sah sie unter der Wohnungstür stehen, sie, die ich geliebt hatte in dieser Nacht, und erhaschte einen letzten Blick. Mit einem Ruck wendete ich mich ab und ging entschieden die Treppe hinunter nach draußen.

Als ich in Wien-Mitte aus der Tram stieg und in wenigen Schritten den Stadtpark erreicht hatte, empfingen mich die Tauben. Sie flatterten auf, gurrten, turtelten auf den Sträuchern, oder watschelten vor mir her. Die Luft war kühl, der Regen hatte aufgehört, der Himmel war grau. Meist ältere Männer und Frauen führten ihre Hunde aus. Der Verkehr rollte dicht an dicht auf der Ringstraße, die am Rand des Parks entlangführte. Mich fröstelte leicht. Ich hörte das Anfahren einer Straßenbahn, und wieder das Gurren der Tauben ... dieses Gurren, das ich kannte aus einem dunklen Zimmer in der Mitte Berlins, und das mich nie wieder verlassen hatte seit dem Augenblick, als ich auf einem schmalen Bett auf dem Rücken liegend, gerade aufgewacht, dieses Gurren hörte, und den Widerhall dieses Gurrens aus dem angrenzenden grauen Hinterhof. Die bange Zeit, die ich hier verbracht hatte, an dem Ort, den ich liebte, in der Nähe des alten Mannes, den ich immer wieder aufsuchte, und der schon morgens immer leicht betrunken war. Das Gurren der Tauben, und die Worte des Mannes, der mit den Jahren ein Freund geworden war, hatten sich für mich miteinander verbunden, für immer ... die müden Morgenstunden, der weiße Bademantel, Tee und Wein ... die trägen Stunden, in denen kaum ein Wort fiel, und nur das Gurren der Tauben die Stille durchschnitt ... Worte fielen dann doch, Worte aus einer fernen Zeit, unverständliches Gemurmel von Weisheiten, dem geschichtlichen Sein des Menschen entrissen, aus wirren Träumen ins Bewusstsein geschwemmt oder wie verirrte Granaten, die jederzeit explodieren konnten, als kaum hörbare Randbemerkungen über die Tischdecke gehaucht ... und über dem Gurren der Tauben begann der alte Mann dann irgendwann seinen nicht enden wollenden Monolog, unterbrochen nur von langen Pausen, stieren Blicken in die Teetasse, hastigen Schlucken aus dem Weinglas, schwerem Atmen, oder dem Geräusch der gurrenden Tauben, dem er mit zusammengesacktem Körper in sich versunken lauschte ... ich erinnerte mich plötzlich an einzelne Sätze und Satzbrocken, an Teile aus diesen Monologen, die, so verschieden sie auch waren, für mich ein Ganzes ergaben ... das Ganze der Seele eines monolithischen Blocks, eines sprechenden Felsens ... Apollon spricht immer noch, aus seinem toten Auge ... sieh den Fisch auf dem Hut einer Frau ... Meeresstille ... Schatten der Schönheit ... Morgendämmerung des Begriffs ... wen die Pfeile treffen, der verglüht schmerzlos ... Apollon hält mit seiner Leier das Weltall in harmonischer Bewegung ... sein Plektron sind die Strahlen der Sonne ... ich sehe Höllenbrüder ... und augenlose Scheusale ... das Kind ist nicht gestorben, es wurde nur zurückgegeben ... siehst du den Regen ... siehst du die nackten liebenden Leiber ... von den Toten empfangen wir Nahrung, Wachstum und Keime, und denkendes Licht ... du hättest singen sollen meine Seele ... ich sehe ein winterliches Dorf im Alten Land ... ein Wolf wird gestellt und mit Äxten und Messern erschlagen ... manchmal überkommt mich die Melancholie alles Fertigen ... wie könnte am Ende je etwas anderes stehen als die Niederlage ... nichts bleibt als das Elysium des Augenblicks ... der Blütenkorb auf dem Grab eines Mädchens, das korinthische Kapitell ... tritt über die Schwelle, aber lasse deinem Schutzengel den Vortritt ... der gotische Dom ist ein Mutterleib, eine Vagina ... schaue getrost über die Hauptachse des Mittelschiffs auf den Chor, in den das Licht einbricht ... allein im Licht erscheint uns die Welt ... im lichtenden Blick ... Trümmerfeld der Träume ... atmende Erde ... Katzenwörter vor dem Sprung ... der Augenblick, der alles andere rechtfertigt ... ach, wenn meine Seele Fühler hätte ... getürmtes Gewölk, brüchige Mondscheibe ... der erste Schnee ... Schönheit und Schmerz ... es reicht ja doch kein Wort zu nichts mehr hin ... – Ich schreckte hoch aus meinem tranceartigen Zustand, in den ich geraten war – sicher auch durch die Nacht mit Sabine, als deren Folge sich eine morgendliche Müdigkeit über meine Glieder gelegt hatte. Ich hatte für Momente jegliche Kontrolle über die mich bedrängenden Bilder und Worte verloren. Der Himmel hatte sich inzwischen verfärbt, in ein Krapprot, ein Dunkelrosa bis Violett, wie ein grell bemaltes, verkommenes, blendend schönes Strichmädchen. Die entgegenkommenden Autos wirkten bedrohlich auf mich. Flucht ... immer wieder Flucht, dachte ich, und schlenderte langsam Richtung Innenstadt.

Die Nacht mit Sabine hatte mich aufgewühlt. Ich war ein anderer geworden. In ihrem Schmerz hatte sie mir etwas geschenkt, und, ohne es zu wissen, mir den Zugang zu einem Teil meines Wesens geöffnet, der mir bisher unbekannt geblieben war. Die Häuser, die Bäume, die Lichter und Läden, ja, selbst die morgendlichen Geräusche der Stadt waren anders, sprachen anders zu mir, erreichten mich, als wäre ich vorgedrungen in ein unbekanntes Land, als kämen sie als Teil eines überseeischen Gebietes, das ich noch nie betreten hatte vor meine Seele. Ich wollte die ganzen Vorgänge in mir sacken lassen, ging in ein Kaffeehaus, frühstückte und sah dabei durch die große Glasscheibe auf die gepflasterte Gasse hinaus. Die Stadt war längst erwacht, und draußen herrschte geschäftiges Treiben. In meist eiligen Schritten gingen Menschen vor der Glasscheibe des Kaffeehauses vorbei, die Gasse hinauf, oder die Gasse herunter. Läden öffneten, Hunde bellten. Handybewaffnete Männer überquerten telefonierend die Straße. Behelmte Fahrradfahrer rasten vorbei. Eine Frau mit elegantem, großem Hut blieb an einem der Schaufenster stehen und betrachtete die dort ausgestellten Schuhe. Die Worte des alten Mannes hatten mich eingeholt, und ich erinnerte mich an all die Stunden mit ihm auf Straßen, in Kneipen, auf Spaziergängen, in Parks, oder sah ihn schwer atmend ein altes Treppenhaus hinaufächzen. Dies viele von ihm Gesagte war in meine Welt gekommen, hatte sich Raum genommen und meine Empfindung geprägt, und kehrte wieder in meinen Träumen, in verwandelter Form, in anderen Bildern, und doch deutlich wurzelnd in der irren Welt des Wissens, in die der alte Mann auf der Suche nach Sinn und Orientierung so tief eingedrungen war. Seine Worte, die in mir ihre Wirkung entfalteten, waren zu stark, als dass ich sie hätte abweisen können, seine Sätze zu apodiktisch, als dass ich hätte widersprechen mögen, und können. Ich musste mich ablenken, zahlte, verließ das Kaffeehaus und geriet – nach einigem ziellosen Herumschlendern – über eine lange Treppe hinauf in ein Museum. Es hatte gerade erst geöffnet, und nur wenige Besucher standen an der Kasse, oder gaben an der gegenüberliegenden Garderobe ihre Mäntel ab. Ich kaufte eine Eintrittskarte und betrat den hellen hohen Vorraum des Museums. Dort stand in der Mitte auf einem weißen Marmorsockel eine einzige, überlebensgroße, männliche Statue, eine jener griechischen Bildhauerarbeiten, die der alte Mann mir vor einigen Jahren mit so euphorischen Worten gezeigt und beschrieben hatte. Zögernd ging ich auf die Statue zu und blieb in einigem Abstand stehen. Und staunte.

Da stand sie vor mir, die Statue, das hermaphroditische Wesen, das die Seelen beider Geschlechter in ihrem Körper vereinte. Ihr Gewand war vorne leicht geöffnet, und an dem porösen Faltenwurf entzündete sich meine Neugierde. Ich betrachtete die weibliche Hüfte, das zurückgebildete männliche Glied, den versunkenen Blick, der aus den Augen eines leicht geneigten Kopfes nach innen strahlte, als würde die marmorne Gestalt gerade in diesem Moment sich ihres Zwitterwesens bewusst ... die Frau ist der weibliche Teil Adams, der Mann ist der männliche Teil Evas, dachte ich, und konnte mich kaum lösen. Ich ahnte, ich stand vor etwas, das schon einmal am Ziel war. Statt eines ruhigen Gefühls des Vergnügens ergriff mich ein Schauder ... Engelssprache, Menschensprache ... vergessen, vergessen, Stille machen ... das ganze Wollen musste schweigen ... die Statue versammelte an sich eine gestaltlose Aura ... sichtbar an ihrer graziösen Kontur ... dies war die Gnade bedingungsloser Schönheit ... vor mir stand das Unendliche in seinen Grenzen, die Bannung der Angst durch das Schöne, die Vision neuen Menschtums, antikisch kostümiert ... Traum und Rausch, Gedicht und Gebärde ... die Rede der Seele, die sich in der Kunst zur Sprache gebracht hatte. Das Antlitz der zerrissenen, in Individuen zerspaltenen Welt war, als Vision in einer symbolischen Gestalt, in einer graziösen Gebärde wieder vereint, als das Schöne an sich, in der steingewordenen Form eines hermaphroditischen Wesens, gedacht, entworfen, gemeißelt und aufgestellt. Vor mir stand das Sinnbild einer stets verschobenen Verheißung, und die Blüte galt hier so viel mehr als die Frucht, als wäre, kurz vor der geschlechtlichen Vereinigung, die Zeit angehalten, und der Höhepunkt körperlicher Schönheit als ewiges Abbild des Eros, als Urbild und Sehnsuchtsort, Motiv und Antrieb für alle seelische Regung dem Künstler zur Hand gegangen. Heftige Liebe wohnt in unseren Körpern, heftiges Verlangen in unseren Seelen – mit der Freude unserer Haut, unserer Lippen, mit dem Licht erregender Berührung öffnet sich die Welt, dies war die unausgesprochene Botschaft, die von dieser Bildhauerarbeit ausging. Beweglichkeit, instinktives Ergreifen des Augenblicks, Verewigung einer einzigen Sekunde in der Haltung einer marmornen Gestalt, stimuliert durch ihre Sucht zur Schönheit, zur Farbe, zur Geste, zum Kuss ... der Moment, in dem alles blüht, in dem der Blick nichts ist als ein plötzliches Schaudern ... – Wird durch das, was man Schönheit nennt, nicht der Schmerz aus den Zügen der Natur hinweggelogen? War dies nicht alles Täuschung und Schein, Trost und Verklärung? Hatte mich die seltsame Begegnung mit Sabine in dieser Nacht nicht geöffnet und in einen Zustand versetzt, der mir eine solche Empfindung für ein solches Kunstwerk erst möglich machte? Änderte sich diese Empfindung nicht ständig, und damit auch meine Wahrnehmung, meine Art der Betrachtung und mein Verständnis? Sah ich vielleicht nur, was ich sehen wollte, und konnte? Waren Augen und Seele in diesem Moment vielleicht nichts anderes als das plötzlich geöffnete Tor augenblicklicher Regung? Ich blieb zurück mit diesen Fragen, und war verwirrt. Langsam ging ich weiter den Weg durch die Vorhalle des Museums in die eigentliche Ausstellung. Die Tür, die sich mir jetzt öffnete, war der Eingang zu einem über die gesamte Ausstellungsfläche aufgebauten Labyrinth. Überlebensgroße Rostmetallwände bildeten rechts und links die Begrenzung des schmalen Ganges, den ich jetzt betrat. Auf dem oberen Grat der Wände waren fein säuberlich Kohlen aufgereiht. Meine ersten Empfindungen waren Beklemmung, und Befremden. Rost und Kohle, inmitten eines millionenschweren, bis in die letzten Ecken geputzten, polierten, glänzenden und nahezu staubfreien Gebäudes ... bewacht von Wärtern und Alarmanlagen, zu betreten nur gegen Eintritt und Abgabe sämtlicher Taschen, Rucksäcke und Mäntel bei eigens hierfür abgestelltem Personal. Rost und Kohle ... Materialien, die ich kannte von einem Autofriedhof am Rande meines Heimatdorfes, auf dem wir als Kinder heimlich herumstreunten, um Metallteile, Hupen, Spiegel, Schläuche oder Gummireifen nach Hause zu schleppen und dort zu verstecken. Materialien, die Armut in sich trugen, und Verfall.

Ich berührte die Wand, und hatte braun-rote Rostflecken an meinen Fingern ... wenigstens schrillte keine Alarmanlage, und kein Wärter kam, um mich zurechtzuweisen. Bilder von Kohlekellern längst vergangener Zeiten stiegen in mir auf. Männer mit schwarzen Gesichtern, die schwere Kohlesäcke von Lastwägen die Treppen hinunterschleppten. Novembernebel, erste Kälte ... die Kohlen kamen, und kündeten den Winter. Ich hörte das Geräusch der aus den Säcken fallenden Kohlen, konnte den feinen, schwarzen Staub riechen, der in der Luft lag, und spürte die Angst vor der Stimme meiner Mutter, die uns Kinder aus dem Keller, wo wir dem Treiben neugierig zugeschaut hatten, nach oben rief. Die Stimme eines weinenden Kindes kam mir in den Sinn ... war es meine eigene? War es die meines Bruders? Oder die eines Nachbarkindes? – Ich folgte dem labyrinthischen Gang weiter, bog um eine Ecke, und nochmals um eine Ecke, und kam in einen kleinen Raum. Dort stand vor einer Schiefertafel, wie ich sie noch aus den ersten Jahren meiner Grundschulzeit kannte, auf einer metallenen Stele eine schmale, weiße, brennende Kerze. Ich trat näher, und konnte mit Kreide von Hand geschrieben Buchstaben erkennen, und die Worte:

O Atrebil
W
Etrom
Ipsebo
W
Taram

Ich hatte tatsächlich die Orientierung verloren, stand inmitten des Labyrinths, und konnte nicht mehr sagen, in welcher Richtung der Ausgang war, oder gar Norden, Süden, Osten oder Westen unterscheiden. Nur die Kerze war da, und brannte, und flackerte leicht, und ihr spärliches Licht fiel auf die Worte und Zeichen an der Tafel. Aber auch hier konnte ich nur Buchstaben erkennen, und Silben, aber nichts entziffern, und nichts begreifen. Ich fühlte mich zurückgeworfen in ein frühes Stadium des Kindseins, in dem ich staunend bestimmte Worte sagen hörte und diese nicht zuordnen konnte. Und doch zuordnen wollte, und begreifen wollte, und dazugehören wollte zu denen, die verstanden, zu den Wissenden, zu den Erwachsenen. Ich starrte auf die Schrift, und strengte mich an, doch der Sinn des Geschriebenen blieb mir verschlossen. Gerade wollte ich aufgeben und mich abwenden, da fiel der Groschen ... der einfachste Trick der Welt! Und ich war nicht dahintergekommen! Ich musste die Silben rückwärts lesen! Dann ergab sich libertA O W mortE obespI W maraT. libertA war leicht zu deuten als „Liberta": Freiheit. O hieß „oder", das W konnte ich nicht verstehen, mortE war klar. „Morte". Tod. Also übersetzt „Freiheit oder Tod", mit einem W dazwischen. obespI verstand ich wieder nicht, ebenso wenig das sich wiederholende W, maraT wiederum hieß wohl „Marat" und war der Name eines französischen Revolutionärs aus dem 18. Jahrhundert. Ich war froh, dass ich einige Worte hatte zuordnen können, wirklich klüger aber war ich dadurch nicht geworden. Meiner anfänglichen Euphorie wich ein weiteres Mal pure Resignation. Vielleicht erwartete mich zu allem Überfluss in diesem Labyrinth jetzt eine Badewanne, dachte ich, ließ die Kerze brennen und ging weiter. Aber es kam keine Badewanne. Stattdessen konnte ich das eine Wort, das ich nicht hatte entziffern können, nicht vergessen ... „ObespI", murmelte ich vor mich hin ... obespI ... obespI ... und bog, nachdem mich der labyrinthische Gang um weitere fünf Ecken geführt hatte, in eine scharfe Spitzkehre ein. Plötzlich öffnete sich vor mir ein größerer Raum. Was ich jetzt sah, war ebenso überraschend wie überwältigend. Vier lange, uralte, abgenutzte, rechteckige Holztische verschiedener Größe und Form waren, scheinbar ohne System, in einer Ecke zusammengeschoben, und darauf standen sieben Kirchenglocken – große, kleine, mittlere – überzogen mit jenem grünlichen Schimmer, der entsteht, wenn Bronzematerial durch oberflächliches Oxydieren einen Ansatz von Grünspanpatina

bildet … unwillkürlich fühlte ich die Hand meiner Großmutter, hörte das Gebimmel der nahen Kirche, Sonntagmorgen … Kindergottesdienst … eine Banane, ein Apfel, ein schmalzgeschmiertes Brot … die Glocken läuteten, und ich trat an der Hand meiner Großmutter in den Kirchenraum … Holzgeruch, Bänke, feierliches Licht, ein Altar. Ehrfürchtige Stille in dem mächtigen Bauch des Baus, mehrere Gemälde an der Wand, „Die Vertreibung aus dem Paradies", wie mir Großmutter erklärte, und „Die Auferstehung Jesu."
„Warum hat der keinen Fahrstuhl?", fragte ich damals meine Großmutter flüsternd. Ich erinnerte mich an die bildreichen biblischen Geschichten, die uns Kindern vorgelesen wurden vom Pfarrer, und die meine Phantasie immer wieder aufs Neue angeregt hatten, die Drohungen, die Erwartungen, die Gewalt … Himmel und Hölle, Sünde und Vergebung, Strafe, Sühne, Ausgeliefertsein … – Ich betrachtete still die Glocken auf den langen, hölzernen Tischen. Sie standen stumm und läuteten nicht mehr … nicht mehr in San Marco, als ich mit meinem Vater aus dem Aufzug des mächtigen Kirchturms stieg und direkt neben mir mit ohrenbetäubendem Lärm die überdimensionalen Glocken zu läuten anfingen, ich zusammenzuckte, mir die Ohren zuhielt, schrie, und den gewaltigen Klöppel inmitten eines der hin- und herschwankenden Monster an die metallene Wand schlagen sah … bamm, bamm, bamm, bamm, bamm, bamm … ich schaudernd nach unten blickte auf den Platz, die kleinen Menschen erkannte, die in scheinbar ungeordneten Bahnen wie beliebig durcheinanderrollende Kugeln über den Platz eilten, ich auf die Pferde blickte, meinte ihr Wiehern wegen des Glockenlärms nicht hören zu können … die Pferde standen starr, und bewegten sich nicht … es waren Bildhauerarbeiten … mein Vater packte mich damals und zerrte mich in den Aufzug zurück. Die Türe schloss, das Glockenläuten erschütterte den Aufzug, war jetzt jedoch nur noch dumpf zu hören. Ich war erlöst, umklammerte den Arm meines Vaters und weinte bitterlich … – Stumm standen die Glocken auf den Tischen und läuteten nicht mehr … nicht mehr

durch die friedlichen Stunden des Sonntagmorgens, bimmelnd von Ferne durch weit geöffnete Fenster, Frühlingsluft bringend und erste Krokusse, und das Gefühl ins kindliche Herz, dass alles, alles gut werden würde ... die Glocken standen stumm und läuteten nicht mehr ... nicht mehr vom Keller herauf, aus dem die dunklen, warmen, langsam schwingenden Glockentöne einer Imitation des Big Ben an mein Ohr gedrungen waren, und ich in banger Erwartung einer Reise ins Schneegebirge im Treppenhaus harrte ... auch die kleinen, hellen Glocken einer kleinen Kapelle in Piano di Campo bimmelten nicht mehr ... weckten mich nicht mehr aus tiefem Schlaf und ließen mich, noch im Taumel, auf die unwirkliche Landschaft der Tessiner Berge blicken ... ich betrachtete schweigend die schweigenden Glocken und hörte das helle Bimmeln aus längst vergangener Zeit ... auch die Kuhglocken hörte ich läuten, dreiundzwanzig an der Zahl, der ganze Stolz eines Schweizer Bauern ... sorgfältig gestimmt hingen sie um die dicken Hälse von weidenden Mastkühen ... klingend und bimmelnd hatte ich sie erlebt, und staunend hatte sich mein Ohr geöffnet dem zufälligen Zusammenklingen, den Glockentönen, die immer neu sich fanden, und über die Stille der Hochalm eine seltsame Zufalls-Sinfonie ausbreiteten ... Glockenschläge ... Anrufung jenseits von Sprache ... Zeichen, Vergegenwärtigung des Daseins ... auch mein Herz, der Schlag meines Herzens schien mir plötzlich ein Glockenschlag ... ein tiefer, klingender Ton, ein sich unablässig wiederholender Schlag, der in kurzen Zeitabständen einen langen Weg markierte ... wie viele Herzschläge hat eine Stunde ... wie viele Herzschläge hat ein Tag ... wie viele Herzschläge hat ein Jahr ... und wie viele Herzschläge hat ein ganzes Leben ... unerbittlich schlug das Herz voran ... unerbittlich trug mich der tiefe pulsierende Ton von Tag zu Tag ... bildete den Urgrund, den Generalbass für alles Hören, Fühlen, Sehen, für all mein Erleben und Begegnen, für alle atemlosen Stunden, für die traumlosen Nächte und schmerzvollen Tage ... die Glocke flüsterte ... die Glocke tröstete ... die Glocke schlug leise und erinnerte an die Zeit, und machte sie wertvoll ... und machte sie lebendig ... und machte sie vergänglich ...

Ich riss mich von meinen Tagträumen los und suchte weiter den Weg im Labyrinth, einem kleinen roten Pfeil folgend, der, wie zum Hohn, die Richtung anzeigte. Ich sah an einer Rostwand lehnende Strohsäcke, sah aufgehäufte Maiskörner, Bohnen, Linsen, Erbsen in Jutebeuteln – die Nahrung der Armen, dachte ich – kam an alten Nähmaschinen vorbei, aufgestellten Bettgestellen, Hanfbärten, vergilbten Zeitungsblättern, zerschlissenen grauen Mänteln, die fein säuberlich auf Kleiderbügeln an einer der Rostwände aufgehängt waren, sah Kaffeemehl auf Apothekerwaagen und eine schiefe Stahlplatte, auf der die naturgetreue Nachahmung eines Spiegeleis prangte. Ich war erschöpft, schleppte meinen Körper die Gänge weiter, erreichte schließlich den Ausgang des Labyrinths und landete wieder in der Vorhalle des Museums. Meine innere Kraft war verbraucht, obwohl der Tag erst begonnen hatte. Plötzlich, für mich völlig unerwartet – ich hatte die Schiefertafel längst vergessen – schlug es wie ein Blitz in mein Bewusstsein ein und brachte mir die Lösung für das Wort, das ich nicht entziffern konnte ... ipsebO ... rückwärts gelesen Obespi ... Robespierre!! Die Buchstabenkombination war ein Fragment, herausgeschnitten aus dem Namen Robespierre! Natürlich! Das machte Sinn! Der Schlächter der Französischen Revolution! Das Blut! Die Guillotine!! Draußen schien die Sonne. Ich trabte zu einem nahegelegenen Park, suchte eine Bank unter einer mächtigen Rotbuche, legte mich auf die kühle, harte Unterlage der Holzstreben, mümmelte mich in meinen Mantel und schlief ein.

24. Kapitel

Ein heißer Sommer hatte gerade begonnen, und die Meteorologen sagten eine längere Hitzeperiode voraus. Seit unserer letzten Begegnung hatte ich nichts mehr von Sabine gehört. Ich saß zu Hause. Draußen war es dunkel geworden, und der fast volle Sommermond stand strahlend über den Dächern. Ich lauschte den Stadtgeräuschen, die sich mehr und mehr im später werdenden Abend verloren. Eine Trompete spielte irgendwo langsame Melodien. Mein Herz fühlte sich an wie ein Wasserfall, strömend ... fallende Noten aus Nachtmusik, singende Zeitstrudel ... ich dachte an die wertvolle, vorübergehende, geliehene Stunde, die uns geschenkt ist, und die, wenn wir auf sie achtzugeben bereit sind, in ihrer leisen Ankunft – von uns meist unbemerkt – zur Erfüllung bringt, wonach wir uns im Großen vergeblich sehnen. Plötzlich klingelte mein Handy. Am anderen Ende hörte ich Sabine. Ich war überrascht. Ihre Stimme klang fröhlich. Nach einem kurzen Geplänkel erzählte sie mir, dass sie inzwischen einen portugiesischen Musiker kennengelernt hätte, dessen Freund dabei war, einen gebrauchten Mercedes zu kaufen. Die drei wollten zu den Eltern ihres neuen Freundes nach Portugal fahren, die im Norden des Landes, in Porto, wohnten. Dann fragte Sabine mich ohne Umschweife, ob ich Lust hätte mitzukommen. Ein Hauch von südlicher Wärme strömte zu mir durchs Telefon ... ein leises Echo von Musik aus einer fernen Stadt ... die Blumen alle, die Wellen, die Berge, die Dörfer, die sommerlich gefüllten Straßen eines fremden Boulevards ... reisen, den Ort wechseln ... eine Landschaft betreten, die du noch nie betreten hast ... Wechsel der Farben, Wechsel der Gefühle, anderer Lichteinfall, andere Stimmung, schärfere Wahrnehmung ... all das schoss mir in Sekundenschnelle durch den Kopf ... das Fremde würde mich wachhalten, und neugierig, und machte mir Angst. Unbekannte Menschen würden mich erwarten. Sabines neuer Freund. Es wäre ein Wagnis. Nach kurzem Zögern sagte ich zu.

Drei Tage später saßen wir zu viert in einem hell-lackierten Mercedes älteren Baujahrs, der von außen auffallend geputzt und schick aussah. Noch vor Sonnenaufgang verließen wir die Stadt Wien. Raphael – so hieß Sabines portugiesischer Freund – saß auf dem Beifahrersitz, und sein Freund Günther – ein älterer Herr von etwa sechzig Jahren – saß am Steuer. Alles Gepäck war verstaut. Sabine und ich hatten es uns auf der Rückbank bequem gemacht. Unwillkürlich musste ich zurückdenken an unsere nächtliche Taxifahrt durch Wien, als wir, so wie jetzt, nebeneinander saßen, betroffen und aufgewühlt von der Geschichte, die Sabine mir vom Selbstmord ihres Bruders erzählt hatte. Ich dachte an die Strudelhofstiege, den Fischbrunnen und das geöffnete Fischmaul. Jetzt war die Situation eine andere. Alle im Auto waren heiterer Stimmung, waren in Feierlaune und freuten sich, jeder auf seine Weise, über den plötzlichen Aufbruch ins Ungewisse. Günther schwärmte mit überschäumender Stimme, was für ungeheures Glück er mit dem Kauf seines neuen Wagens gehabt hätte. Ein Rentner-Ehepaar wären die Vorbesitzer gewesen, das Auto hätte praktisch nur in der Garage gestanden, wäre jeden Samstag geputzt und lediglich für Einkäufe benutzt worden. Und dann der Preis! Sensationell! Wir stimmten ein in seine Begeisterung, waren froh, eine so lange Reise in so sicherem Gefährt machen zu können, und bald waren wir auf der Autobahn Richtung St. Pölten. Wälder, Dörfer, Hügel und fruchtbares Land flogen an mir vorüber, und vor mir, über dem erwachenden Land, ging eine rote Sommersonne auf. Ein Wort gab das andere, und von Zeit zu Zeit erfüllte schallendes Gelächter den Innenraum der Limousine. Nachdem sich die erste Freude über die gemeinsame Reise gelegt hatte, verstummten die Gespräche zusehends, und auch meine morgendliche Euphorie wich einer Müdigkeit, die meine Glieder bleiern ergriff. Meine Augenlider wurden schwerer. Ich nahm ein Kissen aus meinem Rucksack, presste es gegen das hintere Wagenfenster, lehnte mich dagegen, ruckelte meinen Körper in eine möglichst bequeme Position und bettete meinen Kopf auf das

Kissen. Der Motor surrte. Eine leichte Vibration ging durch mich hindurch. Der Wagen war gut gefedert, wirkte wie eine Wiege und schläferte mich langsam ein. Bald fiel ich in einen bedrängenden Traum

... ich hatte mit Sabine ein Ferienhäuschen in Polen gemietet. Das Schlafzimmer lag im Souterrain, und an der hinteren Wand unter der Decke waren sechs kleine Oberfenster angebracht. Wir waren spät angekommen, hatten uns gleich ins Bett gelegt und waren sofort eingeschlafen. Plötzlich, mitten in der Nacht, wurden hinter uns alle Fenster aufgerissen. Ich schreckte auf, drehte mich um und sah in den Fensterrahmen sechs große, fette, fies grinsende, maskenhaft wirkende Gesichter. Die Köpfe wackelten triumphierend hin und her. Ich spürte sofort, von diesen Köpfen ging allerhöchste Gefahr aus. Sabine war neben mir aufgewacht, stand entschlossen auf und stürmte im Nachthemd durch das Zimmer nach draußen. Ich geriet in Panik. Eine polnische Verbrecherbande, dachte ich im ersten Moment und wusste sofort, die schlagen hier alles kurz und klein, die rauben hier alles aus, und möglicherweise vergewaltigen sie sogar Sabine. Ich brüllte in die Dunkelheit:

„*Sabine ... Sabine ...!*"

Keine Antwort. Ich brüllte immer wieder ...

„*Sabine, ruf die Polizei ... die Polizei ... Polizei!!*"

Ich dachte, die Polizei könnte, wenn sie rechtzeitig käme, mich vielleicht noch retten ... – wieder keine Antwort. Ich floh in Panik aus dem Zimmer, im Schlafanzug, barfuß, die Treppen hinauf, die Straßen entlang und kam auf einen Dorfplatz. Dort war ein Flohmarkt im Gange. Plötzlich spürte ich eine Pistole unter meiner Schlafanzugsjacke, und sah gleichzeitig sechs polnische Autos mit polnischen Kennzeichen hektisch herumrangieren. Schüsse fielen. Ich hatte Angst. Eine Schieberbande, dachte ich. Eine Bande auf Raubzug. Ich blickte in einzelne wilde Gesichter am Steuer der Autos. Die Ganoven rangierten immer weiter, fuhren vor und zurück, und versuchten auf dem kleinen Flohmarkt zu wenden. Offensichtlich wollten Sie mit geraubtem Gut flüchten. Auf dem Rücksitz eines der Autos zwischen wild durcheinander liegenden Flohmarkt-Waren sah ich eine kleine Puppe sitzen. Ich muss hier weg, dachte ich, hier ist sowieso keine Polizei, und im Traum regte ich mich darüber furchtbar auf. Die Polizei musste doch wissen, dass diese Banden hier auftauchen und rauben würden!! Ich drehte mich um und fragte einen Mann. Er antwortete mir nur, die Polizei sei restlos überfordert, und außerdem zu Fußballeinsätzen abgezogen worden. Dann fuhren die Autos weg. Ich hatte immer noch die Pistole unter der Jacke und war bereit, jederzeit zu schießen. Langsam dämmerte der Tag. Ich ging langsam zurück zu dem Ferienhäuschen, das ich gemietet hatte, bog um eine Ecke und dachte, Hoffentlich hält sich der Schaden in Grenzen, und: Wird schon nicht so schlimm sein. Ich erreichte das Ferienhäuschen ... – aber da war nichts mehr!! Die Bande hatte das ganze Haus mitgenommen! Stattdessen fand ich an der Stelle, an der das Ferienhäuschen gestanden hatte, nichts weiter als ein fein säuberlich gemähtes Stück Rasen! Wieder geriet ich in Panik ... wie sollte ich das dem Vermieter erklären ... wie sollten wir das alles ersetzen!! Sabine blieb verschwunden. Keine Spur mehr von ihr ...

Ich wachte auf. Ein unregelmäßiges Tackern, das vom Motor des Wagens herrührte, musste mich geweckt haben. Allmählich kam ich zu mir. Ich war wie gelähmt von den Bildern meines Traums. Was hatten sie zu bedeuten? Draußen war inzwischen die Sonne aufgegangen. Sommerliches Morgenlicht schien auf vorbeiziehende Hügel und Wälder. Der Albtraum hatte mich aufgewühlt, und die inneren Bilder, die sich ins Bewusstsein hatten hinüberretten können, hallten nach in mir wie das Echo einer abgründigen Musik ... – Wer waren die sechs großen, fratzenhaften, wackelnden Gesichter, die aus den Oberfenstern zu mir herunterschauten, auf mich, den Liegenden, der hinaufschaute, nach hinten, hinauf zu den Oberfenstern, den Köpfen, von denen – das hatte ich im Traum zweifelsfrei gespürt – Unheil ausging ... Unheil und Vernichtung ... – waren es – Ärzte? WAREN ES ÄRZTE?? Spülte mein Unbewusstes in verschlüsselten Bildern eine von mir komplett verdrängte Krankenhaussituation ins Bewusstsein? Ich dachte nach, strengte mich an, konnte mich aber nicht erinnern, konnte mich wirklich nicht erinnern ... ich hatte im Traum nach Sabine gerufen ... sie war weg, nicht da, einfach weg, jetzt, da ich mich aufs Höchste bedroht fühlte durch die Ärzte ... – Wer war Sabine, für was stand Sabine? Meine Mutter fiel mir ein, ja, meine Mutter, meine Mutter war weg, einfach nicht mehr da ... dies sagte der Traum doch ... – und plötzlich erinnerte ich mich!! Und atmete schneller ... Schweiß trat mir auf die Stirn ... ich erinnerte mich an die Erzählung meiner Mutter ... sie hatte mir einmal, eher beiläufig, berichtet, dass ich im Alter von zwei Jahren drei Wochen im Krankenhaus gelegen hatte ... Operation an der Gaumenspalte, mit der ich geboren worden war. Ich hätte, so berichtete sie weiter, drei Wochen lang keinerlei Kontakt gehabt zu ihr. Weder mein Vater noch meine Mutter hätten mich besuchen dürfen ... das war der Schlüssel!! Ich war mir sicher, dass das der Schlüssel zu diesem Traum war! Das Ferienhaus in Polen, auf der anderen Seite des Vorhangs. Meine Mutter hatte von einer Glasscheibe gesprochen, durch die ich getrennt war beim Abschied im Krankenhaus ... die Ärzte, die sich über mich beugten, die fratzenhaften Gesichter, von denen Bedrohung und Unheil ausging, die mir wehtun wollten ... meine Angst, meine Panik vor dem, was jetzt kommen würde ... die rangierenden Autos auf dem Flohmarkt, das waren die mit Geräten hantierenden Ärzte! Ein Schauer nach dem anderen jagte mir über den Rücken ... ich hatte mich erinnert ... im Traum ... in verschlüsselten Bildern! Die Puppe in einem der Autos ... was war das für eine Puppe? Die Puppe, die Puppe in einem der Autos, die wegfuhren im Traum ... die Puppe: Das war mein Brüderchen! Das ungeborene Kind! Und das Auto, das Auto war der Bauch meiner Mutter!! Mein Vater hatte ein ganz altes, rundes Auto gekauft, mit kleinen, geteilten Rückfenstern und Seitenwinkern statt Blinkern ... ich erinnerte mich plötzlich an alte, vergilbte Fotos ... meine Mutter war hochschwanger, als sie mich ins Krankenhaus gebracht hatte, und im hochschwangeren Zustand war sie von mir weggegangen, mit den anderen, den anderen Autos, die keine Puppe in ihrem Inneren hatten ... die hektisch rangierenden Autos, die Geräte der Ärzte ... der Schuss, vielleicht ein lauter Knall, verursacht von den Operationsgeräten der Ärzte, ein Geräusch wie ein Schuss, der das kindliche Ohr erschreckt und betäubt hatte ... die Pistole unter meiner Schlafanzugsjacke ... – die Mutter war weg, sie hätte mich schützen müssen, wie die Polizei vor der Polenbande, vor den Ärzten, die mir wehtun wollten ... die Mutter, die mich immer geschützt hatte, ich zählte darauf, ich hatte danach geschrien, aber sie war gegangen, mit dem Brüderchen im Bauch, mit der Puppe im Auto ... ich rief und schrie ... und schrie ... und schrie ... und hörte auf zu schreien ... und weinte ... und schluchzte ... und verstummte schließlich ... meine Mutter war weg ... die Polizei war völlig überlastet und zu Fußballeinsätzen abgezogen, so sagte der Traum ... meine Mutter stand kurz vor der Entbindung ... abgezogen ... zu Fußballeinsätzen ... auch der Fußball ist rund, wie der Bauch meiner Mutter ... die Mutter selbst überlastet, sie konnte jetzt nicht mehr für mich da sein ... – vielleicht wandelten sich in diesem Moment im kindlichen Herzen Angst und Hilflosigkeit um in Aggression ... vielleicht bildeten sich Fantasien, ich müsse mir selbst helfen, mich selbst schützen, selbst schießen ... Aggressionen, die, in diesem Moment entzündet, und tief vergraben, vielleicht mein ganzes Leben gelenkt hatten ... vielleicht war die Flucht aus dem Zimmer ins Dorf die Narkose ... oder Halbnarkose ... warum hilft mir denn keiner ... warum bin ich denn so allein mit meiner Pistole ... – Langsam dämmerte der Tag, die Narkose hatte nachgelassen. Ich war erwacht ... vielleicht etwas erleichtert ... wollte nach Hause ... hoffte, dass alles nicht so schlimm sein würde ... hoffte vielleicht, dass alles, alles wieder gut werden würde ... – doch zu Hause war nichts mehr ... das Haus war nicht mehr ... nur die Kälte eines fein säuberlich gemähten Stück Rasens. Das Brüderchen war geboren, und die Gefühle zu meiner Mutter tot.

Ich hatte das eintönige Geräusch des über die Fahrbahn rauschenden Wagens im Ohr und döste in meinem Sitz vor mich hin. Ein Autobahnschild raste an mir vorüber. Ich konnte gerade noch erkennen: St. Pölten, 5000 Meter. Das Tackern des Motors wurde lauter. Ich sah, wie Raphael seinen Kopf zu Günther wendete und sagte:
„Hörst du das?"
Energisch antwortete Günther: „Ich höre nichts!"
Raphael: „Sei mal ganz still ... hörst du ... da tackert doch irgendwas!"
Günther: „Ich weiß nicht, was du hörst ... ich höre nichts!"
Raphael: „Sag mal, bist du schwerhörig? Das Tackern ... hörst du das nicht? Da ist doch irgendwas!"
Günther antwortete ihm leicht aggressiv:
„Mach mich nicht schwach! Der Wagen ist wie neu!"
Kurze Zeit später fiel der Motor aus. Das stolze Gefährt rollte auf den Standstreifen der Autobahn und kam zum Stehen.
„Der Wagen war wie neu!", sagte Raphael lakonisch und lachte.
Ich sah Sabine fragend an. Da standen wir nun, kurz vor St. Pölten, kaum fünfzig Kilometer von Wien entfernt, und wollten nach Porto. Unsere Reise war vorerst beendet. Der Wagen wurde abgeschleppt und in eine Werkstatt am Stadtrand von St. Pölten gebracht. Sie hatte gerade geöffnet. Die Stimmung zwischen uns war gekippt. Raphael flüchtete sich in ironische Bemerkungen wie:
„St. Pölten: Ein Traum!"
Günther versuchte weiter gute Laune zu verbreiten. Sabine verstummte. Mir war die Fahrtunterbrechung ganz recht, war ich doch viel zu sehr mit meinem Traum beschäftigt. Ich war im Grunde froh

über die unfreiwillige Pause. Der korpulente, etwas zwielichtig wirkende Automechaniker sagte nach kurzer Untersuchung:

„Is ka Probleem. In dra Stund könnens ihra Schlittn widda obholn …!"

Günther triumphierte:

„Na prima! In drei Stunden geht's weiter! Kommt Leute, ich lad euch zum Frühstück ein!"

Kurze Zeit später trabten wir leicht niedergeschlagen am Rand einer Teerstraße entlang Richtung St. Pölten und suchten ein Frühstückscafé. Bautransporter rasten mit höllischem Lärm direkt an uns vorbei in den sommerlichen Morgen. Es folgten hupende Autos, kleinere und größere Lastwagen, Motorräder und knatternde Mofas. Raphael hatte seine Kopfhörer aufgesetzt und hörte Musik. Sabine marschierte tapfer, den Blick auf den Boden gerichtet. Günther ging mit schnellem Schritt voraus und hielt Ausschau. Der Morgen war eigentlich schön. Die Umstände weniger. Plötzlich leuchtete links vor uns ein Schild auf. Hinter einem kleinen Parkplatz, auf dem etwas verloren ein blauer Truck parkte, stand geschrieben Café de Paris. Kaum hatte ich das Schild gesehen, rief Günther auch schon aus:

„Ich wusst' es doch! Das ist unsere Hütte! Kommt Leute, Frühstück!"

Und tatsächlich, aus dem Gebäude leuchtete durch die beiden einfachen Fenster matt ein einziges trübes Licht nach draußen. Das Café hatte geöffnet. Eine schmale Treppe führte zu einer Glastür, die den Eingang markierte. Der Bau war im Grunde ein kleiner Betonklotz mit Fenstern, einfach, einstöckig, und ohne jeden Charme. Froh, von der lärmenden Straße befreit zu sein, traten wir ein und setzten uns an einen der billigen Resopal-Tische. Der Innenraum war kahl, kalt und ungemütlich. Einzig das große kitschige Gemälde einer Pariser Straßenszene mit Leuchtreklame und Cafés schmückte den Raum. Günther nahm sofort die Unterhaltung auf:

„Los, Leute sucht euch was Leckeres aus! In drei Stunden geht's weiter Richtung Portugal."

Raphael antwortete mit einem kurzen, leisen Gelächter und warf uns einige fragende Blicke zu. Sabine blieb stumm und stierte vor sich hin auf die helle Tischplatte. Ich griff nach der abgegriffenen Speisekarte. Das Angebot war spärlich. Doch immerhin wurde unterschieden zwischen den drei Frühstücksvarianten „Amsterdam", „Moskau" und „Paris". Ich ergriff die Initiative und sagte in die Runde:

„Ich bitte kurz um eure geschätzte Aufmerksamkeit: Drei verschiedene Frühstücke sind im Angebot: Moskau, Amsterdam und Frühstück Paris ..."

Raphael fiel mir ins Wort und sagte lachend:

„Wodka wäre jetzt vielleicht angebrachter ..."

Sabine hob den Kopf, sah mich an und sagte leise:

„Aber nicht für Günther, wer weiß, wo wir dann noch landen."

„Keine Angst," antwortete Günther laut, als hätte er ein größeres Publikum vor sich, „für Moskau ist es definitiv noch zu früh ..."

Die Stimmung lockerte sich langsam, und die Aussicht, auf Einladung von Günther bald etwas Essbares vor sich zu haben, entspannte die Situation merklich. Ich blickte durch das kleine weiße Fenster nach draußen und sah den blauen Truck dort stehen. Die Sonne schien inzwischen über das Land, und einige Strahlen hatten sogar den Weg ins Innere unserer kargen Stätte gefunden. Auf der Straße hinter dem Parkplatz sah ich immer wieder Autos entlangrauschen. Plötzlich überfiel mich eine Erinnerung ... eine flüchtige Erinnerung ... und ich versuchte, sie für den Bruchteil einer Sekunde festzuhalten ... ich dachte an eine gottverlassene Gegend in Amerika ... einen amerikanischen Highway ... ein abgewracktes Motel an einer langen Straße ... Sonnenaufgang ... wie in alten amerikanischen Filmen, in denen menschliche Dramen sich zwischen Tankstellen, Truckstationen, Highways und einsamen Motels abspielten ... ich war da ... ich hatte dort gefrühstückt ... doch meine Empfindung ging noch tiefer ... die Geschichte von Huckleberry Finn kam mir in den Sinn ... das Buch, das mich als Junge so sehr in seinen Bann gezogen hatte ... Südstaaten ... Mississippi ... herumstreunen in sommerlichen Wäldern ... weg von zu Hause ... Wünsche ... Ängste ... Phantasien ... sommerliches Gras ... Frösche und Käfer ... –

„Paris."

„Paris."

„Paris."

Alle wollten das Frühstück „Paris". Hinter dem Tresen stand eine ältere Frau. Aufgeschwemmt, unausgeschlafen, aufgetakelt. Günther winkte sie aufgeregt heran. Langsam kam sie auf uns zu und blieb neben ihm stehen. Sie war sehr korpulent und hatte sich in ein schwarzes, zu enges Kleid gezwängt. Der rote Lippenstift war zu dick aufgetragen und ihr übergroßer Busen wölbte sich unter dem weiten Ausschnitt einer blütenweißen Bluse.

„Gudn Moagn die Heaschoftn, homs scho wos gfundn?"

Ihre tiefe männliche, aufgeraute Stimme erfüllte den Raum. Wir waren die einzigen Gäste. Und obwohl draußen schon seit einiger Zeit die Morgensonne schien, war es kühl hier im Innern.

„Vier Mal Paris", beeilte sich Günther eifrig zu bestellen, und sah der Kellnerin in die Augen, die müde und überfordert wirkten. Sie war offensichtlich völlig überrascht worden vom morgendlichen Besuch von Gästen.

„Nojo," – sie machte eine kleine Pause – „Paris sogns mögens ... sie maanen dös mid de Grossiands ... joo ..."

Sie zog einen etwas ausgefransten Notizblock aus der Tasche, an dessen Ende an einer Schnur ein Bleistift baumelte. Alte Schule, dachte ich. Technisierung und Modernisierung der letzten dreißig Jahre hatten diesen Gastronomiebetrieb offensichtlich schweigend übergangen. Umständlich kraxelte sie mit dem Bleistift etwas auf den Notizblock. Dann schaute sie wieder auf und fragte mit schmetternder Stimme in die Runde:

„Jo und vielleicht an Gaffee dozua aaa?"
„Cappuccino", antwortete Raphael schnell.
„Für mich gerne eine Melange", fiel Sabine ein. Günther wollte einen Einspänner und ich bestellte einen Kleinen Braunen.
„O Jessas … wos Sie olles woin … sehns, dös homma olls need … kummt alls späta … i konn eana an Filterkoffee mochn wonns recht is …"
Raphaels Miene verfinsterte sich. Auf Sabines Lippen zeigte sich das erste Mal an diesem Morgen ein Lächeln. Und Günther, mit unerschütterlichem Optimismus, antwortete der Frau lachend:
„Ja wunderbar, Filterkaffee aus St. Pölten … weit über die Landesgrenzen hinaus bekannt für sein Aroma … viermal Filterkaffee à la Pölt bitte!"
Die Frau schaute ihn mit großen glasigen Augen an und antwortete leicht aggressiv:
„No wanns witzig sein woin sans bei mia on da Folschn, is no zfruh fia an schlechtn Witz!", drehte sich um und verschwand hinter einer Tür, die neben dem Tresen in einen weiteren Raum führte.
„Jetzt kann der Urlaub beginnen!"
Mit diesen Worten versuchte Günther weiter, die Stimmung aufzuhellen.
„Frühstück à la Pölt! Ich sage euch: Das ist der Beginn eines wunderbaren Sommers!!"
Ich blickte nach draußen und sah, wie ein bunter Stieglitz heranflog und sich auf dem Fensterbrett niederließ. Er schien Körner entdeckt zu haben, pickte diese auf und flatterte wieder davon in den sommerlichen Himmel. Sabine legte ihren Arm um Raphael und lehnte ihren Kopf an seine Schulter. Raphael nahm ihre Hand in die seine und lächelte. Ein schönes Bild, dachte ich. Da fing Günther wieder an zu reden.
„Ich muss euch unbedingt eine Geschichte erzählen", begann er und schaute uns in die Augen. Zuerst Sabine, dann Raphael, und

dann mir. Er wollte offensichtlich die Wartezeit überbrücken und hatte Angst vor unserer Ungeduld.

„Als ich vor Jahren meine Ex-Frau kennengelernt hatte," begann er seine Erzählung, „traten wir unsere erste Reise in einem alten, verrosteten VW-Käfer an. Wir fuhren irgendwo im Norden Frankreichs über eine kleine, kurvenreiche Landstraße. Plötzlich sagte meine Ex zu mir: ‚Du Schatzilein, ich glaube da leuchtet was!'"

Kaum hatte Günther diesen Satz beendet, brach er in schallendes Gelächter aus und wiederholte:

„Sagt die zu mir: ‚Du Schatzilein, ich glaube da leuchtet was!'"

Er schüttelte sich ein zweites Mal vor Lachen. Sabine und Raphael schauten sich vergnügt an, und auch ich wurde langsam von Günthers quälend guter Laune angesteckt. Unbeirrt fuhr er fort:

„Ich schaue in den Rückspiegel, und was sehe ich da? Was sehe ich da? Na, was denkt ihr, was meine müden Augen da sehen? Da kommt ihr nicht drauf! Da kommt ihr nie drauf! Eine Stichflamme seh ich! Eine Stichflamme, die aus dem Motor schießt!! Und meine Ex sagt zu mir: ‚Du Schatzilein, ich glaube da leuchtet was' ... das Auto brannte!! Versteht ihr: Wir saßen in einem brennenden Auto und die sagt zu mir: ‚Du Schatzilein, ich glaube da leuchtet was!'"

Plötzlich waren alle am Tisch hellwach. Günthers Geschichte begann auch mich zu interessieren.

„Und was habt ihr dann gemacht?", fragte Sabine schnell.

„Ja, was macht man in so einer Situation ... ich lenkte den Wagen sofort an den unbefestigten Straßenrand und schrie: ‚Raus hier. Sofort raus!' Und meine Ex ... wie denkt ihr, wie reagierte meine Ex ...?"

Wieder brach Günther in ein helles, heiteres Lachen aus und brachte schließlich hervor:

„Die sagt zu mir, stellt euch vor, die sagt zu mir ...", und unter weiteren Lachsalven stieß er schließlich unter Tränen hervor: „Sie sagt zu mir: ‚Aber Günther, ich muss doch erst noch meine Sachen packen ...' – stellt euch das mal vor: In einer solchen Situation ein solcher Satz! Das musst du erstmal bringen! ‚Aber Günther … ich muss doch erst noch meine Sachen packen!'"

Er lachte und lachte, und wir lachten inzwischen mit. Dann fuhr er fort:

„Ich stieß die Wagentür auf, packte sie am Arm, zerrte sie mit Gewalt nach draußen und rannte mit ihr weg vom Wagen den Straßenrand entlang. Direkt vor uns lag auf der rechten Seite ein altes bäuerliches Gehöft. Rettung!, dachte ich. Rettung!! Ich ließ meine Ex hinter mir und rannte so schnell ich konnte über den Hof zur Eingangstür. Dort hing an einer Schnur eine Glocke. Panisch griff ich nach der Schnur und bimmelte und bimmelte was das Zeug hielt. Nach einer unendlich langen Weile hörte ich im Innern des Anwesens Geräusche. Die Tür öffnete sich, und vor mir stand – ein feister, dicker Junge, etwa vierzehn Jahre alt. Er schaute mich mit großen, apathischen Augen an. Ich schrie ihn an: ‚Wasser! Wasser!! Wasser!!!' Der Junge verstand kein Wort. In meiner Aufregung fiel mir das französische Wort für Wasser nicht ein. Schließlich begriff er und bedeutete mir, ihm zu folgen. Meine Ex stand unter Schock und blieb ratlos auf dem Hof zurück. Der Junge führte mich durch mehrere Stuben in eine alte, geräumige Küche. Dort entdeckte ich ein großes, steinernes Waschbecken. Der Junge drehte umständlich den Wasserhahn auf. Doch aus dem Hahn kam nichts als ein kleines dürftiges Rinnsal. Ich war verzweifelt. Draußen das brennende Auto. Und jetzt das! Der Junge holte unendlich langsam einen Blecheimer unter dem Becken hervor und stellte ihn unter den bescheidenen Wasserstrahl. Ich begann wild zu gestikulieren und beschwor den Jungen, die Feuerwehr anzurufen. ‚Tatüü Tataaa.', sagte ich immer wieder, und schrie auf ihn ein: ‚Tatüüü Tataaa …!' Als er schließlich auch dies begriffen hatte, ging er langsam zurück in den Flur und rief von einem schwarzen Telefon aus, das an der Wand hing, die Feuerwehr an. Als er wieder aufgelegt hatte, kam er zurück, schaute mich mit leicht beleidigtem Gesichtsausdruck an und nickte. Er wollte mir damit wohl andeuten, dass er Erfolg gehabt hatte und die örtliche Feuerwehr alarmiert sei. Das Wasser im Blecheimer plätscherte und plätscherte. Der Eimer war noch nicht einmal zu einem Drittel gefüllt. Mir wurde die Sinnlosigkeit des Unternehmens bewusst. Wenigstens war die Feuerwehr alarmiert. Ich bedankte mich bei dem Jungen, auf den dies alles wie ein böser Traum zu wirken schien, und eilte zurück auf den Hof. Dort stand meine Ex und gestikulierte mich wild heran. Immer wieder zeigte sie mit ihrer Hand zurück an die Stelle, an der unser Auto stand. Dort hatten inzwischen zwei riesige Lastwagen angehalten, und hinter unserem Auto waren zwei kräftige, bärtige Männer dabei, mit Feuerlöschern unser brennendes Auto zu löschen. Als wir rennend das Auto erreicht hatten, stellten wir uns wie begossene Pudel vor den schwarzen, ausgebrannten Motor, der dampfte und stank. Weder wussten wir, was wir tun noch was wir sagen sollten. Auf der Ablage hinter der Heckscheibe konnte ich einige leicht angesengte Bücher erkennen. Sonst hatten unsere bescheidenen Habseligkeiten keinen weiteren Schaden davongetragen. Die beiden Truckfahrer standen da und diskutierten in aller Ruhe auf Französisch. Dann fragte der eine, ob wir eine Versicherung hätten. Ich bejahte. Meine Ex, verlässlich und vorausschauend in diesen Dingen, hatte die beste Versicherung abgeschlossen, die es damals gab. Ich suchte überschwänglich und beschämt nach französischen Worten, um mich bei den beiden Rettern zu bedanken. Die lachten nur gutmütig und bedeuteten uns, dass dies eine ihrer leichtesten Übungen gewesen sei. Wir standen noch eine Weile und plauderten mit den Truckfahrern so gut es ging. Ich fühlte mich nun etwas entspannter und nahm meine Ex in die Arme. Wir waren beide froh, so glimpflich davongekommen zu sein. Plötzlich hörten wir Lärm: Von Ferne tönten die Feuerwehrhupen der örtlichen Feuerwehr … tatüüü tataaa tatüüü tataaa. Kurze Zeit später erreichte ein kleines, niedliches Feuerwehrauto die Unfallstelle. Vier Männer sprangen heraus, eifrig und eilig, als ob es noch was zu löschen gäbe, und rollten die Schläuche von der Ladefläche herunter. Einer der Truckfahrer sprach kurz mit dem Feuerwehrkommandanten. Daraufhin kam das Kommando: ‚Zurück!!' auf Französisch, und die behelmten Männer rollten die Schläuche wieder ein, stiegen in ihr antikes Gefährt und fuhren unverrichteter Dinge wieder ab. Und auch die Truckfahrer mussten weiter. Unter herzlichem Dankeschön verabschiedeten wir uns und winkten den beiden Trucks hinterher."

Günther hatte seine Geschichte beendet. Er atmete durch, beruhigte sich, kramte umständlich ein Taschentuch aus seiner Jacke und wischte sich die Tränen aus den Augen. In diesem Augenblick öffnete sich die Tür. Unsere Bedienung wankte, ein Tablett in der Hand, langsam, wie ein Öltanker auf hoher See, zu uns heran. Auf dem Tablett standen vier einfache Tassen. Sie stellte das Tablett auf dem Nebentisch ab. Eine der Tassen schwappte über.

„So die Heaschoften, viermol Goffee vom Feinsten bittesehr", sagte sie schwerfällig, nahm die Tassen einzeln und stellte sie vor uns hin.

Günther schaute sie an. Er hatte immer noch eine Träne im Auge. Dann fragte er vorsichtig:

„Und das Frühstück?"

Eine kurze Pause entstand. Dann brach es aus der Frau heraus: „Jo sans narrisch! Imma diese Heektik! Do komman dia Piefkes und meinen olls geat so marsch marsch ... na, wiaklii net, sie kriang ihra Friastick scho, obba ollös zu seinara Zait, verstehens, olls zu seinara Zait ...", sprach's und verschwand mit ihrem Tablett wieder hinter der Tür.

Raphael starrte auf seinen Kaffee. Sabine nahm eine der Servietten, die auf dem Fensterbrett lagen und wischte vorsichtig den übergeschwappten Kaffee von ihrer Untertasse. Günther war der Mutigste unter uns und trank. Kaum hatte er die Tasse wieder abgesetzt sagte er in die Runde:

„Schmeckt gar nicht so schlecht!"

Raphael wendete seinen Kopf zu ihm hin und strafte ihn mit einem vernichtenden Blick. Ich nahm meine Tasse und setzte sie an den Mund. Der Kaffee war lauwarm und schmeckte erbärmlich. Da nutzte auch das ganze schöne Wetter nichts. Ich sah zum Fenster hinaus. Unsere Bedienung ging langsam über den Hof, zwängte sich in den dort stehenden Truck, ließ den Motor an und fuhr davon. Ich war sprachlos. Frühstück in St. Pölten, dachte ich. Café de Paris.

„Sie ist weggefahren", sagte ich trocken in die Runde. Das erste Mal an diesem Morgen wurde Sabine etwas lauter:

„Was? Sie ist weggefahren??", sagte sie und starrte mich an.

„Na klar", warf Raphael lakonisch ein „die muss erstmal einkaufen gehen …"

„Wetten, die holt jetzt den Koch aus dem Bett, der hat den Wecker nicht gehört!", antwortete Günther in dem verzweifelten Bemühen, witzig zu sein.

Als der Truck nach etwa zwanzig Minuten wieder heranfuhr, war die Stimmung am Nullpunkt. Die Kaffeetassen waren geleert. Die Mägen knurrten. Die Gespräche waren versiegt. Keiner sagte mehr ein Wort. Und auch Günthers gute Laune war bis auf eine zu vernachlässigende Restwärme in sich zusammengebrochen. Kaum allerdings hatten wir das Geräusch des heranfahrenden Trucks gehört, waren wir alle wieder hellwach und starrten zu dem kleinen Fenster hinaus auf den Parkplatz. Und tatsächlich: Neben unserer Bedienung stieg ein älterer Herr in etwas heruntergekommener Kleidung aus dem Truck und schlappte über den Hof.

„Na, wenn das der Koch ist, dann gute Nacht", nahm Raphael, sichtlich genervt, das Gespräch wieder auf.

„Nein, Raphael, dass du auch immer das Schlimmste annehmen musst … das ist sicher der Heizungsmonteur …", fiel ihm Günther eifrig ins Wort.

„Heizungsmonteur? Jetzt? Im Sommer? Na, ich weiß nicht …"

Auch Sabine beteiligte sich wieder am Gespräch.

„Unser Schicksal ist sicher eines der schwersten im Moment", warf ich ein. „Aber uns bleibt nichts anderes übrig, als auf das Frühstück zu warten. Ich habe da eine Idee."

Plötzlich waren alle Augen erwartungsvoll auf mich gerichtet. Ich ließ eine kleine Pause entstehen und sagte dann bedeutungsvoll:
„Wir könnten aus den Servietten auf der Fensterbank kleine Schiffchen falten."
„Kleine Schiffchen falten??"
Raphael sah mich entsetzt an. Sabine kicherte in sich hinein. Und Günther sagte spöttisch:
„Also ich falte nur große Schiffchen."
„Und ich falte gar keine Schiffchen", antwortete ihm Raphael leicht aggressiv.
„Na gut, dann eben keine Schiffchen." Ich gab mich geschlagen. „War ja nur ein Versuch. Aber Raphael," fuhr ich fort, „du könntest uns doch Geschichten von Schiffen erzählen, du bist doch in Porto geboren, Porto liegt doch am Meer, Portugal war doch einmal eine der größten Seefahrernationen der Welt … du bist doch da aufgewachsen!"
Raphael wurde plötzlich still, und, als hätte ihn eine traurige Erinnerung heimgesucht, blickte er auf seine leere Kaffeetasse und schwieg. Auch wir wurden still und blickten auf Raphael. Nach einer kurzen Pause begann er leise und zögernd zu sprechen.
„Ja, ich kann euch eine Geschichte erzählen … aber es ist keine lustige Geschichte …"
Sein Gesichtsausdruck, der sonst voller Lachfalten war und heitere Gelassenheit ausstrahlte, hatte sich schlagartig verändert. Die Stirn lag in Falten. Die fröhlich blickenden Augen wirkten matt. Er sah uns an, und begann seine Geschichte zu erzählen:
„Vor elf Jahren im Herbst tobte ein schrecklicher Sturm vor der Küste Portos. Jedes Kind bei uns weiß, dass die Einfahrt für Schiffe in den Hafen von Porto aufgrund mehrerer aufeinanderstoßender Strömungen für die Navigation besonders schwierig ist. Und dann dieser Sturm! Die hohen Wellen und ihre Gewalt überfluteten ganze Uferregionen. Ich kam gerade von der Schule und musste ein kleines Stück am Ufer entlanggehen. Ich wich den heranpeitschenden

Wellen aus und rettete mich auf einen höher gelegenen Uferweg. Der Himmel war kohlrabenschwarz. Äste lagen auf dem Boden. Ich hatte Mühe, vorwärtszukommen. Zwei große Tanker, die draußen auf ihre Einfahrt in den Hafen warteten, waren kaum mehr zu sehen. Ich erkannte nur noch nervös schwankende Lichtpunkte und blinkende Scheinwerfer, die durch die Dunkelheit torkelten, als hätten sie jede Kontrolle über Richtung und Ziel verloren. Das Meer war aufgewühlt. Die Gischt peitschte ans felsige Ufer. Ich dachte nur noch, nichts wie nach Hause. Da sah ich vor mir in der großen Konzertmuschel, die für Sommerveranstaltungen an die Uferpromenade gebaut worden war, eine größere Menschenmenge zusammenlaufen. Die Leute gestikulierten wild und zeigten immer wieder hinaus aufs offene Meer. Ich konnte nichts erkennen. Bald erreichte ich die steinerne Muschel und mischte mich unter die immer größer werdende Menge. Einige hatten Ferngläser bei sich und blickten aufgeregt Richtung Horizont. Auch ich schaute wieder und wieder hinaus auf die tobende See … und tatsächlich, plötzlich erkannte ich, was die Leute so in Aufruhr versetzte: Draußen, mitten in der tosenden See, war ein Feuer ausgebrochen! Es brannte!! Ja, jetzt konnte ich zwischen den hoch sich auftürmenden Wellen deutlich erkennen: Ein Schiff war in Flammen aufgegangen! Das Feuer breitete sich aus, wurde größer und größer, und war immer besser zu sehen. Schwarze Rauchschwaden stiegen in den pechschwarzen Himmel. Die Leute um mich redeten wild durcheinander. Wer sollte hier retten, dachte ich. Wer sollte hier löschen. Kein Hubschrauber konnte starten bei diesem Sturm. Unmöglich, mit Rettungsschiffen oder Booten in diese tosenden Wellen hinauszustechen und Menschen vom brennenden Schiff zu holen! Ich war neugierig, was geschehen würde, und gleichzeitig hatte ich Angst. Meine Eltern warteten zu Hause, das wusste ich. So verließ ich die schützende Konzertmuschel und ging vorsichtig durch den Sturm Richtung Stadt. Schließlich kam ich zu Hause an. Meine Eltern waren froh, dass ich endlich da war, und liefen aufgeregt in der Wohnung auf und ab, weil sie wussten, dass mein Cousin Fernando als Maschinistengehilfe auf einem der Schiffe da draußen sein musste, und durch die Nachrichten, die fortlaufend über den Bildschirm unseres Fernsehers flimmerten, wussten sie auch bereits von dem brennenden Schiff. Wir verbrachten die Nacht in größter Sorge und kamen nicht mehr weg von den Fernsehnachrichten. Am nächsten Tag hatte der Sturm sich gelegt. Das Schiff aber brannte und brannte, und noch aus vierzig Kilometern Entfernung, so sagte der Nachrichtensprecher, seien die dicken schwarzen Rauchschwaden zu erkennen. Nach drei Tagen und drei Nächten hatten die Löschmannschaften den Brand unter Kontrolle. Das Schiff war auseinandergebrochen. Und als ich am vierten Tag nach der Katastrophe wieder von der Schule kam und die Konzertmuschel erreichte, in der sich erneut eine Menschenansammlung gebildet hatte, bot sich mir ein bizarres Bild: Die Schiffsspitze des auseinandergebrochenen Riesentankers ragte aus den Wellen steil in den Himmel. Ein Mahnmal, wie es kein Bildhauer besser hätte erfinden können. Ich ging nach Hause ..."

Raphael stockte. Seine Erzählung hatte ihn aufgewühlt, und er kämpfte mühsam mit den Tränen. Sabine legte zärtlich ihre Hand auf seine Schulter. Er hielt eine Weile inne. Dann fuhr er leise fort:

„Als ich nach Hause kam, sagten meine Eltern mir, dass mein Cousin Fernando auf dem brennenden Schiff gewesen sei. Er war mit dem Schiff im Sturm gesunken und hatte das Unglück nicht überlebt."

Raphael schwieg. Am Tisch breitete sich Betroffenheit aus. Niemand von uns wagte die entstandene Stille zu durchbrechen. Dann war es Raphael selbst, der seine Erzählung beendete:

„Keiner hat das Unglück überlebt, und bis heute ragt die Spitze des Tankers vor der Küste von Porto steil in den Himmel ...", sagte er, und deutete dabei mit seinen Händen das Bild einer in den Himmel ragenden Schiffsspitze an. Ich suchte fieberhaft in mir nach mitfühlenden Worten. Gerade als ich den Mund öffnen wollte, um Raphael ein paar angemessene Sätze zu sagen, ging krachend die

Tür auf. Polternd kam die Bedienung aus der Küche direkt auf uns zu. Sie trug ein großes Tablett vor sich her.

„So die Heaschoftn, viermool Frühstück de Pariiis biittesea. Tudmalaad, isnöt schnella gonga, da Kooch woa widdramool zschpaat."

Also doch. Sie war mit dem Truck tatsächlich weggefahren, um den Koch aus dem Bett zu holen! Umständlich stellte sie die vier Frühstücksteller vor uns auf den Tisch.

„Lossans eana schmeckn!", sagte sie noch, nahm das Tablett und verschwand wieder in der Küche.

Raphael starrte auf seinen Teller. Ich sah, wie er vor Zorn rot anlief. Ein Stück Mortadella. Ein Stück eingepackter Weichkäse. Ein Stück eingepackte Butter. Ein Stück eingepackte Marmelade. Ein aufgebackenes Brötchen. Eine saure Gurke. Frühstück de Paris. Die letzte Hoffnung des Morgens war mit einem Schlag zerbrochen. Nach einer kurzen Schockstarre fragte Sabine leise:

„Und warum braucht man dafür einen Koch??"

„Da müssen wir jetzt durch", kommentierte Günther das Geschehen und wirkte nun doch etwas beschämt. Sabine begann zaghaft zu essen. Günther versuchte, die Situation tapfer zu meistern und tat so, als hätte er das bestmögliche Frühstück vor sich stehen. Er belegte sein Brötchen mit Mortadella und bestrich dieselbe mit Weichkäse und Pflaumenmarmelade. Raphael stand plötzlich auf, wischte sich, nachdem er mutig ein Stück Mortadella versucht hatte, mit einer der Servietten von der Fensterbank den Mund ab, und sagte dann:

„Ich warte dann mal draußen", stand auf und ging.

Wir aßen, jetzt nur noch zu dritt, unser karges Mahl zu Ende. Günther verschwand in der Küche, um zu bezahlen. Kurze Zeit später waren wir auf dem Rückweg in die Werkstatt.

Das Auto war wieder funktiontüchtig. Allerdings musste Günther dafür, wie seiner Miene zu entnehmen war, einen horrenden Preis bezahlen. Schließlich stiegen wir in den reparierten Mercedes ein und verließen St. Pölten in Richtung München. Günther saß am

Steuer seines Wagens und freute sich nach kürzester Zeit wieder wie ein kleines Kind. Er begann mit falschen Tönen Lieder zu singen, betonte immer wieder, wie gut das Auto jetzt fahren und dass sich das Geräusch des Motors jetzt viel runder anhören würde.

25. Kapitel

In Bilbao brach das Auto endgültig zusammen. Getriebeschaden. Wieder landeten wir in einer Kfz-Werkstatt. Günther hatte vor Jahren als Sozialarbeiter in Chile gearbeitet und konnte leidlich Spanisch. Und auch Raphael sprach die Sprache seines Nachbarlandes und konnte übersetzen. Nach langen Diskussionen, Missverständnissen und Verhandlungen mit dem Chefmechaniker der Werkstatt und seinen zwei Gehilfen war klar: Der Motor musste ausgewechselt werden. Das hieß unzweideutig: Wir mussten hier übernachten. Der Chef, ein hagerer, älterer Mann mit spitzem Bart und kurzen, grauen Haaren gestikulierte wild. Wir verstanden schließlich, dass er einen Kollegen hätte, der ihm einen gebrauchten Motor, der zu Günthers Wagenmodell passte, vorbeibringen könne. Dies wäre allerdings erst morgen Früh möglich, und sie bräuchten etwa vier Stunden, um den einen Motor aus und den anderen wieder einzubauen. Günther willigte ein und besiegelte den Vertrag mit seiner Unterschrift. Dann fragte er den Mechaniker, ob er für uns eine Übernachtungsmöglichkeit hätte. Der hagere Mann antwortete, er könne uns für die Nacht eine notdürftige Unterkunft anbieten. Wir nickten alle. Er gab uns ein Zeichen, ihm hinter die Werkstatt zu folgen. Dort stand eine große, alte Scheune. Der Mann öffnete eine hölzerne Schiebetür, die bis unters Dach reichte, und wir traten ein. Die Scheune war voller Strohballen. Unser Gastgeber deutete auf die linke hintere Ecke der Scheune und sagte, dort könnten wir schlafen. Wir sahen uns an. Uns blieb keine andere Wahl, und Günther sagte aufmunternd:

„Kommt, Leute, das nehmen wir, bevor wir uns mühsam ein Quartier suchen, schlagen wir uns lieber hier die Nacht um die Ohren."

Sabine fragte nach einer Toilette. Raphael übersetzte. Daraufhin schloss der Mechaniker das schwere, hölzerne Tor wieder, zeigte uns die Toilettentür an der linken Seitenwand seiner Werkstatt, gab Günther den Schlüssel fürs Scheunentor und Sabine den

Toilettentürschlüssel. Plötzlich wurde Günther sehr aktiv und erkundigte sich bei dem Mann nach einem guten Restaurant. Er dachte kurz nach und nannte uns dann eine Landgaststätte, drei Busstationen stadtauswärts. Wir schoben den Wagen in die Werkstatt, packten unsere Rucksäcke kurzerhand in die Scheune und gingen zur nahegelegenen Bushaltestelle. Kurze Zeit später bestiegen wir einen alten, roten Bus und fuhren stadtauswärts in der Hoffnung auf ein Abendessen. Ich setzte mich auf einen der Fensterplätze und schaute hinaus. Welch eine Reise hatte ich bisher hinter mich gebracht! Alles lief ganz anders, als ich mir dies vorgestellt hatte! Ich sah einzelne einfache Reihenhäuser an mir vorüberziehen … Wiesen, ausgedehnte braune Felder, in der Ferne ein Waldrand. Der Bus fuhr über eine kaum befestigte Straße. Die roten Lederbezüge der Sitze hatten Risse und waren hart gefedert. Bei jedem neuen Schlagloch, über das der Bus fuhr, wurde ich von einem heftigen Stoß nach oben gerissen. Draußen sah ich wieder die im Abendlicht pastellfarben scheinenden Landstriche. Schon auf der langen Fahrt durch Frankreich – über Lyon, Avignon, Nîmes und Montpellier zur spanischen Grenze nach San Sebastian, und noch mehr dann zwischen San Sebastian und Bilbao – waren sie mir aufgefallen: Die ausgedehnten, sommerlichen Kornfelder, das braune Ackerland, die blühenden Wiesen, all die warmen, zarten Farben, die dem Licht des Südens so unverwechselbar zu eigen sind. Selbst Straßen, Autos und Häuser waren anders, und wirkten wie befreit vom dunklen Licht des Nordens. Hier war alles heiterer, leichter, unbeschwerter … der Sonne näher, dem Lächeln verwandter, von Wärme umgeben, gewohnt ans Draußensein … Luft und Dämmerung atmend, und die Tage schliefen unter Sternen … der Süden! Die Kornkammer Europas … getaucht in die Farben der Gastfreundschaft … steinerne Schwellen vor blaugestrichenen Holztüren, an denen Gäste willkommen geheißen und hereingebeten wurden. Auch hier Armut, soziale Verwerfung und Not … aber in blühenden Gärten, zwischen freundlichen Gesten und gebenden

Händen ... der Schatz des Südens ist die Sonne, sein Reichtum die in Pastellfarben getauchte Landschaft. – Plötzlich bremste der Bus und hielt. Wir stiegen aus und standen direkt vor einem größeren Landgasthof. In großen roten Buchstaben stand über dem noblen Eingang geschrieben: Casa Dorada

Diesmal konnte Günther stolz sein auf seine Einladung. Und er war es auch, und feixte und lachte, und freute sich über unseren Appetit. Der Gastraum war mäßig besucht, die Töne gedämpft, die Kellner zuvorkommend und akkurat gekleidet. Weiße Tischdecken, Weingläser, Stoffservietten, glänzendes Besteck, gediegene Holzverschalung, und in einer Seitennische über einem plätschernden Brunnen die lebensgroße Statue des nackten Apoll. Schon lange her, dass ich an solchem Ort war, dachte ich, als ich die Speisekarte studierte. Nein, ich sah nicht auf den Preis. Das war Günthers Angelegenheit. Schließlich hatte er uns mit seinem fast neuen Superauto die ganze Suppe eingebrockt ... – Crema con calabaza con chorizo ... Crema de pimientes ... Ensalada con salmon en dadites ... Dátiles en tocino ... Pinchos morunos ... Dorada con espárragos verdes y arroz ... Salmón asado lentegas negras y hojas de espinaca con chilli ... Crema ligera ... Flan casero ... Flan pinones ... Pastel de almendras ... – das Wasser lief mir im Mund zusammen, auch wenn ich nicht verstehen konnte, was da geschrieben stand. Raphael übersetzte mit genüsslicher Stimme, sodass sich der Geschmack der Speisen bereits einstellte, bevor wir überhaupt einen einzigen Bissen gekostet hatten ... Kürbiscremesüppchen mit Chorizo ... Paprikacremesuppe ... frischer Salat mit Lachswürfeln und Limettendressing ... frische Datteln in Speckmantel ... maurische Sprösschen mit pikanter Tomatensauce ... Doradenfilet mit grünem Spargel auf Wildreis ... Gebratenes Lachsfilet auf schwarzen Linsen mit Chiliblattspinat ... leichte Vanillecreme im Glas mit Schokosorbet ... hausgemachter Pudding ... Flaneiscreme mit karamellisierten Pinienkernen ... spanischer Mandelkuchen ... – da war kein Halten mehr: Wir bestellten was das Zeug hielt, und unser ganzer Frust entlud sich in einem mühsam die Grenzen des Anstands wahrenden Fressgelage. Spätburgunder wurde gereicht, und nochmals gereicht. Und als wir schließlich gegen elf Uhr nach einem Mandelschnaps auf Kosten des Hauses die Rechnung serviert bekamen und Günther leicht angetrunken den Kellner mit reichlich Trinkgeld bedacht hatte, stand Raphael auf und verkündete feierlich:

„Günther, im Namen der ganzen Mannschaft," – auch ihm war die Zunge inzwischen schwer geworden und er musste eine kleine Pause einlegen – „im Namen der ganzen Mannschaft möchte ich mich …"

Sabine begann plötzlich völlig motivlos zu kichern, und Raphael setzte von Neuem an:

„Günther … im Namen der ganzen Mannschaft möchte ich mich bei dir für diese ganz vorzügliche Einladung bedanken und feierlich meiner Hoffnung Ausdruck verleihen …" – wieder eine Kunstpause – „meiner Hoffnung Ausdruck verleihen, dass dies nicht das letzte Mal war" – wieder begann Sabine zu kichern und hörte nicht mehr auf – „… nicht das letzte Mal war, dass dein Superauto zusammenkracht."

„He, he, he …", antwortete Günther polternd, „nichts gegen mein Auto, sag jetzt nichts gegen mein Auto!!"

Raphael lachte schallend. Wir übrigen Drei fielen ein, lachten und lachten, standen schließlich langsam auf und verließen in überschäumender Laune das Lokal. Die sommerlich-schwüle Luft draußen tat mir gut, doch als ich in die Ferne blickte, sah ich am Horizont immer wieder Blitze aufscheinen. Wetterleuchten. Weit draußen zogen dunkle Wolken auf. An der Bushaltestelle angelangt mussten wir einsehen, dass zu so später Stunde kein Bus mehr fahren würde. Niemand von uns hatte an die Rückkehr gedacht. Günther ging noch einmal zurück zum Gasthof. Kurze Zeit später fuhr ein Taxi an der Bushaltestelle vor. Raphael verhandelte mit dem dicken Taxifahrer. Dann stiegen wir ein. Während der Fahrt hörte ich immer wieder leichtes Donnergrollen, und mir wurde klar, ein Gewitter zog auf und kam immer näher. Als wir schließlich die Kfz-Werkstatt erreicht hatten, fielen erste schwere Regentropfen auf die Frontscheibe des Taxis. Günther bezahlte eilig. Wir stiegen aus und erreichten, leicht benetzt vom jetzt stärker werdenden Regen, das große Scheunentor. Raphael und Günther packten an und schoben das Tor zur Seite. Kaum waren wir im Inneren der Scheune, prasselte der Regen wie ein plötzliches heftiges Trommelfeuer auf das Scheunendach. Wir richteten uns ein, und bald schon hörte ich Günther laut schnarchen. Er hatte sich in voller Montur mühsam in seinen Schlafsack gezwängt und war sofort eingeschlafen. Sabine und Raphael verkrochen sich in einiger Entfernung im Stroh und kuschelten zusammen. Ich wollte den Schnarchgeräuschen Günthers, die nun die ganze Scheune erfüllten, ausweichen und suchte mit meiner Taschenlampe einen Schlafplatz möglichst weit weg vom tonalen Geschehen rund um den aus der Welt gefallenen Günther. Als ich schließlich im Schlafsack lag, konnte ich nicht einschlafen. Von Sabine und Raphael her hörte ich ab und zu leises Strohrascheln. Blitze zuckten. Durch die Ritzen der Scheunenwand hindurch sah ich immer wieder in unregelmäßigen Abständen grelles Licht aufscheinen. Das Donnergrollen kam näher und näher. Regen prasselte unablässig auf das Dach. Günthers Schnarchen erfüllte den Raum wie das Geräusch einer gierigen Säge, und ab und zu schreckte er, wie von heftigen Träumen geschüttelt, hoch, und wälzte sich im Stroh. Plötzlich ein weiterer greller Blitz, und Sekunden später ein ohrenbetäubender Donnerschlag direkt neben der Scheune. Ich zuckte zusammen und erschrak so heftig, dass mein Herz für kurze Zeit aussetzte. Ich rang nach Luft, und hatte Angst. Plötzlich erreichte ein seltsamer Geruch meine Nase. Geruch nach Elektrizität. Strom riecht nicht, das wusste ich. Und doch roch ich etwas … so riechen Blitze, dachte ich, und dieser Geruch blieb in mir zurück wie der Geruch einer unsichtbaren Stromwolke, die in meiner Vorstellung gelb sein musste. Ich roch die unsichtbare

Elektrizität. Plötzlich hörte ich Sabine leise weinen. Wieder ein Blitz. Der darauffolgende Donnerschlag war wieder laut, doch bereits etwas weiter entfernt. Ich versuchte ruhig zu atmen. Das Gewitter entfernte sich wieder, und doch zuckte ich bei jedem neuen Donnerschlag zusammen. Wenn die Scheune Feuer fing, dachte ich ... das Stroh ... die hölzernen Wände ... würden wir schnell genug nach draußen kommen? Das Donnergrollen war nun nur noch in weiter Ferne zu hören. Meine Augenlider wurden schwerer und schwerer. Schließlich schlief ich ein.

Mitten in der Nacht wachte ich wieder auf, starrte in die Dunkelheit und lauschte angestrengt. Ich hörte das leise Pfeifen von Günthers Atem. Da liege ich nun, dachte ich, und aus einer unbestimmten Angst heraus stiegen bedrängende Gedanken in mir auf ... nichts als Haut und Knochen bin ich, Wasser und ein bisschen Fleisch. Zwei Augenhöhlen, und Augen darin, die sehen können. Hell und Dunkel. Schatten und Grau. Und Farben. Und Umrisse. Und Bewegungen. Gehende Menschen. Einen fliegenden Vogel. Einen Scheibenwischer. Tik. Tak. Tik. Tak. Und Ohren, die hören, angeklebt am Kopf. Geräusche, Musik ... Stimmen, Flüstern, Gebrüll. Eine Gehirnmasse zwischen den Schläfen, die das alles koordiniert, die denken kann, und lenken kann, und erkennt. Einen Baum. Eine Straße. Ein Gesicht. Die vorhersehen kann, und durch das Erkennen abstrakter Gesetze allen Ereignissen, Bewegungen und Vorgängen Wiederholung und Regelmäßigkeit verliehen. Da liege ich nun, dachte ich, mit einer Empfindung, die wer weiß wo zu orten war, erzeugt von der Gehirnmasse vielleicht ... oder anders herum, das Gehirn gelenkt von archaischen Empfindungen: wie ein Tier erspürend das „Für mich", oder „Gegen mich", Wohlgefühl, oder Angst. Bedrohung, oder Erlösung. Unterstützung, oder Zerstörung. Die schutzbedürftige Masse Empfindung. Der ganze Panzer, der sich mit den Jahren um das so verletzliche Etwas, um das innerste Geheimnis, das sich im Laufe eines Lebens mehr und mehr entfaltet und entblättert, gelegt hatte. Da liege ich nun, dachte ich. Nichts als Haut und Knochen, Wasser und ein bisschen Fleisch. Mit einem Mund, der sprechen kann. Und Laute bilden. Und Worte bilden. Der ein Lächeln auf den Lippen trug, oder bebenden Zorn. Der sprechen konnte mit einem anderen Knochenwassermann. Mit einem Mund, der singen konnte, und sang … der Töne singen konnte in den Morgen hinaus … Töne singen konnte in den Abend hinein … da liege ich nun, dachte ich, mit einer Seele, die nun gar nicht mehr zu orten war, einer Seele, die ihr schweigend Lied sang durch den Tag, und stumm empfing die Farben, das Grau und das Schwarz, das Hell und das Dunkel. Die Schatten. Die Umrisse. Die Bewegungen … die stumm empfing Geräusche, Musik … Stimmen, Flüstern und Gebrüll … einer Seele, die stumm empfing das Wohlgefühl, die Angst, die Bedrohung, die Erlösung, die Unterstützung, die Zerstörung. Da liege ich nun, dachte ich, mit einer Seele, die Zeichen setzte, die ein anderer verstand. Oder niemand verstand. Zeichen, aus Grazie gemacht, zur Schönheit führend. Und stecken geblieben als Idee. Auf halbem Weg. Versunken. Unbeachtet. Unerkannt. Vergeblich. Die Geste, aus Grazie gemacht, der Grazie, die aus der Seele kommt, kein Ziel kennt und keine Absicht, und zur Schönheit führt, zur Tat, zur guten Tat … der Idee entsprungen, am Alltag zerschellt. Man musste den Gott erraten, der dies alles geschaffen hatte … ich erkenne ihn nicht, dachte ich … ich erkenne ihn nicht, und doch war die Fußspur der Götter allgegenwärtig, und kaum zu lesen, und noch weniger zu entziffern … ich sehe das Wunder, doch mir fehlt der Grund, schoss es mir durch den Kopf, und ich stürzte ins Bodenlose, ins Nichtwissen, ins Schwarze Loch, aus der es kein Entrinnen mehr gab … da liege ich nun, dachte ich, mit einer Seele, die nach Schlaf sich sehnt, nach Schlaf, Schlaf, Schlaf … – und schlief wieder ein.

26. Kapitel

Ich betrat die Altstadt von Porto von oben her und suchte den Weg nach unten durch die Gassen zum Fluss. Eine lange Autoreise lag hinter mir. In Bilbao hatte der Bekannte des Automechanikers tatsächlich frühmorgens einen gebrauchten Motor gebracht, und vier Stunden später war das Auto wieder reisefertig. Das nächtliche Gewitter hatte die Luft gereinigt und abgekühlt, doch am Nachmittag, als wir Bilbao verlassen hatten, über die goldgelbe Hochebene gefahren und schließlich in langen sich ins Tal schlängelnden Serpentinen dem Douro-Fluss folgend durch in weiten Teilen verbrannte Wälder nach Porto gekommen waren, strahlte die Sonne wieder unerträglich heiß von einem wolkenlosen Himmel. Raphael lotste uns durch die Stadt, und schließlich erreichten wir unser Ziel. Raphaels Eltern empfingen uns überschwänglich. Sie waren glücklich, ihren Sohn nach so langer Zeit wiederzusehen, und auch Sabine, jetzt an Raphaels Seite, wurde freundlich begrüßt und neugierig beäugt. Die Eltern wiesen Günther und mir ein kleines Gästezimmer zu und luden uns dann – es war bereits nach Mitternacht – zu einem Gläschen Portwein in die kleine Wohnstube ein. Zwar waren wir alle müde, doch konnten und wollten wir die Einladung nicht ausschlagen. Ein Wort gab das andere, und wir lachten und plauderten und erzählten Raphaels Eltern in einem Kauderwelsch aus Englisch, Portugiesisch und Deutsch die merkwürdigen Ereignisse unserer Reise. Schließlich gingen wir zu Bett, und ich schlief so tief, dass Günthers nächtliche Schnarchorgien mich diesmal unbehelligt ließen. Nur Raphael beschwerte sich am nächsten Morgen, halb gereizt, halb belustigt, dass Günthers Sprachrohr ihm den letzten Schlaf geraubt hätte.

Nach einem späten Frühstück trennte ich mich von der Gruppe. Ich wollte für ein paar Stunden allein sein. Die Gespräche der letzten Tage hatten mich angestrengt, und die leichten Spannungen zu

Sabine und Raphael waren zwar nicht wirklich belastend, zehrten aber mit der Zeit doch an meinen Kräften. Ich verabschiedete mich, verließ erleichtert das kleine Haus und schlenderte im Schatten alter Gemäuer vorbei an kunstvoll bemalten Kachelwänden, schmiedeeisernen Balkongittern, deren Muster bei jedem der Häuser verschieden waren und über deren Ränder hinweg üppig blühende Pflanzen hingen. Die meisten der Fenster waren mit Granitstein eingerahmt und leicht nach hinten versetzt. Zufällig kam ich zum alten Bahnhof von Porto und stand einen Moment vor den großen Kachelbildern, auf denen verschiedene Szenen aus der Geschichte der Verkehrsmittel sowie Schlachtszenen zwischen den Heeren Spaniens und Portugals dargestellt waren. Ich schlenderte weiter, und nach kurzer Zeit erreichte ich die Altstadt. Bunte alte Fassaden, Gassen, Treppen und Gänge, Winkel und steinerne Brunnen boten ein buntes lebendiges Bild. An Häuserecken lungerten Drogenverkäufer in tadellosen Anzügen und dunklen Brillen. Mit schläfrigem Blick sah ich durch Torbögen hindurch in Innenhöfe und prächtig blühende Gärten. Die Sommerhitze lastete wie eine träge Kontrabassmelodie auf der Stadt. Kaktusblüten, Azaleen, Hibiskusblüten, Bougainville, Palmen, Orangenbäume, Krüge, Marmoreinfassungen, grün gestrichene Türen, Erlen, die im Sommerwind rauschten, Kieswege, und immer wieder das leise Plätschern von Brunnenwasser begleiteten meinen kleinen Spaziergang. In der Ferne, am Ende der Straßenschluchten, tauchten immer wieder Hügel auf, die, einer Fata Morgana gleich, in der Hitze flimmerten und flirrten. Ich kam über eine alte Steintreppe hinunter zu einem der kleinen Nebenkanäle des Douro-Flusses. Gestank lag in der Luft, Gestank nach Urin, Scheiße und Fisch. Ich sah, von Fliegen umschwirrt, tote Ratten und Mäuse mit ausgequetschten Gedärmen an einer Treppe liegen. Mein Blick fiel auf das schmutzige Wasser des Kanals und glitt bis zum Ende der von Bögen gesäumten Ufergasse. Dort stand die Ruine eines eingestürzten Hauses. Auf der Ufermauer davor saßen zwei Fischer und hielten ihre Angeln in das trübe Gewässer. Von

Ferne hörte ich Musik. Eine Gitarre spielte. Leise perlende Töne einer Malagueña erreichten mein Ohr. Ich blieb stehen und sah in den blauen Himmel. Die Zeit senkte sich träge über das Land. Drei Kinder sprangen herum und bespritzten sich mit einem Wasserschlauch. Möwen standen über dem Douro-Fluss im Wind und tranken die Luft. Seewind blies gegen die Flussströmung und überzog das Wasser mit einem leichten Wellengekräus. Ich sah kleine Lokale hinter den steinernen Bögen im Schatten liegen, und traubenumrankte Pergolen. Je langsamer du gehst, desto länger ist die Zeit, dachte ich ... Melodie auf holpriger Straße ... ein Hahn krähte ... ein Esel schrie ... Zikaden zirpten ... ein Greis saß mit offenem Mund auf einem Schemel vor seinem Haus. Ich lauschte dem rhythmischen Geräusch, mit dem der Wellenschlag gegen das befestigte Ufer klatschte, und hörte das Knirschen der Kieselsteine, die sich durch die Bewegung des Wassers aneinanderrieben ... dunkel empfand ich die Reihe meiner Ahnen ... Stundenzeit, Nacht-Raum, Innen-Liebe, Schweigeglück ... was ist Ursprung und Quelle ... das Verborgene bestimmt dein Gehen ... dein langsames Gehen aus dem Dunkel vergangener Generationen ... gehen durch heruntergekommene Städte ... über bräunliche Erde ... durch die unerträgliche Hitze. Plötzlich sah ich, einem Blitzschlag gleich, eine Erscheinung. Und erschrak. Dort, am größten der Torbögen, war sie für den Bruchteil einer Sekunde aufgetaucht und wieder verschwunden: Eine schwarze Gestalt mit Flügeln. Ich rieb mir verwundert die Augen. Hier war niemand. Außer den Kindern, und dem Greis. Immer noch hörte ich die Gitarre spielen. Ich war mir sicher, ich hatte sie gesehen, und sie hatte kurz zu mir herübergeblickt. Nach einigem Nachdenken war mir klar, dass meine Einbildung mir einen Streich gespielt haben musste. Die Hitze. Meine Müdigkeit. Es gab keine Engel, ob mit oder ohne Flügel. Schon gar nicht hier, in Porto, am Douro-Fluss, in mittäglicher Hitze auf ausgestorbenen Gassen. Ich wendete meinen Blick in die Ferne und war irritiert. Am Ufer des Flusses lagen historische Segelschiffe. Ihre mächtigen

Segeltücher waren aufgespannt. An Bord lagerten zahlreiche Weinfässer. Sicher eine Touristenattraktion, dachte ich. Der berühmte Portwein, so hatte ich nachgelesen, wurde früher auf Schiffen von den Steilhängen des Hinterlandes den Fluss hinunter in die Stadt gebracht. Ach ja, die ehemals große See- und Kolonialmacht Portugal. Zur Zeit der Eroberungen in Übersee brachten die Bewohner von Porto alles verfügbare Fleisch auf die Schiffe, die im Hafen auf ihre Ausfahrt in die Kriegsgebiete warteten. Die Bewohner selbst aßen nur Innereien. So wurden Nierengerichte verschiedenster Art eine der kulinarischen Spezialitäten Portos.

Nachdenklich schlenderte ich die Gassen wieder hinauf durch die Altstadt. Ich wollte zurück in das Häuschen von Raphaels Eltern. Plötzlich kam ich an einen kleinen Platz und hörte ein Gewirr von Stimmen. Ich erkannte eine Menschenansammlung. Vielleicht fünfzehn Halbwüchsige standen an einer Ecke des Platzes. In der Mitte ragte eine ältere, großgewachsene, hagere Gestalt heraus und redete auf die Jugendlichen ein. Ich war neugierig. Als ich näherkam konnte ich erkennen, dass die Gestalt neben einem großen unbehauenen Felsbrocken stand. In ihn hatte ein Bildhauer ein markantes Profil gemeißelt. Darunter las ich den Namen Fernando Pessoa, und in den Felsen eingraviert waren portugiesische Worte, die ich nicht lesen konnte. Die Gestalt, es war offensichtlich der Lehrer einer Klasse, sprach Deutsch.

„Ruhe jetzt", bettelte er in beschwörendem Ton bei den Jugendlichen um Aufmerksamkeit. „Ich weiß, es ist heiß, und ihr habt schon einen anstrengenden Museumsbesuch hinter euch …"

„Ja eben …", antwortete einer der Jugendlichen.

„Trotzdem," fuhr der Lehrer fort, „dies ist eines der Denkmäler für den größten portugiesischen Dichter der jüngeren Geschichte …"

„Aha …", scholl es ihm entgegen. Die Jugendlichen hörten nicht auf zu tuscheln, zu kichern, sich zu schubsen, Nasen zu machen oder gegen das Schienbein des Nachbarn zu treten.

„Ich übersetze euch jetzt mal die portugiesischen Verse, die da zu lesen sind", versuchte der Lehrer unbeirrt bei den Jugendlichen Interesse zu wecken. Ich blickte in gelangweilte kaugummikauenden Gesichter.

„Also, herhören!" Mit diesen Worten gelang es dem Lehrer zumindest für einen Augenblick die Schülermenge zur Ruhe zu bringen. „Die Worte heißen frei übersetzt – ihr wisst ja, wie schwierig es ist, aus einer fremden Sprache im Deutschen eine dichterische Entsprechung zu finden, die einigermaßen akzeptabel klingt", und bei den Worten „akzeptabel klingt" hob der Lehrer seine Stimme, als ob diese Worte seinem Satz besondere Bedeutung geben könnten, und versuchte seiner Rede durch ansteigende Lautstärke zusätzlich Nachdruck zu verleihen. Einer der Jugendlichen spuckte seinen Kaugummi in hohem Bogen seitwärts weg, sodass dieser auf dem Bordstein landete. Zwei Mädchen kicherten, beugten ihre Köpfe nach unten und hielten sich die Hand vor den Mund.

„Die Worte lauten also," fuhr der Lehrer mit lauter Stimme fort. „Lieben ist ewige Unschuld/ Und die einzige Unschuld besteht im Nicht-denken."

„Bist du noch unschuldig?", hörte ich einen der Jugendlichen in das Ohr seiner Nachbarin tuscheln.

Diese errötete leicht und haute ihm mit der Faust in die Magengegend, sodass dieser nach vorne zusammensank.

„Also nochmal," erklang die Stimme des Lehrers wieder, „für die, die etwas langsamer im Denken sind: Lieben ist ewige Unschuld/ Und die einzige Unschuld besteht im Nicht-denken."

„Soso ...", schallte es ihm entgegen, und „Nix Capito."

„Soweit also," fuhr der Lehrer fort, „merkt euch bitte den Namen Fernando Pessoa!"

„Ich muss pissen ...", zischte einer der Jugendlichen. Lautes Rülpsen. Gekicher. Schallendes Gelächter. Die hagere Gestalt des Lehrers schien dies alles zu überhören.

„Noch Fragen?", sprach er jetzt mit geradezu milder Stimme die Jugendlichen an. Einer der etwas dicklicheren Schüler formte seinen Kaugummi gekonnt zu einer großen, rosafarbenen Blase und ließ sie mit einem lauten Knall platzen.

„Herr Dr. Weber", sagte er dann mit lauter Stimme: „was hat der Herr Dichter mit seiner Dichterei denn so verdient ... äh ... ich meine so im Durchschnitt ... so etwa umgerechnet auf heute ..."

Die anderen Schülerinnen und Schüler schienen plötzlich interessiert. Aufmerksame Blicke. Neugierde. Aller Augen waren auf die hagere Gestalt des Dr. Weber gerichtet. Jetzt hatten sie ihn! Was würde ihm da jetzt wohl einfallen? Wie würde er darauf reagieren? Dr. Webers Gesicht bekam plötzlich einen entspannten Ausdruck. Sein schmaler Mund lächelte sanft und er antwortete in die erwartungsvolle Stille hinein:

„Auf so dämliche Fragen antworte ich nicht. Wir gehen jetzt zum Mittagessen. Alle folgen mir."

Eine Mischung aus Gemurre, Gelächter, Gebrüll und zustimmendem Gejohle prasselte auf Dr. Weber ein. Die Gruppe formierte sich. Der dickliche Schüler ging zum Schluss, nahm seinen Kaugummi aus dem Mund und klebte ihn direkt auf das linke Auge des in den Fels gemeißelten Dichterportraits. Die Schüler trabten ihrem Lehrer hinterher zur gegenüberliegenden Ecke des Platzes und verschwanden in der dort angrenzenden Gasse. Ich war jetzt allein. Auf der anderen Seite trippelte ein altes Mütterchen, leicht gebeugt, mit Kopftuch und schwarzer Kleidung über die Pflastersteine.

„Lieben ist ewige Unschuld/ Und die einzige Unschuld besteht im Nicht-denken."

Ich hatte mir die Übersetzung gemerkt, ließ die Sätze in mir nachwirken und starrte auf die portugiesischen Buchstaben ... Zeichen ... Worte ... in Stein gemeißelt ... das schwache und doch deutliche Echo eines ganzen langen Dichterlebens ... Fernando Pessoa hatte die Alltagssprache gepflügt ... an der Grenze zwischen Sagbarem und Unsagbarem ... ich stand vor dem Portrait eines Dichters, der die Sprache hatte kommen lassen ... der nicht zu viel wollte ... der ins Sprachsystem fand ... einer der das Sprachgeschehen sich entfalten ließ ... der in seinen Körper hineingehört und sich der Gelassenheit anheimgegeben hatte ... Unbewusstes und Nicht-Bewusstes hatten ihm Feder und Bleistift geführt ... Gedichte waren entstanden und hatten es zum Klingen gebracht: die leise Ankunft des Seins – Der Dichter schleudert aus momentanem Empfinden heraus das Wort, dachte ich in diesem Moment ... er fungiert als Medium ... ein Satz entsteht ... ein Klang entfaltet sich ... eine Endung glückt ... im Zustand der Gelassenheit, Ziellosigkeit ... in einer Landschaft, die jenseits des geplanten und gewollten Weges liegt, jenseits jeder bewussten Strukturierung und Gestaltung ... der Hase rennt sich schweißtriefend zu Tode mit Plan, Ziel, Erfolgsmaßstab, Erwartungshaltung, Leistungsanforderung ... und der Igel ist immer schon da, im eigentlichen Sein, dort, wo uns etwas ankommt ... Kartoffelschälen ... das Tropfen vom Dach eines Hauses, ein unerwarteter Anruf, der Geruch von gutem Kaffee – am Ort des Angekommenseins, in der Langeweile. Wird doch alles, was wir jemals schaffen, in Nichts zerfallen, wird doch in fünfzig Jahren niemand mehr wissen von uns, und nichts wird mehr geblieben sein von unserer Hinterlassenschaft als Staub und ewiges Vergessen – die Zeit zerrinnt uns durch die Finger ... und übrig bleibt das Wunder des täglichen Seins, die Demut vor der gelebten Stunde. Die eigentliche Kraft eines Gedichts liegt in der Art, wie es in ihm Gedachtes verschweigt, schoss es mir durch den Kopf. Ich stand voller Achtung vor dem Stück Felsbrocken, und betrachtete noch einmal das steinerne Portrait Fernando Pessoas. Dann schlenderte ich weiter die Gassen hinauf und erreichte nach kurzer Zeit das Haus von Raphaels Eltern.

Günther, Sabine und Raphael hatten bereits gepackt. Unsere Reise sollte weitergehen zur allsommerlichen Zusammenkunft von Raphaels weitverzweigter Großfamilie auf einer Hazienda in dem kleinen Dorf Maiorca, etwa hundertfünfzig Kilometer südlich von Porto. Wir bestiegen einer nach dem anderen Günthers Wagen, nicht ohne uns lang und herzlich von Raphaels Eltern, die später nachkommen wollten, verabschiedet zu haben. Ein kurzes Gefühl von Unsicherheit und Panik überfiel mich, als Günther vergeblich versuchte, das Auto zu starten. Der fünfte Versuch gelang. Das Auto sprang an, meine Gesichtszüge entspannten sich und wir fuhren Richtung Süden.

27. Kapitel

Als wir am späten Nachmittag die Hazienda erreichten, war ich überrascht. Vor uns lag ein jahrhundertealtes, steinernes Landhaus. Der Grundriss war ein langgezogenes Rechteck. Das Gebäude hatte zwei Stockwerke. Die Mauern warfen bereits länger werdende Schatten auf die vor ihm liegende schmale Schotterstraße. Zu dem etwas heruntergekommenen aber immer noch majestätisch wirkenden Anwesen gehörten ausgedehnte Ländereien, die sich hinter dem Haus weit bis fast zum Fuß der in der Ferne sanft sich erhebenden Hügel erstreckten. Es handelte sich um ein größeres Weingut. Eine breite steinerne Doppeltreppe führte im Zentrum der Hausfront zum Haupteingang, den rechts und links auf einem Sockel postiert zwei steinerne Löwen bewachten. Nicht ohne Stolz führte Raphael uns die Treppe hinauf und klopfte mit einem metallenen, dicken Eisenring, dessen vorderes Ende ebenfalls ein eiserner Löwenkopf zierte, gegen die große, eisenbeschlagene Holztür. Nach kurzer Zeit hörte ich von innen Schritte herantapsen. Die schwere Tür wurde leise quietschend geöffnet, und vor uns stand ein kleines, sehr altes Mütterchen. Gekrümmt von einem leichten Buckel schaute sie uns von unten herauf strahlend in die Augen, und als sie Raphael erkannte, entspannte sich ihr in vielen Fältchen liegendes Gesicht zu einem breiten Lächeln. Raphael bückte sich zu ihr hinunter und drückte sie unter einem Schwall portugiesischer Sätze, die ich nicht verstand, herzlich an sich. Auch wir begrüßten die alte Frau und wurden von ihr mit lebendigen Gesten und Worten auf die herzlichste Weise willkommen geheißen. Raphael stellte uns dem Mütterchen vor. Wir beugten uns zu ihr hinunter und schüttelten ihr jeder einzeln die gebrechliche Hand. Das Mütterchen hieß Madalena. Als wir ihr über die steinerne Schwelle nach drinnen folgten, schlug mir angenehme Kühle entgegen. Meine Augen mussten sich einen Moment lang an das plötzliche Dunkel im Inneren der Gemäuer gewöhnen. Raphael plauderte munter weiter mit der betagten Frau, und wir liefen langsam die Flure entlang hinter den beiden her. Dann bog das Mütterchen plötzlich rechts ab und öffnete eine große, doppelflüglige Mahagonitür. Ich blickte in eine Art Rittersaal, und trat in eine geräumige, rechteckige, kleinere Halle mit hohen Decken und holzgetäfelten Wänden. In der Mitte des Saales stand ein sehr langer Tisch aus schwerem, dunklem Holz, und drumherum ordentlich postiert etwa dreißig alte, kunstvoll geschnitzte Kolonialstühle mit hohen Lehnen. Der Tisch war bereits gedeckt. Alte, beblümte Porzellanteller, Silberbesteck und akkurat gefaltete Stoffservietten bildeten rundherum eine geordnete Reihe. An der rechten Frontwand stand eine geräumige Anrichte, und daneben zwei größere Wagen zum Transport von Speisen. An den anderen Wänden des Saals standen Geschirrschränke, Kommoden, Truhen, Tische, Räder und eisenbeschlagene, kleine Weinfässer. Mein Blick fiel auf die großformatigen Ölbilder, dunkel in der Farbgebung, die rundherum an allen Wänden hingen. Raphael erklärte uns, dies sei die Ahnengalerie seiner ehemals herrschaftlichen Großfamilie. Ich betrachtete schweigend die Bilder und blickte in die gemalten Gesichter stolzer Männer und Frauen. Die Männer waren ausgestattet mit Säbeln, Hüten, prächtigen Jacken und Mänteln, mit Stiefeln, Gürteln, Gewehren und Pistolen, die Frauen mit kostbaren Armreifen, Halsketten, Ohrringen, Haarschmuck und geschwungenen Hüten, und waren gekleidet in edle, meist bis zum Boden reichende Gewänder in Rot, Silber, Grün und Blau. Dies also waren die Großväter und Großmütter, die Urgroßväter und Urgroßmütter, die Ururgroßväter und Ururgroßmütter, die Onkel und Großonkel, Tanten und Großtanten von Raphael, verstrickt in Kolonialkriege in Übersee, und ehemalige Besitzer größerer Ländereien in Mosambik, wie uns Raphael flüsternd erklärte. Günther sagte leicht ironisch zu ihm:

„Mensch Raphael, was ist das denn … hast du mir gar nicht erzählt, dass du der Prinz einer so hochherrschaftlichen Familie bist …"

Auch Sabine schwieg, war aber wohl ebenso beeindruckt wie ich. Wir gingen langsam weiter um den langen Tisch herum und betrachteten ehrfurchtvoll die herrschaftliche Einrichtung. Das Mütterchen plauderte weiter mit Raphael und führte uns schließlich zurück in den dunklen Flur. Die Luft roch nach schweren Teppichen und altem Holz. Dann erreichten wir einen großen quadratischen Raum, in dem es dampfte und nach Essen roch. Die roten Steinwände waren abgeblättert. An einer der Wände hingen, sauber der Größe nach aufgereiht, fünfzehn alte Bratpfannen. Durch den Dampf hindurch sah ich Regale, gefüllt mit uralten großen, mittleren und kleineren Kochtöpfen, Schüsseln und anderem Gerät. An den Feueröfen und Herden waren die Köchin und ihre Gehilfin emsig zugange. Sie bereiteten das Abendessen vor. Es roch nach Kartoffeln, Bohnen, Fisch und Wein. Das Ganze hatte den Anschein einer großen traditionsreichen, aber von jahrhundertelangem Gebrauch gezeichneten Werkstatt zur Zubereitung von Speisen. Ein kleines Fenster an der Hinterfront der Küche gab den Blick frei in einen Innenhof mit halbhohen Wandelgängen aus Holz. Durch ein anderes Fenster erhaschte ich einen Blick hinaus auf die überdachte Veranda, und sah zwischen einem halbhohen Holzgeländer und dem Dach zierliche ockergelb gestrichene ionische Säulchen. Der Weinanbau begann direkt hinter dem Anwesen und erstreckte sich so weit das Auge reichte. Als wir Madalena weiter folgten und die Küche wieder verlassen hatten, begegnete uns kurz vor einer großen Holztreppe, die zu den oberen Gemächern führte, ein wohl weit über achtzigjähriger Mann von großer, knochiger Gestalt. Er setzte unendlich langsam einen Fuß vor den anderen, konnte aber ohne Krücken gehen. Raphael sprach ihn an. Der Mann hob langsam seinen markanten Kopf. Da traf mich der Blick eines Wahnsinnigen. Große, glasige Augen schauten in die Welt und erkannten sie nicht mehr. Ein zartes, irres Lächeln verschönerte das Gesicht des Alten für einen Moment. Er wusste nichts mehr anzufangen mit dem, was ihm begegnete, und verstand nicht mehr, was um ihn herum geschah. Er sagte immer nur leise „Si." ... „si." ... „si" – eine willkürliche Bejahung aller Dinge aus Resignation vor dem Verstehen. Entgrenzung, Bedrängung, Bodenlosigkeit im wahrsten Sinne des Wortes standen in diesen Augen geschrieben. Die zurückgebliebenen Mäntel. Stille, Schwärze, Staub. Leere und Angst im Angesicht des Todes. Seine graue Hose hing schlapp an zwei Hosenträgern über die langen Beinchen. Einige schlohweiße Haarsträhnen hingen ihm schütter und wirr bis in den Nacken und führten dort ein verselbständigtes Dasein. Raphael sprach ihn mit „Onkel Pedro" an und richtete einige liebevoll Worte an ihn. Doch er antwortete immer nur mit „si." Leise flüsterte uns Raphael zu, Onkel Pedro sei in früheren Zeiten Oberst bei der portugiesischen Armee gewesen. Dann begann der hagere Mann langsam den mühevollen Aufstieg in die oberen Gemächer. Das Mütterchen warf uns einen vielsagenden Blick zu und führte uns leise plaudernd weiter den langen Flur entlang. Bald erreichten wir eine weitere herrschaftliche Tür und betraten einen großen rechteckigen Raum. Vor einem hohen, doppelglasigen Spitzbogenfenster, das an eine gotische Kirche erinnerte, stand ein mächtiger Schreibtisch, und über die gesamte linke holzgetäfelte Wand erstreckte sich ein hölzernes Regal, das gefüllt war mit Büchern, von denen die meisten in Leder gebunden waren. An den anderen Wänden hingen Ölgemälde: eine Galerie aller portugiesischen Könige, wie uns Raphael erklärte. Wir waren in der Schreibstube des Anwesens gelandet. Auf dunkelroten Sesseln neben dem Bücherregal saßen zwei ältere Herren, eifrig gestikulierend, und ins Gespräch vertieft. Kaum aber hatten sie uns bemerkt, standen sie auf, kamen freudig auf uns zu, schüttelten Raphael die Hand, schauten uns mit neugierigen Augen an und machten lachend ein paar Bemerkungen. Raphael stellte uns vor, übersetzte die Willkommensgrüße der beiden Herren, und auch wir schüttelten daraufhin Tiago, so bezeichnete uns Raphael den einen, etwas dicklicheren Herren, und Luís, einem weiteren Onkel Raphaels, höflich die Hand. Raphael sprach länger und sehr fröhlich mit den Beiden und erklärte ihnen offensichtlich, wer wir waren, woher wir kämen und in welcher Verbindung wir zu ihm standen. Luis und Tiago stellten einige Fragen, die Raphael ausführlich beantwortete. Schließlich verabschiedeten wir uns höflich auf ein baldiges Wiedersehen beim Abendessen. Luis und Tiago gingen langsam zurück zu ihren roten Sesseln und setzten ihr Gespräch fort, während wir dem Mütterchen zurück in den Flur folgten. Dort war inzwischen mehr Betrieb. Freundlich grüßend gingen wir an einigen meist älteren Menschen vorbei, die uns entgegenkamen. Koffer wurden gezogen, Taschen getragen. Ein Kleinbus mit weiteren Gästen war angekommen, und jeder suchte nun das ihm zugewiesene Zimmer in dem weiträumigen Schlaftrakt des linken Gebäudeflügels. Die Begegnung mit Raphaels Cousinen, Tanten, Großtanten und Großonkeln, Vettern, Großvätern und Großmüttern wurde jeweils begleitet von einem Schwall heiterer Willkommensfloskeln und ehrlicher Wiedersehensfreude.

28. Kapitel

Dreimal ertönte ein tiefer, kräftiger, im ganzen Gebäude sich ausbreitender Gong. Dies war, wie Raphael mir erklärte, ein seit Jahrzehnten übliches Zeichen zum Abendessen. Der große Saal füllte sich langsam, und auch Sabine, Günther und ich betraten, von Raphael begleitet, die Haupthalle, nachdem wir uns von Mütterchen Madalena getrennt und in unseren Zimmern eine halbe Stunde ausgeruht hatten. Ich sah, wie ein blinder alter Mann von zwei Frauen mittleren Alters hereingeführt und ans obere Tischende gesetzt wurde. Kurz danach rollte eine Greisin im Rollstuhl mit entsetzlich angeschwollenen und verbundenen Beinen in den Saal und platzierte sich an das rechte obere Ende des Tisches, wo an der rechten Seite des blinden Mannes ein Stuhl fehlte.

„Das ist Dona Mafalda, die Frau meines Großonkels Filipe, der leider seit einigen Jahren erblindet ist", flüsterte Raphael uns zu.

Eine Familie mit zwei schwarzen, lockigen, etwa fünfjährigen Kindern, offensichtlich Zwillinge, betrat den Raum. Die beiden dunkelhäutigen Mädchen waren ganz in Weiß gekleidet und hatten bunte Schleifchen im Haar. Die Frau war ebenfalls dunkelhäutig. Sie war von großer, schöner Gestalt und trug ein langes, enganliegendes, rotes Kleid. Ihr gekräuseltes Haar hatte sie in einzelne Strähnen geflochten und oben mit einer auffallenden, buntgesprenkelten Spange zusammengefasst. Ihr Mann, etwa fünfzigjährig, mit leichtem Bauchansatz, großem, dunklem Kinnbart und stolzem Gesichtsausdruck, begrüßte Raphael mit kräftigem Handschlag und einigen markigen Worten, denen meist ein kurzes lautes Lachen folgte. Schließlich wendete er sich zu uns.

„Das ist Onkel Ruiz aus Mosambik", klärte uns Raphael auf, und das Ehepaar und auch die beiden Kinder gaben uns freundlich die Hand. Dann gingen sie zum oberen Ende des Tisches und setzten sich an die linke Seite des blinden Patriarchen. Vom Flur her hörte ich jetzt lautere und leisere Stimmen, und immer mehr Menschen traten langsam durch die große Tür in den Saal. Die beiden Plätze neben Dona Mafalda am rechten oberen Tischende blieben zunächst leer. Raphael stellte sich hinter den nächsten Stuhl, dann folgte Günther, dann Sabine, und dann ich. Raphael stellte uns jeden einzelnen ankommenden Gast vor. Wir schüttelten, etwas steif und schüchtern, da wir die Sprache nicht konnten, jedem einzeln die Hand, und Raphael versuchte mit Humor und guter Laune die Situation so gut es ging zu entkrampfen. Da war Catarina, eine etwa 80-jährige Frau mit langen, ungeordnet hängenden, grauen Haaren, knochigem Gesicht und düster-stechendem Blick. Raphael flüsterte uns zu, sie sei stumm, könne uns aber hören. Dann reichte uns Marta die Hand. Sie war etwa in Raphaels Alter, schaute uns mit übergroßen Augen an und lachte über ihr ganzes hübsches Gesicht. Ihr dunkles, schwarzes Haar hing ihr bis über die Schultern, und ihr leichtes, buntes Sommerkleid war der einzige fröhliche Fleck in dieser düsteren Runde. Dann betrat Mütterchen Madalena mit ihren fröhlichen Augen den Saal, und kurz hinter ihr schlich Onkel Pedro langsam heran. Dann kamen Luis und Tiago, die wir im Schreibzimmer schon begrüßt hatten. Die beiden setzten sich auf die beiden freigebliebenen Plätze am rechten Kopfende des Tisches neben Dona Mafalda. Dann betraten die drei Schwestern Sara, Maria und Raquel die Halle. Raphael stellte sie uns als diejenigen drei Frauen vor, die sich trotz ihres hohen Alters vor allem um das Anwesen kümmerten. Humorvoll und energisch drückten auch sie uns einzeln die Hand und hießen uns aufs Herzlichste Willkommen. Sara, die erste der drei, trug ihren rechten Arm im Gips, gehalten von einer blauen Schleife, und die zweite der drei Schwestern, Maria, hatte einen Tick: Sie zuckte immer nervös mit ihrem halbgeschlossenen linken Auge, was auf mich den Eindruck machte, als ginge ihr alles nicht schnell genug. Alle drei drückten und herzten Raphael, und fragten ihn, bewegt Anteil nehmend – so viel konnte ich verstehen –, wie es ihm im fernen Österreich erginge.

Der Saal hatte sich inzwischen mit weiteren Freunden der Familie gefüllt. Stimmen und Gelächter, Flüstern, Stöhnen, und einzelne Schreie erfüllten den Raum. Als alle Gäste schließlich ihre Plätze eingenommen hatten, ertönte ein helles Klingelzeichen. Es war das Vorrecht des blinden Don Filipe, die Klingel zu bedienen. Nachdem die Gäste ihre schweren Stühle zurechtgerückt hatten und der allgemeine Lärmpegel etwas leiser geworden war, richteten sich alle Augen auf den blinden Patriarchen. Dieser erhob sich nun langsam und schwerfällig von seinem Stuhl und bat mit lauter krächzender Stimme um Ruhe. Mit einem Schlag war Stille im Raum, und wie auf ein unsichtbares Zeichen hin falteten die Gäste ihre Hände und sprachen unter der Stimmführung von Onkel Ruiz aus Mosambik ein Tischgebet. Auch ich faltete automatisch meine Hände, um dem Brauch des Hauses nicht in den Rücken zu fallen, und starrte auf die Blumenmuster des alten Porzellantellers vor mir. Dann schloss ich die Augen und lauschte dem unheimlichen Chor von lauten und leisen, hellen und dunklen, blechernen und rauen, tiefen und hohen, weichen und harten Stimmen. Eine Mischung aus Düsternis, Gebrechlichkeit und Überlebenswillen erreichte mein Ohr, und wie der Schwur einer unheilvollen, ahnenschweren, mit unsichtbaren Ketten verbundenen Gemeinschaft stellten sich die Stimmen trotzig gegen den offensichtlich mit den Jahrzehnten zerbröselnden und nicht mehr aufzuhaltenden Niedergang eines ehemals wohlhabenden und stolzen portugiesischen Familiengeschlechts. Eine Verschwörung schien im Gange, und doch hallte nur ein schlichtes, seit Jahrzehnten an dieser Stelle wiederholtes Tischgebet von den altehrwürdigen Wänden wider. Ein kurzer Nachhall noch, dann war der unheimliche Chor zu Ende. Gemurmel und gedämpfte Gespräche traten an seine Stelle. Ich öffnete die Augen. Jetzt erhob sich Onkel Ruiz und klingelte mit einem kleinen Silberlöffel gegen sein Weinglas. Wieder wurde es stiller im Raum, und die Gäste schauten voller Neugier auf Onkel Ruiz. Dieser stellte nach einer kurzen Pause mit lauter Stimme, die in ihrer pointierten Tönung der eines

Schauspielers glich, Sabine, Günther und mich offiziell der Gesellschaft vor. Applaus brandete auf ... spontan, herzlich und laut. Einige schlugen mit ihren Krücken auf den Holzboden. Krächzende, aufmunternde Schreie waren zu hören, und vom vorderen Tischende aus riss Tiago mit vorlauter Stimme einen Witz, den ich nicht verstehen konnte, woraufhin die ganze Gesellschaft in brüllendes Gelächter ausbrach und uns mit wohlwollender Heiterkeit betrachtete. Der Bann war gebrochen. Muntere Gespräche und Vorfreude auf die kurz bevorstehenden Mahlzeiten ließen uns ein wenig aufatmen, und schon wenige Minuten später wurden zwei große rollende Holzwagen von je einer Bediensteten zu den beiden Tischenden geschoben und in gekonntem Ritual Suppe serviert. Ruiz, der neben seiner Frau, der Mulattin, uns gegenüber saß, suchte das Gespräch mit uns. Und plötzlich begann, in munterem Kauderwelsch aus Englisch, Portugiesisch, Italienisch, Spanisch und Deutsch, der Versuch, mit uns drei Gästen aus Österreich ins Gespräch zu kommen. Dazwischen mischten sich immer wieder das Klappern von Tellern und das Klingeln von Löffeln. Ruiz erzählte lebhaft von seinen Ländereien in Mosambik, die er vor einem Jahr wegen der zu stark werdenden Bedrohung durch die rechtsgerichtete Guerilla verlassen musste. Eine Anekdote jagte die andere, und heiteres Gelächter von Madalena, Catarina, Tiago, Luis und Raphael begleiteten seine mit lauter Stimme vorgetragenen Berichte. Er sprach von Löwen- und Elefantenjagden, von Pferdezucht, Überfällen und Diebstählen, er erzählte von treuen Bediensteten und Stallknechten, von einer zahnlosen Köchin und einer jungen, hübschen Wäscherin. Er beschrieb Dürreperioden und Unwetter, schimpfte über Ungeziefer und mangelhafte Gesundheitsversorgung, staatliches Versagen und die Schwäche der Armee, und beschrieb ausführlich die Bewirtschaftung seiner ausgedehnten Teeplantagen, seine geschäftlichen Erfolge und seine Pleiten, die Unzuverlässigkeit der Händler und die mangelnde Zahlungsmoral von Großabnehmern und Kleinbetrieben. Luis wischte sich die Lachtränen aus den Augen und putzte sich die Nase. Tiago konnte es nicht lassen, Ruiz immer wieder mit witzig gemeinten Bemerkungen zu unterbrechen. Maria stand plötzlich auf und verließ den Raum. Der verwirrte Onkel Pedro wollte ihr mit den Worten „Vamos … vamos …" folgen, wurde aber sofort von Marta wieder zurück an seinen Platz geführt. Die Serviette fiel ihm dabei vom Hals und landete neben seinem Stuhl. Mit großer Geschicklichkeit hob Marta die Serviette wieder auf, entsorgte sie diskret, redete dabei beruhigend auf Onkel Pedro ein und besorgte ihm eine frische. Der blinde Don Filipe klingelte mit der Glocke: das Zeichen zum zweiten Gang. Die Bediensteten trugen servil die Suppenteller ab und fuhren Salate herein. Eine leckere Mischung aus gehäckselten Möhren, gerösteten Sonnenblumenkernen mit Rucola in Sahne-Zitronensauce erwartete uns. Ich erfuhr von Raphael, dass Tiago einige Jahre in Deutschland als Ingenieur gearbeitet hatte, und so war ich nicht verwundert, als er sich zu uns wendete und sagte:

„Musst du wissen, wichtigstes Wort in Portugal ist bombeiros voluntarios: Freiwillige Feuerwehr. Bei uns brennt immer irgendetwas an, immer und überall muss gelöscht werden, vor allem der Durst!!"

Raphael übersetzte sofort über den ganzen Tisch hinweg ins Portugiesische, und wieder brach die Gesellschaft in brüllendes Gelächter aus. Sogar das düstere Gesicht der stummen Catarina hellte sich auf. Mütterchen Madalena giggelte vor sich hin, die Kinder verstanden nicht, lachten aber mit. Raquel, die eine der drei Schwestern, klatschte sich auf ihre dicken Schenkel vor Vergnügen. Don Filipe lachte blechern und hell und zeigte dabei seine Goldzähne, und auch seine Frau Mafalda lachte, dass der Rollstuhl quietschte. Onkel Pedro hingen drei Möhrenkrümel am Mund und er näselte immer wieder die Worte „si." … „si." … „si" in die Runde, und das schöne Gesicht der Mulattin Marisa verwandelte sich durch ihr wohldosiertes Lächeln für Sekunden in das Gesicht einer ägyptischen Statue. Ihr Mann Ruiz aber lachte so laut und schallend aus seinem Vollbart heraus, dass er alle anderen übertönte. Tiago ließ nicht locker und sprach Günther an:

„Günther, sprich nach ... bom-bei-rosch vo-lun-ta-riosch."

Günther blickte daraufhin verschämt vor sich hin und antwortete: „Entschuldige bitte ... ich kann das nicht ... meine Sprachbegabung hält sich in Grenzen ..."

Tiago wendete sich mir zu, und aller Augen waren plötzlich auf mich gerichtet.

„Alexander, sprich nach: bom-bei-rosch vo-lun-ta-riosch"

Ich konnte nichts verlieren und gab mir einen Ruck. Langsam formten sich die Worte in meinem Mund, und mit fester Stimme sagte ich in die Runde:

„Pomberos Folutairos."

Donnernder Applaus und Gelächter waren die Antwort. Die Kinder quietschten vor Vergnügen, Marta rief „Bravo", die drei Schwestern sahen sich verschmitzt an, und nachdem die erste Begeisterung abgeklungen war, korrigierte mich Tiago:

„Sch ... du musst sagen sch ... bombeiro – schsch ... voluntario – schsch."

Wieder versuchte ich es. Diesmal ging es schon wesentlich besser. Und jetzt klinkte sich auch Günther mit ein, und wir wiederholten immer wieder im Chor:

„Bombeirosch voluntariosch ... bombeirosch voluntariosch ..."

Einige andere fielen mit ein. Luis begann plötzlich rhythmisch zu klatschen, und Im Nu machten alle anderen mit und klatschten und riefen jetzt unisono durch den Saal:

„Bombeirosch voluntariossch ... bombeirosch voluntariosch."

Sara liefen Lachtränen über die Wangen. Die beiden Kinder verließen ihre Plätze, rasten um den Tisch herum, zerrten Günther am Hemd, schauten ihn mit großen, strahlenden Augen an und brüllten aus voller Kehle:

„Bombeirosch voluntariosch ... bombeirosch voluntariosch!"

Dann löste sich der Chor in Wohlgefallen auf, die Kinder wurden von Marisa an ihre Plätze zurückgerufen, einige klatschten, andere riefen noch ein paar Worte in die Runde, die Stimmung beruhigte sich zusehends und man kehrte zum Essen zurück. Dona Mafalda musste gefüttert werden, und eine der jüngeren Bediensteten schob ihr langsam Gabel für Gabel Salatblätter in den Mund. Die Weingläser wurden gefüllt, der blinde Don Filipe warf einen Trinkspruch in die Runde, ein vielfaches Klingen der Gläser folgte, und der köstliche Portwein wurde an die Lippen gesetzt. Plötzlich öffnete sich die große Flügeltür des Saales und Raphaels Eltern traten ein. Sein Vater, Hugo, hatte eine größere, längliche Tasche unterm Arm und stellte sie neben einem Sideboard ab. Joana, seine Mutter, begrüßte Raphael herzlich mit vielen Küsschen. Die beiden Ankömmlinge liefen nun langsam um den ganzen Tisch herum und begrüßten jeden einzelnen herzlich mit Handschlag und Küsschen hier und Küsschen da, hielten mit den drei Schwestern einen kurzen Plausch, strichen Onkel Pedro schweigend über seinen fast kahlen Kopf und richteten einige lustige Worte an die beiden Kinder. Die Bediensteten schoben zwei weitere Stühle zwischen Raphael und Günther, und Hugo und Joana setzten sich neben ihren Sohn. Ich wendete mich zu Sabine, die neben mir saß, und fragte sie leise, was wohl in der Tasche sei, die Raphaels Vater abgestellt hatte. Sabine sah mich an, lächelte und sagte:

„Das ist wohl eine portugiesische Gitarre. Raphael sagte mir, sein Vater könne sehr schön singen und spielen."

Wir wurden durch das heftige Klingeln der Tischglocke unterbrochen, die Don Filipe zum Zeichen, dass nunmehr der Hauptgang aufzutragen sei, anschlug.

„Cataplana de Tamborill", rief Don Filipe mit lauter Stimme durch den Saal, und prompt schallte ein lautes zustimmendes „Aaahhhh …" als Echo von der gesamten Runde zurück.

„Es gibt Fisch", flüsterte uns Raphael eifrig zu, immer bedacht, uns ins Geschehen miteinzubeziehen. „Seeteufel."

Die Bediensteten trugen ab und kamen kurze Zeit später mit den beiden Wagen zurück. Emsig und sehr geschickt servierten sie nun die mit prächtigem Fisch, Bohnen, Zitrone, Möhren- und Zucchinistückchen belegten Teller, versuchten nach Kräften, jedes einzelne Mitglied der Familie zufriedenzustellen und jeden Wunsch nach Möglichkeit zu erfüllen. Und doch lag ein seltsamer Ernst auf ihren Gesichtern. Eine unausgesprochene Bedrückung. Eine schweigende Trauer. Auf der Wange von Marta entdeckte ich eine Träne, doch dies war eine letzte Lachträne, die sie sich schnell und verschämt mit einem weißen Taschentuch aus dem Gesicht wischte. Die Gesellschaft war nun damit beschäftigt, mit silbernen Fischmessern den Fisch auf den Tellern gekonnt zu zerlegen. In regelmäßigen Abständen waren auf dem langen Tisch ovale Platten platziert, auf denen die Fischgräten abgelegt werden konnten. Zitronen wurden über dem geöffneten Fischfleisch ausgedrückt. Die Gespräche gingen langsam in Gemurmel über, das Gemurmel verebbte und ging wiederum über in allgemeine Essgeräusche. Das Fischfleisch war zart und schmeckte würzig. Don Filipe konnte ohne Hilfe essen, und auch Onkel Pedro brauchte keine Unterstützung, wenngleich immer wieder einzelne Fischstückchen neben seinem Teller landeten. Einzig Dona Mafalda hatte einen großen, weißen Stofflatz umgebunden und musste gefüttert werden. Der Hauptgang neigte sich dem Ende zu, und als die Teller wieder abgetragen und die Obstschalen mit Bananen, Ananas, Mango, Orangen und Trauben herumgereicht wurden, wendete sich Tiago zu uns herüber und erzählte uns einen Witz.

„Kommt das Portugiesische Rote Kreuz", flüsterte er in fließendem Deutsch „in Mosambik zu den Ärmsten der Armen in ein verlassenes Dorf zu einer heruntergekommenen Strohhütte und klopft an. Geht die Tür auf, ein schwarzer Kopf lugt heraus, und schreit: ‚Wir geben nix!', und schlägt die Tür wieder zu."

Ich war überrascht, dass der Witz schon zu Ende war, lachte höflich, obwohl ich den Witz zunächst gar nicht verstanden hatte.

Tiago selbst lachte schallend über seinen eigenen Witz und konnte gar nicht mehr aufhören zu lachen, sodass Günther, Sabine und Raphael sich anstecken ließen und ebenfalls in lautes Gelächter ausbrachen. Don Filipe hatte herübergeschaut, die Ohren gespitzt, aber nichts verstanden, doch ließ er sich für einen kurzen Moment zu einem milden Lächeln hinreißen, und sein strenges, kluges Gesicht entließ wie hinter einer plötzlich aufbrechenden Wolkendecke einige Sonnenstrahlen in die Welt, um sich Sekunden später wieder zu verschließen und in jene düstere Seelenlandschaft zu verwandeln, die eisern darauf bedacht war, streng, fokussiert und strategisch die komplexen Vorgänge um die Großfamilie und das Anwesen zu überblicken und jederzeit unter Kontrolle zu halten, obwohl diese längst in andere Hände gegeben war. Auf großen silbernen Tabletts wurde schließlich Espresso und Gebäck gereicht, und das leise plaudernde Gemurmel rund um den langen Tisch floss nun ruhig dahin wie eine Sinfonie aus Sättigung und Zufriedenheit nach ausgiebig genossenem Mahl. Der Espresso schmeckte vorzüglich. Ich ließ mir noch einmal nachgießen. Draußen neigte sich die abendliche Dämmerung über das Land, und der heiße sommerliche Tag schloss, von der Gesellschaft unbemerkt, allmählich seine Wimpern. Das Anwesen, die Ländereien und die sie umgebenden Hügel tauchten, gebrochen noch von einem fernen Schimmer, der vom Horizont her ein letztes mattes Licht über die Ebene streute, in ein zart-violettes Dunkel. Nun war die Zeit der drei Schwestern gekommen. Raquel erhob sich, bat energisch um Ruhe und hielt, soweit ich verstehen konnte, eine kleine Dankesrede, erwähnte Don Filipe und Dona Mafalda, Madalena und ihre Schwestern Maria und Sara. Raphael übersetzte flüsternd für uns, sodass die Absichten ihrer Ansprache auch uns weitgehend verständlich wurden. Dann erhob sich Sara. Sie wendete sich nunmehr an die Bediensteten, das Küchenpersonal, die Wäscherin, die Köchin und ihre Gehilfin, die Putzfrau und den Gärtner, die inzwischen, einem alten Ritual folgend, ihre Arbeit für einen kurzen Moment unterbrechend, an der Flügeltür

Aufstellung genommen hatten, um damit ihre Zugehörigkeit zur Familie zu dokumentieren. Sara bedankte sich, weit ausholend, bei allen in überschwänglichen Tönen. Für jede und jeden hatte sie ein nettes Wort oder eine kleine Anekdote parat und hob ihren Einsatz, ihre Mühen, ihre Freundlichkeit und ihre Selbstlosigkeit hervor. Die Gesellschaft dankte Sara und dem gesamten Personal mit höflichem Applaus. Später sollte ich von Raphael erfahren, dass hinter den Kulissen ein heftiger Streit zwischen der Geschäftsführerin und den Bediensteten tobte, da diese seit drei Monaten kein Gehalt mehr bekommen hatten und die Familie nicht mehr wusste, woher sie das nötige Geld auftreiben sollte. Nun stand die dritte Schwester, Maria, auf und lud die ganze Gesellschaft zu einer Musikdarbietung ein, die in etwa einer Stunde in der Gartenlaube hinterm Haus stattfinden sollte. Langanhaltender Applaus beendete schließlich auch diese kurze Ansprache, und das darauffolgende Klingelzeichen von Don Filipe bedeutete, dass das Abendessen nunmehr beendet sei. Maria stand als erste auf und kümmerte sich um Onkel Pedro. Sara folgte ihr in schnellen Schritten und nahm Dona Mafalda in ihre Obhut, sprach mit ihr, band ihr das Lätzchen los, lachte und schob sie langsam in ihrem Rollstuhl hinaus auf den Gang. Raquel war zu Don Filipe geeilt, nahm ihn sanft am Arm und führte den blinden gebrechlichen Mann hinaus auf den Gang. Die junge hübsche Marta ging zu Raphaels Vater Hugo hinüber und tauschte mit ihm ein paar Worte aus. Offenbar ging es um die bevorstehende Musikdarbietung. Raphaels Mutter Joana und Raphael selbst schalteten sich gelegentlich in das Gespräch mit ein. Ruiz und seine Frau Marisa nahmen ihre beiden Kinder bei der Hand und verließen leise plaudernd den Saal. Die stumme Catarina gesellte sich zu Mütterchen Madalena, und die beiden gingen den anderen schweigend hinterher. Luis und Tiago blieben bei uns, und Tiago flüsterte uns zu:

„Wir haben noch etwas Zeit. Kommt doch mit nach oben, ich will euch etwas zeigen."

Günther, Sabine, Raphael, Luis und ich folgten Tiago durch die große Saaltür nach draußen auf den Flur. Mein Blick fiel noch einmal zurück in die Halle auf den langen Tisch, der voll war von Essensresten, ausgetrunkenen Weingläsern, herumliegendem Besteck und gebrauchten Servietten. Ein verlassenes Schlachtfeld. Letztes Zeugnis eines frugalen Gottesdienstes, streng bewacht von den Augen der Ahnen, die aus den mächtigen Ölbildern an der Wand auf die Szenerie herunterblickten. Ich trat in den Flur. Gedämpftes Gemurmel der durch das Haus wandelnden Gäste begleitete unseren Gang über die Treppe hinauf in die oberen Gemächer. Wir folgten Tiago, und als er schließlich eine Tür öffnete und uns bat, einzutreten, sah ich einige Meter vor mir Onkel Pedro gerade noch hinter einer Toilettentür verschwinden. Das Zimmer, in das wir traten, hatte zwei hohe Fenster, die in Richtung der Ländereien zeigten. Zwei Kolonialbetten aus dunklem Mahagoniholz, zwei Nachttischchen mit hölzernen, geschwungenen Beinen, sowie zwei Kleiderschränke, deren Türen mit großen, kunstvoll geschnitzten Segelschiff-Reliefs verziert waren, ein alter Schreibtisch, der vor dem rechten der beiden Fenster stand, ein Teetisch mit eingelegtem Schachbrett, ein Sessel und vier Holzstühle gaben dem Raum die Ausstrahlung eines gediegenen Gästezimmers. Wir setzten uns auf die vier Stühle und waren gespannt, was Tiago uns zu zeigen vorhatte. Er öffnete vorsichtig die Schublade eines der beiden Nachttischchen und holte ein reichverziertes hölzernes Schmuckkästchen hervor. Er nahm das Kästchen in seine Hände, als wäre es aus zerbrechlichem Glas, setzte sich auf das Kolonialbett und bat uns, näher zu kommen. Wir rückten unsere Stühle heran, sodass wir schließlich in einem Kreis um Tiago herum saßen. Luis setzte sich neben Tiago auf das Bett und lächelte erwartungsvoll, stolz, fröhlich und milde, denn er wusste wohl, was jetzt folgen würde. Tiago öffnete mit einem Eisenschlüsselchen langsam den Verschluss des Kästchens. Das wertvolle Gehäuse war innen mit rotem Samt ausgelegt, und in einer runden Vertiefung sah ich eine große silberne Münze liegen. Tiago nahm sie vorsichtig heraus und hielt sie gegen das künstliche Licht eines von der Decke hängenden Kronleuchters. Wir beugten uns etwas vor und betrachteten das kostbare Stück. Auf der Vorderseite sah ich eine Karavelle mit aufgeblähten Segeln eingraviert, und darunter angedeutet die Wellen eines Meeres. Nach einer längeren ehrfurchtsvollen Pause flüsterte Tiago:

„Dies ist eine 10-Escudo-Münze aus dem Jahre 1868."

Er drehte die Münze um und zeigte uns auf der Rückseite das eingravierte Wappen Portugals.

„Diese Münze ist das Beste, was ich besitze", sagte er stolz. „Sie erinnert an Heinrich den Seefahrer", fuhr er fort, und konnte dabei seine Begeisterung kaum verbergen. „Sie erzählt von der Erfindung des Quadranten, mit dessen Hilfe die Kapitäne der Meere an der Stellung des Polarsterns erstmals ihre Position bestimmen konnten …"

Tiago begleitete seine Erzählung mit ausdrucksvollen Gesten. Mal deutete er mit seinen Händen Meereswellen an, mal zeigte er in den Himmel, um den Polarstern vor unseren Augen erscheinen zu lassen, mal zeichnete er mit seinen Fingern ein Segelschiff in die Luft.

„Die Münze erinnert an die Eroberung Madeiras unter Heinrichs fernem Kommando, denn er selbst ist nie auf den Schiffen mitgefahren … sie erinnert an die Eroberung der Azoren, der Kanarischen Inseln, sie erzählt von der erstmaligen Umschiffung des für unbezwingbar gehaltenen Kaps Bojador, von der Eroberung der Kapverdischen Inseln, von der erstmaligen Besegelung des Flusses Senegal ins Innere Afrikas, der Eroberung Guineas, Sierra Leones, der Goldküste … sie erinnert an all die kühnen Seefahrten entlang der Westküste Afrikas bis hinunter nach Lagos, sie erzählt von Goldgräbern, Raub, Piraterie, Sklavenhandel, von Elefanten, Tigern, Affen und Schlangen, von Elfenbein, Kupfer, Zucker, Salz und exotischen Gewürzen, von den steinernen Säulen, die überall aufgestellt wurden als Zeichen der Unterwerfung westafrikanischer

Küstenregionen, und sie erzählt von der Entdeckung des Seeweges von der Ostküste Afrikas nach Indien durch Vasco da Gama mithilfe eines muslimischen Führers."

Tiago hielt kurz inne. Er atmete schwer. Schweißperlen standen ihm auf der Stirn. Er sah uns mit großen Augen an und fuhr mit lauter Stimme fort:

„Sie erinnert an den Mut und die Größe Portugals in einer Zeit, in der Portugal Weltmacht war, und ein Jahrhundert lang blieb, und stolze Seefahrer exotische Waren, Materialien, Güter, Tiere, Pflanzen, fremdes Wissen und fremde Menschen aus aller Welt auf ihren Segelschiffen in ihr Heimatland verfrachteten und unser kleines Land zu unermesslichem Reichtum verhalfen."

Tiagos Rede war am Siedepunkt angelangt. Er hatte sich in Rage geredet, und bei dem Wort „unermesslich" warf er seine beiden Arme in die Höhe und breitete sie aus, die Silbermünze in der rechten Hand, als wolle er den Mond, der inzwischen aufgegangen war und hell und voll am Sommerhimmel stand, zu sich herunterziehen. Seine Augen leuchteten. Er war nicht mehr von dieser Welt. Ganz langsam beugte er sich vor, nahm die Münze und legte sie vorsichtig zurück in das Kästchen. Unendliche Trauer hatte sich über sein Gesicht gelegt. Plötzlich sah er alt aus. Luis trat zu ihm hin, schaute ihn an und legte die Hand auf seine Schulter. Die beiden blickten sich an wie zwei, die ein Geheimnis teilten, und sich ab und zu ein Zeichen gaben. Doch war die goldene Fantasie Tiagos, die er in so bildhaften Worten vor uns hatte erstehen lassen, in Wahrheit nichts als die verblassende Trümmerlandschaft einer unwiderruflich verlorenen Vergangenheit. Luis öffnete das Fenster. Warme Sommerluft strömte herein. Ein feiner vielstimmiger Chor zirpender Grillen hatte sich über die Weinplantagen ausgebreitet. Ich stellte mich neben Luis und schaute hinaus. Die Hügel in der Ferne lagen als dunkle Silhouetten im Mondlicht. Irgendwo bellte ein Hund. Plötzlich hörte ich einen einzigen Ton. Der silberhelle Klang eines Saiteninstruments drang an mein Ohr … Wie kann man lieben ohne metaphysisches Ahnen, dachte ich … tröstende Hand, tragender Ton, Worte, und das, was hinter den Worten ist … der mächtige Verlauf der Akkorde … der eigentliche Ort ist die Stunde, die spricht … aus den Augen, den Mündern, den Gesten. Ich hörte weitere kurz angespielte Intervalle.

„Das ist mein Vater", sagte Raphael lachend. „Er stimmt seine Mandoline. Ich glaube er wartet auf mich. Die Musik geht gleich los. Lasst uns hinuntergehen."

Bewegt von der Erzählung Tiagos, und neugierig auf die Musik, die uns versprochen war, folgte ich Raphael zum Zimmer hinaus. Zusammen mit den anderen gingen wir den langen Gang zurück die Treppe hinunter durch eine große Glastür hinaus auf die Terrasse. Dort war Maria gerade dabei, die letzten bunten Lampions aufzuhängen, die an Schnüren in einem großen Rechteck rund um die Terrasse angebracht waren. An den zwei vorderen Ecken der Terrasse entzündete Raquel große Fackeln, und Sara stellte alle verfügbaren Stühle in drei Reihen vor die alte Natursteinwand des Gebäudes. Zwischen den Fackeln saß Hugo, Raphaels Vater, und spielte auf einer prächtigen Mandoline mit eingelegten Mustern und metallenen Saiten einzelne Akkorde. Er hatte sich umgezogen und trug jetzt ein schneeweißes, gebügeltes Hemd mit aufgekrempelten Ärmeln, sodass seine braungebrannten, behaarten Unterarme sichtbar waren. Seine Beine hatte er übereinandergeschlagen. Er trug schwarze, vorne spitz zulaufende Schuhe. Auf seinem knochigen Kopf prangte ein breitkrempiger, schwarzer Hut. Ruiz und Marisa kamen mit zwei Gitarrenkoffern durch die Terrassentür. Die beiden Kinder folgten ihnen, sprangen sofort aufgeregt zu den Fackeln und schauten gebannt in die flackernden Flammen. Ruiz und Marisa setzten sich links neben Hugo, öffneten ihre Koffer und nahmen ihre Instrumente heraus. Ruiz spielte Bajón, einen fünfsaitigen akustischen Bass, und Marisa legte vorsichtig ihre Gitarre auf ihre Knie. Die beiden lachten, wechselten mit Hugo ein paar Worte und stimmten mit ihm zusammen ihre Instrumente. Auch der korpulente

Ruiz trug eine schwarze Anzugshose, ein weißes Hemd und ebenfalls einen schwarzen Hut, sodass Marisa mit ihrem knöchellangen, enganliegenden, weißen Baumwollkleid, in das sie sich umgezogen hatte, zwischen den beiden Männern besonders gut zur Geltung kam. Rechts neben Hugo waren noch zwei Gartenstühle aufgestellt. Vor dem ersten stand ein großer Akkordeonkoffer. Plötzlich öffnete sich die Tür zur Veranda und Raphael trat heraus. Ohne dass ich dies bemerkt hatte, war er für einen Moment verschwunden gewesen. Er trug einen Geigenkoffer in der Hand, kam direkt auf mich zu, neigte seinen Kopf an mein Ohr und flüsterte:

„Sabine hat mir erzählt, du würdest Geige spielen. Sie hat ihre Geige dabei. Hast du Lust, beim zweiten Lied mit uns ein paar Takte zu improvisieren? Ist ganz einfach, immer nur zwei Akkorde im Wechsel, immer acht Takte."

Ich war vollkommen überrascht. Schon viele Jahre hatte ich keine Geige mehr in der Hand gehabt. Raphael hatte Sabines Geige aus ihrem Zimmer geholt, und ich sollte nun spielen. Könnte peinlich werden. Andererseits: Was konnte ich schon verlieren … alle Menschen hier waren uns wohlgesonnen … und selbst wenn alles schief ginge … ich war hier … wir waren gastfreundlich, offen und neugierig aufgenommen worden – sollte ich diese kleine Bitte ausschlagen? Ich nickte Raphael kurz zu als Zeichen meiner Zustimmung. Ein fröhliches Grinsen huschte über sein Gesicht. Er ging zu seinem Gartenstuhl, öffnete den Akkordeonkoffer, nahm sein Instrument heraus und schnallte es sich vor die Brust. Dann setzte er sich, deutete ein paar virtuose Läufe an und lachte den anderen zu. Schon jetzt waren die vier Instrumente der kleinen Combo zu hören und zu unterscheiden: Der hohe, reine Silberklang von Hugos Mandoline, der tiefe, weiche Bass von Ruiz' Bajón, die mittleren Töne von Marisas Gitarre, und die etwas blechernen Klänge des Akkordeons. Raphael hatte sich nicht umgezogen und trug immer noch seine schwarze Cordhose und sein rotkariertes, kurzärmeliges Hemd. Hugo zischte ihn an, und es gab eine kurze heftige

Auseinandersetzung zwischen Vater und Sohn. Die beiden wollten jedoch nicht zu viel Aufsehen erregen und wendeten sich bald wieder ihren Instrumenten zu. Einige Bauern aus der Nachbarschaft waren inzwischen mit ihren Kindern eingetroffen, begrüßten Ruiz und Hugo aufs Herzlichste, wechselten ein paar Worte, lachten laut und setzten sich in die hinteren Stuhlreihen. Auch die Bediensteten des Hauses waren gekommen: der Betreuer von Don Filipe und Dona Mafalda, die Wäscherin, die Kinderfrau, die Köchin und ihr Gehilfe, die Haushälterin und die beiden jungen, attraktiven Serviererinnen. Sie hatten sich alle auf die Stühle der mittleren Reihe gesetzt. Vor ihnen saßen Madalena, Catarina, Luis und Tiago, Günther und Sabine, Raquel, Maria und Sara, während Don Filipe, Dona Mafalda in ihrem Rollstuhl und Joana, Raphaels Mutter, etwas abgesetzt von den anderen ganz vorne saßen. Nur Onkel Pedro fehlte. Plötzlich öffnete sich die Tür und Marta betrat die Veranda. Mit vollem schwarzem Haar, eine rote Blüte über der Schläfe, in rotem, hochgeschlossenem, knöchellangem Kleid und schwarzen Schuhen ging sie lächelnd zu den Musikern. Trotz ihrer auffallenden Kleidung machte sie auf mich einen eher schüchternen und scheuen Eindruck. Sie blickte zwar jeden der Musiker an, sprach aber kaum. Während die Instrumente nochmals gestimmt wurden, unterhielten sich die Familienmitglieder, Angestellten und Nachbarn munter untereinander. Die Kinder der Bauern verbündeten sich schnell mit den beiden Kindern von Ruiz und Marisa, Teresa und Sofia, standen um die Fackeln herum und machten ihre Späße. Allmählich wurde es stiller. Hugo stand auf, trat einen Schritt nach vorn und begrüßte die Gäste. Ich konnte nicht verstehen, was er sprach, doch versprühten seine Worte großen Charme und lösten in dem kleinen Publikum immer wieder Gelächter und heitere Zustimmung aus. Der Vater Raphaels endete schließlich seine kurze Begrüßungsrede und bekam dafür viel Applaus. Er setzte sich auf seinen Gartenstuhl, nahm vorsichtig die Mandoline zur Hand, schlug seine Beine übereinander und saß da mit seinem Instrument, als hielte er ein Kind in seinen Armen. Das Publikum wurde stiller. Nach einer erwartungsvollen Pause war schließlich kaum mehr ein Laut zu hören. Raphael setzte den ersten langen Akkordeonton in den sommerlichen Abend. Langsam und rhythmisch, wie die Schläge eines Herzens, kamen Ruiz' warme Basstöne hinzu. Dann zupfte Marisa auf ihrer Gitarre leise Akkorde, und schließlich perlten die silberhellen Klänge von Hugos Mandoline in immer neuen Wellen in die abendliche Stimmung. Die Musik floss wie ein leiser Wasserfall in die Seelen der Zuhörenden. Rhythmus, Akkorde, Klänge, Melodien ... es hörte sich an wie die verschiedenen Arten, in denen Regen fällt ... dann begann Marta zu singen. Hell und klar. Zurückhaltend, intensiv. Sie sang mit ihrem Körper. Fröhlichkeit, Verzweiflung, Trauer, Freude, Gelächter und Tränen verdichteten sich in Ton und Intervall, Gebärde und Geste, und suchten, und fanden in der Musik ihrer Stimme ihre jeweils angemessene Form. Die Klänge trugen, waren Zeichen und vertrauten sich dem Flug der Melodien an. Langsam, geduldig und gelassen entfaltete sich ihr Timbre, und allmählich fand sie Zugang zu den inneren Quellen ihrer eigenen Gestimmtheit. Eine unsichtbare Kraft aus Sehnsucht und Vergessenheit erfüllte den Raum und ließ Musik erklingen, die berührte. Ihr großer Mund war wie das Tor zu Himmel und Hölle – welche Nuancen, welche Abgründe, welche innere Anrührung! Das Gehauchte, das Raue, das Glockenhohe: Schwebend kam, in Ton, Klang und Intervall gegossen, Sehnsucht nach Harmonie in dieser Musik zu Wirkung und Botschaft. Die zerbrechliche Stärke einer Seelenlandschaft offenbarte sich mir, rührte an Grenzbereiche von Verneinung und Resignation, aus der Martas ganze Lebendigkeit wuchs, und versetzte mich mit liebevoller Hand innerhalb kürzester Zeit in einen Zustand von Freude im Gewand der Trauer, oder von Trauer im Gewand der Freude ... wer konnte dorthin folgen ... wer konnte sich selbst dort aushalten ... wer klopfte hier an wessen Tür ... – Melodien. Klangbögen. Zauber und Zeichen eines Lebens hinter dem Leben, die in der Stimme Martas zu einer abgründigen Botschaft für die Zuhörenden gerann. Rhythmen entfalteten sich ... ein Lied wurde geboren ... und zwischen den einzelnen Sequenzen streifte mich immer wieder, in einer Mischung aus Ziellosigkeit und Langeweile, Marthas Blick. Sie sang wie in Trance, als könnte sie meditativ, im Akkord einer einzigen Sekunde, das Schicksal allen Menschseins erfühlen. Ihre Stimme verwandelte die Zeit und gab ihr einen zauberhaften Sinn: den Sinn von Sehnsucht und Erfüllung, Wunde und Heilung, für die es keine Sprache gab als die der Musik. Durch Martas Körper ging ein langsamer Tanz ... ein Tanz, der aus der geliehenen Zeit seine Gelassenheit zog, und betörte. – Raphael beendete das Lied schließlich mit einem langen schreienden Akkordeonklang. Marta und Hugo sahen sich an, mit stolzen, glänzenden Augen. Die kleine Gesellschaft klatschte frenetisch Beifall. Einige der Bauern riefen „Bravo", und Raphael machte einige Scherze mit ihnen. Die drei Schwestern tuschelten. Madalena lächelte glücklich in sich hinein. Luis und Tiago machten einige fachliche Bemerkungen. Dona Mafalda klopfte mit ihrer Krücke gegen ihren Rollstuhl, und der blinde Don Filipe nickte anerkennend und sagte leise „Bom." Marta verließ langsam ihren Platz und setzte sich auf den für sie freigehaltenen Stuhl in der ersten Reihe. Ruiz trat einen kleinen Schritt nach vorn und sagte das nächste Stück an. Er begann mit einem kleinen Scherz, den ich nicht verstehen konnte. Luis und Tiago lachten besonders laut, aber auch die anderen Gäste fielen in heiteres Gelächter ein. Dann unterbrach Raphael Ruiz' Ansprache und stellte mich vor. Mein Herz klopfte bis zum Hals. Alle Augen waren jetzt auf mich gerichtet. Ich wurde rot. Ich hatte keine Wahl mehr, ich musste jetzt nach vorne. In den begeisterten aufmunternden Applaus hinein gab ich mir einen Ruck und gesellte mich neben Raphael zu den Musikern. Er hatte die Geige bereits in der Hand und gab sie mir. Dann sagte Ruiz ein paar Worte über Hugo und Raphael, Vater und Sohn, die offensichtlich im Zentrum des nächsten Stückes stehen sollten. Ich verstand nur so viel, dass es sich um eine Art improvisiertes Instrumentalstück handelte. Meine Hände zitterten leicht. Ich versuchte, konzentriert zu wirken. Raphael lächelte mich gelassen an, und nach einer kleinen Pause, in der sich die Gemüter beruhigten und allmählich wieder Stille einkehrte, sodass die Grillen, die ihr eintöniges Konzert in den sommerlichen Abend zirpten, wieder deutlich zu hören waren, eröffneten Ruiz und Marisa das Stück mit einer rhythmisch frei gesetzten Einleitung. Gitarrenklänge formten sich zu Intervallen, fanden immer neue Tonfolgen und setzten, getragen von Ruiz' begleitendem Bass, Melodien schwebend leise in die abendliche Stimmung. Dann setzte das Akkordeon ein. Raphael spielte seinen ersten Ton. Ganz allmählich steigerte er sich in virtuose Läufe hinein, und schließlich kam mit schnellen umspielenden silberhell klingenden Läufen Hugos portugiesische Mandoline hinzu. Ich wusste, jetzt war ich gleich dran. Mein Herz klopfte bis zum Zerplatzen. Die Musik war eine Mischung aus Refrains, wiederkehrenden Melodiebögen und wechselnden Improvisationen von Akkordeon und Mandoline. Ich hörte Vater und Sohn gemeinsam improvisieren. Der nächste Refrain folgte. Hugo und Raphael sahen mich an. Jetzt kam mein Part. Ich setzte den Geigenbogen an, und fühlte mich wie ein Tänzer im Dunkeln ... bewegte mich durch eine Landschaft aus Unsicherheit, Zweifeln, Panik, mangelndem Selbstbewusstsein, Hoffnungslosigkeit, Resignation. Ich sollte auf der Geige improvisieren. Ich war jetzt allein, geworfen ins Bodenlose, und konnte mich an nichts mehr halten als an mich selbst. Der kalte, nackte Raum einer unausgesprochenen Kindheitsangst umgab mich, und ich war plötzlich konfrontiert mit der Frage, was ich zu sein glaubte, und was ich wirklich war ... ich fühlte mich gefangen in der Angst zu versagen ... gefangen in allen Erwartungen, die ich an mich selbst stellte, und die doch nur die Erwartungen meiner Eltern, meiner Lehrer, meiner Freunde waren. Raphael setzte den ersten Akkord und schaute mich liebevoll an. Ich fühlte die Stimmung meines Körpers, fühlte den sommerlichen Abend, und sah die Augen des Publikums auf mich gerichtet. Meine

Anspannung ließ nach, und plötzlich waren sie da: Rhythmus und Melodie. Meine Geige spielte. Ich hatte den ersten Schritt gewagt, und begann nun eine Geschichte zu erzählen. Meine Geschichte, geboren aus dem Augenblick, umgeben von Marisas Gitarrenakkorden, Ruiz' Bass, Hugos leiser Mandolinenbegleitung und Raphaels Akkordeon. Ich spielte und empfand Stärke und Zerbrechlichkeit, strömend aus demselben Ursprung. Ich fühlte mich geborgen im Wagnis, und wurde Zeuge eines atemberaubenden Moments: mich selbst einem Publikum zu zeigen, und nicht zu wissen, ob ich geliebt werden würde für das, was ich tat. Hugo und Raphael antworteten meiner Improvisation. Schließlich nahmen sie den Refrain wieder auf, und Raphael führte das Stück zu Ende. Eine kurze Pause entstand. Die Bauern begannen zu klatschen, und schließlich fielen alle in einen heftigen, begeisterten Beifall ein. Ich war erleichtert. Alles war gutgegangen. Ich war keiner Schande ausgesetzt und hatte mich nicht blamiert. Wir verbeugten uns. Ich legte die Geige vorsichtig zurück auf den roten Samt im geöffneten Geigenkasten, klappte den Deckel zu und nahm Platz auf einer der hinteren freien Gartenstühle. Einer der Bauern klopfte mir anerkennend auf die Schulter, sagte etwas zu mir und sah mich mit einem breiten Lachen an. Die Bediensteten gingen ins Haus und kamen mit großen Tabletts zurück, auf denen Portweinflaschen standen. Während die Gläser gefüllt und an die Gäste verteilt wurden, stimmten die Musiker ihre Instrumente nach. Der Abend war inzwischen weit fortgeschritten. In das Grillenzirpen mischte sich jetzt das Geräusch klingender Gläser. Die Gäste saßen unter bunt leuchtenden Lampions, prosteten sich zu, wünschten sich Gesundheit und tauschten scherzende Bemerkungen aus. Die Fackeln waren inzwischen fast niedergebrannt. Ein stechend klarer Sternenhimmel wölbte sich über das Land und ließ die Hügelkette in der Ferne als schattenhaften Umriss erscheinen. Plötzlich stimmte einer der Bauern ein portugiesisches Volkslied an, die anderen fielen nacheinander ein, und bald sang die ganze Gesellschaft aus voller Kehle in mehrstimmigem

Chor eines jener alten berührenden Lieder, die, wie Raphael uns erklärte, seit Generationen und immer wieder zu allen festlichen Anlässen gesungen wurden. Marta hatte sich wieder zu den Musikern gesellt. Das Lied verklang, die Bauern klatschten, und nach einer längeren Pause begann Marta ihrerseits wieder zu singen. Die Musiker begleiteten sie, jetzt etwas entspannter, und Raphael spielte seine Akkordeonläufe fast übermütig in die Pausen von Martas Melodien und Phrasen. Nach drei weiteren Stücken beendeten die Musiker schließlich unter donnerndem Applaus, Bravorufen, Krückenklopfen und anerkennenden Lauten der Bauern ihre Darbietung, packten ihre Instrumente ein und mischten sich unter das Publikum. Die Stuhlreihen wurden aufgelöst und zu kleinen Gruppen zusammengestellt, während die Bediensteten Portwein nachschenkten. Sabine, Raphael, Joana, Hugo, Günther und ich saßen uns gegenüber, tranken und freuten uns über den gelungenen Abend. Hugo und Raphael fanden einige anerkennende Worte über mein Geigenspiel. Beschämt wehrte ich ab und bedankte mich meinerseits ehrlichen Herzens über die Einladung in die Hazienda. Da breitete sich plötzlich der helle Klang anstoßender Gläser aus. Ein sicheres Zeichen, dass um Ruhe gebeten wurde. Alle Augen richteten sich jetzt auf Don Filipe. Gestützt von seinem Betreuer war er aufgestanden, hielt in starken, wohlgesetzten Worten eine Dankesrede an die Familie und Gäste und ließ auch uns nicht unerwähnt. Dona Mafalda war bereits in ihrem Rollstuhl eingeschlafen. Nach einem kurzen höflichen Applaus entschuldigte sich Don Filipe, dass er aufgrund seiner angeschlagenen Gesundheit nicht länger bleiben könne, und verabschiedete sich mit herzlichen Worten. Raquel nahm ihn beim Arm und führte den blinden Mann langsam durch die Terrassentür ins Innere des Hauses, und der junge Betreuer schob Dona Mafalda in ihrem Rollstuhl hinterher. Auch die stumme Catarina und Mütterchen Madalena standen auf, verabschiedeten sich in zahllosen Umarmungen, heiteren wohlwollenden Bemerkungen und guten Wünschen für die Nacht und traten ihrerseits den Gang in die oberen Gemächer an. Danach verabschiedeten sich die Bauern mit kräftigen Handschlägen, dankbaren Blicken und einigen fröhlichen Worten und gingen mit ihren Kindern, die sich ihrerseits von Teresa und Sofia verabschiedet hatten, langsam um das Haus herum auf den Schotterweg. Ich horchte dem Knirschen ihrer leiser werdenden Schritte auf dem Kies noch eine Weile nach. Schließlich rief Marisa ihre Kinder Teresa und Sofia zu sich, entschuldigte sich bei den übrig gebliebenen Gästen, dass sie jetzt die Kinder ins Bett bringen müsse und wünschte allen eine gute Nacht. Teresa und Sofia bekamen ein Küsschen von ihrem Vater Ruiz, und auch Marisa verabschiedete sich von ihrem Mann. Sie nahm ihren Gitarrenkoffer und verließ, Teresa an der Hand führend, lächelnd und winkend die Terrasse. Wir anderen saßen noch lange, und Raphael gelang es sehr geschickt, die verschiedenen Geschichten, die nun von Hugo, Joana, Luis, Tiago, Maria, Raquel, Sara und Ruiz zum Besten gegeben wurden, für uns zu übersetzen. Es wurde gescherzt, getrunken und gelacht, nur Marta beteiligte sich kaum an den heiteren Gesprächen der anderen. Sie saß still in der Runde, hörte mit großen, wachen Augen zu, und alle waren verzaubert vom verlockenden Zirpen ihres unwiderstehlichen Lächelns. Auch ich schaute sie immer wieder an. Schließlich gab ich meiner Erschöpfung und Müdigkeit nach, verabschiedete mich von Sara, Maria, Raquel, von Günther, Sabine, Hugo und Joana, von Ruiz, und von Marta, und ging ins Innere des Hauses. Martas Gesang hallte noch lange in mir nach ... die Melodien ihrer Lieder ... ihr Atem ... Melancholie und Charme ihrer Unnahbarkeit, die Gesten, die Zeichen ihres körperlichen Wissens ... – Stimmen und Gelächter wurden leiser. Langsam stieg ich die Treppen hinauf. Mein Körper fühlte sich schwer an. Schlaf klopfte an mein Herz. Um Günthers Schnarch-Orgien zu entgehen, hatte ich Raphael um ein Einzelzimmer gebeten, und er hatte sich verständnisvoll darum gekümmert. Ich fand Tür und Bett, und öffnete das Fenster. Eine leichte Brise warmer Nachtluft wehte mir entgegen. Ich zog mich aus, legte mich auf die weiche Matratze und deckte mich zu. Von Ferne drangen immer noch Gespräche, Gelächter, und das Klingen von Gläsern an mein Ohr. Schnell dämmerte ich ein, und bald überfiel mich ein schrecklicher Traum ...

... ich sah mich mit einem älteren Ehepaar im Flur eines Cafés an einem Tisch sitzen. Die Frau des Paares übergab mir ein Päckchen, das sorgsam in weißes Serviettenpapier eingehüllt war. Ich nahm das Päckchen in die Hand. In dem Päckchen, das etwa die Größe einer Pralinenschachtel hatte, bewegte sich etwas, sehr langsam, sehr träge. Ich fragte das Ehepaar, was das denn sei, und der Mann antwortete mir, dies sei eine Anakonda, eine große, gefährliche Schlange. Ich antwortete ihm, wieso sie denn groß sei, und warum gefährlich ... die Schachtel sei doch relativ klein und handlich. Die Frau entgegnete mir, sie hätten die Schlange betäubt, aber die Betäubung würde bald nachlassen. Im selben Augenblick schob die Frau ihr Strickjäckchen beiseite und ich konnte sehen, dass ihr linker Arm abgebissen war und nur noch ein hässlicher Armstumpf herunterhing. Ich dachte sofort, sicher hat die Anakonda ihr den linken Arm abgebissen. Die beiden verabschiedeten sich und ich blieb voller Angst mit dem Päckchen im Flur des Cafés zurück. Plötzlich zerriss die Schlange das weiße Papier, wurde größer und größer, sperrte ihr riesiges Maul auf und fixierte mich mit ihren stechenden Augen. Meine Angst steigerte sich ins Unermessliche. Ich packte die Schlange, die immer mehr aus ihrer Betäubung erwachte und beweglicher wurde, und versuchte sie irgendwie in Griff zu bekommen. Dies wollte mir trotz größter Anstrengung nicht gelingen. Ich verlor die Kontrolle über das Tier, hatte Todesangst und brüllte so laut ich konnte um Hilfe. Plötzlich kam ein Arzt in weißem Kittel zur Tür hereingestürzt. Ihm gelang es mit gekonnten Griffen die Schlange zu bändigen. Er übergab sie zwei Helfern, die, in Schwarz gekleidet, hinter ihm standen. Sie trugen die Schlange hinaus und ich sah durchs Fenster, wie sie die riesige Schlange mit Knüppeln totschlugen ...

… schweißgebadet schreckte ich auf … die Schlange … die Schläge … die Schachtel … der Arzt … das Ehepaar … – ich zitterte leicht und war froh, dass dies alles nur ein Traum gewesen war … ein Traum … und doch eine Realität in mir, von der ich nichts wusste, oder nur vage Vorstellungen hatte … einer Realität, deren verschlüsselte Traumbilder ich nicht verstand … die Schlange deutete auf Sexualität, doch mehr als diese Binsenweisheit, mehr als diese simple Analogie fiel mir nicht ein … was mochte die Schachtel bedeuten? Wer war das Ehepaar? Wer der Arzt? Wer die Helfer? Und warum trafen wir uns im Café? Ich saß still auf meiner Matratze und lauschte in die Nacht. Ein milder Lufthauch zog durchs Fenster herein und tat mir gut. Draußen waren keine Gespräche und kein Lachen mehr zu hören. Auch das Zirpen der Grillen war leiser geworden. Ein Esel schrie. Dann rauschte eine Klospülung, und kurz darauf schlurften Schritte über den Flur. Ich musste auf Toilette, verließ, noch halb gefangen in dem eben verlassenen Traum, mein Bett, öffnete die Tür und trat hinaus. Vom Ende des Flurs her hörte ich Geräusche … ich konnte schattenhaft eine Gestalt erkennen … sie ging auf und ab, hin und her … sprach vor sich hin … und es klang wie ein tiefes inneres Seufzen: „Si … si … si … si" … immer wieder, in verschiedenen Lautstärken und Tonlagen: „Si … si … si … si." Das musste Onkel Pedro sein, der ehemalige Oberst in der portugiesischen Armee. Ich blieb stehen und hörte eine Weile zu. Sollte ich eingreifen? Sollte ich ihn ansprechen? Sollte ich ihn zurückführen in sein Zimmer? Aber welches war sein Zimmer? Wusste er überhaupt, wo sein Zimmer lag? Nein. Ich wollte den Dingen ihren Lauf lassen und hoffte, dass Onkel Pedro den Weg zurückfinden würde. Als ich von der Toilette zurückkam war er verschwunden. Ich tapste mit der Hand die Wand entlang und suchte den Lichtschalter, konnte ihn aber nicht finden. Langsam ging ich weiter durch die Dunkelheit über den Flur. Plötzlich öffnete sich vor mir eine Tür. Ich sah eine Gestalt auf mich zukommen. Sie trug ein weißes Nachthemd. Es war Sabine. Sie hatte mich erkannt, umarmte mich zärtlich, drückte ihren Busen an meinen Körper, küsste mich kurz auf den Mund, löste sich wieder, ging weiter und verschwand in der Dunkelheit. Ich fühlte mich wie im Traum. Berührt und stehengelassen. Sekundenschnelle Verortung einer Liebe. Scheue Verneigung vor einer einmal erlebten Offenbarung. Da waren sie wieder, die Engelsflügel, die das Prosaische plötzlich verwandelten in Poesie ... Spitzentanz auf den Tönen einer dahinhuschenden Sonate. Ich stand Im Dunkeln und fühlte dem Echo von Sabines Körper nach. Der Moment hatte mich glücklich gemacht. Wie benommen fand ich zurück in mein Zimmer, legte mich hin, träumte, wach, mit geschlossenen Augen, und fühlte die Wärme von Sabines Körper in mir wie ein kaum noch glühendes Feuer. Die Klo-spülung rauschte wieder. Ich hörte schlurfende Schritte, und über dem nächtlichen Zittern der Luft meinen eigenen Atem, der schwerer ging, und langsamer wurde. Irgendwann schlief ich wieder ein.

Als ich erwachte, schien mir die Sonne ins Gesicht. Das Haus war voller Geräusche. Überall war geschäftiges Treiben zu hören. Ich trat ans Fenster. Ein wolkenloser Himmel stand über der Hazienda. Die Hügel lagen in Dunst und morgendlicher Bläue. Dort wo gestern Abend noch das familiäre Musikfest stattgefunden hatte, hängte Maria jetzt an langen Leinen Wäsche auf. Die beiden Kinder von Ruiz und Marisa sprangen bereits durch die Plantagen und spielten Versteck. Von Ferne hörte ich das Tuckern eines Traktors. Sara huschte über die Veranda, und kurze Zeit später verschwand Raquel in einer Kellertür. Ich blinzelte in die Sonne. Da fiel mir ein: Ich musste heute meine Mutter anrufen, sie hatte Geburtstag. So zog ich mich schnell an und ging die Treppen hinunter durch den Flur in den schattigen Saal. Die lange Tafel war gedeckt, doch der Saal war noch leer. Ich setzte mich auf einen der Plätze und wählte die Nummer meiner Mutter. Nachdem das Freizeichen einige Male geklingelt hatte, meldete sie sich am anderen Ende des Telefons und nannte ihren Namen. Sie sprach leise und gebrochen. Ich wusste sofort dass etwas nicht stimmte. Unsicher gratulierte ich ihr mit liebevollen Worten zu ihrem Geburtstag, doch sie antwortete nicht. Schließlich, nach einer längeren Pause, in der ich sie schwer atmen hörte, sagte sie:

„Alexander … vor zwei Tagen ist dein Vater gestorben. Er hatte einen Herzinfarkt. Komm so schnell du kannst. Die Beerdigung ist in zwei Tagen."

Nach einer unerträglich langen Pause sagte ich:

„Ja Mutter, ich komme", und verabschiedete mich, hilflos und verunsichert.

Die Nachricht vom Tod meines Vaters hatte mich aus der Bahn geworfen. Da waren weder Schmerz noch Tränen. Nur Leere. Ich war wie versteinert. Ein Schleier hatte sich über meine Augen gelegt. Ich stand am Rand eines Kraters, und drohte zu fallen, in ein großes, schwarzes Loch. In meinem Kopf herrschte Anarchie. Abstürzende Gedanken. Haltlosigkeit. Im Schleudertrauma gefangene Gefühle. Ich funktionierte nur noch. Mechanisch und teilnahmslos tat ich, was zu tun war. Meine Schritte wurden langsam, meine Arme schwer. Ich konnte kaum mehr sprechen. Die Nachricht hatte sich in der Hazienda in Windeseile herumgesprochen, und nachdem Raphaels Vater den schnellstmöglichen Rückflug für mich gebucht hatte, waren wir zur Abfahrt bereit. Die ganze Familie versammelte sich im großen Saal, um sich in herzlicher Anteilnahme von mir zu verabschieden. Alle gaben mir der Reihe nach die Hand, schauten mir in die Augen, murmelten etwas. Der blinde Don Filipe, Dona Mafalda im Rollstuhl, Mütterchen Madalena, die stumme Catarina, die drei Schwestern Sara, Maria und Raquel, Luis und Tiago, die hübsche Marta, Ruiz und seine Frau Marisa mit den beiden Kindern Teresa und Sofia, und sogar der verwirrte Onkel Pedro nahm meine Hand und sah mich an mit den Augen eines Wahnsinnigen, nur von Ferne ahnend, was geschehen war und warum sich alle um mich versammelt hatten. Günther und Sabine nahmen mich herzlich in ihre Arme, sahen mir lange in die Augen und wünschten mir Kraft und alles Gute, und Raphael ließ es sich nicht nehmen, mich mit seinem Vater zum Flughafen von Porto zu begleiten.

29. Kapitel

Ich erwachte aus einem kurzen Schlaf und weigerte mich, die Augen zu öffnen. Um mich herum hörte ich betriebsames Stimmengewirr. Arabische Satzfetzen. Französische. Englische. Spanische. Schritte. Handyklingeln. Kinderschreien. Aufflammendes Gelächter. Ich saß im Flughafen, allein, auf einem der Wartesitze im Abflugraum, und war kurz eingeschlafen. Mein schwerer, erschöpfter Körper drückte mich in den Schalensitz. Ich hörte das erst laute, dann leiser werdende Geräusch von Flugzeugturbinen. Ein Flugzeug startete. Himmelfahrt. Raphael und Hugo hatten mich begleitet. Ich hatte nur noch das Nötigste gesprochen, war müde von den Gesprächen, müde von der ganzen Geselligkeit, überhaupt müde. Und erst als ich mich am Abflugschalter von Raphael und Hugo verabschiedet hatte wurde mir bewusst, dass ich allein war. Da war niemand mehr. Da war nichts mehr. Keine liebevollen Augen. Keine unterstützende Geste. Keine aufmunternden Worte. Nur noch das stetige, niemals enden Selbstgespräch. Der Gedankenfluss, der nicht nach außen drang. Das Wirkliche in mir, das für niemanden bestimmt war als für mich. Ich hasste meinen Vater. Wie sollte ich nicht froh sein, dass er endlich gestorben war! Ich war nicht das, was er durch mich zur Erfüllung gebracht sehen wollte. Das mir eigene hatte er nicht gewollt. Die Flucht in die Wälder. Die Schulnoten. Der unbedingte Wille in mir, ein Virtuose auf der Geige zu werden! Das beharrliche Sitzen in der Sonne. Der Liebespakt mit dem Leben von Anfang an. Das unsichere Winken. Die erste eigene Meinung. Der aufbegehrende Bruch mit ungeschriebenen Gesetzen. Die ersten Liebesnächte und das vorsätzliche Schulschwänzen. Die Welt zu sehen mit den Augen einer durchwachten Nacht. Frühlingsrauschen höher zu bewerten als eine Eins in Mathematik. Meine Weigerung, an geplantem Erlebnis teilzunehmen. Die Müdigkeit, die sich in mir einstellte bei der Aussicht auf einen Familienausflug. Sonntags zerrte mich die Hand meiner Mutter stracks in die Natur, und mein Vater eilte voraus. Streng, kontrollierend, bestimmend, unbeirrbar. Und über der nach Plan abgearbeiteten Freizeitgestaltung lag unüberhörbar das Wort „Herrlich!!!" Immer wieder schrie mein Vater dieses Wort hinaus in die Natur ... von Berggipfeln und blühenden Hängen herunter, an Bächen und Wasserfällen, in wilden Schluchten und an eingezäunten Wildgehegen. Ich wusste nicht, was da herrlich war, aber es musste wohl so sein. Die Schönheit war verordnet, das Ereignis auf dem Reisbrett gezeichnet, durchgeführt, und bekam danach den Stempel „erfolgreich gelebt". Ich hasste meinen Vater, und er – er war enttäuscht von mir. Ich war im Prinzip kraftlos. Aber hatte nicht er mich kraftlos gemacht, weil da kein Platz war neben ihm? Ja, weil da nicht einmal Interesse war, geschweige denn Zeit für meine Belange, für meine ersten Schritte, meine ersten zarten eigenen Gedanken, meine erwachende Empfindung, für Käfer, Laub, Rinde und Blumenblatt? Fluchtgedanken, Trägheit, Widerstand, Gewaltfantasien, Ausschweifungen – waren sie nicht natürliche Folgen, waren sie nicht Hilferufe und Bettelgesten eines nichtgewollten, eines nicht angenommenen Kindes?

Eine portugiesische Stimme tönte knarzend aus den Lautsprechern und unterbrach meinen Gedankenfluss. Dann fuhr sie fort, kaum verständlich, in gebrochenem Deutsch:
„Wir bitten alle Fluggäste des Fluges 8208 zum Ausgang B. Bitte halten Sie Ihren Ausweis und Ihre Bordkarte bereit."
Mechanisch stand ich auf und stellte mich in die Schlange. Alles war mir gleichgültig. Mein Vater war nicht mehr. Und obwohl ich ihn hasste, war ich doch tief getroffen. Wie schwer ist es, Abschied zu nehmen von allen, von allem ... was wird kommen nach dem Tod, oder auch nicht ... und dann auch noch ... welche Qualen würden mich erwarten, bevor ich selbst sterben würde ... wie war das: Abschied zu nehmen von allen, von allem. Beim Stierkampf gibt es keine Probe. Plötzlich empfand ich die einzelnen Sekunden meines Lebens wie Wassertropfen auf der Zunge ... empfand das

Schwebende meiner Seele, die hier in einem Körper wandelte, in der ihr zugemessenen Zeit ... blickte ins Ungewisse ... empfand dieses Etwas, das in den Augen schwamm, den begrenzten Horizont, und das unermesslich unbegreifliche Darüber-Hinaus. Wer empfände nicht diese Bangigkeit, diese zitternde Musik im Angesicht des abrupten Endes eines geliebten, eines gehassten Menschen ... wer verfiele da nicht in Schweigen angesichts der sich entfaltenden Blüte eines Blausternchens ... wer käme da nicht zurück aus den Wellen in unsagbarer Freude über Licht, Wasser und Sand ... wer gäbe da nicht immer wieder willig den Kuss, als sei es der letzte. Wir weinen und wissen nicht, ob es Tränen der Trauer sind oder Tränen der Freude ... ein letzter gemeinsamer Weg, ein letzter Schritt, ein letztes Winken, dann fällt die Tür zu, und dein Weg geht unerbittlich alleine weiter, getragen noch von Erinnerungen, von Momenten unerkannter Liebe, von Gesten, die aus dem Leben kamen und hereinbaten in die warme Stube einer sich öffnenden Seele. Doch das war mein Vater nicht. Er hatte keine Sprache für seine Gefühle. Ich wusste nicht einmal, welcher Art seine Gefühle waren. Und ob er welche hatte. Für mich. – Die Maschine startete in einen makellos blauen Sommerhimmel. Das Motorengeräusch wurde leiser. Stadt, Land, grüne Hügel und Berge entfernten sich langsam. Ich blickte durch das Bullauge hinunter auf einen zarten Dunstschleier, der sich für mein Auge über die tief unter mir liegende Landschaft legte. Wir flogen Richtung Norden. Ich war auf dem Weg zum Begräbnis meines Vaters. Und hatte Angst vor der Begegnung mit einem Toten. Angst vor der Nähe zu einem Toten, der mein Vater gewesen war. Er konnte nicht mehr sprechen. Und dies schien ein wirkliches Gespräch erst möglich zu machen. Ja, er hatte immer nur geredet, aber nie wirklich gesprochen. Die Sprache muss das unmittelbare Ereignis aussparen. Reden will das Dasein immer nur rechtfertigen, oder betäuben. Mein Vater war Schachspieler und Käfersammler. Er hatte Lagerhäuser ins Blaue gebaut, ins Nichts. Er war ein Mann des Wollens. Er musste wollen, bis zum letzten

Atemzug, wollen um des Wollens willen, egal was rechts und links um ihn herum geschah. Irgendetwas musste immer gewollt werden. Erst die Farbe, dann die Zahl, dachte ich, nicht umgekehrt ... Sein heißt atmen, Austausch ... die Weltuhr des Seins bewegt sich langsamer als die des Seienden ... Ruhe und Bewegung fallen in Eins ... die Parzen spinnen Fäden und trennen ... Brand der Leidenschaften ... Bienenfleiß und Menschenfleiß unterscheiden sich nur graduell ... die im Dämmerlicht liegenden Naturkräfte führten mich, auch jetzt, sie führten mich zu meinem Vater ... die Welt des Steins ist der Stein ... im Stein liegt die Möglichkeit der Biene, in der Biene die des Menschen, im Menschen die des Gottes ... Sand kann denken. Ich empfand mich als Messinstrument der Natur. Das, was man Erotik nennt, war die Quelle alles wirklichen Sprechens, war der Traum eines göttlichen Schattens. Die gelungene Form ist erotischer Natur, ist Grazie, das wusste ich ... sie ist die Sprache des Göttlichen, das Zeichen, das in die Zukunft weist, und diese Schönheit allein gab mir Ruhe und Frieden. Wie die widerstrebende Harmonie von Bogen und Leier ... Regen und nackte Leiber ... meinen Blick wollte ich verbessern, mein Gehör, meine Geste ... der Zwang zum Handeln lag im Blitz, unvorhersehbar, niemals planbar, und immer Instinkt ... die erotische Struktur allen Lebens ... Eros und Grazie waren eine göttliche Art des Tuns, plötzlich und unerwartet aufscheinend und wieder erlöschend ... zurück blieben entseelte Glieder, tote Leiber, und die Hoffnung auf Wiederkehr ... – Mein Vater war kein graziöser Mensch. Er kannte das Wort „Grazie" nicht, und er wusste nicht um seine Bedeutung.

Das dezente Geklapper des Service-Wagens hatte meine Sitzreihe erreicht. Ich bestellte einen Orangensaft – nach Essen war mir nicht zumute –, klappte den Tisch herunter, starrte auf die Sitzbezüge und sah durch den Spalt zwischen den Sitzen die Haare anderer Fluggäste. Ein klingender Ton. Das Anschnallzeichen leuchtete grün auf, und eine Frauenstimme bat säuselnd, sich anzuschnallen. Ich blickte durch das Bullauge. Wolkentürme hatten sich inzwischen zu einer wilden arktischen Landschaft geformt und verschoben sich wie in Bewegung geratene Eisberge. Wir hatten die Alpen erreicht. Das Wetter schlug um. Heftig ruckelte das Flugzeug durch die Luft, sackte plötzlich in Löcher wie ein Auto auf schadhafter Straße. Schnell trank ich meinen Orangensaft aus, um zu verhindern, dass er in der Gegend herumspritzte, klappte den Tisch nach oben und lehnte mich zurück. Ich dachte an die Höllenfahrt meiner seelischen Herkunft, an meine innere Verknüpfung zu Vater und Mutter, Onkeln und Tanten, Großväter und Großmütter, Neffen, Cousinen und Urgroßväter ... an harmonische Familienabende ... an Weihnachten bei Schnee und Kerzenschein im trauten Kreis. Und da stieg er wieder in mir auf, der Horrorfilm verschwiegener Empfindung, verdrängter Wut, nicht gelebter Aggression. Mordgedanken. Zerstückelungsfantasien. Meine Familie war kein Hort der Ruhe und des segensreichen Friedens. Sie war für mich ein Ort der Trauer, des Verstummens, ein Ort endgültiger Melancholie, ein Ort der Einsamkeit ohne Wiederkehr. Es gab kein Zurück mehr und keine Heimat für mich, immer nur der Besuch eines nicht enden wollenden Abgrunds, die Wiederholung des ewig Vergeblichen beim Besuch zu Hause. Und es gab die Fluchtmomente, die Suche nach einem anderen Verlassensein, die süßen Augenblicke am See, zart berührt von der vorübereilenden Zeit, das überraschende Geschenk eines kurzen Wärmestroms, einer flüchtigen, plötzlichen Heimat. Als alles verworren war und kaputt, als nichts mehr zusammenging, welchen Weg hätte ich gehen sollen? Die Familie zerrissen, ich selbst zerrissen. Ich hatte ein Schicksal anzunehmen, das aus sich selbst heraus leben musste. Jenseits des Risses, jenseits der Familie, und doch immer auf der Suche nach ihr, im Spiegel meiner selbst. Und wie grauenvoll kamen die Risse zutage, wenn ich sie aufsuchte! In ihrer Nähe zersplitterte sich mein Ich wie ein Spiegel meiner zersplitterten Familie, und die kaum vernarbten Wunden wurden mit jeder neuen Liebe neu verletzt. Die Sehnsucht, zusammenzufügen, was niemals mehr sich würde fügen können, führte mich wieder und wieder in die Nähe von Schmerzlinien, von trostlosen Schweigeräumen, die betäubt werden wollten. Ich konnte nicht anders als zu gehen. Ich konnte nicht anders als das Alleinsein anzunehmen. Ich wollte jene alte Welt nicht mehr betreten, und zwang mich, klar zu sein, höflich, menschlich und liebevoll distanziert gegenüber den sprachlos Redenden meiner Familie.

Ich war in Lindau angekommen. Die Zugfahrt vom Flughafen München durch den heißen sommerlichen Tag war einsam. Mein Kontakt zur Welt war abgebrochen, meine Handlungen wirkten mechanisch. Ich war wie abwesend und schottete mich ab. In mir wühlte eine Wirklichkeit, die sich aus Vergangenem speiste und sich aus der Erinnerung ihre eigenen Bilder schuf. Ich ging vom Bahnsteig die Treppen hinunter, durch die Unterführung, ging Treppen wieder hinauf und durchquerte die Vorhalle des alten Bahnhofs. Schließlich landete ich auf einem Vorplatz. Dort blieb ich stehen. Unschlüssig. Wie durch einen Schleier sah ich die alten Fassaden von Häusern und fühlte mich im freien Fall, trudelnd durch die Zeit.

In einer spontanen Regung rief ich meine Tochter an. Sie wusste Bescheid. Ihre Stimme klang mitfühlend, und doch fest. Der erste Halt seit vielen Stunden. Ein Hauch von Heimat wehte durch den Äther zu mir. Sie wollte in einer Stunde hier sein und mit mir gemeinsam zur Beerdigung meines Vaters gehen. Ich legte auf. Ein Schauer ging durch meinen Körper. Welche Freude! Plötzlich war ich nicht mehr allein. Die Stimmen der Angst in mir wurden leiser. Ich musste schmunzeln. Meine Tochter. Sie würde an meiner Seite gehen, und ihr fröhliches Wesen würde mich durch die wechselnden Stimmungen von Trauer, Wut, Haltlosigkeit, Erleichterung, Verzweiflung, Zerrissenheit und Resignation führen. Ich schlenderte zum See, und bald stand ich an der von der nachmittäglichen Sonne glitzernden Wasserfläche. In der Ferne lagen, in blauem Dunst, wie

Schattenformen, die Berglinien der Alpen. Ein mächtiges Gebirge, so viel älter als unser kurzes, vorübereilendes Leben. Die Veränderung der Gesteinsoberfläche wurde in Jahrmillionen gemessen. Wie konnte ich dies denken ... meine Zeit, und die Zeit des Gebirges ... wie war mein Gehirn gebaut, dass ich dies denken konnte. Plötzlich drang Musik an mein Ohr. Wohlklingende Töne. Panflöte, Charango, Bass, Stimmen. Hell, klar und rhythmisch. Etwas weiter uferabwärts war ein kleines Fest im Gange. Ich schlenderte der Musik entgegen. Auf einer Wiese, nicht weit vom Wasser entfernt, hatte sich an einem schmalen Kieselstrand eine Menschentraube gebildet. Neugierig drängelte ich mich durch die hinteren Reihen und stand bald vor einem Puppenspieler. Dieser, bunt gekleidet wie ein Harlekin, führte an Fäden vier etwa fünfzig Zentimeter große, bunt bemalte Puppen, die das Spiel auf ihren Instrumenten täuschend echt imitierten. Die erste der vier hölzernen Wesen hielt die Pfeifen einer Zampoña an ihren Mund, die, einer Panflöte gleich, aus dem Schilf der Ufergebiete des hochgelegenen Titicaca-Sees gemacht, mit ihren hingehauchten Melodien den über die Hochebenen pfeifenden Wind imitieren sollten. Die zweite Puppe spielte Bajón, eine akustische Bassgitarre mit fünf Saiten, die Dritte eine Gitarre, und die Vierte eine Bombo aus Zedernholz, deren Ziegenfell mit Lederriemen bespannt war, und, unter dem Arm gehalten, mit zwei hölzernen Klöppeln gespielt, den menschlichen Herzschlag nachahmen sollte. Ich kannte die Musik, sie stammte aus dem Hochland von Peru. Mit äußerster Geschicklichkeit führte der Puppenspieler die Fäden, und ich sah die Figuren auf ihrer kleinen Bretterbühne munter spielen und tanzen. Kunstvoll geschnitzte, an Armen, Beinen und Kopf bewegliche Wesen zauberten mit ihren Instrumenten eine Lebendigkeit in den Raum, die die Augen der umstehenden Zuschauer in Bann zog. Wie war es möglich, tote Materie, die die Puppen ja waren, so zum Leben zu erwecken und zu beseelen! Mir war, als würde die Puppe, die die Bombo spielte, ab und zu mit verschmitztem Gesichtsausdruck und offenem Mund mir in die

Augen sehen, und für Sekunden verwandelte sie sich für mich dabei in ein Wesen aus Fleisch und Blut. Herz aus Glas. Sekunde, die durchsticht. Plötzlicher Zauber. Der ganz normale Wahnsinn. Augenglanz über den Wassern. Verlümmelt die Jahre. Zerbrechlicher Klang, der keine Antwort braucht. Ich dachte an meinen Vater, an die ewig stumme Erwartung von Leistung. Gang ins Weltall, Glück bei den Sternen. Ritt der Fantasie durch die Galaxien. Unsicheres Winken. Die bescheidenen Blüten eines Grußes, der seinen Ursprung nicht kennt und seine Absicht nicht weiß. Vater. Hättest du doch einmal innegehalten bei den Ginstern! Vater ... du ... seelenlos jetzt, Materie. – Die Puppen setzten zum Finale an, schlugen mit heftigen Bewegungen von Köpfen, Armen und Beinen die letzten Akkorde. Das Stück endete, die Figuren verharrten einen kurzen Moment wie erstarrt, und verbeugten sich dann mehrere Male unter dem begeisterten Applaus der inzwischen größer gewordenen Menschenmenge. Ich schaute auf die Uhr. In etwa zehn Minuten würde meine Tochter am Bahnhof ankommen. Mit schnellen Schritten verließ ich den Strand und ging zu den Zügen.

Als meine Tochter Nicola aus dem Zug stieg, machte sie einen klaren und festen Eindruck – als sähe sie mich in Trauer und müsste mir Halt geben. Mein Vater war gestorben. Ihr Opa. Sie sah mir lächelnd in die Augen und wir umarmten uns lang. Die Hitze war inzwischen unerträglich geworden. Wir schlenderten zurück zum Strand. Sie ging neben mir, und ich war froh, dass sie da war. Sie sprach nicht viel. Der plötzliche Tod ihre Opas durfte sein. Er war alt geworden, und hatte ein reiches Leben hinter sich gebracht, und sie hatte ihn kaum gekannt. Zu selten waren ihre Begegnungen gewesen. Ich dagegen stand meinem Vater unversöhnlich gegenüber. Unversöhnlich und hart. Ich fühlte mich als Verlierer. Wir hatten den Strand erreicht. Meine Tochter zog Schuhe und Strümpfe aus und ging vorsichtig über die Kieselsteine ins Wasser, um ihre Füße zu kühlen. Das schlichte dunkelblaue Kleid mit weiß gesäumten

Rändern stand ihr gut. Sie war nicht wirklich in Trauer, das spürte ich. Kleine Wellen strichen sanft über den Kiesel ... die Steine bewegten sich, rieben sich aneinander, und machten in regelmäßigen Abständen ein schleifendes Geräusch. Plötzlich musste ich an Nicolas Geburt denken ... ein Sommermorgen, die Wehen ihrer Mutter hatten eingesetzt. Mein Zimmer lag noch im Halbdunkel, da stand sie plötzlich im Nachthemd an meinem Bett vor mir, wie aus dem Märchen Peterchens Mondfahrt entsprungen, hielt ihren dicken Bauch und flüsterte bang: „Ich glaube es geht los." Ich hatte sie angesehen und versucht, Zuversicht zu verbreiten ... blickte aus dem Fenster ... der Vollmond hatte sein Licht über die hügelige Landschaft gestreut. Wir legten uns ins Bett und hielten uns aneinander. In großen Abständen waren sie gekommen, die immer heftiger einsetzenden Wehen. Ich hatte sanfte Klaviermusik aufgelegt. So verbrachten wir noch etwa zwei Stunden zusammen. Der Morgen graute. Die Dämmerung kündigte den Tag an und die Zeit, in der meine Tochter zur Welt kommen sollte. Jetzt kamen die Wehen fünfminütig. Wir waren aufgebrochen ... gingen eine Gasse hinunter ... blieben immer wieder stehen und warteten, bis die schmerzlich wiederkehrenden Wellen im Körper von Nicolas Mutter abgeklungen waren. Schließlich hatten wir das Krankenhaus erreicht, wurden eingewiesen und von einer jungen Hebamme betreut. Nicolas Mutter hatte ein warmes Bad genommen, in einer großen, weißen, unbequemen Badewanne. Dann wurden wir in einen kleinen, durch grüne Tücher abgeteilten Bereich geführt, und Nicolas Mutter legte sich langsam auf die dort stehende Pritsche. Ärzte waren gekommen, Schwestern, stellten sich vor, verschwanden wieder, kamen wieder ... im ganzen Saal Stöhnen, Schreie, Schreie von gebärenden Müttern ... von Kindern, die zur Welt gekommen waren ... meine Tochter jedoch wollte und wollte nicht kommen. Stunde um Stunde hatte Nicolas Mutter in Wehen und Schmerzen gelegen, bekam Zitteranfälle am ganzen Körper ... die Gebärmutter zog sich zusammen und wurde hart ... Kreislaufkollaps, kurzer

Herzstillstand des Kindes ... der Oberarzt hatte eine Untersuchung des Kindes angeordnet ... Blut wurde über ein Rohr vom Kopf des Kindes abgenommen ... sofort waren die Blutgaswerte untersucht worden ... das Herz des Kindes schlug inzwischen wieder stark und regelmäßig ... die Ergebnisse waren gut, der Arzt hatte grünes Licht gegeben. Am Kopf des Kindes war ein internes CDG befestigt worden ... die Wehen wurden wieder stärker ... Stunden vergingen ... die Mutter war vollkommen erschöpft, sie konnte nicht mehr ... hatte unsägliche Schmerzen erlitten ... hatte geschrien und geklagt, war am Ende ihrer Kräfte, hatte verzweifelt um Hilfe geschrien, wo doch jede Hilfe da gewesen war ... der Arzt hatte sich zur Periduralanästhesie entschlossen ... doch gcrade als der Anästhesist die Spritze neben der Wirbelsäule ansetzen wollte, wurde er abberufen und war gegangen ... wieder Schmerzen, die Zeit wollte und wollte nicht verrinnen ... dann endlich war ein anderer Arzt zur Stelle ... hatte die Spritze erneut gesetzt, die Schmerzen hatten nachgelassen ... die Mutter hatte wieder Kraft geschöpft zwischen den Wehen, bekam Farbe im Gesicht, erholte sich ... doch nichts war vorangegangen ... das Betäubungsmittel hatte nachgelassen, die Schmerzen kehrten wieder ... der Muttermund öffnete sich kaum ... weitere Untersuchungen hatte der Arzt nicht riskieren wollen ... die Spritze wurde erneuert ... da ... das Kind arbeitete sich langsam voran ... der Oberarzt gab Wehentropfen mit steigender Tendenz ... die Geburt musste jetzt zum Ende kommen, sonst hätte die Mutter alle Kraft verlassen ... die Wehen hatten wieder stärker eingesetzt, und in kürzeren Abständen ... die Mutter hatte nach einem Kaiserschnitt geschrien ... die junge Hebamme hatte die Hände der Mutter ergriffen, die Mutter hatte gepresst und gepresst ... und geschrien und gepresst ... da ... der Muttermund bewegte sich, öffnete sich langsam ... die schwarzen Härchen des Kindes waren sichtbar ... das Köpfchen war weiter vorangekommen ... plötzlich waren die Herztöne abgesackt. Der Oberarzt hatte sofort entschieden, das Kind zu holen. Eine Zangengeburt war vorbereitet worden.

Ich hatte es gesehen, das Köpfchen des Kindes, meines Kindes! Die Mutter hatte die Luft angehalten, hatte noch einmal gepresst mit aller Kraft, noch zwei drei Wehen, dann war das Kind mit einer Zange herausgezogen worden: Da hing das schreiende, blut- und schleimverschmierte Wesen an seiner Nabelschnur ... der Arzt hatte die Schnur abgeklemmt, trennte sie ... das Kind hatte geschrien ... war jetzt vom Mutterleib gelöst ... die Mutter hatte minutenlang geweint und geschluchzt, zuerst vor Erschöpfung, und dann vor überschäumender Freude. Das Kind wurde abgewaschen und kam zur Erstuntersuchung. Es wurde gewogen. Der Arzt hatte an der Ferse Blut abgenommen, und dann hatte die Hebamme mir das Kind in den Arm gelegt ... ich hielt das zarte Geschöpf umschlossen, und hatte meine Tränen nicht zurückhalten können. Der Mutterkuchen kam nach, die Wunde wurde genäht. Die Hebamme hatte das Kind an die Brust der Mutter gelegt. Und endlich konnte sie das lebendige Etwas, die soeben von ihr geborene Tochter in ihre Arme schließen ... alle Schmerzen schienen vergessen, vergangen ... noch wenige Minuten zuvor hatte sie sich den Tod gewünscht, hatte geschrien und um ihre Erlösung gebettelt ... und jetzt war ihr Himmel voller Geigen. Sie hatte das schreiende Wesen in ihren Armen gehalten und gestrahlt, gestrahlt aus müden Augen, mit blassem Gesicht, als hätte das Glück selbst ihre Seele ergriffen und gewaltsam ein Tor in die Zukunft aufgestoßen. Die junge Hebamme hatte dem Kind ein Namensband ums Handgelenk gestreift. Meine Tochter war nun da. Trotzig-zufrieden das Mündchen, die Augen geschlossen. Sanft hatte die Hebamme Nicola in ihr Bettchen gelegt. Was für eine Kraftanstrengung lag hinter dem Kind! Was für ein Kampf! Vom dunklen Inneren des Mutterleibs schreiend ans Licht. Die Geräusche der Welt waren das erste Mal an ihr zartes Ohr gedrungen, die Klänge des Draußen, die Klänge des offenen Raums, die metallenen Schläge der Gerätschaften, die aufgeregten Stimmen, der ganze Hall und Schall rund um das Geschehen. Nicola war eingeschlafen, und Friede hatte sich über ihr Gesicht gelegt. Ich berührte noch einmal sanft ihre Schläfe. Die Hebamme hatte das Licht gelöscht. Ich war in das Zimmer der Mutter gegangen, in das sie inzwischen verlegt worden war. Auch sie war in tiefen Schlaf gesunken. Ich hatte ihre Hand genommen und ihr übers Haar gestrichen ... dann hatte ich das Krankenhaus verlassen und war nach draußen gegangen. Die sommerliche Nachtluft hatte mir gutgetan. Das Krankenhaus lag etwas erhöht an einem Hang über der Stadt. Ich atmete tief ein. Der Vollmond stand rund und schön am Himmel, strahlte auf die alten Dächer und verlieh ihnen einen matten, fast silbernen Glanz. Ich war nicht müde, und ging langsam. Federleicht, als würde ich von Wolken getragen. Ein Kind war geboren. Mein Kind war geboren. Unser Kind war geboren. Eine neue Verwurzelung, ein neuer Halt. Wie war das möglich! Langsam hatte ich mich die vielen Treppen abwärts in Richtung Altstadt getastet, blieb stehen, schaute in den Nachthimmel, betrachtete die vielen Sterne über mir, schaute hinunter auf die Dächer, hörte hier und da Geräusche an mein Ohr dringen ... meine Seele war wach, und öffnete sich. Und sie schien Wurzeln zu schlagen. Wie ein schnell in die Tiefe sich gründender Baum. Ich hatte Freude, Wärme, Leichtigkeit empfunden. Ich, das war jetzt ein anderer geworden. Gut, dass ich allein war, dachte ich damals. Was mit mir geschah war still, und von nächtlichem Geheimnis. Ein mondsüchtiger Traum. Die zarte Hand meiner Tochter in der meinen. Der Beginn einer lebenslangen Berührung. Eines Zweiseins ohne Worte. Von diesem Augenblick an hatte ich gelassener leben können. Alle Anstrengung war von mir abgefallen. Ich war wieder stehengeblieben, hatte hinuntergeschaut in die Stadt und konnte inzwischen die spärlich beleuchteten Gassen erkennen. Ganz leise war eine Melodie an mein Ohr gedrungen. Ich wusste nicht mehr, war es Einbildung, oder hatte da wirklich jemand um diese nachmitternächtliche Stunde Klavier gespielt. Wenn etwas Heimat sein konnte für mich, dachte ich, dann wurde sie mir in dieser Stunde geboren.

Nicola legte ihre Hand auf meine Schulter, schaute mich an und sagte:

„Papa, wir müssen gehen, Oma wartet sicher schon."

Ich schreckte auf aus meinen Erinnerungen, in die ich ganz und gar eingetaucht war. Nicola war aus dem Wasser gekommen, hatte ihre Sandalen wieder angezogen und war, ohne dass ich dies bemerkt hätte, zu mir getreten. Ich lächelte sie an und stand auf. Wir gingen die Wiese hinauf durch die Unterführung zum Bahnhof, wo wir mit meiner Mutter verabredet waren.

Auf dem Bahnhofsvorplatz trafen wir meinen jüngeren, etwas korpulent gewordenen Bruder. Meine Mutter stand neben ihm. Sie wirkte angespannt, fahrig, unausgeglichen und hektisch. Als wir in ihr Auto stiegen, um zur Beerdigung meines Vaters zu fahren, fiel der Motor plötzlich aus. Gemeinsam schoben wir das Auto auf einen freien Parkplatz. Meine Mutter schimpfte und plapperte die ganze Zeit. Wir besprachen die Lage. Von meiner Mutter war kein vernünftiger Ratschlag zu erwarten. Zur Beerdigung wollten wir keinesfalls zu spät kommen. Mein Bruder hatte sein Auto etwa drei Kilometer entfernt vor der Wohnung meiner Mutter geparkt. Er beschloss, den Wagen sofort zu holen, rannte zur Hauptstraße vor so gut er konnte, hielt ein Taxi an und fuhr davon. Da standen wir nun zu dritt: Nicola, meine Mutter, und ich, in der heißen Nachmittagssonne, warteten und hofften, dass mein jüngerer Bruder so schnell als möglich mit seinem Auto wiederkommen würde, um uns zur Beerdigung unseres Vaters zu fahren. Eine unangenehme Spannung ging von meiner Mutter aus. Unruhig schaute sie mal nach rechts, mal nach links, mal auf den Boden, und immer wieder auf ihre Armbanduhr. Um die Zeit zu überbrücken schaute ich sie an und fragte sie, wie es ihr ginge, und ob sie in Trauer sei. Spöttisch blickte sie mich an und antwortete in aggressivstem Tonfall:

„Ich in Trauer? Meinst du das im Ernst? Meinst du wirklich, dass ich für diesen Mann Trauer empfinden kann? Glaubst du denn, dass ich für diesen Mann überhaupt noch irgendetwas empfinde?"

Nicola schwieg mit betretener Miene.

„Dieser Mann verdient keine Trauer! Nicht heute, nicht morgen, und auch nicht übermorgen! Ich habe mich schon vor zweiunddreißig Jahren von diesem Mann verabschiedet. Ein selbstsüchtiger, narzisstischer Mensch, ein Egoist! Der hat doch sein Leben lang nur an sich gedacht … an sich, an sich, und nochmals an sich! Andere Menschen waren ihm völlig egal. Dieser Mann hatte keine Gefühle … er dachte an Sex, er dachte immer nur an Sex!!"

Die Situation drohte peinlich zu werden. Meine Tochter und ich sahen uns an und schwiegen. Meine Mutter war aufgewühlt. Sie hatte sich in Rage geredet.

„Warum ich auf diesen Mann hereingefallen bin, ist mir heute noch ein Rätsel!", stänkerte sie weiter. „Natürlich konnte er auch charmant sein. Und humorvoll." Und nach einer kurzen Pause fuhr sie fort: „Aber sein Herz war kalt."

„Aber Oma," wendete Nicola zaghaft ein, „mein Opa ist grade gestorben …"

„Na und?", antwortete sie schnippisch. „Es sterben viele Menschen auf der Welt, jeden Tag. Menschen, die mir näherstehen, obwohl ich sie nicht kenne!"

Nach einer weiteren Pause sagte sie schließlich:

„Ich konnte machen was ich wollte, ich konnte sagen was ich wollte, er hatte immer recht, und es wurde immer nur gemacht was er wollte …"

Aha, dachte ich … war es nicht genau andersherum? Ich hatte Mühe, mich zu beherrschen, um nicht, kurz vor der Beerdigung meines Vaters, mit meiner Mutter in eine aufwühlende Auseinandersetzung zu geraten. Aus dieser Verbindung heraus also bin ich entstanden, dachte ich bei mir.

„Männer sind eben so", polterte sie weiter, mitten auf der Straße, in der heißen Nachmittagssonne, ohne Rücksicht auf ihre Enkelin, ohne jede Rücksicht auf mich.

„Brutal, selbstsüchtig, gefühllos, unsensibel, unbeherrscht, immer nur auf Sex aus …"

Die Wartezeit wurde langsam lang. Ich beobachtete die zum Bahnhof eilenden Menschen … die Sommerkleider, Sandalen, Hüte, die bedruckten T-Shirts, die Bermudas, die Koffer, Taschen und Rucksäcke. In der Ferne lag die blaue Fläche des sommerlich glänzenden Sees. Davor rasten Autos über die Hauptstraße. Eine Kirchturmglocke schlug. Ein Kind verlor sein Geldstück vor einem Kaugummiautomaten. Dann endlich bog das Auto meines Bruders um die Ecke und hielt direkt vor uns. Die schwarzlackierte Karosserie war übersät von kleinen Beulen und weißen Flecken. Ein verheerender Hagelschlag, wie er seit Jahrzehnten nicht vorgekommen war, hatte in einzelnen Landstrichen gewütet und über zwanzigtausend Autos zerstört. Dächer waren zertrümmert und Blumenbeete durchlöchert worden. Die Versicherungen hatten alle Hände voll zu tun, und die Landesregierung versprach, wie meistens in solchen Fällen, großzügige Hilfe. Wir stiegen ein und fuhren am See entlang zur Beerdigung meines Vaters. Meine Mutter schwieg, spannungsgeladen und bedrückt. Nicola saß neben mir auf den hinteren Sitzen und schaute zum Fenster hinaus. Auf der anderen Seite des Sees ragten die glitzernden Schatten der Bergketten in den Himmel. Ein Zeppelin mit einer Reklameaufschrift flog über den See.

„Und immer dran denken: ein trauriges Gesicht machen, wenn der Pfarrer spricht!"

Mit diesem Satz durchbrach mein Bruder das angespannte Schweigen. Doch niemand antwortete ihm mehr. Er drückte aufs Gaspedal und setzte zu einem gewagten Überholmanöver an. Gerade noch konnte er einscheren, bevor ein Schwertransporter auf der Gegenfahrbahn an uns vorbeirauschte. Schließlich erreichten wir die Stadt, fuhren eine kleine Anhöhe hinauf und hielten vor dem mächtigen Steintor des altehrwürdigen Friedhofs. Nahezu gleichzeitig hielt ein Taxi vor dem Tor. Mein älterer Bruder, seine Frau und deren Sohn stiegen aus. Wir begrüßten uns alle aufs Herzlichste und tauschten ein paar höfliche Worte aus. Meine Mutter schwieg. Sie empfand wohl den unsichtbaren Trauerraum, der die anderen umgab, und hielt sich zurück. Ich musste zur Toilette, löste mich von den anderen, und ging durch eine Allee alter Lindenbäume, die inzwischen lange Schatten warfen, auf die Aussegnungshalle zu. Ich passierte ein steinernes Tor. Stein markiert, und grenzt ab, die Lebenden von den Toten. Ein Tor durchschreiten. Dorthin gehen wo Ruhe ist, und Gewissheit um ein schlagendes Herz, und um das nicht mehr schlagende Herz meines Vaters. Plötzlich hörte ich einige Trompetentöne aus dem Inneren der Aussegnungshalle. Meine Hand berührte die raue Oberfläche einer alten Natursteinmauer. Dieser Stein würde mein Leben überdauern, dachte ich. Dann fand ich eine Treppe, die seitlich hinunter zur Toilette führte. Hier, im kühlen Schatten des Kellergewölbes konnte ich einen Moment zur Ruhe kommen. Eine letzte Begegnung mit meinem Vater stand mir bevor. Ich versuchte mich zu erinnern. Hatte er nicht auch gelächelt? Hatte er nicht auch gütig meine Kinderhand genommen? Konnte ich mich beim Schwimmen im Meer nicht auch festhalten an seiner starken Schulter und mich durch die Wellen tragen lassen? War er nicht auch kräftig und hatte mich beschützt in seinem Haus, das er entworfen und gebaut hatte für sich und seine Familie? Konnte er nicht auch fröhlich, laut und lustig sein? Nachdenklich stieg ich die Steintreppe wieder hinauf. Einige Trauergäste, die ich nicht kannte, kamen aus dem Friedhofspark den kleinen, in einem Halbrund angelegten Treppenaufgang, der zu einem Torbogen führte, herauf, und gingen auf die eisenbeschlagene Eingangstür zu. Ich blieb vor dem Eisentor stehen und ließ die Leute an mir vorüberschreiten. Über dem Tor stand, schwer leserlich, in ein längliches Holzbrett eingraviert: Tot nur ist wer vergessen ist. Alles wird irgendwann vergessen sein, schoss es mir durch den

Kopf. Ich öffnete langsam die schwere Eisentür und trat ins kühle Innere der kleinen Halle. Mein Blick fiel sofort auf das einzige hohe Kirchenfenster, durch das in großer Intensität die frühe Abendsonne fiel. In sanften Übergängen, gestaffelt, leuchteten, unterteilt in verschiede große, längliche Rechtecke, die Farben Gelb, Rot, Grün, Violett, Braun und Weiß. Das Bogenfenster war zusätzlich durch schmale eiserne Querstreben in sechs Felder unterteilt. Ganz oben unter dem Bogen schaute aus einem weißen Dreieck das blaue Auge Gottes. Im zweiten Feld prangte ein schmales rotes Kreuz. Im dritten Feld ein gelber Kelch. Im vierten, fünften und sechsten Feld Anker, Engel und Fisch, in Weiß. Die Symbole waren schlicht und leicht abstrahiert. Welches Leuchten! Welche Farben! Welche Lebendigkeit ins Licht gesetzt! So stand das Fenster und strahlte und hatte für mich nur eine einzige Botschaft: Ja sagen zum Leben, inmitten einer dunklen Totenhalle. Es sind die erlebten Momente von Schönheit, dachte ich plötzlich, die sich in ihrer Flüchtigkeit wie Schmetterlinge für Augenblicke auf unsere Seelen setzen, und uns, sofern wir schweigen können, für Momente in die Ahnung des Vollendeten bringen, und uns auch danach noch, im Schauer konkreter Erinnerung, in einen Zustand von Glück versetzen können. Die Stimmung in der Aussegnungshalle war düster. Etwa zwanzig Menschen in meist dunkler Kleidung saßen verstreut auf den Holzbänken und schwiegen. Ich senkte meinen Blick und ging langsam und nachdenklich den Mittelgang entlang. Auf dem Steinboden bildete sich verschwommen auf einem Lichtfleck das Kirchenfenster ab. Ich spürte, wie ich einige Blicke auf mich zog. In der zweiten Reihe vorne sah ich meinen jüngeren Bruder, meine Mutter und Nicola schweigend nebeneinandersitzen. Auf der Bank dahinter hatten sich die Frau meines älteren Bruders und ihr Sohn platziert. Ich sah meine Stiefmutter, die ich kaum kannte, mit ihrer großen Familie in die Kirche einziehen und sich auf die andere Seite der Kirchenbankreihen nach vorne setzen. Bedächtig suchte ich den Platz neben meiner Tochter und setzte mich ebenfalls. Dann hob ich langsam den Kopf und schaute nach vorn. Ein Blumenmeer. Eine schlichte Holzkanzel. Hinter einem geöffneten zart-pfirsichfarbenen Vorhang vor der weißen Wand des hinteren Chores war ein großes, dunkles, hölzernes Kreuz angebracht. In der Mitte zwischen den Blumengebinden brannten, in einem Halbkreis aufgestellt, sieben weiße Kerzen. Rechts und links vor dem Vorhang standen, auf metallenen hohen Ständern, noch einmal jeweils drei brennende Kerzen. Und zwischen all den Blüten – das übergroße Portrait meines Vaters! Er schaute mich mit gütigen Augen an. Sein Blick zog mich magisch an. Ich schaute meinem Vater in die Augen. Alles um mich herum war plötzlich vergessen. Ein leichter Schwindel erfasste mich, und das Portrait meines Vaters begann vor meinen Augen zu verschwimmen ... und dann geschah das Ungeheuerliche – mein Vater lebte! Ganz langsam bewegten sich seine Augen, und sein Mund formte sich zu einem unmerklichen Lächeln. Das Lächeln der Mona Lisa, dachte ich. Mir war, als wollte er mir etwas sagen. Mir war, als wollte er zu mir sprechen, und dann sah ich plötzlich, für den Bruchteil einer Sekunde, unter seinem Portrait, zwischen den Blumen und Blüten, seine Hand ... sie bewegte sich auf mich zu, verharrte, und verschwand wieder zwischen den Zweigen. Ich erstarrte, weitete meine Augen und konnte nicht glauben, was ich gerade gesehen hatte. Mein Vater hatte mir die Hand gereicht. Die Hand zur Versöhnung. Ich konnte meine Tränen nicht mehr zurückhalten und nahm kaum wahr, was der Pfarrer sprach. Er zitierte meinen Vater ...

„... von einem Zimmer ins andere gehen ... redet so über mich, wie ihr immer über mich geredet habt, nicht anders. Und seid nicht traurig."

Er skizzierte das Leben meines Vaters in kurzen, prägnanten Geschichten, Anekdoten, Erinnerungen, Anmerkungen, und schaute immer wieder verstohlen auf seine Armbanduhr. Mein Vater war mir fremd geblieben. Er hatte den allergrößten Teil seines Lebens ohne mich zugebracht. Die Trompete erklang. Eine bedächtige

Melodie. Mein älterer Bruder, in sich versunken, begleitete die hellen, kräftigen Klänge der Trompete an einem elektrischen Klavier. Ich spürte die versöhnende Hand meines Vaters in der meinen und lauschte der Musik. Mein Vater wollte mich nicht. Er durfte mich nicht wollen. Er konnte mich nicht wollen. Und doch war sein Herz, irgendwo vergraben, die ganze lange Zeit bei mir gewesen. Die Anwesenden sangen ein Kirchenlied. Es sollte Hoffnung verströmen, und war doch nur düster, mit zitternder Stimme von Menschen gesungen, die meist selbst schon an der Schwelle des Todes standen. Dann erhoben sich alle und murmelten das Vaterunser ... Vielstimmiges Flüstern hallte von den Wänden wider. Der Pfarrer sprach noch einige Worte, und gab dann seinen Segen. Die Orgel erklang. Einige Trauergäste verließen ihre Kirchenbänke und gingen in einzelnen Gruppen nach draußen. Meine Tränen waren inzwischen getrocknet. Auch ich verließ, zusammen mit meiner Tochter, meiner Mutter und meinem jüngeren Bruder die Kirchenbank, reihte mich in die Menschenmenge ein und trat nach draußen. Die Sonne stand bereits tief, schien aber immer noch hell in die Baumkronen der jahrhundertealten Eichen, Linden, Buchen und Akazien ... ich blinzelte ... sah die Gräber, die Grabsteine, die Stelen und Statuen, und den in sommerlichem Grün vor mir liegenden Park. Wenn die Gräber nun so sind, dachte ich, und vor mir liegen, und auch mein Vater nun nicht mehr ist, wenn das Licht nun schwächer wird, und die Dämmerung unmerklich sich legt über die Lebenden und die Toten, inmitten einer kosmischen Zeit, und ich einfach so da bin, und da sein durfte, und leben, und gehen in Wäldern und an Seen, und tanzen, und singen, und lachen ... – das Leben kam mir plötzlich vor wie ein Film, in den ich mich heimlich hineingeschlichen hatte ... in eine wortlose Welt ... tapsend wie auf klingenden Drähten, auf den Saiten eines Monochords, die Hand an der Sonne, mit mondvollem Blick ... das Schiff, auf dem mein Vater im Zweiten Weltkrieg gedient hatte, war getroffen worden und gesunken ... einen ganzen Tag lang war er auf Wrackteilen durch die Wellen getrieben, bis ihn ein Schiff des Feindes gerettet hatte. Er wollte, dass seine Asche über dem Meer verstreut würde. Liebe aus dem Reich der Toten. Der Boden wie Atem aus sich öffnender Erde. Ich ging ein Stück entlang der Gräberfelder durch den Friedhofspark und blieb an einer mächtigen Grabstätte stehen. Über einer kleinen künstlich angelegten Felsanlage thronte rechts ein trauernder, lebensgroßer Engel aus weißem Marmor und sah auf das Grab herab. Ihm fehlte der rechte Arm. Links war ein Engel aus schwarzem Marmor in gleicher Größe angebracht. Auch diese Bildhauerarbeit war an der Schulter leicht beschädigt. Die Oberfläche des schwarzen Steins wirkte, als hätte sich der Engel an einigen Stellen die Haut aufgekratzt. Er schaute in den Himmel. Dunkelheit lag über dem Friedhof. Ich konnte zu Füßen der beiden Engel gerade noch in Felsen gehauene Buchstaben erkennen, und las die Worte: Trauer ist Liebe.

Inhalt

1. Kapitel......7
2. Kapitel......50
3. Kapitel......66
4. Kapitel......68
5. Kapitel......81
6. Kapitel......95
7. Kapitel......113
8. Kapitel......118
9. Kapitel......139
10. Kapitel......158
11. Kapitel......160
12. Kapitel......168
13. Kapitel......173
14. Kapitel......178
15. Kapitel......184
16. Kapitel......210
17. Kapitel......215
18. Kapitel......228
19. Kapitel......231
20. Kapitel......245
21. Kapitel......263
22. Kapitel......269
23. Kapitel......276
24. Kapitel......296
25. Kapitel......317
26. Kapitel......324

27. Kapitel..332
28. Kapitel..337
29. Kapitel..364